第三册

漢元帝初元元年癸酉起
漢光武帝建武二十二年丙午止

資治通鑑

卷二十八至四十三

中華書局

資治通鑑卷第二十八

翰林學士朝散大夫右諫議大夫知制誥兼侍講同提舉萬壽觀公事兼判集賢院上護軍河內郡開國侯食邑一千三百戶賜紫金魚袋臣　司馬光　奉敕編集
後　學　天　台　胡三省　音　註

漢紀二十起昭陽作噩(癸酉),盡屠維單閼(己卯),凡七年。

孝元皇帝上荀悅曰:諱「奭」之字曰「盛」。應劭曰:謚法:行義悅民曰元。

初元元年(癸酉、前四八)

1 春,正月,辛丑,葬孝宣皇帝于杜陵;臣瓚曰:自崩至葬凡二十八日。杜陵在長安南五十里。赦天下。

2 三月,丙午,立皇后王氏,封后父禁爲陽平侯。恩澤侯表,陽平侯食邑於東郡。

3 以三輔、太常、郡國公田及苑可省者振業貧民;太常掌諸陵邑,故亦有公田苑。師古曰:振業,振起之令有作業。貲不滿千錢者,賦貸種、食。師古曰:賦,給與之也。貸,假也。種,音之勇翻。賈公彥曰:種食者,或爲種子,或爲食用。

4 封外祖平恩戴侯同產弟子中常侍許嘉爲平恩侯。文穎曰：戴侯，許廣漢。諡法，典禮不愆曰戴。余按廣漢先坐腐刑，及薨，無後；今以嘉紹封。百官表：侍中、中常侍皆加官。西都參用士人，東都始以宦者爲中常侍。

5 夏，六月，以民疾疫，令太官損膳，減樂府員，省苑馬，以振困乏。樂府員大凡八百二十九人，武帝所立。漢官儀：牧師諸苑三十六所，分置北邊、西邊，養馬三十萬匹。

6 關【章：乙十一行本「關」上有「秋九月」三字；孔本同；張校同；傅校同。】東郡、國十一大水，饑，或人相食；轉旁郡錢穀以相救。

7 上素聞琅邪王吉、貢禹皆明經潔行，姓譜：貢姓，子貢之後。行，下孟翻。遣使者徵之。吉道病卒。禹至，拜爲諫大夫。上數虛己問以政，易咸卦，君子以虛受人。師古曰：虛己，謂聽受其言也。數，所角翻。禹奏言：「古者人君節儉，什一而稅，無他賦役，故家給人足。高祖、孝文、孝景皇帝，宮女不過十餘人，廄馬百餘匹。後世爭爲奢侈，轉轉益甚；臣下亦稍放效。師古曰：放，音甫往翻；下同。臣愚以爲如太古難，宜少放古以自節焉。少，詩沼翻。方今宮室已定，無可柰何矣；其餘盡可減損。故時齊三服官，輸物不過十笥；李斐曰：齊國舊有三服之官，春獻冠幘，縰爲首服，紈素爲冬服，輕綃爲夏服，凡三。如淳曰：地理志曰：齊冠帶天下。胡公曰：服官，主作文繡以給袞龍之服。地理志，襄邑亦有服官。師古曰：齊三服官，李說是也。縰，與纚同，音山爾翻，即今之方目紗也。紈素，今之絹也。輕綃，今之輕紗也。襄邑自出文繡，非齊三服也。方今齊三服官，作工各數千人，一歲費數鉅萬。萬萬爲鉅萬。廄馬食粟將萬匹。武帝時，又多取好女至數千人，以填後宮。及棄天下，多藏金錢、財物，鳥獸、魚鼈凡百九十物；又皆以後宮女置於園陵。至孝宣皇帝時，陛下惡有所言，師古曰：不能自言減省之事，惡，烏路翻。惡有所言者，惡以天下儉其親。此語承上園陵事。羣臣亦隨故事，甚可痛也！故使天下承化，取女皆大過度；師古曰：取，讀曰娶。諸侯妻妾或至數百人，豪富吏民畜歌者至數十人，此所謂取女過度也。是以內多怨女，外多曠夫。師古曰：曠，空也。室家空也。及衆庶葬埋，皆虛地上以實地下。其過自上生，師古曰：自，從也。上，謂天子也。皆在大臣循故事之罪也。唯陛下深察古道，從其儉者；大減損乘輿服御器物，三分去二；乘，繩證翻。去，羌呂翻。擇後宮賢者，留二十人，餘悉歸之，及諸陵園女無子者，宜悉遣；漢制：天子晏駕，後宮送葬，因留奉陵寢。廄馬可無過數十匹，獨舍長安城南苑地，以爲田獵之囿。師古曰：舍，置也。獨留置之，其餘皆廢去。舍，讀曰捨。以方今天下饑饉，可無大自損減以救之稱天意乎！天生聖人，蓋爲萬民，非獨使自娛樂而已也。」稱，尺證翻。爲，于僞翻。樂，音洛。天子納善其言，下詔，令諸宮館希御幸者勿繕治；治，直之翻。太僕減穀食馬；水衡減肉食獸。太僕，掌輿馬。漢舊儀云：天子六廄，未央、承華、輅軨、騎馬、駒駼、大廄也；馬皆萬匹。水衡都尉，掌上林苑，禽獸屬焉。師古曰：繕，補也。減，謂損其數。省者，全去之。

臣光曰：忠臣之事君也，責其所難，則其易者不勞而正；易，以豉翻。補其所短，則其長者不勸而遂。孝元踐位之初，虛心以問禹，禹宜先其所急，後其所緩。然則優游不斷，先、後，皆去聲。斷，丁亂翻。讒佞用權，當時之大患也，而禹不以爲言；恭謹節儉，孝元之素志也，而禹孜孜言之；何哉！使禹之智不足以知，烏得爲賢！知而不言，爲罪愈大矣。

8 匈奴呼韓邪單于復上書，言民衆困乏。復，扶又翻。詔雲中、五原郡轉穀二萬斛以給之。

9 是歲，初置戊己校尉，使屯田車師故地。師古曰：戊己校尉者，鎮安西域，無常治處，亦猶甲乙等各有方位，而戊與己四季寄王，故以名官也。時有戊校尉，又有己校尉。一說：戊與己位在中央，今所置校尉在三十六國之中，故曰戊己也。余謂車師之地不在三十六國之中，當從師古前說爲是。宣帝元康二年，以車師地與匈奴。今匈奴款附，故復屯田故地。

二年（甲戌、前四七）

1 春，正月，上行幸甘泉，郊泰畤。畤，音止。樂陵侯史高以外屬領尚書事，前將軍蕭望之、光祿大夫周堪爲之副。望之名儒，與堪皆以師傅舊恩，天子任之，數宴見，言治亂，陳王事。數，所角翻。見，賢遍翻。治，直吏翻。陳王者之事也。望之選白宗室明經有行行，下孟翻。散騎、諫大夫劉更生給事中，明經有行，言其通於經術，且行修飭也。百官表曰：散騎加官；騎並乘輿車。師古曰：並，音步浪翻。騎而散從，無常職也。給事中，給事禁中也。散，悉亶翻。與侍中金敞並拾遺左右。四人同心謀議，勸導上以古制，多所欲匡正；上甚鄉納之。師古曰：鄉，讀曰嚮。意信嚮之而納用其言。史高充位而已，由此與望之有隙。

中書令弘恭、弘，姓也。衛有大夫弘演。僕射石顯，自宣帝時久典樞機，明習文法；續漢志：尚書令，承秦所置；武帝用宦者，更爲中書謁者令。成帝用士人，復故。令掌凡選署及奏下尚書曹文書衆事。僕射，署尚書事，令不在則奏下衆事。辯已見前。帝卽位多疾，以顯久典事，中人無外黨，師古曰：少骨肉之親，無婚姻之家也。精專可信任，遂委以政，事無大小，因顯白決，白，奏也。決，斷也。貴幸傾朝，朝，直遥翻。百僚皆敬事顯。顯爲人巧慧習事，能深得人主微指，內深賊，持詭辯，以中傷人，師古曰：詭，違也。違道之辯。中，竹仲翻。忤恨睚眦，輒被以危法；忤，五故翻。睚，五懈翻。眦，仕懈翻。師古曰：被，加也，音皮義翻。危法，謂以法危殺之。亦與車騎將軍高爲表裏，議論常獨持故事，不從望之等。

望之等患苦許、史放縱，又疾恭、顯擅權，建白以爲：「中書政本，國家樞機，師古曰：建白者，立此議而白之。宜以通明公正處之。處，昌呂翻。武帝游宴後庭，故用宦者，非古制也。宜罷中書宦官，應古不近刑人之義。」師古曰：禮，刑人不在君側，故曰應古。近，其靳翻。由是大與高、恭、顯忤。師古曰：忤，謂相違逆也。忤，五故翻。上初卽位，謙讓，重改作，師古曰：重，難也；未欲更置士人於中書也。議久不定，出劉更生爲宗正。散騎、給事中，中朝官也；宗正，外朝官也，故云出。

望之、堪數薦名儒、茂材以備諫官，數，所角翻。會稽鄭朋陰欲附望之，會，工外翻。上書言車騎將軍高遣客爲姦利郡國，及言許、史子弟罪過。章視周堪，師古曰：視，讀曰示。以朋所奏之章示堪也。堪白：「令朋待詔金馬門。」朋奏記望之曰：「今將軍規橅，云若管、晏而休，遂行日昃，至周、召乃留乎？師古曰：問望之，立意當趣如管、晏而止，爲欲恢廓其道，日昃不食，追周、召之蹟然後已乎？橅，讀曰模，其字從木。若管、晏而休，則下走將歸延陵之皐，沒齒而已矣。應劭曰：下走，僕也。張晏曰：吳公子札食邑延陵，薄吳王之行，棄國而耕於皐澤。朋云望之所爲若但如管、晏，則不處漢朝，將歸會稽，尋延陵之軌，隱耕皐澤之中也。師古曰：下走，自謙，言趨走之使也。沒齒，終身也。如將軍興周、召之遺業，親日昃之兼聽，則下走其庶幾願竭區區奉萬分之一！」召，讀曰邵。庶幾，居希翻。望之始見朋，接待以意；師古曰：與之相見，納用其說也。余謂接待以意者，推誠待之，接以殷勤。後知其傾邪，絕不與通。朋，楚士，怨恨，張晏曰：朋，會稽人，會稽幷屬楚。蘇林曰：楚人脆急也。更求入許、史，推所言許、史事，推，吐雷翻。曰：「皆周堪、劉更生教我；我關東人，何以知此！」於是侍中許章白見朋。見，賢遍翻；下同。朋出，揚言曰：「我見言前將軍小過五，大罪一。」前將軍，謂望之也。待詔華龍行汙穢，師古曰：華，音胡化翻，姓也。行，下孟翻。欲入堪等，堪等不納，亦與朋相結。

恭、顯令二人告望之等謀欲罷車騎將軍，疏退許、史狀，車騎將軍，謂史高。疏，與踈同。候望之出休日，漢制：自三署郎以上入直禁中者，十日一出休沐。令朋、龍上之。事下弘恭問狀，上，時掌翻。下，遐稼翻；下既下同。望之對曰：「外戚在位多奢淫，欲以匡正國家，非爲邪也。」恭、顯奏：「望之、堪、更生朋黨相稱舉，數譖訴大臣，數，所角翻。毀離親戚，欲以專擅權勢。爲臣不忠，誣上不道，請謁者召致廷尉。」時上初卽位，不省召致廷尉爲下獄也，省，悉井翻，察也，悟也。可其奏。後上召堪、更生，曰：「繫獄。」上大驚曰：「非但廷尉問邪！」以責恭、顯，皆叩頭謝。上曰：「令出視事。」恭、顯因使史高言：「上新卽位，未以德化聞天下，而先驗師傅。既下九卿、大夫獄，劉更生爲宗正，九卿也。周堪爲光祿大夫。聞，音問。下，遐嫁翻。宜因決免。」於是制詔丞相、御史：「前將軍望之，傅朕八年，宣帝五鳳二年，蕭望之爲太子太傅；至黃龍元年爲八年。無他罪過，今事久遠，識忘難明，師古曰：言不能盡記，有遺忘者，故難明。忘，巫放翻。其赦望之罪，收前將軍、光祿勳印綬；及堪、更生皆免爲庶人。」

2 二月，丁巳，立弟竟爲清河王。考異曰：荀紀「竟」作「寬」，今從漢書。

3 戊午，隴西地震，敗城郭、屋室，壓殺人衆。敗，補邁翻。考異曰：劉向傳云：「三月，地大震。」今從元紀。

4 三月，立廣陵厲王子霸爲王。宣帝五鳳四年，廣陵厲王胥以罪自殺，國除。今復立其子。

5 詔罷黃門乘輿狗馬，師古曰：黃門，近署也，故親幸之物屬焉。百官表：黃門寺，屬少府。乘，繩證翻。

水衡禁囿、百官表：水衡都尉屬官有禁圃等九官令、丞。宜春下苑、孟康曰：宜春，宮名也，在杜縣東。晉灼曰：史記云：葬二世杜南宜春苑中。師古曰：宜春下苑，卽今京城東南隅曲江池是。少府佽飛外池、百官表：少府屬官有左弋十二官令、丞。武帝太初元年，更名左弋爲佽飛。佽飛，掌弋射，有九丞、兩尉。如淳曰：佽飛，具矰繳以射鳧鴈，給祭祀，是故有池也。佽飛，荆人，入水斬蛟，勇士也，故以名官。佽，音次。嚴籞池田蘇林曰：嚴飾池上之屋及其地也。晉灼曰：嚴籞，射苑也。許愼曰：嚴，弋射所蔽也。池田，苑中田也。師古曰：晉說是也。假與貧民。又詔赦天下，舉茂材異等、直言極諫之士。

6 夏，四月，【章：乙十一行本「月」下有「丁巳」二字；孔本同；張校同；傳校同。】立子驁爲皇太子。驁，五到翻。待詔鄭朋薦太原太守張敞，先帝名臣，宜傅輔皇太子。上以問蕭望之，望之以爲敞能吏，任治煩亂，材輕，非師傅之器。敞傳云：敞無威儀，罷朝會過，走馬章臺街，使御吏驅，自以便面拊馬；又爲婦畫眉。所謂材輕也。任，音壬。治，直之翻。天子使使者徵敞，欲以爲左馮翊，會病卒。

7 詔賜蕭望之爵關內侯，給事中，朝朔望。朝，直遙翻。考異曰：元紀，此詔在今冬。按劉向傳云：「前弘恭奏望之等獄決；三月，地大震。」然則望之等黜免，在今春地震前也。又曰：「夏，客星見昴、卷舌間。上感悟，下詔賜望之爵關內侯。」望之傳曰：「後數月，賜望之爵關內侯。」蓋紀見望之死在十二月，因置此詔於彼上耳。

8 關東饑，齊地人相食。

9 秋，七月，己酉，地復震。復，扶又翻；下同。考異曰：劉向傳曰：「冬，地復震。」元紀，此月詔曰：「一年中地再動。」漢紀在七月己酉。今從之。

10 上復徵周堪、劉更生,欲以爲諫大夫;弘恭、石顯白,皆以爲中郎。百官表:諫大夫,秩比八百石;中郎,秩比六百石:並屬光祿勳。

上器重蕭望之不已,欲倚以爲相;相,息亮翻。恭、顯及許、史兄弟、侍中、諸曹皆側目於望之等。更生乃使其外親上變事,外親,謂母黨也。上,時掌翻;下同。言「地震殆爲恭等,不爲三獨夫動。應劭曰:三獨夫,謂蕭望之、周堪及向。師古曰:獨夫,猶言匹夫也。殆,近也。爲,于僞翻。臣愚以爲宜退恭、顯以章蔽善之罰,師古曰:章,明也。進望之等以通賢者之路,如此,則太平之門開,災異之原塞矣。」塞,悉則翻;下同。書奏,恭、顯疑其更生所爲,白請考姦詐,辭果服;遂逮更生繫獄,免爲庶人。

會望之子散騎、中郎伋亦上書訟望之前事,散騎、中郎者,本爲中郎而加散騎官也。事下有司,復奏:「望之前所坐明白,無譖訴者,師古曰:言望之自有罪,非人讒譖而訴之也。下,遐稼翻。復,扶又翻;下同。而教子上書,稱引亡辜之詩,史不載伋書,不知其所稱引者何詩。詩變雅云:無罪無辜,讒口嗷嗷。豈伋所引者卽此詩乎!亡,古無字通。失大臣體,不敬;請逮捕。」弘恭、石顯等知望之素高節,不詘辱,詘,與屈同。建白:「望之前幸得不坐,復賜爵邑,不悔過服罪,深懷怨望,教子上書,歸非於上,師古曰:言歸惡於天子也。自以託師傅,終必不坐,師古曰:言恃舊恩,自謂終無罪坐,懷此心。非頗屈望之於牢獄,塞其怏怏心,則聖朝無以施恩厚!」上曰:「蕭太傅素剛,安肯就吏！」顯等曰：「人命至重，言人所重者性命也。望之所坐，語言薄罪，既以語言爲薄罪，則不當下吏。孝元於此，不能破恭、顯之姦，可謂不明矣。必無所憂。」上乃可其奏。冬，十二月，顯等封詔以付謁者，敕令召望之手付。因令太常急發執金吾車騎馳圍其第。太常，掌諸陵縣。執金吾，掌徼循京師。蕭望之時居杜陵，故令太常發執金吾車騎往圍其第以恐脅之，速其自盡也。使者至，召望之。望之以問門下生魯國朱雲，雲者，好節士，好，呼到翻。勸望之自裁。自裁，猶自殺也。於是望之仰天歎曰：「吾嘗備位將相，年踰六十矣，老入牢獄，苟求生活，不亦鄙乎！」字謂雲曰：「游，師古曰：朱雲，字游，呼其字。趣和藥來，趣，讀曰促。和，戶臥翻。無久留我死！」遂【章：乙十一行本「遂」作「竟」；傳校同。】飲鴆自殺。果墮恭、顯計中。天子聞之驚，拊手曰：「曩固疑其不就牢獄，果然殺吾賢傅！」是時，太官方上晝食，上，時掌翻。上乃卻食，爲之涕泣，哀動左右。詩云：啜其泣矣，何嗟及矣。爲，于僞翻。於是召顯等責問，以議不詳，師古曰：詳，審也。皆免冠謝，良久然後已。上追念望之不忘，每歲時遣使者祠祭望之冢，終帝之世。平曰墓；封曰冢；高曰墳。

臣光曰：甚矣孝元之爲君，易欺而難悟也！易，以豉翻。夫恭、顯之譖訴望之，其邪說詭計，誠有所不能辨也。至於始疑望之不肯就獄，恭、顯以爲必無憂，已而果自殺，則恭、顯之欺亦明矣。在中智之君，孰不感動奮發以底邪臣之罰！底，致也。孝元則不然。雖涕泣不食以傷望之，而終不能誅恭、顯，纔得其免冠謝而已。如此，則姦臣安所懲乎！是使恭、顯得肆其邪心而無復忌憚者也。復，扶又翻。

11 是歲，弘恭病死，石顯爲中書令。

12 初，武帝滅南越，開置珠厓、儋耳郡，事見二十卷武帝元鼎六年。儋，丁甘翻。在海中洲上；師古曰：居海中之洲也。水中可居者曰洲。吏卒皆中國人，多侵陵之。其民亦暴惡，自以阻絶，數犯吏禁，數，所角翻。率數年壹反，殺吏；漢輒發兵擊定之。二十餘年間，凡六反。據賈捐之傳：自初爲郡，至昭帝始元元年，二十餘年間，凡六反。至宣帝時，又再反。始元五年，罷儋耳郡，并屬珠厓。至宣帝神爵三年，珠厓三縣反。後七年，甘露元年，九縣復反。上卽位之明年，珠厓山南縣反，發兵擊之。諸縣更叛，連年不定。海中洲上，以黎母山爲主，環山列置諸縣。山南縣蓋置於黎母山之南也。師古曰：更，音工衡翻。上博謀於羣臣，欲大發軍。待詔賈捐之曰：捐之時待詔金馬門。「臣聞堯、舜、禹之聖德，地方不過數千里，西被流沙，東漸于海，朔南暨聲教，師古曰：此引禹貢之辭。漸，入也；一曰浸也。朔，北方也。暨，及也。被，皮義翻。漸，子廉翻。言欲與聲教則治之，不欲與者不強治也。與，讀曰豫。治，直之翻。強，其兩翻。故君臣歌德，師古曰：言皆有德可歌頌。含氣之物各得其宜。武丁、成王，殷、周之大仁也，然地東不過江、黃，杜預曰：江國，在汝南安陽縣。黃國，今弋陽縣。西不過氐、羌，南不過蠻荆，北不過朔方，是以頌聲並作，視聽之物【章：乙十一行本「物」作「類」；孔本同；張校同。】咸樂其生，樂，音洛。越裳氏重九譯而獻，此非兵革之所能致也。晉灼曰：遠國使來，因九譯言語乃通也。張晏曰：越不著衣裳，慕中國化，遣譯來著衣裳，故曰越裳也。師古曰：越裳自是國名，非以襲衣裳始爲稱號也。王充論衡作「越嘗」，此則不作衣裳之字明矣。晉志曰：吳孫晧置九德郡，即周時越裳氏地。以至于秦，興兵遠攻，貪外虛內而天下潰畔。孝文皇帝偃武行文，當此之時，斷獄數百，賦役輕簡。斷，丁亂翻；下同。孝武皇帝厲兵馬以攘四夷，天下斷獄萬數，賦煩役重，寇賊並起，軍旅數發，數，所角翻。父戰死於前，子鬭傷於後，女子乘亭障，孤兒號於道，老母、寡婦飲泣巷哭，師古曰：淚流被面以入於口，故言飲泣也。巷哭者，哭於路也。號，戶刀翻。是皆廓地泰大，征伐不休之故也。今關東民衆久困，流離道路。人情莫親父母，莫樂夫婦；樂，音洛。至嫁妻、賣子，法不能禁，義不能止，此社稷之憂也。今陛下不忍悁悁之忿，悁，縈年翻，又吉掾翻，忿也，憂也。詩：中心悁悁。又急躁貌。欲驅士衆擠之大海之中，師古曰：擠，墜也，音子詣翻，又子奚翻；余謂擠，排也，推也。快心幽冥之地，非所以救助饑饉，保全元元也。詩云：『蠢爾蠻荆，大邦爲讎。』師古曰：詩小雅采芑之詩也。蠢，動貌也。蠻荆，荆州之蠻也。言敢與大國爲讎敵也。言聖人起則後服，中國衰則先畔，自古而患之，何況乃復其南方萬里之蠻乎！言珠厓又在蠻荆之南，去京師萬里。復，扶又翻。駱越之人，南越王尉佗以兵威役屬西甌駱。師古曰：西甌，即駱越也。言西者，以別東甌也。余謂今安南之地，古之駱越也。珠厓，蓋亦駱越地。宋白曰：高、貴二州，亦古駱越地。父子同川而浴，相習以鼻飲，范成大曰：今邕管溪洞及沿海喜鼻飲。隨貧富，以銀、錫、陶器或大瓢盛水，入鹽，并山薑汁數滴；器側有竅，施管如瓶觜，內鼻中，吸水升腦，下入喉。吸水時，含魚肉鮓一臠，故水得安流入鼻，不與氣相激。既飲，必噫氣，謂掠腦快膈莫此若。但可飲水；或傳爲飲酒，非是。與禽獸無異，本不足郡縣置也。顓顓獨居一海之中，師古曰：顓，與專同。專專，猶區區也；一曰：圜貌也。霧露氣濕，多毒草、蟲蛇、水土之害；人未見虜，戰士自死。又非獨珠厓有珠、犀、瑇瑁也。海中有珠池。珠母者，蚌也。採珠必蜑丁，皆居海艇中，以大舶環池採珠；以石懸大絙，別以小繩繫蜑〔丁〕腰，沒水取珠。氣迫則撼繩，繩動，舶人覺，乃絞取，人緣大絙上。然而死於採珠者亦多矣，此我太祖皇帝所以罷劉氏媚川都也。師古曰：犀狀如牛，頭如豬，而四足類象；黑色；一角當額前，鼻上又有小角。劉欣明交州記曰：犀，其毛如豕，蹄有三甲，頭如馬；有三角，鼻上角短，額上、頭上角長。異物志曰：角中特有光耀，白理如綫，自本達末，則爲通天犀。抱朴子曰：通天犀有白理如綫者，以盛米，雞即駭矣。其眞者，刻爲魚，銜入水，水開三尺。本草圖經曰：犀，出永昌山谷及益州，今出南海者爲上。郭璞爾雅註曰：犀三角，一在頂上，一在額上，一在鼻上。鼻上者，卽食角，小而不橢。瑇瑁，如龜，其甲相覆而生，若甲然；甲上有斑文。瑇，音代。瑁，音妹。棄之不足惜，不擊不損威。其民譬猶魚鼈，何足貪也！臣竊以往者羌軍言之，此蓋指宣帝神爵元年羌反時。暴師曾未一年，兵出不踰千里，費四十餘萬萬；大司農錢盡，乃以少府禁錢續之。續漢志：大司農掌諸錢、穀、金、帛、諸貨幣。邊郡諸官請調度者，皆爲報給，損多益寡，取相給足。百官表：少府，掌山林池澤之稅，以給共養。應劭註曰：名曰禁錢，以給私養，自別爲藏。少者，小也，故稱少府。師古曰：大司農，供軍國之用；少府，以養天子也。夫一隅爲不善，費尙如此，況於勞師遠攻，亡士毋功乎！毋，與無同。求之往古則不合，施之當今又不便，臣愚以爲非冠帶之國，禹貢所及，春秋所治，皆可且無以爲。師古曰：爲，猶用也。治，直之翻。願遂棄珠厓，專用恤關東爲憂！」上以問丞相、御史。御史大夫陳萬年以爲當擊；丞相于定國以爲：「前日興兵擊之連年，護軍都尉、校尉及丞凡十一人，還者二人，卒士及轉輸死者萬人以上，費用三萬萬餘，尚未能盡降。降，戶江翻。今關東困乏，民難搖動，捐之議是。」上從之。捐之，賈誼曾孫也。

三年（乙亥、前四六）

1 春，詔曰：「珠厓虜殺吏民，背畔爲逆。背，蒲妹翻。今廷議者或言可擊，或言可守，或欲棄之，其指各殊。朕日夜惟思議者之言，羞威不行，則欲誅之；狐疑辟難，則守屯田；師古曰：辟，讀曰避；下同。欲屯田與之相守，以待其敝。通乎時變，則憂萬民。夫萬民之饑餓與遠蠻之不討，危孰大焉？且宗廟之祭，凶年不備，王制：冢宰制國用，視年之豐耗，祭用數之仂。鄭氏曰：算今年一歲經用之數，用其什一。夫以凶年之入，制經用之什一以供祭，則宗廟之禮宜有不備者矣。況乎辟不嫌之辱哉！「嫌」，當讀作「慊」。慊之爲言厭也，意自足也。今關東大困，倉庫空虛，無以相贍，又以動兵，非特勞民，凶年隨之。其罷珠厓郡，民有慕義欲內屬，便處之；師古曰：欲有來入內郡者，所至之處卽安置之。余謂便處者，各隨其所便而處之也。處，昌呂翻。不欲，勿強。」強，其兩翻。

2 夏，四月，乙未晦，茂陵白鶴館災；赦天下。

3 夏，旱。

4 立長沙煬王弟宗爲王。長沙煬王旦，定王發之玄孫，初元元年薨，無後；今立其弟紹封。鄭氏曰：煬，音供養之養。謚法：好內遠禮曰煬；去禮遠衆曰煬。

5 長信少府貢禹上言：「諸離宮及長樂宮衞，可減其太半以寬繇役。」繇，讀曰傜。六月，詔曰：「朕惟烝庶之饑寒，烝，衆也。遠離父母妻子，離，力智翻。勞於非業之作，師古曰：不急之事，故云非業也。衞於不居之宮，恐非所以佐陰陽之道也。其罷甘泉、建章宮衞，令就農。百官各省費。師古曰：費用之物務減省。條奏，毋有所諱。」

6 是歲，上復擢周堪爲光祿勳，復，扶又翻。堪弟子張猛爲光祿大夫、給事中，大見信任。猛，張騫孫也。

四年（丙子、前四五）

1 春，正月，上行幸甘泉，郊泰畤。畤，音止；下同。三月，行幸河東，祠后土；赦汾陰徒。徒，有罪居作者。

五年（丁丑、前四四）

1 春，正月，以周子南君爲周承休侯。文穎曰：姓姬，名延；其祖父姬嘉，本周後，武帝元鼎四年封爲周子南君，奉周祀。師古曰：承休侯國，在潁川郡。

2 上【章：乙十一行本「上」上有「三月」二字；孔本同；張校同；退齋校同；傳校同。】行幸雍，雍，於用翻。祠五畤。畤，音止。

3 夏，四月，有星孛于參。孛，蒲內翻。天文志：參爲白虎，三星直者是爲衡石；下有三星銳，曰罰，爲斬艾事；其外四星，左右肩、股也。參，所今翻。

4 上用諸儒貢禹等之言，詔太官毋日殺，師古曰：不得日日宰殺。所具各減半；師古曰：食具也。乘輿秣馬，無乏正事而已。師古曰：秣，養馬以粟秣食之也。正事，謂駕供祭祀、蒐狩之事，非游田者也。乘，繩證翻。秣，音末。罷角抵、上林宮館希御幸者、角抵，見二十一卷武帝元封三年。齊三服官、北假田官、李斐曰：主假賃見官田與民，收其假稅也，故置田農之官。晉灼曰：匈奴傳：秦始皇渡河，據陽山、北假中。王莽傳：五原、北假，膏壤殖穀。北假，地名。師古曰：晉說是也。酈道元曰：自高闕以東，夾山帶河，陽山以西，皆北假也。鹽鐵官、常平倉。武帝置鹽鐵官。宣帝置常平倉。博士弟子毋置員，以廣學者；武帝爲博士官置弟子五十人。昭帝增弟子員滿百人。宣帝末，增倍之。令〔今〕不限員數以廣學者。後數年，以用度不足，更爲設員千人。令民有能通一經者，皆復。復，方目翻。省刑罰七十餘事。

5 陳萬年卒。六月，辛酉，長信少府貢禹爲御史大夫。禹前後言得失書數十上，上，時掌翻。上嘉其質直，多采用之。

6 匈奴郅支單于自以道遠，又怨漢擁護呼韓邪而不助己，困辱漢使者江乃始等；遣使奉獻，因求侍子。郅支遣子入侍，見上卷宣帝甘露元年。漢議遣衛司馬谷吉送之，谷，姓也。御史大夫貢禹、博士東海匡衡以爲：「郅支單于鄉化未醇，師古曰：不雜曰醇。醇，壹也，厚也。鄉，讀曰嚮；下同。所在絕遠，宜令使者送其子，至塞而還。」還，從宣翻，又如字。吉上書言：「中國與夷狄有羈縻不絕之義，今既養全其子十年，德澤甚厚，空絕而不送，近從塞還，示棄捐不畜，畜，許六翻。使無鄉從之心，師古曰：鄉從，謂嚮化而從命也。棄前恩，立後怨，不便！議者見前江乃始無應敵之數，智勇俱困，以致恥辱，卽豫爲臣憂。臣幸得建強漢之節，承明聖之詔，宣諭厚恩，不宜敢桀。師古曰：言郅支畏威，當不敢桀猾也。若懷禽獸心，加無道於臣，則單于長嬰大罪，師古曰：嬰，猶帶也。必遁逃遠舍，師古曰：舍，止也。不敢近邊。近，其靳翻。沒一使以安百姓，國之計，臣之願也。願送至庭。」郅支單于庭也。上許焉。既至，郅支單于怒，竟殺吉等；考異曰：陳湯傳：「初元四年，郅支求侍子。」元帝紀：「五年，谷吉使匈奴，不還。」湯傳又云：「御史大夫貢禹議吉不可遣。」按禹今年六月始爲御史大夫，或者郅支以明年求侍子，而吉以五年使匈奴也！自知負漢，又聞呼韓邪益強，恐見襲擊，欲遠去。會康居王數爲烏孫所困，數，所角翻；下同。與諸翕侯計，以爲：「匈奴大國，烏孫素服屬之。今郅支單于困阨在外，可迎置東邊，使合兵取烏孫而立之，師古曰：言與郅支并力共滅烏孫，以其地立郅支，令居之也。長無匈奴憂矣。」卽使使至堅昆，通語郅支。宣帝黃龍元年，郅支都堅昆。郅支素恐，又怨烏孫，怨烏孫事亦見上卷黃龍元年。聞康居計，大說，說，讀曰悅。遂與相結，引兵而西。郅支人衆中寒道死，餘財三千人。師古曰：中寒，傷於寒也。道死，死於道上也。中，竹仲翻。財，與纔同。到康居，康居王以女妻郅支；郅支亦以女予康居王。妻，七細翻。予，讀曰與。康居甚尊敬郅支，欲倚其威以脅諸國。郅支數借兵擊烏孫，深入至赤谷城，殺略民人，毆畜產去。師古曰：毆，與驅同。烏孫不敢追，西邊空虛不居者五千里。西域傳：烏孫國，治赤谷城，西至康居蕃地五千里。若云空虛者五千里，則自赤谷以西皆不居矣。此已抵其國都，不得云西邊也。陳湯傳作「且千里」，當從之。

7冬，十二月，丁未，貢禹卒。丁巳，長信少府薛廣德爲御史大夫。

永光元年（戊寅、前四三）

1春，正月，上行幸甘泉，郊泰畤。禮畢，因留射獵。薛廣德上書曰：「竊見關東困極，人民流離；陛下日撞亡秦之鍾，師古曰：撞，音丈江翻。聽鄭、衛之樂，臣誠悼之。今士卒暴露，從官勞倦，應劭曰：從官，謂宦者及虎賁、羽林、太醫、太官是也。師古曰：從官，親近天子，常侍從者，皆是也。從，才用翻；下同。願陛下亟反宮，思與百姓同憂樂，樂，音洛。天下幸甚！」上卽日還。還，從宣翻，又如字。

2二月，詔：「丞相、御史舉質樸、敦厚、遜讓、有行者，行，下孟翻。光祿歲以此科第郎、從官。」師古曰：始令丞相、御史舉此四科人而擢用之。而見在郎及從官，又令光祿每歲依此科考校，定其第高下，用知其人賢否也。

3 三月，赦天下。

4 雨雪、隕霜，殺桑。雨，于具翻。

5 秋，上酎祭宗廟，出便門，師古曰：便門，長安城南面西頭第一門。酎，直又翻。欲御樓船。薛廣德當乘輿車，免冠頓首曰：「宜從橋。」詔曰：「大夫冠。」乘，繩證翻。說文：冠，絭也，所以絭髮。弁，冕之總名也。廣德曰：「陛下不聽臣，臣自刎，刎，扶粉翻。以血汙車輪，陛下不得入廟矣！」師古曰：言不以理，終不得立廟也。一曰：以見死傷，犯於齋潔，不得入廟祠也。原父曰：一說是也。時上欲入廟。汙，烏故翻。上不說。先敺光祿大夫張猛進曰：師古曰：先驅，導乘輿也。說，讀曰悅。敺，讀曰驅。「臣聞主聖臣直。乘船危，就橋安；聖主不乘危。御史大夫言可聽！」上曰：「曉人不當如是邪！」師古曰：謂諫爭之言當如猛之詳善也。乃從橋。

6 九月，隕霜殺稼，天下大饑。丞相于定國、大司馬、車騎將軍史高、御史大夫薛廣德俱以災異乞骸骨；賜安車、駟馬、黃金六十斤，罷。太子太傅韋玄成爲御史大夫。考異曰：百官表：「七月，癸未，大司馬高免。辛亥，韋玄成爲御史大夫。十一月，戊寅，丞相定國免。」荀紀：「七月，己未，高免。」薛廣德傳：「酎祭後月餘，以歲惡民流，乞骸骨，罷。廣德爲御史大夫，凡十月，免。」月日參差，未知孰是，故皆沒不書。廣德歸，縣其安車，以傳示子孫爲榮。師古曰：縣其所賜安車，以示榮幸也。致仕縣車，蓋亦古法。韋孟詩：「縣車之義，以洎小臣，」是也。貢父曰：致仕縣車，言休息不出也。故韋孟及薛廣德自縣其安車也。

縣，讀曰懸。

7 帝之爲太子也，從太中大夫孔霸受尚書；及卽位，賜霸爵關內侯，號褒成君，如淳曰：爲帝師，教令成就，故曰褒成君。給事中。上欲致霸相位，霸爲人謙退，不好權勢，好，呼到翻。常稱「爵位泰過，何德以堪之！」御史大夫屢缺，上輒欲用霸；霸讓位，自陳至于再三。上深知其至誠，乃弗用。以是敬之，賞賜甚厚。

8 戊子，侍中、衞尉王接爲大司馬、車騎將軍。接，平昌侯王無故之子。

9 石顯憚周堪、張猛等，數譖毀之。數，所角翻。劉更生懼其傾危，上書曰：「臣聞舜命九官，師古曰：尚書，禹作司空，棄后稷，契司徒，皋陶作士，垂共工，益朕虞，伯夷秩宗，夔典樂，龍納言，凡九官也。濟濟相讓，和之至也。濟，子禮翻。衆臣和於朝則萬物和於野，故簫韶九成，鳳皇來儀。師古曰：韶，舜樂名。舉簫管之屬，示其備也。於韶樂九奏，則鳳皇見其容儀，言感至和也。至周幽、厲之際，師古曰：厲王，夷王之子。厲王生宣王；宣王生幽王。朝廷不和，轉相非怨，則日月薄食，水泉沸騰，山谷易處，師古曰：薄，迫也；謂被掩迫也。沸，涌出也。騰，乘也。言百川沸涌而相乘陵，山頂隆高而盡崩壞，陵谷易處。霜降失節。謂正月繁霜也。正月，夏之四月，正陽之月也。由此觀之，和氣致祥，乖氣致異，祥多者其國安，異衆者其國危，天地之常經，古今之通義也。今陛下開三代之業，招文學之士，優游寬容，使得並進。今賢不肖渾殽，師古曰：言雜亂也。渾，音胡本翻。白黑不分，邪正雜糅，師古曰：糅，和也，音汝救翻。忠讒並進；章交公車，人滿北軍，如淳曰：漢儀注，中壘校尉，主北軍壘門內。尉一人，主上書者獄。上章於公車，有不如法者，以付北軍尉；北軍尉以法治之。楊惲上書，遂幽北闕。北闕，公車所在。朝臣舛午，膠戾乖剌，師古曰：言志意不和，各相違背。午，音五故翻。剌，音來曷翻。更相讒愬，轉相是非；更，工衡翻。所以營惑耳目，感移心意，不可勝載，師古曰：言其誑罔天子也。營，謂回繞之。勝，音升；下同。分曹爲黨，師古曰：曹，輩也。往往羣朋將同心以陷正臣。正臣進者，治之表也；正臣陷者，亂之機也；乘治亂之機，未知孰任，而災異數見，治，直吏翻。數，所角翻。見，賢遍翻。此臣所以寒心者也。初元以來六年矣，按春秋六年之中，災異未有稠如今者也。師古曰：稠，多也，音直流翻。原其所以然者，由讒邪並進也；讒邪之所以並進者，由上多疑心，既已用賢人而行善政，如或譖之，則賢人退而善政還矣。師古曰：還，謂收還也。夫執狐疑之心者，來讒賊之口；持不斷之意者，開羣枉之門；斷，丁亂翻。讒邪進則衆賢退，羣枉盛則正士消。故易有否、泰，師古曰：否，音皮鄙翻。小人道長，君子道消，則政日亂；君子道長，小人道消，則政日治。長，知兩翻。治，直吏翻；下同。昔者鯀、共工、驩兜與舜、禹雜處堯朝，師古曰：鯀，崇伯之名，即檮杌也。共工，少皞氏之後，即窮奇也。驩兜，帝鴻氏之後，即渾敦也。鯀，音工本翻。共，音恭。驩，音火官翻。處，昌呂翻。周公與管、蔡並居周位，當是時，迭進相毁，師古曰：迭，互也，音大結翻。流言相謗，豈可勝道哉！勝，音升。帝堯、成王能賢舜、禹、周公而消共工、管、蔡，故以大治，榮華至今。孔子與季、孟偕仕於魯，師古曰：季、孟，謂季孫、孟孫，皆桓公之後，代執國權而卑公室。余謂季孫、孟孫，季、孟之通稱。與孔子偕仕者，季孫斯、孟孫何忌也。李斯與叔孫俱宦於秦，師古曰：叔孫者，叔孫通也。定公、始皇賢季、孟、李斯而消孔子、叔孫，故以大亂，汙辱至今。故治亂榮辱之端，在所信任；信任既賢，在於堅固而不移。詩云：『我心匪石，不可轉也，』師古曰：此邶柏舟之詩也。言石性雖堅，尚可移轉；己志須確，執德不傾，過於石也。言守善篤也。易曰：『渙汗其大號，』師古曰：此易渙卦九五爻辭也。言王者渙然大發號令，如汗之出也。言號令如汗，汗出而不反者也。今出善令未能踰時而反，師古曰：踰時，三月也。是反汗也；用賢未能三旬而退，是轉石也。論語曰：『見不善如探湯。』師古曰：論語載孔子之言。探湯，言其除難無所避也。探，吐南翻。今二府奏佞讇不當在位，師古曰：讇，古諂字。歷年而不去。故出令則如反汗，用賢則如轉石，去佞則如拔山，去，羌呂翻。如此，望陰陽之調，不亦難乎！是以羣小窺見間隙，間，古莧翻。緣飾文字，巧言醜詆，師古曰：詆，毀也，辱也，音丁禮翻。流言、飛文譁於民間。放言於外以誣人，曰流言。孔穎達曰：流，謂水流。造作虛語，使人傳之，如水之流然，故謂之流言。爲飛書以詆毀，若今之匿名書，曰飛文。師古曰：譁，讙也，音火瓜翻。故詩云：『憂心悄悄，慍于羣小，』師古曰：邶柏舟言仁人不遇之詩。悄悄，憂貌。慍，怒也。悄，音千小翻。慍，於問翻。小人成羣，誠足慍也。昔孔子與顏淵、子貢更相稱譽，不爲朋黨；師古曰：事具見論語。更，工衡翻。譽，音余。禹、稷與皋陶傳相汲引，不爲比周；師古曰：事見尚書。傳，杜戀翻，遞也。比，頻寐翻。何則？忠於爲國，無邪心也。今佞邪與賢臣並交戟之內，師古曰：交戟，謂宿衛者。合黨共謀，違善依惡，歙歙訿訿，詩小旻：「歙歙訿訿。」毛氏註曰：潝潝然患其上，訿訿然思不稱于上。爾雅云：潝潝訿訿，莫供職也。韓詩云：不善之貌。歙，與潝同，許急翻。訿，音紫。數設危險之言，數，所角翻。欲以傾移主上，如忽然用之，此天地之所以先戒，災異之所以重至者也。師古曰：重，音直用翻。自古明聖未有無誅而治者也，故舜有四放之罰，師古曰：謂舜流共工于幽州，放驩兜于崇山，竄三苗于三危，殛鯀于羽山。孔子有兩觀之誅，應劭曰：少正卯，姦人之雄，故孔子爲司寇七日，誅之於兩觀之下。師古曰：兩觀，謂闕也。觀，古玩翻。然後聖化可得而行也。今以陛下明知，知，讀曰智。誠深思天地之心，覽否、泰之卦，歷周、唐之所進以爲法，原秦、魯之所消以爲戒，師古曰：歷，謂歷觀之。原，謂思其本也。周，成王；唐，唐堯。考祥應之福，【章：乙十一行本「災」上有「省」字；張校同。】災異之禍，以揆當世之變，放遠佞邪之黨，壞散險詖之聚，遠，于願翻。壞，音怪。師古曰：揆，度也。險言曰詖。詖，彼義翻。杜閉羣枉之門，廣開衆正之路，決斷狐疑，分別猶豫，斷，丁亂翻。別，彼列翻。使是非炳然可知，則百異消滅而衆祥並至，太平之基，萬世之利也。」顯見其書，愈與許、史比而怨更生等。比，毗至翻；下同。

是歲，夏寒，日青無光，顯及許、史皆言堪、猛用事之咎。上內重堪，又患衆口之寖潤，鄭氏曰：譖人之言如水之浸潤，漸以成之。孔子曰：浸潤之譖不行焉，可謂明也已矣。無所取信。時長安令楊興以材能幸，常稱譽堪，譽，音余；下同。上欲以爲助，乃見問興：「朝臣齗齗不可光祿勳，何邪？」師古曰：齗齗，忿疾之意也。齗，音牛斤翻。興者，傾巧士，謂上疑堪，因順指曰：「堪非獨不可於朝廷，自州里亦不可也！周禮：五黨爲州，五家爲鄰，五鄰爲里。漢人謂同州鄉而居者爲州里。臣見衆人聞堪與劉更生等謀毁骨肉，以爲當誅；故臣前書言堪不可誅傷，爲國養恩也。」爲，于僞翻；下同。上曰：「然此何罪而誅？今宜柰何？」興曰：「臣愚以爲可賜爵關内侯，食邑三百戶，勿令典事。明主不失師傅之恩，此最策之得者也。」上於是疑之。

司隸校尉琅邪諸葛豐姓譜：葛氏，先本琅邪諸縣人，徙陽都；時人本其先之所居，謂之諸葛氏。風俗通云：葛嬰爲陳涉將，有功而誅，孝文録其後，封諸縣侯，因并氏焉。始以剛直特立著名於朝，數侵犯貴戚，數，所角翻；下同。在位者多言其短；後坐春夏繫治人，春、夏，生長之時，故仲春省囹圄，去桎梏，毋肆掠，止獄訟；仲夏挺重囚，益其食。春夏而繫治人，爲不順天時。徙城門校尉。豐於是上書告堪、猛罪。上不直豐，乃制詔御史：「城門校尉豐，前與光祿勳堪、光祿大夫猛在朝之時，數稱言堪、猛之美。豐前爲司隸校尉，不順四時，修法度，專作苛暴以獲虛威；朕不忍下吏，下，遐稼翻。以爲城門校尉。百官表：城門校尉，掌京師十二城門屯兵。不内省諸己，省，悉景翻。而反怨堪、猛以求報舉，師古曰：言舉其事以報怨。告按無證之辭，暴揚難驗之罪，毁譽恣意，不顧前言，師古曰：前言，謂譽堪、猛之美；今乃更言其短，是不顧也。譽，音余；下同。不信之大也。朕憐豐之耆老，不忍加刑，其免爲庶人！」又曰：「豐言堪、猛貞信不立，朕閔而不治，又惜其材能未有所効，其左遷堪爲河東太守，猛槐里令。」槐里，周之犬丘，秦曰廢丘；高帝二年改曰槐里，屬右扶風。

臣光曰：諸葛豐之於堪、猛，前譽而後毀，其志非爲朝廷進善而去姦也，去，羌呂翻。欲比周求進而已矣；斯亦鄭朋、楊興之流，烏在其爲剛直哉！人君者，察美惡，辨是非，賞以勸善，罰以懲姦，所以爲治也。治，直吏翻。使豐言得實，則豐不當黜；若其誣罔，則堪、猛何辜焉！今兩責而俱棄之，則美惡、是非果安在哉！

10 賈捐之與楊興善。捐之數短石顯，師古曰：談說其長短。余謂此言數陳其短耳。數，所角翻。以故不得官，稀復進見；復，扶又翻；下同。見，賢遍翻。興新以材能得幸。捐之謂興曰：「京兆尹缺，按百官表：初元四年，京兆尹成。永光四年，光祿大夫琅邪張譚爲京兆尹；四年，不勝任，免。蓋是時成已去而譚未除，是以缺官也。使我得見，言君蘭，張晏曰：楊興，字君蘭。考異曰：荀紀作「君簡」，今從漢書。京兆尹可立得。」興曰：「君房下筆，言語妙天下；賈捐之，字君房。師古曰：於天下最爲精妙耳。使君房爲尚書令，勝五鹿充宗遠甚。」續漢志曰：尚書令，承秦所置；武帝用宦者更爲中書謁者令。是時石顯爲中書令，五鹿充宗爲尚書令，疑兩官並置也。百官表：成帝建始元年，尚書令五鹿充宗爲少府；五年，貶爲玄菟太守。逆而數之，則知充宗是年猶爲尚書令也。姓譜：趙大夫食采於五鹿，以邑爲氏。捐之曰：「令我得代充宗，君蘭爲京兆，京兆，郡國首，尚書，百官本，天下眞大治，士則不隔矣！」治，直吏翻。捐之復短石顯，興曰：「顯方貴，上信用之；今欲進，第從我計，師古曰：第，但也。且與合意，即得入矣！」捐之即與興共爲薦顯奏，稱譽其美，譽，音余；下同。以爲宜賜爵關內侯，引其兄弟以爲諸曹；又共爲薦興奏，以爲可試守京兆尹。石顯聞知，白之上，乃下興、捐之獄，下，遐稼翻。令顯治之，奏「興、捐之懷詐僞，更相薦譽，更，工衡翻。欲得大位，罔上不道！」捐之竟坐棄市；興髡鉗爲城旦。

臣光曰：君子以正攻邪，猶懼不克；況捐之以邪攻邪，其能免乎！

11 徙清河王竟爲中山王。

12 匈奴呼韓邪單于民衆益盛，塞下禽獸盡，單于足以自衛，不畏郅支，其大臣多勸單于北歸者。師古曰：塞下無禽獸，則射獵無所得；又不畏郅支，故欲北歸舊處。久之，單于竟北歸庭，民衆稍稍歸之，其國遂定。

二年（己卯、前四二）

1 春，二月，赦天下。

2 丁酉，御史大夫韋玄成爲丞相；右扶風鄭弘爲御史大夫。

3 三月，壬戌朔，日有食之。

4 夏，六月，赦天下。

5 上問給事中匡衡以地震日食之變，匡衡時以博士給事中。風俗通云：匡，魯邑，句須爲之宰；其後氏焉。衡上疏曰：「陛下躬聖德，開太平之路，閔愚吏民觸法抵禁，比年大赦，使百姓得改行自新，比，毗至翻。行，下孟翻。天下幸甚！臣竊見大赦之後，姦邪不爲衰止，爲，于僞翻。今日大赦，明日犯法，相隨入獄，此殆導之未得其務也。今天下俗，貪財賤義，好聲色，上侈靡，親戚之恩薄，婚姻之黨隆，苟合徼幸，好，呼到翻；下同。徼，工堯翻。以身設利；不改其原，師古曰：設，施也。原，本也。雖歲赦之，刑猶難使錯而不用也，師古曰：歲赦，謂每歲一赦也。錯，置也。錯，音千故翻。臣愚以爲宜壹曠然大變其俗。夫朝廷者，天下之楨幹也。楨幹，版築之具：題曰楨，旁曰幹，以築垣牆，喻治天下也。楨，音貞。朝有變色之言，則下有爭鬭之患；上有自專之士，則下有不讓之人；上有克勝之佐，則下有傷害之心；上有好利之臣，則下有盜竊之民；此其本也。師古曰：言下之所行，皆取化於上也。治天下者，審所上而已。師古曰：上，謂崇尚也。治，直之翻。教化之流，非家至而人說之也；師古曰：非家家皆到，人人勸說也。賢者在位，能者布職，朝廷崇禮，百僚敬讓，道德之行，由內及外，自近者始，然後民知所法，遷善日進而不自知也。詩曰：『商邑翼翼，四方之極。』師古曰：商頌殷武之詩也。商邑，京師也。極，中也。言商邑之禮俗，翼翼然可則傚，是乃四方之中正也。今長安，天子之都，親承聖化，然其習俗無以異於遠方，郡國來者無所法則，或見侈靡而放效之；師古曰：放，依也，音甫往翻。此教化之原本，風俗之樞機，宜先正者也。臣聞天人之際，精祲有以相盪，李奇曰：祲，氣也；言天人精氣相動也。師古曰：祲，謂陰陽之氣相浸漸以成災祥者也，音子鴆翻。善惡有以相推，事作乎下者象動乎上，陰變則靜者動，陽蔽則明者晻，鄧展曰：靜者動，謂地震也；明者晻，謂日食也。師古曰：晻，與暗同。水旱之災隨類而至。陛下祗畏天戒，哀閔元元，宜省靡麗，考制度，近忠正，遠巧佞，近，其靳翻。遠，于願翻。以崇至仁，匡失俗，道德弘於京師，淑問揚乎疆外，師古曰：淑，善也。問，名也。然後大化可成，禮讓可興也。」上說其言，說，讀曰悅。遷衡爲光祿大夫。

荀悅論曰：夫赦者，權時之宜，非常典也。漢興，承秦兵革之後，大愚之世，比屋可刑，比，毗至翻，又毗必翻。故設三章之法，大赦之令，約法三章，事見九卷高帝元年。赦，自古有之，至於大赦，則始於秦。高祖既幷天下，卽皇帝位，大赦天下，後世因之爲永制。蕩滌穢流，與民更始，更，工衡翻。時勢然也。後世承業，襲而不革，失時宜矣。若惠、文之世，無所赦之。若孝景之時，七國皆亂，異心並起，姦詐非一；及武帝末年，賦役繁興，羣盜並起，加以太子之事，巫蠱之禍，天下紛然，百姓無聊；【章：乙十一行本「聊」下有「人不自安」四字；孔本同；退齋校同；傳校同。】及光武之際，撥亂之後：如此之比，宜爲赦矣。

6 秋，七月，隴西羌彡姐旁種反，師古曰：彡，音所廉翻，又音先廉翻。姐，音紫。今西羌尚有此姓，而彡，音先冉翻。詔召丞相韋玄成等入議。是時，歲比不登，比，毗至翻。朝廷方以爲憂，而遭羌變，玄成等漠然，莫有對者。師古曰：漠，無聲也，音莫。右將軍馮奉世曰：「羌虜近在竟內背畔，竟，古境字通用。背，蒲妹翻。不以時誅，無以威制遠蠻，臣願帥師討之！」帥，讀曰率。上問用兵之數，對曰：「臣聞善用兵者，役不再興，糧不三載，故師不久暴而天誅亟決。師古曰：暴，露也。亟，急也。載，子亥翻。往者數不料敵，師古曰：料，量也，音聊。而師至於折傷，再三發調，則曠日煩費，威武虧矣。折，而設翻。調，徒弔翻。今反虜無慮三萬人，師古曰：無慮，舉凡之言，無小思慮而大計也。法當倍，用六萬人；然羌戎，弓矛之兵耳，器不犀利，如淳曰：今俗以刀兵利爲犀。晉灼曰：犀，堅也。師古曰：晉說是。可用四萬人。一月足以決。」丞相、御史、兩將軍兩將軍，車騎將軍王接、左將軍許嘉也。皆以爲「民方收斂時未可多發；發萬人屯守之，且足。」且足，猶言且可也。斂，力贍翻。奉世曰：「不可。天下被饑饉，被，皮義翻。士馬羸耗，守戰之備久廢不簡，師古曰：簡，謂選揀。夷狄皆有輕邊吏之心，而羌首難。師古曰：言創首爲寇難也。難，乃旦翻。今以萬人分屯數處，虜見兵少，必不畏懼；戰則挫兵病師，守則百姓不救，如此，怯弱之形見。見，賢遍翻。羌人乘利，諸種並和，種，章勇翻。師古曰：和，應也，音胡臥翻。相扇而起，臣恐中國之役不得止於四萬，非財幣之所能解也。故少發師而曠日，師古曰：曠，空也；空費其日而無功也。與一舉而疾決，利害相萬也。」師古曰：相比爲萬倍也。固爭之，不能得。言奉世不能得請也。有詔，益二千人。於是遣奉世將萬二千人騎，以將屯爲名，師古曰：且云領兵屯田，不言討賊。將，即亮翻。典屬國任立、護軍都尉韓昌爲偏裨，到隴西，分屯三處。任立爲右軍，屯白石。韓昌爲前軍，屯臨洮。奉世爲中軍，屯首陽西極上。任，音壬。昌先遣兩校尉與羌戰，羌衆【章：乙十一行本「衆」作「虜」；孔本同。】盛多，皆爲所破，殺兩校尉。校，戶教翻。奉世具上地形部衆多少之計，願益三萬六千人，乃足以決事。書奏，天子大爲發兵六萬餘人。上，時掌翻。爲，于僞翻。八月，拜太常弋陽侯任千秋爲奮武將軍以助之。昭帝時，宮以捕上官桀功，封弋陽侯，千秋其子也。弋陽侯國，屬汝南郡。應劭曰：弋山在西北。冬，十月，兵畢至隴西，十一月，並進，羌虜大破，斬首數千級，餘皆走出塞。兵未決間，漢復發募士萬人，復，扶又翻。拜定襄太守韓安國爲建威將軍；師古曰：自別有此韓安國，非武帝時人也。未進，聞羌破而還。詔罷吏士，吏，軍吏；士，卒也。頗留屯田，備要害處。師古曰：要害者，在我爲要，於敵爲害也。

資治通鑑卷第二十九

翰林學士朝散大夫右諫議大夫知制誥兼侍講同提舉萬壽觀公事
兼判集賢院上護軍河內郡開國侯食邑一千三百戶賜紫金魚袋臣　司馬光　奉敕編集

後學天台　胡三省　音註

漢紀二十一　起上章執徐（庚辰），盡著雍困敦（戊子），凡九年。

孝元皇帝下

永光三年（庚辰、前四一）

1 春，二月，馮奉世還京師，更爲左將軍，賜爵關內侯。

2 三月，立皇子康爲濟陽王。濟，子禮翻。

3 夏，四月，平【章：乙十一行本「平」上有「癸未」二字；孔本同；張校同；退齋校同；傅校同。】昌考侯王接薨。諡法：大慮行方曰考。秋，七月，壬戌，以平恩侯許嘉爲大司馬、車騎將軍。

4 冬，十一月，己丑，地震，雨水。

5 復鹽鐵官；置博士弟子員千人。罷鹽鐵官，博士弟子毋置員，事見上卷初元五年。以用度不足，民多復除，復，方目翻。無以給中外繇役故也。繇，古傜字通。

四年（辛巳、前四〇）

1 春，二月，赦天下。

2 三月，上行幸雍，祠五畤。雍，於用翻。畤，音止。

3 夏，六月，甲戌，孝宣園東闕災。

4 戊寅晦，日有食之。上於是召諸前言日變在周堪、張猛者責問，皆稽首謝；譖堪、猛事見上卷元年。稽，音啓。因下詔稱堪、猛【章：乙十一行本無「猛」字；傳校同。】之美，徵詣行在所，拜爲光祿大夫，秩中二千石，領尚書事；猛復爲太中大夫、給事中。中書令石顯管尚書，師古曰：言管主其事。尚書五人皆其黨也；按帝紀及百官表，成帝建始四年，初置尚書員五人。此蓋言顯與牢梁、五鹿充宗、伊嘉、陳順五人皆典領尚書事，雖未置定員，實亦五人也。堪希得見，見，賢遍翻。常因顯白事，事決顯口。會堪疾瘖，不能言而卒。師古曰：瘖，音於今翻。顯誣譖猛，令自殺於公車。

5 初，貢禹奏言：「孝惠、孝景廟皆親盡宜毀，按貢禹傳，定漢宗廟迭毀之禮，未及施行而卒。其後，韋玄成等毀廟之議，又不純用禹說。觀其奏言天子七廟，孝惠、孝景親盡宜毀，蓋以悼考廟足爲七廟也。及郡國廟不應古禮，宜正定。」惠帝尊高帝廟爲太祖廟，景帝尊文帝廟爲太宗廟；行所嘗幸郡國，各立太祖、太宗廟。宣帝復尊武帝爲世宗廟，行所巡狩亦立焉。凡祖宗廟在郡國者六十八，合百六十七所。春秋之義，王不祭於下土諸侯，故以爲不應古禮。天子是其議。秋，七月，戊子，罷昭靈后、武哀王、昭哀后、衛思后、戾太子、戾后園，皆不奉祠，裁置吏卒守焉。師古曰：昭靈后，高祖母也。武哀王，高祖兄也。昭哀后，高祖姊也。衛思后，戾太子母也。戾后，卽史良娣也。冬，十月，乙丑，罷祖宗廟在郡國者。6諸陵分屬三輔。師古曰：先是諸陵總屬太常，今各依其地界屬三輔。以渭城壽陵亭部原上爲初陵；服虔曰：元帝所置陵也；未有名，故曰初。詔勿置縣邑及徙郡國民。

五年（壬午、前三九）

1春，正月，上行幸甘泉，郊泰畤。畤，音止。三月，幸河東，祠后土。

2秋，潁川水流殺人民。

3冬，上幸長楊射熊館，師古曰：長楊，宮名也，在盩厔縣；其中有射熊館。大獵。

4十二月，乙酉，毁太上皇、孝惠皇帝寢廟園，用韋玄成等之議也。玄成等奏曰：「祖宗之廟，世世不毁；繼祖以下，五廟而迭毁。今高皇帝爲太祖，孝文皇帝爲太宗，孝景皇帝爲昭，孝武皇帝爲穆，孝昭皇帝與孝宣皇帝俱爲昭。皇考廟，親未盡。太上皇、孝惠廟皆親盡，宜毁。」

5上好儒術、文辭，頗改宣帝之政；言事者多進見，好，呼到翻。見，賢遍翻。人人以【章：乙十一行本「以」上有「自」字；孔本同。】爲得上意。又傅昭儀及子濟陽王康愛幸，外戚傳曰：元帝加昭儀之號，位視丞相，爵比諸侯王。師古曰：昭顯其儀，示隆重也。濟，子禮翻。踰於皇后、太子。昭儀位次皇后，今寵踰之。太子少傅匡衡上疏曰：疏，所據翻，條陳也。「臣聞治亂安危之機，在乎審所用心。蓋受命之王，【章：乙十一行本「王」作「主」；傳校同。】務在創業垂統，傳之無窮；繼體之君，心存於承宣先王之德而褒大其功。昔者成王之嗣位，思述文、武之道以養其心，休烈盛美【章：乙十一行本「美」下有「皆」字；孔本同；張校同；傳校同。】歸之二后，而不敢專其名，師古曰：休，亦美也。烈，業也。后，君也。二君，文王、武王也。是以上天歆享，鬼神祐焉。陛下聖德天覆，子愛海內，覆，敷又翻。然而陰陽未和，姦邪未禁者，殆議者未丕揚先帝之盛功，師古曰：丕，大也。爭言制度不可用也，務變更之，所更或不可行而復復之，更，工衡翻；下同。上復，扶又翻，又也。下復，扶目翻，反也。是以羣下更相是非，吏民無所信。臣竊恨國家釋樂成之業而虛爲此紛紛也！師古曰：釋，廢也。樂成，謂已成之業，人情所樂也。樂，音洛。願陛下詳覽統業之事，留神於遵制揚功，遵先帝之法制，揚先帝之功烈也。以定羣下之心。詩大雅曰：『無念爾祖，聿脩厥德，』師古曰：大雅文王之詩也。無念，念也。聿，述也。蓋至德之本也。傳曰：『審好惡，理情性，而王道畢矣。』衡守詩學，此必詩傳之言。傳，直戀翻。好，呼到翻。惡，烏路翻。治性之道，必審己之所有餘而強其所不足，治，直之翻。師古曰：強，勉也，音其兩翻。蓋聰明疏通者戒於太察，寡聞少見者戒於壅蔽，少，詩沼翻。勇猛剛強者戒於太暴，仁愛溫良者戒於無斷，斷，丁亂翻。湛靜安舒者戒於後時，廣心浩大者戒於遺忘。師古曰：湛，讀曰沈。忘，巫放翻。必審己之所當戒而齊之以義，然後中和之化應，而巧僞之徒不敢比周而望進。比，毗至翻。唯陛下戒之，所以崇聖德也！

臣又聞室家之道脩，則天下之理得，故詩始國風，禮本冠、婚。始乎國風，原情性以明人倫也；本乎冠、婚，正基兆以防未然也；師古曰：關雎美后妃之德，而爲國風之首。禮記冠義曰：冠者，禮之始也。婚義曰：婚者，禮之本也。冠，古玩翻；下同。故聖王必慎妃后之際，別適長之位，師古曰：適，讀曰嫡；下同。長，知兩翻。禮之於內也。卑不踰尊，新不先故，先，悉薦翻。所以統人情而理陰氣也；其尊適而卑庶也，適子冠乎阼，禮之用醴，師古曰：阼，主階也。醴，甘酒也，貴於衆酒。適，讀曰嫡。衆子不得與列，所以貴正體而明嫌疑也。非虛加其禮文而已，乃中心與之殊異，故禮探其情而見之外也。探，吐南翻。聖人動靜游燕所親，物得其序，師古曰：言凡物大小、高卑皆有次序。則海內自脩，百姓從化。如當親者疏，疏，讀曰疎。當尊者卑，師古曰：如，若也。則佞巧之姦因時而動，以亂國家。故聖人慎防其端，禁於未然，不以私恩害公義。傳曰：『正家而天下定矣！』師古曰：易家人卦之象辭。

6 初，武帝既塞宣房，事見二十一卷武帝元封二年。塞，悉則翻；下同。後河復北決於館陶，分爲屯氏河，館陶縣，屬魏郡，河水自此別出爲屯氏河，東北至勃海章武縣入海；過魏郡、清河、信都、勃海四郡，行千五百里。師古曰：屯，音大門翻。而隋氏分析州縣，誤以爲毛氏河，乃置毛州，失之甚矣。復，扶又翻。東北入海，廣深與大河等，故因其自然，不隄塞也。是歲，河決於清河靈鳴犢口，而屯氏河絕。據溝洫志：靈鳴犢口在清河東界。師古曰：清河之靈縣鳴犢河口也。按唐博州高唐縣，漢靈縣地，鳴犢河在縣西。宋白曰：魏州夏津縣本漢靈縣地，漢初爲鄃縣，故城在今德州西南五十里；天寶元年改爲夏津縣。

建昭元年（癸未、前三八）

1 春，正月，戊辰，隕石于梁。據五行志，隕石于梁國。

2 三月，上行幸雍，祠五畤。雍，於用翻。畤，音止。

3 冬，河間王元坐賊殺不辜廢，遷房陵。元，河間獻王德之來孫也。

4 罷孝文太后寢祠園。孝文太后，薄氏，葬霸陵之南。

5 上幸虎圈鬭獸，圈，求阮翻；下同。後宮皆坐；熊逸出圈，攀檻欲上殿，上，時掌翻。左右、貴人、傅倢伃等皆驚走；傅倢伃，卽傅昭儀，蓋後進號也。倢伃，音接予。馮倢伃直前，當熊而立。左右格殺熊。上問：「人情驚懼，何故前當熊？」倢伃對曰：「猛獸得人而止；妾恐熊至御坐，坐，徂臥翻。故以身當之。」帝嗟嘆，倍敬重焉。傅倢伃慚，由是與馮倢伃有隙。爲後傅太后誣殺中山馮太后張本。馮倢伃，左將軍奉世之女也。

二年（甲申、前三七）

1 春，正月，上行幸甘泉，郊泰畤。三月，行幸河東，祠后土。

2 夏，四月，赦天下。

3 六月，立皇子興爲信都王。考異曰：荀紀，「興」作「譽」。今從漢書。

4東郡京房學易於梁人焦延壽。風俗通云：鄭武公子段封於京，其後氏焉。姓譜云：周武王封神農之後於焦，後以國爲氏。又左傳云：虞、虢、焦、滑，皆姬姓也。董正工曰：京房，本姓李，吹律，自定爲京氏。洪氏隸釋云：漢中黄門譙敏碑云：其先故國師譙贛，傳道與京君房。此碑以焦贛爲譙。左傳，楚師伐陳，取焦夷，註謂焦，今譙縣。若是，則「焦」、「譙」可以通用。梁，國名。延壽常曰：「得我道以亡身者，京生也。」其說長於災變，分六十卦，更直日用事，以風雨寒温爲候，孟康曰：分卦直日之法，一爻各主一日，六十卦爲三百六十日。餘四卦，震、離、兑、坎爲方伯、監司之官。所以用震、離、兑、坎者，是二至、二分用事之日，又是四時各專王之氣，各卦主時。其占法，各以其日觀其善惡也。更，工衡翻。各有占驗。房用之尤精，以孝廉爲郎，上疏屢言災異，有驗。天子說之，數召見問。說，讀曰悦。數，所角翻。房對曰：「古帝王以功舉賢，則萬化成，瑞應著；師古曰：萬化，萬機之事，施教化者也。一曰：萬物之類也。末世以毁譽取人，譽，音余。故功業廢而致災異。宜令百官各試其功，災異可息。」詔使房作其事，房奏考功課吏法。晉灼曰：令、丞、尉治一縣，崇教化，亡犯法者，輒遷。有盜賊，滿三日不覺者，則尉事也；令覺之，自除，丞、尉負其罪。率相準，如此法。上令公卿朝臣與房會議温室，皆以房言煩碎，令上下相司，不可許；上意鄉之。師古曰：鄉，讀曰嚮。時部刺史奏事京師，上召見諸刺史，令房曉以課事；刺史復以爲不可行。武帝置十三州刺史，各部一州，故曰部刺史。復，扶又翻。唯御史大夫鄭弘、光禄大夫周堪初言不可，後善之。

是時，中書令石顯顓權，顯友人五鹿充宗爲尚書令，二人用事。房嘗宴見，師古曰：以閒宴時而入見天子。見，賢遍翻。問上曰：「幽、厲之君何以危？所任者何人也？」上曰：「君不明而所任者巧佞。」房曰：「知其巧佞而用之邪，將以爲賢也？」上曰：「賢之。」房曰：「然則今何以知其不賢也？」上曰：「以其時亂而君危知之。」房曰：「若是，任賢必治，任不肖必亂，必然之道也。治，直吏翻；下同。幽、厲何不覺悟而更求賢，曷爲卒任不肖以至於是？」師古曰：卒，終也，音子恤翻。上曰：「臨亂之君，各賢其臣；令皆覺寤，天下安得危亡之君！」房曰：「齊桓公、秦二世亦嘗聞此君而非笑之；然則任豎刁、趙高，政治日亂，盜賊滿山，豎刁註見十八卷武帝元光五年。趙高事見秦紀。何不以幽、厲卜之而覺寤乎？」以龜卜，所以驗吉凶。以幽、厲卜，所以驗治亂。上曰：「唯有道者能以往知來耳。」房因免冠頓首曰：「春秋紀二百四十二年災異，以示萬世之君。今陛下卽位以來，日月失明，星辰逆行，山崩，泉湧，地震，石隕，夏霜，冬靁，春凋，秋榮，隕霜不殺，水、旱、螟蟲，民人饑、疫，盜賊不禁，刑人滿市，春秋所記災異盡備。師古曰：言今皆備有之。靁，古雷字。春秋所記：隱十一年、桓十八年、莊公三十二年、閔公二年、僖公三十三年、文公十八年、宣公十八年、成公十八年、襄公三十一年、昭公三十二年、定公十五年、哀公十四年，凡二百四十二年。陛下視今爲治邪，亂邪？」上曰：「亦極亂耳，尚何道！」房曰：「今所任用者誰與？」道，言也。師古曰：與，讀曰歟。考異曰：故資政殿學士邵亢得兩浙錢王寫本漢書，無「亂邪」二字，有「上曰：『亦極亂耳，尚何道！』房曰：『今』」十二字；今取之。上曰：「然，幸其愈於彼，又以爲不在此人也。」師古曰：愈，猶勝也。言今之災異及政道，猶幸勝於往日，又不由所任之人。房曰：「夫前世之君，亦皆然矣。臣恐後之視今，猶今之視前也！」上良久，乃曰：「今爲亂者誰哉？」房曰：「明主宜自知之。」上曰：「不知也；如知，何故用之！」房曰：「上最所信任，與圖事帷幄之中，師古曰：圖，謀也。進退天下之士者是矣。」房指謂石顯，上亦知之，謂房曰：「已諭。」師古曰：言已曉此意。房罷出，後上亦不能退顯也。

臣光曰：人君之德不明，則臣下雖欲竭忠，何自而入乎！觀京房所以曉孝元，可謂明白切至矣，而終不能寤，悲夫！詩曰：「匪面命之，言提其耳。匪手攜之，言示之事。」又曰：「誨爾諄諄，聽我藐藐。」皆大雅抑詩之辭也。鄭氏箋曰：「言我非但以手攜掣之，親示以其事之是非；我非但對面告語之，親提撕其耳。此言以教導之熟，不可啓覺也。藐藐然，不入也。我教告王，口語諄諄然，王聽聆之藐藐然。諄，之純翻，又之閏翻。藐，美角翻；爾雅云：悶也。孝元之謂矣！

上令房上弟子曉知考功、課吏事者，欲試用之。房上「中郎任良、姚平，願以爲刺史，試考功法；臣得通籍殿中，爲奏事，以防壅塞。」石顯、五鹿充宗皆疾房，欲遠之，上，時掌翻。爲，于僞翻。塞，悉則翻。遠，于願翻。師古曰：欲出之，令遠去。建言，宜試以房爲郡守。師古曰：立議云然也。帝於是以房爲魏郡太守，得以考功法治郡。治，直之翻。

房自請：「歲竟，乘傳奏事，」歲竟，歲終也。傳，知戀翻；下同。天子許焉。房自知數以論議爲大臣所非，數，所角翻。與石顯等有隙，不欲遠離左右，離，力智翻。乃上封事曰：「臣出之後，恐爲用事所蔽，身死而功不成，故願歲盡乘傳奏事，蒙哀見許。言蒙帝哀憐而許之。乃辛巳，蒙氣復乘卦，太陽侵色，張晏曰：晉卦、解卦也。太陽侵色，謂大壯也。原父曰：蒙氣起而太陽侵色，則太陽指日也。大壯、解卦可云太陽，而非所侵色也。京房易傳曰：蒙如塵雲。臣私祿及親，茲謂罔辟，厥異蒙。大臣厭小臣，茲謂蔽蒙，微，日不明，若解不解。晉書天文志曰：凡連陰十日，晝不見日，夜不見月，亂風四起，欲雨而無雨，名曰「蒙」。復，扶又翻；下同。此上大夫覆陽而上意疑也。據孟康註：房以消息卦爲辟。辟，君也。息卦曰太陰，消卦曰太陽。其餘卦曰少陰、少陽，謂臣下也。上大夫覆陽，蓋以是候之。師古曰：覆，掩蔽也，音敷救翻。己卯、庚辰之間，必有欲隔絕臣，令不得乘傳奏事者。」以辛巳蒙氣，占己卯、庚辰二日也。

房未發，上令陽平侯王鳳承制詔房止無乘傳奏事。鳳，陽平侯王禁之子。房意愈恐。秋，房去至新豐，因郵上封事師古曰：郵，行書者也，若今傳送文書矣。郵，音尤。曰：「臣前以六月中言遯卦不效，法曰：『道人始去，寒涌水爲災。』法者，房占候之法，著之於書者也。師古曰：道人，有道術之人也。天氣寒，又有水涌出也。至其七月，涌水出。臣弟子姚平謂臣曰：『房可謂知道，未可謂信道也。房言災異，未嘗不中。中，竹仲翻。涌水已出，道人當逐死，尚復何言！』臣曰：『陛下至仁，於臣尤厚，雖言而死，臣猶言也。』師古曰：自云不避死也。平又曰：『房可謂小忠，未可謂大忠也。小忠，謂以諫殺身而無益於國。大忠，謂諫行言聽而身與國同休也。昔秦時趙高用事，有正先者，非刺高而死，孟康曰：姓正，名先，秦博士也。姓譜：正姓，宋上卿正考父之後。高威自此成，故秦之亂，正先趣之。』師古曰：趣，讀曰促。今臣得出守郡，自詭效功，恐未效而死，惟陛下毋使臣塞涌水之異，師古曰：塞，當也。當正先之死，爲姚平所笑。」

房至陝，陝縣，屬弘農郡，周、召二伯東西分治，以陝爲界，卽此地也。陝，音式冉翻。復上封事曰：「臣前白願出任良試考功，臣得居內。議者知如此於身不利，臣不可蔽，故云『使弟子不若試師。』臣爲刺史，又當奏事，故復云『爲刺史，恐太守不與同心，不若以爲太守。』此其所以隔絕臣也。陛下不違其言而遂聽之，此乃蒙氣所以不解、太陽無色者也。臣去稍遠，太陽侵色益甚，願陛下毋難還臣而易逆天意！師古曰：易，輕也，音弋豉翻。邪說雖安于人，天氣必變，言人君雖安其邪說而不之覺，天氣必爲之變而失其常。故人可欺，天不可欺也，願陛下察焉！」

房去月餘，竟徵下獄。初，淮陽憲王舅張博，傾巧無行，淮陽憲王欽，宣帝張倢伃之子，帝弟也。下，遐稼翻。行，下孟翻。多從王求金錢，欲爲王求入朝。博從京房學，以女妻房。房每朝見，退輒爲博道其語。師古曰：所與天子言者，皆具說之。爲，于僞翻。妻，七細翻。博因記房所說密語，令房爲王作求朝奏草，師古曰：草，謂爲文之藁草也。論語，孔子曰：「爲命，裨諶草創之。」皆持東與王，以爲信驗。淮陽國，在關東。石顯知之，告「房與張博通謀，非謗政治，歸惡天子，詿誤諸侯王。」治，直吏翻。詿，古賣翻。皆下獄，棄市，考異曰：元紀及荀紀，京房死皆在此年末。按房傳，二月朔上封事；去月餘，徵下獄。百官表：「八月，癸亥，匡衡爲御史大夫。」房死必不在歲末也。紀不知月日，故繫之歲末耳。妻子徙邊。鄭弘坐與房善，免爲庶人。免御史大夫也。

6 御史中丞陳咸數毀石顯，數，所角翻；下同。久之，坐與槐里令朱雲善，漏泄省中語，時丞相韋玄成言雲暴虐無狀，陳咸在前聞之，以語雲；雲上書自訟。顯以此奏咸漏泄省中語。高帝三年，改廢丘爲槐里，屬右扶風。石顯微伺知之，與雲皆下獄，髡爲城旦。

石顯威權日盛，公卿以下畏顯，重足一迹。師古曰：言極恐懼，不敢自寬縱也。重，直龍翻。重足，累足也。累足而立，故一迹。顯與中書僕射牢梁、少府五鹿充宗結爲黨友，姓譜：牢姓，孔子弟子琴牢之後。諸附倚者皆得寵位。民歌之曰：「牢邪，石邪！五鹿客邪！印何纍纍，綬若若邪！」師古曰：纍纍，重積也。若若，長貌。纍，音力追翻。

顯內自知擅權，事柄在掌握，恐天子一旦納用左右耳目以間己，間，音工莧翻。乃時歸誠，取一信以爲驗。顯嘗使至諸官，有所徵發，使，疏吏翻。將命曰使。諸官，諸官府也。顯先自白：「恐後漏盡宮門閉，請使詔吏開門。」上許之。顯故投夜還，稱詔開門入。後果有上書告「顯顓命，矯詔開宮門」，天子聞之，笑以其書示顯。顯因泣曰：「陛下過私小臣，屬任以事，師古曰：過，猶誤也。屬，委也。屬，音之欲翻。羣下無不嫉妬，欲陷害臣者，事類如此非一，唯獨明主知之。愚臣微賤，誠不能以一軀稱快萬衆，稱，音尺孕翻。任天下之怨；師古曰：任，猶當也。任，音壬。臣願歸樞機職，受後宮掃除之役，死無所恨。唯陛下哀憐財幸，師古曰：財，與裁同。以此全活小臣！」天子以爲然而憐之，數勞勉顯，加厚賞賜，數，所角翻。勞，力到翻。賞賜及賂遺訾一萬萬。遺，于季翻。師古曰：賂遺，謂百官羣下所遺也。訾，讀與貲同。初，顯聞衆人匈匈，言己殺前將軍蕭望之，事見上卷初元二年。恐天下學士訕己，師古曰：訕，謗也，音所諫翻。以諫大夫貢禹明經著節，乃使人致意，深自結納，因薦禹天子，歷位九卿，禮事之甚備。議者於是或稱顯，以爲不妬譖望之矣。薦貢禹事當在顯譖殺京房、陷陳咸之前，故以初字發語。顯之設變詐以自解免，取信人主者，皆此類也。

荀悅曰：夫佞臣之惑君主也甚矣，故孔子曰：「遠佞人。」論語孔子告顏淵之言。遠，于願翻；下同。非但不用而已，乃遠而絕之，隔塞其源，塞，悉則翻。戒之極也。孔子曰：「政者，正也。」論語，孔子答季康子之言。夫要道之本，正己而已矣。平直眞實者，正之主也。故德必核其眞，然後授其位；能必核其眞，然後授其事；功必核其眞，然後授其賞；罪必核其眞，然後授其刑；行必核其眞，然後貴之；言必核其眞，然後信之；物必核其眞，然後用之；事必核其眞，然後脩之。核，與覈同；謂精確得其實也。行，下孟翻。故衆正積於上，萬事實於下，先王之道，如斯而已矣！

7 八月，癸亥，以光祿勳匡衡爲御史大夫。鄭弘坐京房免，以衡代之。

8 閏月，丁酉，太皇太后上官氏崩。此昭帝上官后也。

9 冬，十一月，齊、楚地震，此指齊、楚古國之大界。大雨雪，樹折，屋壞。雨，于具翻。折，而設翻。

三年（乙酉、前三六）

1 夏，六月，甲辰，扶陽共侯韋玄成薨。共，音恭。

2 秋，七月，匡衡爲丞相。戊辰，衞尉李延壽爲御史大夫。

3 冬，使西域都護、騎都尉北地甘延壽、副校尉山陽陳湯師古曰：言延壽及湯本充西域之使，故先言使而後序其官職及姓名。使，疏吏翻。共誅斬【章：乙十一行本「斬」下有「匈奴」二字；孔本同。】郅支單于於康居。

始，郅支單于自以大國，威名尊重，又乘勝驕，郅支嘗破殺閏振，攻破呼韓邪，又殺伊利目，屢破烏孫兵，故乘勝氣而驕也。不爲康居王禮，怒殺康居王女康居王以女妻郅支，事見上卷初元五年。及貴人、人民數百，或支解投都賴水中；師古曰：支解，謂截其四支。都賴，郅支水名。余謂都賴水在康居國郅支城旁。發民作城，日作五百人，二歲乃已。又遣使責闔蘇、大宛諸國歲遺，師古曰：胡廣云：康居北可一千里有國名奄蔡，一名闔蘇。然則闔蘇卽奄蔡也。歲遺者，年常所獻之物。遺，弋季翻。不敢不予。予，讀曰與。漢遣使三輩至康居，求谷吉等死，殺谷吉見上卷初元五年。師古曰：死，尸也。郅支困辱使者，不肯奉詔；而因都護上書，言「居困戹，願歸計強漢，遣子入侍。」師古曰：故爲此言以調戲也。歸計，謂歸附而受計策也。其驕嫚如此。

湯爲人沈勇，有大慮，沈，持林翻。多策略，喜奇功，師古曰：喜，音許吏翻。與延壽謀曰：「夷狄畏服大種，其天性也。種，章勇翻。西域本屬匈奴，武帝雖通西域，匈奴猶役屬之；至宣帝時，朝呼韓邪，降日逐，西域乃咸屬漢。今郅支單于威名遠聞，聞，音問。侵陵烏孫、大宛，宛，於元翻。常爲康居畫計，欲降服之；爲，于僞翻。降，戶江翻。如得此二國，數年之間，城郭諸國危矣。且其人剽悍，師古曰：剽，輕也。悍，勇也。剽，平妙翻，又匹妙翻。悍，胡幹翻，又下罕翻。好戰伐，數取勝；久畜之，必爲西域患。好，呼到翻。數，所角翻。畜，許六翻。雖所在絕遠，蠻夷無金城、強弩之守。如發屯田吏士，卽屯田車師者。敺從烏孫衆兵，師古曰：驅率之令隨從也。敺，與驅同；下同。直指其城下，彼亡則無所之，守則不足自保，師古曰：之，往也。保，安也。千載之功可一朝而成也！」載，子亥翻。延壽以爲然，欲奏請之。湯曰：「國家與公卿議，此時已稱天子爲國家，非至東都始然也。大策非凡所見，事必不從。」師古曰：言凡庸之人不能遠見，將壞其事也。延壽猶與不聽。與，讀曰豫；卽猶豫也。會其久病，湯獨矯制發城郭諸國兵、車師戊己校尉屯田吏士。戊己校尉屯田車師。延壽聞之，驚起，欲止焉。湯怒，按劍叱延壽曰：「大衆已集會，豎子欲沮衆邪！」師古曰：沮，止也，壞也，音材汝翻。延壽遂從之。部勒行陳，行，戶剛翻。陳，讀曰陣。漢兵、胡兵合四萬餘人。延壽、湯上疏自劾奏矯制，劾，戶概翻。自劾，自奏其矯制之罪也。陳言兵狀，卽日引軍分行，別爲六校：別，彼列翻，分也。按湯傳，益置陽威、合騎、白虎之校，併副校尉、戊校尉、己校尉爲六校。校，戶教翻。其三校從南道踰葱領，徑大宛；其三校都護自將，發溫宿國，從北道入赤谷，過烏孫，溫宿國，東至都護治所二千三百八十里，北至烏孫赤谷六百一十里。涉康居界，至闐池西。而康居副王抱闐將數千騎寇赤谷城東，文穎曰：闐，音填。殺略大昆彌千餘人，敺畜產甚多，從後與漢軍相及，頗寇盜後重。師古曰：重，謂輜重也，音直用翻。湯縱胡兵擊之，殺四百六十人，得其所略民四百七十人，還付大昆彌，其馬、牛、羊以給軍食。又捕得抱闐貴人伊奴毒。入康居東界，令軍不得爲寇。師古曰：勿抄掠也。間呼其貴人屠墨見之，師古曰：間，謂密呼也。間，古莧翻。諭以威信，與飲、盟，遣去。既與之飲，又與之盟也。徑引行，未至單于城可六十里，止營。復捕得康居貴人具【章：乙十一行本「具」作「貝」；下同；退齋校同。】色子男開牟以爲導。復，扶又翻。具色子，卽屠墨母之弟，師古曰：母之弟，卽謂舅者。皆怨單于，由是具知郅支情。明日，引行，未至城三十里，止營。

單于遣使問：「漢兵何以來？」應曰：「單于上書言：『居困戹，願歸計強漢，身入朝見。』朝，直遙翻。見，賢遍翻。天子哀閔單于，棄大國，屈意康居，故使都護將軍來迎單于妻子。當此時，甘延壽止爲西域都護；以將兵故稱將軍。至光武時，遂以賈復爲都護將軍。復之都護，蓋護諸將也。恐左右驚動，故未敢至城下。」使數往來相答報，數，所角翻；下同。延壽、湯因讓之：師古曰：讓，責也。「我爲單于遠來，爲，于僞翻。而至今無名王、大人見將軍受事者，師古曰：名王，諸王之貴者。受事，受教命而供事也。何單于忽大計，失客主之禮也！師古曰：忽，忘也，又輕也。兵來道遠，人畜罷極，食度且盡，師古曰：罷，讀曰疲。度，音大各翻。恐無以自還，願單于與大臣審計策！」

明日，前至郅支城都賴水上，離城三里，離，力智翻。止營傅陳。師古曰：傅，讀曰敷，布也。陳，讀曰陣；下同。望見單于城上立五采幡幟，幟，昌志翻。數百人被甲乘城；師古曰：乘，謂登之備守也。被，皮義翻；下同。又出百餘騎往來馳城下，步兵百餘人夾門魚鱗陳，師古曰：言其相接次，形若魚鱗。講習用兵。城上人更招漢軍曰：「鬭來！」師古曰：更，互也，音工衡翻。百餘騎馳赴營，營皆張弩持滿指之，騎引卻。頗遣吏士射城門騎、步兵，射，而亦翻；下同。騎、步兵皆入。延壽、湯令軍：「聞鼓音，皆薄城下，薄，伯各翻。四面圍城，各有所守，穿壍，塞門戶，壍，卽塹字，音尺豔翻。塞，悉則翻。鹵楯爲前，戟弩爲後，楯，食尹翻。仰射城樓上人。」樓上人下走；土城外有重木城，重，直龍翻。從木城中射，頗殺傷外人。外人發薪燒木城，孔穎達曰：薪，樵也。大樵曰薪。詩云：析薪如之何？匪斧不克。是大，故用斧也。夜，數百騎欲出，外迎射，殺之。

初，單于聞漢兵至，欲去，疑康居怨己，爲漢內應，又聞烏孫諸國兵皆發，自以無所之。言郅支自計無所往而可也。郅支已出，復還，復，扶又翻。曰：「不如堅守。漢兵遠來，不能久攻。」單于乃被甲在樓上，被，皮義翻。諸閼氏、夫人數十皆以弓射外人。外人射中單于鼻，中，竹仲翻。諸夫人頗死；單于乃下。夜過半，木城穿；中人卻入土城，乘城呼。中人，木城中人也。師古曰：呼，音火故翻；下同。時康居兵萬餘騎，分爲十餘處，四面環城，亦與相應和。師古曰：環，繞也，音宦。和，胡臥翻。夜，數奔營，不利，輒卻。平明，四面火起，吏士喜，大呼乘之，師古曰：乘，逐也。余謂乘，駕也；乘火起之勢而駕之也。鉦、鼓聲動地。鉦，音征，鐃也，其狀似鈴。杜佑曰：鐲，鉦也。形如小鍾，軍行鳴之，以爲鼓節。周禮：以金鐲節鼓。近代有大銅疊，懸而擊之，以節鼓，曰鉦。康居兵引卻；漢兵四面推鹵楯，推，吐雷翻。並入土城中。單于男女百餘人走入大內。師古曰：大內，單于之內室也。漢兵縱火，吏士爭入，單于被創死。被，皮義翻。創，初良翻。軍候假丞杜勳斬單于首。漢制，軍行有各部校尉；部下有曲，曲有軍候一人。又都護有副校尉，秩比二千石；丞一人，司馬、候、千人各二人。杜勳本爲軍候而假丞也。得漢使節二及谷吉等所齎帛書；諸鹵獲以畀得者。師古曰：畀，與也，各以與所得人；音必寐翻。凡斬閼氏、太子、名王以下千五百一十八級；閼，於焉翻。氏，音支。生虜百四十五人，降虜千餘人，賦予城郭諸國所發十五王。降，戶江翻。師古曰：賦，謂班與之也。所發十五王，謂所發諸國之王，領兵共圍郅支單于者也。予，讀曰與。

四年（丙戌、前三五）

1 春，正月，郅支首至京師。延壽、湯上疏曰：「臣聞天下之大義當混爲一，師古曰：混，同也，音胡本翻。余謂混爲一者，合四海之內，同稟命於一人，天下之治出於一也。昔有唐、虞，今有強漢。匈奴呼韓邪單于已稱北藩，唯郅支單于叛逆，未伏其辜，大夏之西，以爲強漢不能臣也。大夏，西域國名，在大宛西南。師古曰：謂漢爲不能使郅支臣服也。郅支單于慘毒行於民，大惡通於天；臣延壽、臣湯，將義兵，行天誅，賴陛下神靈，陰陽並應，天氣精明，陷陳克敵，陳，讀曰陣。斬郅支首及名王以下，宜縣頭槀街蠻夷邸間，晉灼曰：槀街，黃圖在長安城門內。師古曰：槀街，街名，蠻夷邸在此街也。邸，若今客館也。又曰：蠻夷邸，若今鴻臚館。崔浩以爲「槀」當爲「橐」；橐街，卽銅駝街也。此說失之。銅駝街在雒陽，西京無也。縣，讀曰懸；下同。以示萬里，明犯強漢者，雖遠必誅！」丞相匡衡等以爲：「方春掩骼、埋胔之時，禮記月令：孟春，掩骼、埋胔。註云：謂死氣逆生氣也。應劭曰：禽獸之骨曰骼，骼，大也；鳥鼠之骨曰胔，胔，可惡也。臣瓚曰：枯骨曰骼；有肉曰胔。師古曰：瓚說是也。骼，音工客翻。胔，音才賜翻。宜勿縣。」詔縣十日，乃埋之；仍告祠郊廟，赦天下。羣臣上壽，置酒。

2 六月，甲申，中山哀王竟薨。哀王者，帝之少弟，與太子游學相長大。游，謂宴游。學，謂講學。師古曰：同處長養，以至於壯大。少，詩照翻。長，知兩翻。及薨，太子前弔。上望見太子，感念哀王，悲不能自止。太子既至前，不哀，上大恨曰：「安有人不慈仁，而可以奉宗廟，爲民父母者乎！」是時駙馬都尉、侍中史丹護太子家，護，監護也。上以責謂丹，師古曰：謂者，告語也。丹免冠謝曰：「臣誠見陛下哀痛中山王，至以感損。謂哀感而神氣爲之耗損。向者太子當進見，見，賢遍翻；下同。臣竊戒屬，毋涕泣，感傷陛下；師古曰：屬，音之欲翻。罪乃在臣，當死！」上以爲然，意乃解。

3 藍田地震，山崩，壅霸水；安陵岸崩，壅涇水，涇水逆流。藍田縣屬京兆。水經：霸水出藍田縣藍田谷，過霸陵縣，西北流注于渭。孟康曰：安陵岸，惠帝陵旁涇水岸也。

五年（丁亥、前三四）

1 春，三月，赦天下。

2 夏，六月，庚申，復戾園。

3 壬申晦，日有食之。

4 秋，七月，庚子，復太上皇寢廟園、原廟、昭靈后、武哀王、昭哀后、衞思后園。時上寢疾，久不平，以爲祖宗譴怒，故盡復之；唯郡國廟遂廢云。永光四年，罷園廟。

5 是歲，徙濟陽王康爲山陽王。濟，子禮翻。

6 匈奴呼韓邪單于聞郅支既誅，且喜且懼；喜者，以郅支既誅而已無後患也。懼者，以漢威強，懼復得罪而滅亡如郅支也。上書，願入朝見。朝，直遙翻。

竟寧元年（戊子、前三三）

應劭曰：呼韓邪單于願保塞，邊竟得以安寧，故以冠元也。師古曰：據如應說，竟讀爲境。古之用字，境、竟實同。但詔云「長無兵革之事」，竟者，終極之言，言永永安寧也。既無兵革，中外安寧，豈止境上。若依本字而讀，義更弘通也。

1 春，正月，匈奴呼韓邪單于來朝，自言願壻漢氏以自親。師古曰：言欲取漢女而身爲漢家壻。

帝以後宮良家子王嬙字昭君賜單于。嬙，音牆。單于驩喜，上書「願保塞上谷以西至敦煌，師古曰：保，守也。自請保守之，令無寇盜。敦，徒門翻。傳之無窮。請罷邊備塞吏卒，以休天子人民。」天子下有司議，下，遐稼翻。議者皆以爲便。郎中侯應習邊事，以爲不可許。上問狀，應曰：「周、秦以來，匈奴暴桀，寇侵邊境；漢興，尤被其害。被，皮義翻；下同。臣聞北邊塞至遼東，外有陰山，東西千餘里，草木茂盛，多禽獸，本冒頓單于依阻其中，治作弓矢，來出爲寇，是其苑囿也。冒，如字，又莫北翻。治，直之翻。至孝武世，出師征伐，斥奪此地，攘之於幕北，師古曰：斥，開也。攘，卻也，音人羊翻。建塞徼，起亭隧，徼，吉弔翻，境也，小路也，循察也。師古曰：隧，謂深開小道而行，避敵抄寇也，音遂。築外城，設屯戍以守之，然後邊境用得少安。幕北地平，少草木，多大沙，所謂大磧也。少，詩沼翻；下同。匈奴來寇，少所蔽隱；從塞以南，徑深山谷，往來差難。邊長老言：『匈奴失陰山之後，過之未嘗不哭也！』長，知兩翻。如罷備塞吏卒，示夷狄之大利，不可一也。今聖德廣被，天覆匈奴，師古曰：如天之覆也。被，皮義翻。覆，敷又翻。匈奴得蒙全活之恩，稽首來臣。夫夷狄之情，困則卑順，強則驕逆，天性然也。前已罷外城，事見二十四卷宣帝地節二年。省亭隧，【章：乙十一行本「隧」下有「令」字；孔本同；張校同。】纔足以候望，通烽火而已。古者安不忘危，不可復罷，二也。復，扶又翻。中國有禮義之教，刑罰之誅，愚民猶尚犯禁；又況單于，能必其衆不犯約哉！三也。師古曰：必，極也；極保之也。毛晃曰：必，定辭也。自中國尚建關梁以制諸侯，關、梁，設於水、陸要會之處。因山陜而設塞以譏陸行者爲關，或立石，或架木，或維舟絕水以譏舟行者爲梁。所以絕臣下之覬欲也。師古曰：覬，音冀。設塞徼，置屯戍，非獨爲匈奴而已，亦爲諸屬國降民本故匈奴之人，恐其思舊逃亡，四也。爲，于僞翻。近西羌保塞，與漢人交通，吏民貪利，侵盜其畜產、妻子，以此怨恨，起而背畔。背，蒲妹翻。今罷乘塞，則生嫚易分爭之漸，五也。師古曰：乘塞，登之而守也。嫚易，猶欺侮也。易，音弋豉翻。往者從軍多沒不還者，子孫貧困，一旦亡出，從其親戚，六也。又邊人奴婢愁苦，欲亡者多，曰：【張：「曰」作「日」。】『聞匈奴中樂，樂，音洛。無柰候望急何！』然時有亡出塞者，七也。盜賊桀黠，羣輩犯法，如其窘急，亡走北出，則不可制，八也。黠，下八翻。起塞以來百有餘年，自武帝起塞時，至此時百有餘年。非皆以土垣也，或因山巖、石、木、谿谷、水門，稍稍平之，卒徒築治，功費久遠，不可勝計。治，直之翻；下同。勝，音升。臣恐議者不深慮其終始，欲以壹切省繇戍，師古曰：壹切者，權時之事，非經常也。猶如以刀切物，苟取整齊，不顧長短縱橫，故言一切。繇，古傜字通。十年之外，百歲之內，卒有他變，障塞破壞，亭隧滅絕，當更發屯繕治，累歲【章：乙十一行本「歲」作「世」；孔本同。】之功不可卒復，九也。師古曰：卒，皆讀曰猝。如罷戍卒，省候望，單于自以保塞守禦，必深德漢，師古曰：於漢自稱恩德也。請求無已；小失其意，則不可測。開夷狄之隙，虧中國之固，十也。非所以永持至安，威制百蠻之長策也！」對奏，天子有詔：「勿議罷邊塞事。」使車騎將軍嘉口諭單于師古曰：將軍許嘉也。諭，謂曉告。曰：「單于上書願罷北塞吏士屯戍，子孫世世保塞。單于鄉慕禮義，鄉，讀曰嚮。所以爲民計者甚厚，此長久之策也。朕甚嘉之！中國四方皆有關梁障塞，非獨以備塞外也，亦以防中國姦邪放縱，出爲寇害，故明法度以專衆心也。專，壹也。敬諭單于之意，師古曰：言已曉知其意也。朕無疑焉。爲單于怪其不罷，爲，于僞翻；下同。故使嘉曉單于。」毛晃曰：曉，開諭也。單于謝曰：「愚不知大計，天子幸使大臣告語，甚厚！」語，牛倨翻。

初，左伊秩訾爲呼韓邪畫計歸漢，事見二十七卷宣帝甘露元年。竟以安定。其後或讒伊秩訾自伐其功，師古曰：伐，謂矜其功力。余謂此言其矜畫計定匈奴之功耳，非力也。常鞅鞅，呼韓邪疑之；伊秩訾懼誅，將其衆千餘人降漢，漢以爲關內侯，食邑三百戶，令佩其王印綬。師古曰：雖於漢爲關內侯，而依匈奴王號與印綬。及呼韓邪來朝，與伊秩訾相見，謝曰：「王爲我計甚厚，令匈奴至今安寧，王之力也，德豈可忘！我失王意，使王去，不復顧留，師古曰：言不復顧念而留住匈奴中。皆我過也。今欲白天子，請王歸庭。」歸單于庭也。伊秩訾曰：「單于賴天命，自歸於漢，得以安寧，單于神靈，天子之祐也，我安得力！既已降漢，又復歸匈奴，是兩心也。願爲單于侍使於漢，不敢聽命！」師古曰：言爲單于充使留侍於漢，不能還匈奴。使，疏吏翻。單于固請，不能得而歸。

單于號王昭君爲寧胡閼氏；師古曰：言胡得之，國以安寧也。生一男伊屠智牙師，爲右日逐王。

2 皇太子冠。冠，古玩翻。

3 二月，御史大夫李延壽卒。

4 初，石顯見馮奉世父子爲公卿著名，女又爲昭儀在內；馮昭儀，卽馮倢伃，進號昭儀。顯心欲附之，薦言：「昭儀兄謁者逡脩敕，宜侍帷幄。」師古曰：逡，音千旬翻。敕，整也。天子召見，欲以爲侍中。見，賢遍翻。逡請間言事。上聞逡言顯專權，大怒，罷逡歸郎官。及御史大夫缺，在位多舉逡兄大鴻臚野王；臚，陵如翻。上使尚書選第中二千石，選第者，選其有行能者，而第其高下之次也。而野王行能第一。行，下孟翻。上以問顯，顯曰：「九卿無出野王者；然野王，親昭儀兄，臣恐後世必以陛下度越衆賢，師古曰：度，過也。私後宮親以爲三公。」上曰：「善，吾不見是！」師古曰：言不見此理。因謂羣臣曰：「吾用野王爲三公，後世必謂我私後宮親屬，以野王爲比。」師古曰：比，例也，音必寐翻。當音毗寐翻。三月，丙寅，詔曰：「剛強堅固，確然亡欲，大鴻臚野王是也。亡，古無字通。心辨善辭，言心辨於是非而善於辭令。辨，別也。可使四方，少府五鹿充宗是也。使，疏吏翻。廉潔節儉，太子少傅張譚是也。其以少傅爲御史大夫。」以詔褒之次第，不用五鹿充宗而用張譚，何也？帝亦知充宗爲石顯之黨也。

5 河南太守九江召信臣爲少府。信臣先爲南陽太守，後遷河南，治行常第一。視民如子，好爲民興利，躬勸耕稼，開通溝瀆，戶口增倍。吏民親愛，號曰「召父」。師古曰：召，讀曰邵。治，直吏翻。行，下孟翻。好，呼到翻。

6 癸卯，【章：乙十一行本「卯」作「未」；孔本同；張校同；退齋校同；傳校同。】復孝惠皇帝寢廟園、孝文太后、孝昭太后寢園。永光五年，毁惠園。建昭元年，罷孝文太后、孝昭太后寢園。孝昭太后，孝武帝鉤弋趙倢伃也，葬雲陽甘泉宮南。

7 初，中書令石顯嘗欲以姊妻甘延壽，妻，七細翻。延壽不取。及破郅支還，還，從宣翻，又如字。丞相、御史亦惡其矯制，惡，烏路翻。皆不與延壽。師古曰：與，猶許也。陳湯素貪，所鹵獲財物入塞，多不法。師古曰：不法者，私自取之，不依軍法。余謂不法者，以外國財物闌入邊關也。司隸校尉移書道上，移書所過道上郡縣也。繫吏士，按驗之。湯上疏言：「臣與吏士共誅郅支單于，幸得禽滅，萬里振旅，師古曰：師入曰振旅。宜有使者迎勞道路。勞，來到翻。今司隸反逆收繫按驗，當勞來而收繫，是於事理爲反也。逆，迎也。是爲郅支報讎也！」爲，于僞翻。上立出吏士，令縣、道出【章：乙十一行本「出」作「具」；傳校同。】酒食以過軍。漢制，縣有蠻夷曰道。既至，論功，石顯、匡衡以爲：「延壽、湯擅興師矯制，幸得不誅；如復加爵土，復，扶又翻。則後奉使者爭欲乘危徼幸，生事於蠻夷，爲國招難。」徼，古堯翻，又一遙翻。難，乃旦翻。帝内嘉延壽、湯功而重違衡、顯之議，師古曰：重，難也。久之不決。

故宗正劉向上疏曰：帝初即位，劉向爲宗正；免官久矣，故曰故宗正。向本名更生，至是改名。「郅支單于囚殺使者、吏士以百數，事暴揚外國，傷威毀重，羣臣皆閔焉。師古曰：閔，病也。陛下赫然欲誅之，意未嘗有忘。西域都護延壽，副校尉湯，承聖指，倚神靈，總百蠻之君，攬城郭之兵，意之所向爲指。師古曰：攬，總持之也。出百死，入絕域，遂蹈康居，屠三重城，郅支城木城再重，并土城爲三重。重，直龍翻。搴歙侯之旗，師古曰：搴，拔也，音騫。歙，許及翻。斬郅支之首，縣旌萬里之外，縣，讀曰懸。揚威昆山之西，昆山，指言崑崙山也。埽谷吉之恥，谷吉爲郅支所殺，見上卷初元五年。立昭明之功，昭明，謂顯功也。萬夷慴伏，師古曰：慴，恐也，音之涉翻。莫不懼震。呼韓邪單于見郅支已誅，且喜且懼，鄉風馳義，鄉，讀曰嚮。師古曰：馳義，慕義驅馳而來也。稽首來賓，願守北藩，累世稱臣。立千載之功，載，子亥翻。建萬世之安，羣臣之勳莫大焉。昔周大夫方叔、吉甫爲宣王誅獫狁而百蠻從，爲，于僞翻。其詩曰：『嘽嘽焞焞，如霆如雷。顯允方叔，征伐獫狁，蠻荊來威。』師古曰：小雅采芑之詩也。嘽嘽，衆也。焞焞，盛也。言車徒既衆且盛，故能克定獫狁而令荊土之蠻亦畏威而來也。顯，明也。允，信也。獫，音虛檢翻。狁，音庚準翻。嘽，音他丹翻。焞，音土回翻。易曰：『有嘉折首，獲匪其醜。』師古曰：離上九爻辭也。嘉，善也。醜，類也。言王者出征，克勝斬首，多獲非類，故以爲善。言美誅首惡之人，而諸不順者皆來從也。今延壽、湯所誅震，雖易之折首，詩之雷霆，不能及也。論大功者不錄小過，舉大美者不疵細瑕。司馬法曰：『軍賞不踰月，』欲民速得爲善之利也。蓋急武功，重用人也。吉甫之歸，周厚賜之，其詩曰：『吉甫燕喜，既多受祉。來歸自鎬，我行永久。』師古曰：小雅六月之詩也。鎬，地名，非豐、鎬之鎬。此鎬及方，皆在周之北。時獫狁侵鎬及方，至于涇陽，吉甫薄伐，自鎬而還；王以宴禮樂之，多受福賜，以其行役有功，日月長久故也。吉甫，尹吉甫也。千里之鎬猶以爲遠，況萬里之外，其勤至矣。延壽、湯既未獲受祉之報，反屈捐命之功，久挫於刀筆之前，師古曰：捐其軀命，言無所顧也。挫，屈折也。刀筆，吏也。非所以厲有功，勸戎士也。昔齊桓前有尊周之功，後有滅項之罪，君子以功覆過而爲之諱。師古曰：尊周，謂伐楚責苞茅及會王世子于首止。項，國名也。春秋僖十七年，夏，滅項。公羊傳曰：齊滅之也。不言齊，爲桓公諱也。桓嘗有繼絕存亡之功，故君子爲之諱。覆，敷救翻。爲，于僞翻。貳師將軍李廣利，捐五萬之師，靡億萬之費，經四年之勞，而僅獲駿馬三十匹，雖斬宛王母寡之首，猶不足以復費，其私罪惡甚多；孝武以爲萬里征伐，不錄其過，遂封拜兩侯、三卿、二千石百有餘人。事見二十一卷武帝太初三年、四年。師古曰：靡，散也，音縻。僅，少也。復，償也，音扶目翻。今康居之國，強於大宛，郅支之號，重於宛王，殺使者罪，甚於留馬，而延壽、湯不煩漢士，不費斗糧；比於貳師，功德百之。師古曰：百倍勝之。且常惠隨欲擊之烏孫，事見二十四卷宣帝本始三年。鄭吉迎自來之日逐，事見二十六卷宣帝神爵二年。猶皆裂土受爵。故言威武勤勞，則大於方叔、吉甫；列功覆過，則優於齊桓、貳師；覆，敷又翻。近事之功，則高於安遠、長羅；師古曰：安遠侯，鄭吉；長羅侯，常惠也。而大功未著，小惡數布，數，所角翻。臣竊痛之！宜以時解縣，通籍，孟康曰：縣，罪未竟也；如言縣罰也。通籍者，不禁止，令得出入也。縣，讀曰懸。除過勿治，尊寵爵位，以勸有功。」於是天子下詔赦延壽、湯罪勿治，令公卿議封焉。議者以爲宜如軍法捕斬單于令。匡衡、石顯以爲「郅支本亡逃失國，竊號絕域，非眞單于。」帝取安遠侯鄭吉故事，封千戶；衡、顯復爭。復，扶又翻；下同。夏，四月，戊辰，封延壽爲義成侯，地理志：沛郡有義成侯國。賜湯爵關內侯，食邑各三百戶，加賜黃金百斤。拜延壽爲長水校尉，湯爲射聲校尉。

於是杜欽上疏追訟馮奉世前破莎車功。事見二十五卷宣帝元康元年。上以先帝時事，不復錄。欽，故御史大夫延年子也。

荀悅論曰：誠其功義足封，追錄前事可也。春秋之義，毀泉臺則惡之，舍中軍則善之，春秋公羊傳：文公十六年，毀泉臺。何以書？譏。何譏爾？先祖爲之，己毀之，不如勿居而已矣。昭五年，舍中軍。舍中軍者何？復古也。穀梁之義略同。惡，烏路翻。各由其宜也。夫矯制之事，先王之所愼也，不得已而行之。若矯大而功小者，罪之可也；矯小而功大者，賞之可也；功過相敵，如斯而已可也。權其輕重而爲之制宜焉。爲，于僞翻。

8 初，太子少好經書，少，詩照翻。好，呼到翻；下同。寬博謹愼；其後幸酒，樂燕樂，晉灼曰：幸酒，好酒也。師古曰：樂燕樂，若論語稱孔子云：損者三樂：樂驕樂，樂逸遊，樂燕樂，損矣。燕樂，燕私之樂也。上樂，讀如本字，又音五孝翻。下樂，音來各翻。上不以爲能。而山陽王康有才藝，母傅昭儀又愛幸，上以故常有意欲以山陽王爲嗣。上晚年多疾，不親政事，留好音樂；孟康曰：留意於音樂。或置鼙鼓殿下，天子自臨軒檻上，隤銅丸以擿鼓，師古曰：鼙，本騎上之鼓，音步迷翻。檻，軒闌版也。隤，下也。擿，投也。隤，音頹。擿，音持益翻。一曰：擿，磓也，音丁力翻。磓，音丁回翻。聲中嚴鼓之節。李奇曰：莊嚴之鼓節也。晉灼曰：疾擊之鼓也。師古曰：晉說是。中，竹仲翻。後宮及左右習知音者莫能爲，而山陽王亦能之，上數稱其材。數，所角翻；下同。史丹進曰：「凡所謂材者，敏而好學，溫故知新，師古曰：敏，速疾也。溫，厚也。溫故，厚蓄故事也。何晏曰：溫，尋也；尋繹故者，又知新者。余謂何說是。皇太子是也。若乃器人於絲竹鼙鼓之間，則是陳惠、李微高於匡衡，可相國也！」如淳曰：器人，取人器能也。陳惠、李微二人，好音者也。服虔曰：二人皆黃門鼓吹也。於是上嘿然而笑。聞丹言而嘿然，已而笑。

及上寢疾，傅昭儀、山陽王康常在左右，而皇后、太子希得進見。見，賢遍翻。上疾稍侵，意忽忽不平，師古曰：稍侵，言漸篤也。平，和也。數問尚書以景帝時立膠東王故事。事見十六卷景帝前六年。是時太子長舅陽平侯王鳳爲衞尉、侍中，長，知兩翻；下同。與皇后、太子皆憂，不知所出。師古曰：不知計所出。史丹以親密臣得侍視疾，候上間獨寢時，丹直入臥內，頓首伏青蒲上，服虔曰：青緣蒲席也。應劭曰：以青規地曰青龍；自非皇后不得至此。孟康曰：蒲青爲席，用蔽地也。師古曰：應說是也。涕泣而言曰：「皇太子以適長立，積十餘年，師古曰：適，讀曰嫡。名號繫於百姓，天下莫不歸心臣子。師古曰：自託爲臣子。仲馮曰：臣子，當屬下句，不當斷之。余以下文大意觀之，顏說爲是。見山陽王雅素愛幸，今者道路流言，爲國生意，爲，于僞翻。以爲太子有動搖之議。審若此，公卿以下必以死爭，不奉詔。臣願先賜死以示羣臣！」天子素仁，不忍見丹涕泣，言又切至，意大感寤，喟然太息曰：「吾日困劣，劣，弱也。太【章：乙十一行本「太」上有「而」字；孔本同。】子、兩王幼少，兩王，山陽王康、信都王興。意中戀戀，亦何不念乎！然無有此議。且皇后謹慎，先帝又愛太子，事見二十七卷宣帝甘露三年。吾豈可違指！駙馬都尉安所受此語？」師古曰：安，焉也。余謂安，何也。丹卽卻，頓首曰：「愚臣妄聞，罪當死！」師古曰：卻，退也，離靑蒲上。上因納，謂丹曰：「吾病寖加，恐不能自還，納者，納其言也。師古曰：寖，漸也。不自還者，言當遂至崩亡也。還，讀曰旋。善輔道太子，毋違我意！」丹噓唏而起，師古曰：道，讀曰導。噓，音虛。唏，音許旣翻。太子由是遂定爲嗣。而右將軍、光祿大夫王商、中書令石顯亦擁佑太子，頗有力焉。

夏，五月，壬辰，帝崩于未央宮。臣瓚曰：帝年二十七卽位，卽位十六年，壽四十三。

班彪贊曰：臣外祖兄弟爲元帝侍中，應劭曰：外祖金敞也。語臣曰：「元帝多材藝，善史書，應劭曰：周宣王太史史籀所作大篆。語，牛倨翻。鼓琴瑟，吹洞簫，如淳曰：簫之無底者也。杜佑曰：前代有洞簫，今無其器。自度曲，被歌聲，應劭曰：自隱度作新曲，因持新曲以爲歌詩聲也。荀悅曰：被聲，能播樂也。臣瓚曰：度曲，謂歌終更授其次，謂之度曲。西京賦曰：度曲未終，雲起雪飛。張衡舞賦亦曰：度終復位，次受三八。師古曰：應、荀二說皆是也。度，音大洛翻。被，音皮義翻。分刌節度，窮極幼眇。蘇林曰：刌，度也；知曲之終始節度也。韋昭曰：刌，切也；謂能分切句絶爲之節制也。師古曰：韋說是也。刌，音千本翻。幼眇，讀曰要妙。少而好儒；少，詩照翻。好，呼到翻。及卽位，徵用儒生，委之以政，貢、薛、韋、匡迭爲宰相。師古曰：貢禹、薛廣德、韋玄成、匡衡迭互而爲丞相也。而上牽制文義，優游不斷，孝宣之業衰焉。師古曰：爲文義所牽制，故不斷決。斷，丁亂翻。然寬弘盡下，出於恭儉，號令溫雅，有古之風烈。」

9 匡衡奏言：「前以上體不平，故復諸所罷祠；卒不蒙福。師古曰：卒，終也。卒，子恤翻。案衛思后、戾太子、戾后園，親未盡。師古曰：言不當毀也。孝惠、孝景廟，親盡，宜毀。及太上皇、孝文、孝昭太后、昭靈后、昭哀后、武哀王祠，請悉罷勿奉。」奏可。

10 六月，己未，太子卽皇帝位，謁高廟。尊皇太后曰太皇太后，宣帝卬成王皇后也。皇后曰皇太后。以元舅侍中、衛尉、陽平侯王鳳爲大司馬、大將軍、領尚書事。王氏得權自此始。

11 秋，七月，丙戌，葬孝元皇帝于渭陵。臣瓚曰：自崩及葬凡五十五日。渭陵在長安北五十六里。

12 大赦天下。

13 丞相衡上疏曰：「陛下秉至孝，哀傷思慕，不絶於心，未有游虞弋射之宴，師古曰：虞，與娛同。誠隆於愼終追遠，無窮已也。師古曰：愼終，愼孝道之終也。追遠，不忘本也。論語稱孔子曰：「愼終追遠，民德歸厚矣。」故衡引之。竊願陛下雖聖性得之，猶復加聖心焉！師古曰：言天性已自然矣，又當加意也。復，扶又翻。詩云：『煢煢在疚。』師古曰：周頌閔予小子之詩。煢煢，憂貌也。疚，病也。煢，與煢同；渠營翻。言成王喪畢思慕，意氣未能平也。蓋所以就文、武之業，崇大化之本也。臣又聞之師曰：『妃匹之際，生民之始，萬福之原。婚姻之禮正，然後品物遂而天命全。』師古曰：遂，成也。孔子論詩以關雎爲始，此綱紀之首，王教之端也。自上世以來，三代興廢，未有不由此者也。願陛下詳覽得失盛衰之效，以定大基，采有德，戒聲色，近嚴敬，遠技能！師古曰：無德之人，雖有技能，則斥遠之。近，其靳翻。遠，于願翻。技，渠綺翻。臣聞六經者，聖人所以統天地之心，著善惡之歸，明吉凶之分，師古曰：分，音扶問翻。通人道之正，使不悖於其本性者也。師古曰：悖，乖也，音布內翻。及論語、孝經，聖人言行之要，宜究其意。行，下孟翻。臣又聞聖王之自爲，動靜周旋，奉天承親，臨朝享臣，物有節文，以章人倫。師古曰：物，事也；事事皆有節文。蓋欽翼祗栗，事天之容也；溫恭敬遜，承親之禮也；正躬嚴恪，臨衆之儀也；師古曰：嚴，讀曰儼。嘉惠和說，饗下之顏也。師古曰：饗，宴饗也。說，讀曰悅。舉錯動作，物遵其儀，故形爲仁義，動爲法則。今正月初，幸路寢，路寢，大寢也。臨朝賀，置酒以饗萬方。傳曰：『君子慎始。』願陛下留神動靜之節，使羣下得望盛德休光，以立基楨，天下幸甚！」上敬納其言。

資治通鑑卷第三十

翰林學士朝散大夫右諫議大夫知制誥兼侍講同提舉萬壽觀公事兼判集賢院上護軍河内郡開國侯食邑一千三百户賜紫金魚袋臣　司馬光　奉敕編集
後　學　天　台　胡三省　音　註

漢紀二十二起屠維赤奮若(己丑),盡著雍閹茂(戊戌),凡十年。

孝成皇帝上之上荀悦曰:諱驁,字太孫;「驁」之字曰「俊」。應劭曰:諡法,安民立政曰成。

建始元年(己丑、前三二)

1 春,正月,乙丑,悼考廟災。宣帝尊史皇孫曰悼考。

2 石顯遷長信中太僕,百官表:長信中太僕,掌皇太后輿馬,不常置。秩中二千石。顯既失倚,離權,顯變於元帝,帝崩爲失倚。自中書令樞機之官遷太后宫官爲離權。離,力智翻。於是丞相、御史條奏顯舊惡;及其黨牢梁、陳順皆免官,顯與妻子徙歸故郡,憂懣不食,道死。顯,故濟南人。師古曰:懣,音悶。諸所交結以顯爲官者,皆廢罷;少府五鹿充宗左遷玄菟太守,菟,音塗。守,式又翻。御史中丞伊嘉爲鴈門都尉。姓譜:伊姓出於伊尹。

司隸校尉涿郡王尊劾奏：「丞相衡、御史大夫譚，劾，戶概翻，又戶得翻。知顯等顓權擅勢，大作威福，爲海內患害，不以時白奏行罰；而阿諛曲從，附下罔上，懷邪迷國，無大臣輔政之義，皆不道！在赦令前。去年七月大赦。赦後，衡、譚舉奏顯，不自陳不忠之罪，而反揚著先帝任用傾覆之徒，妄言『百官畏之，甚於主上』；卑君尊臣，非所宜稱，失大臣體！」於是衡慙懼，免冠謝罪，上丞相、侯印綬。衡封樂安侯。天子以新即位，重傷大臣，乃左遷尊爲高陵令。然羣下多是尊者。衡嘿嘿不自安，每有水旱，連乞骸骨讓位；上輒以詔書慰撫，不許。

3 立故河間王元弟上郡庫令良爲河間王。元廢事見上卷元帝建昭元年。如淳曰：漢北邊郡庫，官兵器之所藏，故置令。

4 有星孛于營室。晉書天文志：營室二星，天子之宮也，一曰玄宮，一曰清廟；又爲軍糧之府及土功事。孛，蒲內翻。

5 赦天下。

6 壬子，封舅諸吏、光祿大夫、關內侯王崇爲安成侯；恩澤侯表，安成侯食邑於汝南。賜舅譚、商、立、根、逢時爵關內侯。夏，四月，黃霧四塞，元命包曰：陰陽亂爲霧。爾雅曰：地氣發，天不應，曰霧。釋名曰：霧，冒也；氣蒙冒地之物也。師古曰塞，滿也；言四方皆滿。塞，悉則翻。詔博問公卿大夫，無有所諱。諫大夫楊興、博士駟勝等【章：十四行本「等」下有「對」字；乙十一行本同；孔本同；張校同。】皆以爲「陰盛侵陽之氣也。高祖之約，非功臣不侯；今太后諸弟皆以無功爲侯，外戚未曾有也，故天爲見異。」師古曰：見，顯示也。爲，于僞翻。見，賢遍翻。於是大將軍鳳懼，上書乞骸骨，辭職；上優詔不許。

7 御史中丞東海薛宣上疏曰：「陛下至德仁厚，而嘉氣尚凝，師古曰：凝，謂不通也。陰陽不和，殆吏多苛政。部刺史或不循守條職，師古曰：刺史所察本有六條，今則踰越故事，信意舉劾，妄爲苛刻也。漢官典職儀云：刺史班宣，周行郡國，省察治狀，黜陟能否，斷治冤獄，以六條問事；非條所問，即不省。一條，強宗豪右，田宅踰制，以強陵弱，以衆暴寡。二條，二千石不奉詔書、遵承典制，倍公向私，旁詔牟利，侵漁百姓，聚斂爲姦。三條，二千石不恤疑獄，風厲殺人，怒則任刑，喜則淫賞，煩擾刻暴，剝截黎元，爲百姓所疾，山崩石裂，訞祥訛言。四條，二千石選署不平，苟阿所愛，蔽賢寵頑。五條，二千石子弟恃怙榮勢，請託所監。六條，二千石違公下比，阿附豪強，通行貨賂，割損正令。舉錯各以其意，多與郡縣事，師古曰：錯，置也，音千故翻。與，讀曰豫。豫，干也。至開私門，聽讒佞，以求吏民過，譴呵及細微，責義不量力；師古曰：言求備於人。量，音良。郡縣相迫促，亦內相刻，流及衆庶。是故鄉黨闕於嘉賓之懽，九族忘其親親之恩，飲食周急之厚彌衰，送往勞來之禮不行。師古曰：勞，郎到翻。來，郎代翻。余謂來，讀如字亦通。夫人道不通則陰陽否隔，否，皮鄙翻。和氣不通，【章：十四行本「通」作「興」；乙十一行本同；孔本同。】未必不由此也！詩云：『民之失德，乾餱以愆。』小雅伐木之詩也。毛氏曰：餱，食也。鄭氏曰：失德，謂見謗訕也。民尚以乾餱之食獲愆過於人，況上之人乎！乾，音干。餱，音侯。鄙語曰：『苛政不親，煩苦傷恩。』方刺史奏事時，宜明申敕，師古曰：申，束也；謂約束也。使昭然知本朝之要務。」上嘉納之。

8 八月，有兩月相承，晨見東方。服虔曰：相承，在上下也。應劭曰：案京房易傳云：君弱如婦，爲陰所乘，則兩月出。見，賢遍翻。

9 冬，十二月，作長安南、北郊，罷甘泉、汾陰祠，匡衡奏：祭天於南郊，就陽之義也。瘞地於北郊，卽陰之象也。甘泉郊見皇天，反北之太陰；汾陰祠后土，反東之少陽。甘泉、河東之祠宜徙就正陽、太陰之處，於長安定南、北郊。上從之。及紫壇僞飾、女樂、鸞路、騂駒、龍馬、石壇之屬。衡又言：甘泉泰畤紫壇有文章、采鏤、黼黻之飾，及玉女樂、石壇仙人祠，瘞鸞路、騂駒，寓龍，非古。於是悉罷之。師古曰：漢舊儀云：祭天用六綵，綺席六重，用玉几、玉飾器凡七十。女樂，卽禮樂志所云使童男、童女俱歌也。

二年（庚寅、前三一）

1 春，正月，罷雍五畤及陳寶祠，秦作畤於雍，以祠上帝，有白、青、黃、赤帝之祠。至漢高帝立北畤，祠黑帝，而五畤具。有司進祠，上不親往。至文帝時，始幸雍，郊見五畤。陳寶者，秦文公獲若石於陳倉北阪上，祠之。其神來，常以夜，光輝若流星；從東方來，集於祠城，若雄雉，其聲殷殷云，野雞皆鳴以應之。祠以一牢，名曰陳寶。衡以爲不應禮，皆奏罷之。雍，於用翻。畤，音止。皆從匡衡之請也。辛巳，上始郊祀長安南郊。赦奉郊縣應劭曰：天郊在長安城南，地郊在長安城北長陵界中。二縣有奉郊之勤，故並赦之。余按帝紀，二縣，長安及長陵也。及中都官耐罪徒；師古曰：中都官，京師諸官府。應劭曰：輕罪不至於髡，完其耏鬢，故曰耏。古耏字從「彡」，髮膚之意也。杜林以爲法度之字皆從「寸」，後改如是。耐，音若能。如淳曰：耐，猶任也，任其事也。師古曰：依應氏之說，耏當音而；如氏之說，則音乃代翻。其義亦兩通。耏，謂頰旁毛也。彡，毛髮貌也，音所廉翻，又先廉翻。而功臣表，宣曲侯通耏爲鬼薪。則應氏之說斯爲長矣。減天下賦錢，算四十。孟康曰：本算百二十，今減四十爲八十。

2 閏月，以渭城延陵亭部爲初陵。

3 三月，辛丑，上始祠后土于北郊。

4 丙午，立皇后許氏。后，車騎將軍嘉之女也。元帝傷母恭哀后居位日淺而遭霍氏之辜，事見二十四卷宣帝本始三年。故選嘉女以配太子。

5 上自爲太子時，以好色聞；好，呼到翻。聞，音問。及卽位，皇太后詔采良家女以備後宮。大將軍武庫令杜欽此大將軍之軍中武庫令也。欽傳，軍下更有「軍」字。說王鳳曰：「禮，一娶九女，所以廣嗣重祖也；張晏曰：陽數一、三、五、七、九。九，數之極也。臣瓚曰：天子一娶九女，夏、殷之制也。欽故舉古之約以刺今之奢也。說，輸芮翻。娣姪雖缺不復補，所以養壽塞爭也。師古曰：媵女之內，兄弟之女則謂之姪，己之女弟則謂之娣。塞，絕也。復，扶又翻。塞，悉則翻。故后妃有貞淑之行，行，下孟翻；下同。則胤嗣有賢聖之君；制度有威儀之節，則人君有壽考之福。廢而不由，則女德不厭；師古曰：由，用也，從也。女德不厭，言好色之甚也。女德不厭，則壽命不究於高年。師古曰：究，竟也。男子五十，好色未衰；婦人四十，容貌改前；以改前之容侍於未衰之年，而不以禮爲制，則其原不可救而後徠異態；後徠異態，則正后自疑而支庶有間適之心；師古曰：間，代也，音居莧翻。適，讀曰嫡；下亦同。是以晉獻被納讒之謗，申生蒙無罪之辜。晉獻公嬖驪姬，驪姬欲立其子，讒世子申生；獻公信之，申生雉經而死。被，皮義翻。今聖主富於春秋，未有適嗣，方鄉術入學，鄉，讀曰嚮。未親后妃之議。將軍輔政，宜因始初之隆，建九女之制，詳擇有行義之家，行，下孟翻。求淑女之質，毋必有聲色技能，爲萬世大法。師古曰：惟求淑質，無論美色及音聲技能，如此則可爲萬世法也。技，渠綺翻。夫少戒之在色，師古曰：論語，孔子曰：君子有三戒，少之時，血氣未定，戒之在色。言好色無節則致損敗，故戒之也。少，詩照翻。小卞之作，可爲寒心。詩小雅也。張晏曰：小卞，刺幽王廢申后而立褒姒，黜太子宜咎而立伯服也。臣瓚曰：小卞之詩，太子之傅作也；哀太子之放逐，愍周室之大壞也。卞，音盤。唯將軍常以爲憂！」鳳白之太后，太后以爲故事無有；鳳不能自立法度，循故事而已。鳳素重欽，故置之莫府，國家政謀常與欽慮之，師古曰：慮，計也。數稱達名士，裨正闕失；數，所角翻。當世善政多出於欽者。

6 夏，大旱。

7匈奴呼韓邪單于嬖左伊秩訾兄女二人；長女顓渠閼氏長，知兩翻；下同。閼，於乾翻；氏，音支；下同。生二子，長曰且莫車，師古曰：且，音子余翻；下且麋胥同。車，昌遮翻。次曰囊知牙斯；少女爲大閼氏，少，詩照翻；下同。生四子，長曰雕陶莫皋，次曰且麋胥，皆長於且莫車，少子咸、樂二人，皆小於囊知牙斯。又他閼氏子十餘人。顓渠閼氏貴，且莫車愛，呼韓邪病且死，欲立且莫車。顓渠閼氏曰：「匈奴亂十餘年，不絕如髮，賴蒙漢力，故得復安。復，扶又翻；下同。今平定未久，人民創艾戰鬭。師古曰：創，音初亮翻。艾，讀曰乂。且莫車年少，少，詩照翻；下同。百姓未附，恐復危國。我與大閼氏一家共子，師古曰：一家，言親姊妹也。共子，兩人所生，恩慈無別也。不如立雕陶莫皋。」大閼氏曰：「且莫車雖少，大臣共持國事。今舍貴立賤，師古曰：舍，謂棄置也。舍，讀曰捨。後世必亂。」單于卒從顓渠閼氏計，立雕陶莫皋，卒，子恤翻。約令傳國與弟。呼韓邪死，雕陶莫皋立，爲復株累若鞮單于。師古曰：復，音服。累，力追翻。賢曰：匈奴謂孝爲若鞮。自呼韓邪降後，與漢親密，見漢帝謚常爲孝，慕之；至其子復株累單于以下，皆稱若鞮。復株累若鞮單于以且麋胥爲左賢王，且莫車爲左谷蠡王，谷，音鹿。蠡，盧奚翻。囊知牙斯爲右賢王。復株累單于復妻王昭君，生二女，長女云爲須卜居次，小女爲當于居次。文穎曰：須卜氏，匈奴貴族也。當于，亦匈奴大族也。師古曰：須卜、當于，皆其夫家氏族。

三年（辛卯、前三〇）

1春，三月，赦天下徒。

2秋，關內大雨四十餘日。京師民相驚，言大水至；百姓奔走相蹂躪，師古曰：蹂，踐也。躪，轢也。蹂，音人九翻。躪，音藺。老弱號呼，號，戶高翻。呼，火故翻。長安中大亂。天子親御前殿，召公卿議。大將軍鳳以爲：「太后與上及後宮可御船，令吏民上長安城以避水。」上，時掌翻；下同。羣臣皆從鳳議。左將軍王商獨曰：「自古無道之國，水猶不冒城郭；師古曰：冒，蒙覆也。今政治和平，世無兵革，上下相安，何因當有大水一日暴至，此必訛言也！師古曰：訛，僞也。治，直吏翻。不宜令上城，重驚百姓。」師古曰：重，音直用翻。上乃止。有頃，長安中稍定；問之，果訛言。上於是美壯商之固守，數稱其議；數，所角翻。而鳳大慙，自恨失言。爲王鳳排斥王商張本。

3上欲專委任王鳳，八月，策免車騎將軍許嘉，以特進侯就朝位。漢制，列侯奉朝請在長安者，位次三公；賜位特進者，在凡列侯之上，位亦次三公。朝，直遙翻。

4張譚坐選舉不實，免。冬，十月，光祿大夫尹忠爲御史大夫。

5十二月，戊申朔，日有食之。其夜，地震未央宮殿中。詔舉賢良方正能直言極諫之士。杜欽及太常丞谷永上對，續漢志：太常丞，比千石，掌凡行禮及祭祀小事，總署曹事。漢舊儀曰：丞，舉廟中非法者。皆以爲後宮女寵太盛，嫉妬專上，將害繼嗣之咎。此蓋指許后及班倢伃也。

6越巂山崩。

7丁丑，匡衡坐多取封邑四百頃，監臨盜所主守直十金以上，免爲庶人。衡本封臨淮郡僮縣之樂安鄉，鄉本田提封三千一百頃，南以閩陌爲界。後誤封平陵陌爲界，多四百頃。師古曰：十金以上，當時律定罪之次；若今律條言一尺以上、一匹以上。

四年（壬辰、前二九）

1春，正月，癸卯，隕石于亳四，隕于肥累二。漢書五行志：亳作「稾」。孟康曰：稾、肥累，皆縣名，故屬眞定。師古曰：稾，音工老翻。累，音力追翻。

2罷中書宦官；初置尚書員五人。臣瓚曰：漢初，中人有中謁者令；孝武加中謁者令爲中書謁者令，置僕射。宣帝時，任中書官弘恭爲令，石顯爲僕射。元帝卽位數年，恭死，顯代爲中書令，專權用事；至帝，乃罷其官。師古曰：漢舊儀云：尚書四人，爲四曹：常侍尚書，主丞相、御史事；二千石尚書，主刺史、二千石事；戶曹尚書，主庶人上書事；主客尚書，主外國事。帝置五人，有三公曹，主斷獄事。

3三月，甲申，以左將軍樂昌侯王商爲丞相。

4夏，上悉召前所舉直言之士，詣白虎殿對策。師古曰：此殿在未央宮。是時上委政王鳳，議者多歸咎焉。谷永知鳳方見柄用，師古曰：柄用，言任用之，授以權也。陰欲自託，乃曰：「方今四夷賓服，皆爲臣妾，北無葷粥、冒頓之患，葷，許云翻。師古曰：粥，音弋六翻。太史公曰：唐、虞以上有葷粥。孟子曰：太王事獯粥。冒頓爲患，見高、惠、呂后紀。南無趙佗、呂嘉之難，趙佗，見高、惠、呂后、孝文紀。呂嘉，見孝武紀。難，乃旦翻。三垂晏然，靡有兵革之警。諸侯大者乃食數縣，漢吏制其權柄，不得有爲，無吳、楚、燕、梁之勢。吳、楚、梁見孝景紀。燕，見孝昭紀。百官盤互，親疏相錯，師古曰：盤互，盤結而交互也。錯，間雜也。骨肉大臣有申伯之忠，師古曰：申伯，周申后之父。余據詩崧高云：不顯申伯，王之元舅，是則申伯乃宣王之舅，永正以之況王鳳也。洞洞屬屬，師古曰：洞洞，敬肅也。屬屬，專謹也。洞，音動。屬，音之欲翻。小心畏忌，無重合、安陽、博陸之亂。師古曰：重合侯，莽通；安陽侯，上官桀；博陸侯，霍禹也。余按莽通卽馬通，事見二十二卷武帝後元元年。安陽侯，事見二十三卷昭帝元鳳元年。霍禹，事見二十五卷宣帝地節四年。三者無毛髮之辜，竊恐陛下舍昭昭之白過，忽天地之明戒，聽暗【章：十四行本「暗」作「晻」；乙十一行本同。】昧之瞽說，師古曰：舍，謂留也。晻，與暗同，又音一感翻。瞽說，言不中道，若無目之人也。余謂舍，置也，讀曰捨。歸咎乎無辜，倚異乎政事，師古曰：倚，依也。重失天心，師古曰：重，音直用翻。不可之大者也。師古曰：此則爲大不可也。陛下誠深察愚臣之言，抗湛溺之意，解偏駮之愛，師古曰：抗，舉也。湛，讀曰沈。駮，不周普也。湛，持林翻。奮乾剛之威，平天覆之施，使列妾得人人更進，覆，敷又翻。施，式智翻。更，工衡翻。益納宜子婦人，毋擇好醜，毋避嘗字，如淳曰：王鳳上小妻弟以納後宮，以嘗字乳，王章言之，坐死。今永及此，爲鳳洗前過也。仲馮曰：按王章言事坐誅在陽朔初，而永此對乃是建始四年，則非爲鳳而言也。然觀永前後之文，實若爲鳳。但班固於此對後，乃云，永爲上第，擢爲光祿大夫，則同是建始四年中事。余謂此時鳳蓋已納張美人於後宮，故永爲之言；若王章指言鳳過，則在陽朔初也。毋論年齒。推法言之，陛下得繼嗣於微賤之間，乃反爲福；得繼嗣而已，母非有賤也。師古曰：苟得子耳，勿論其母之貴賤。後宮女史、使令有直意者，鄭玄曰：女史，女奴曉書者。使令，給役後宮，無爵秩者也。師古曰：直，當也。令，音力成翻。廣求於微賤之間，以遇天所開右，師古曰：右，讀曰佑。佑，助也。慰釋皇太后之憂慍，師古曰：釋，散也。慍，於問翻。解謝上帝之譴怒，則繼嗣蕃滋，災異訖息！」師古曰：蕃，多也。訖，止也。蕃，音扶元翻。杜欽亦倣此意。上皆以其書示後宮，擢永爲光祿大夫。

5 夏，四月，雨雪。雨，于具翻。

6 秋，桃、李實。

7 大雨水十餘日，河決東郡金隄。師古曰：金隄者，河隄之名，今在滑州界。先是清河都尉馮逡奏言：「郡承河下流，據溝洫志：逡言清河郡承河下流，與兗州、東郡分水爲界。先，悉薦翻。逡，七倫翻。土壤輕脆易傷，易，以豉翻。頃所以闊無大害者，以屯氏河通兩川分流也。師古曰：闊，稀也。今屯氏河塞，靈鳴犢口又益不利，屯氏河塞，見上卷元帝永光五年。塞，悉則翻。獨一川兼受數河之任，雖高增隄防，終不能泄。如有霖雨，旬日不霽，必盈溢。師古曰：雨止曰霽，音子詣翻，又音才詣翻。九河故迹，今既滅難明，夏禹疏九河。孔安國曰：河水分九道，在兗州界。爾雅曰：徒駭一，太史二，馬頰三，覆釜四，胡蘇五，簡六，潔七，鉤盤八，鬲津九。屯氏河新絕未久，其處易浚；師古曰：浚，謂治導之，令其深也。浚，音峻。又其口所居高，於以分殺水力，道里便宜，殺，音所介翻，減也。可復浚以助大河，復，扶又翻。泄暴水，備非常。不豫脩治，治，直之翻。北決病四、五郡，南決病十餘郡，然後憂之，晚矣！」事下丞相、御史，白遣博士許商行視，下，遐稼翻。師古曰：白，白於天子也。行，音下更翻。以爲「方用度不足，師古曰：言國家少財役也。可且勿浚。」後三歲，河果決於館陶及東郡金隄，泛濫兗、豫及【章：乙十一行本「及」作「入」；孔本同。】平原、千乘、濟南，乘，繩證翻。濟，子禮翻。凡灌四郡、三十二縣，水居地十五萬餘頃，深者三丈；壞敗官亭、室廬且四萬所。壞，音怪。敗，補邁翻。

冬，十一月，御史大夫尹忠以對方略疏闊，上切責其不憂職，自殺。遣大司農非調師古曰：大司農名非調也。姓譜：非，姓也，秦非子之後。調均錢穀河決所灌之郡，師古曰：令其調發均平錢穀遭水之郡，使存給也。調，音徒釣翻。謁者二人發河南以東船五百㮴，師古曰：一船爲一㮴，音先勞翻；其字從木。徙民避水居丘陵九萬七千餘口。

8 壬戌，以少府張忠爲御史大夫。

9 南山羣盜傰宗等數百人爲吏民害。蘇林曰：傰，音朋；晉灼曰：音倍。師古曰：晉音是也。詔發兵千人逐捕，歲餘不能禽。或說大將軍鳳，說，輸芮翻。以「賊數百人在轂下，師古曰：在天子輦轂之下，明其逼近也。討不能得，難以示四夷；獨選賢京兆尹乃可。」於是鳳薦故高陵令王尊，徵爲諫大夫，守京輔都尉，武帝元鼎四年，更置三輔都尉：京兆曰京輔都尉，馮翊曰左輔都尉，扶風曰右輔都尉。行京兆尹事。旬月間，盜賊清；後拜爲京兆尹。

10 上卽位之初，丞相匡衡復奏：「射聲校尉陳湯武帝置北軍八校尉，射聲其一也，秩二千石，掌待詔射聲士。服虔曰：工射者也；冥冥中聞聲則中之，因以名也。復，扶又翻。以吏二千石奉使，湯爲西域副校尉，秩比二千石。顓命蠻夷中，不正身以先下，先，悉薦翻。而盜所收康居財物，戒官屬曰，『絕域事不覆校。』言外域之事，漢朝務存寬大，必不考覆也。雖在赦前，言其事在竟寧元年七月，赦前也。不宜處位。」處，昌呂翻。湯坐免。

後湯上言：「康居王侍子，非王子。」按驗，實王子也。湯下獄當死。下，遐稼翻。太中大夫谷永按是年夏，谷永方擢爲光祿大夫。河平二年，議受伊邪莫演降，永猶爲光祿大夫。此書太中大夫谷永，據陳湯傳也。上疏訟湯曰：「臣聞楚有子玉得臣，文公爲之仄席而坐；師古曰：子玉，楚大夫也；得臣，其名也。春秋僖十八年，子玉帥師與晉文公戰于城濮，楚師敗績，晉師三日館穀，而文公猶有憂色，曰：「得臣猶在，憂未歇也！」及楚殺子玉，公喜而後可知也。禮記曰：有憂者仄席而坐，蓋自貶也。爲，于僞翻。仄，古側字。趙有廉頗、馬服，強秦不敢窺兵井陘；師古曰：廉頗，趙將也。馬服君趙奢，亦趙將也。井陘之口，趙之西界山險道也。陘，音刑。近漢有郅都、魏尚，匈奴不敢南鄉沙幕。景帝以郅都爲鴈門太守，匈奴素聞郅都節，舉邊爲引兵去，竟郅都死不敢近鴈門。魏尚事見十五卷文帝十四年。鄉，讀曰嚮。由是言之，戰克之將，國之爪牙，不可不重也。蓋君子聞鼓鼙之聲，則思將帥之臣。師古曰：禮之樂記曰：鼓鼙之聲讙，讙以立動，動以進衆；君子聽鼓鼙之聲則思將帥之臣。鼙，騈迷翻。將，卽亮翻。帥，所類翻。竊見關內侯陳湯，前斬郅支，威震百蠻，武暢西海，漢元以來，征伐方外之將，未嘗有也！漢元，謂漢初也。今湯坐言事非是，幽囚久繫，歷時不決，執憲之吏欲致之大辟。辟，毗亦翻。昔白起爲秦將，南拔郢都，北阬趙括，以纖介之過，賜死杜郵；秦民憐之，莫不隕涕。事見周赧王紀。今湯親秉鉞，席卷、喋血萬里之外，師古曰：如席之卷，言其疾也。服虔曰：喋，音蹀，屣履之蹀。如淳曰：殺人流血滂沱爲喋血。師古曰：喋，音大頰翻，本字當作「蹀」。蹀，謂履涉之耳。薦功祖廟，告類上帝，張晏曰：謂以所征之國事類告天也。介胄之士靡不慕義。以言事爲罪，無赫赫之惡。周書曰：『記人之功，忘人之過，宜爲君者也。』師古曰：尚書之外間書也。夫犬馬有勞於人，尚加帷蓋之報，師古曰：禮記稱孔子云：敝帷弗棄，爲埋馬也；敝蓋弗棄，爲埋狗也。況國之功臣者哉！竊恐陛下忽於鼙鼓之聲，不察周書之意，而忘帷蓋之施，施，式智翻。庸臣遇湯，卒從吏議，師古曰：以待庸臣者待湯也。卒，猶終也。卒，子恤翻。使百姓介然有秦民之恨，師古曰：介然，猶耿耿。非所以厲死難之臣也！」難，乃旦翻。書奏，天子出湯，奪爵爲士伍。

會西域都護段會宗爲烏孫兵所圍，驛騎上書，願發城郭、敦煌兵以自救；城郭，謂西域城郭諸國也。敦，音屯，徒門翻。丞相商、大將軍鳳及百僚議數日不決。鳳言：「陳湯多籌策，習外國事，可問。」上召湯見宣室。湯擊郅支時中寒，見，賢遍翻。中，竹仲翻。病兩臂不屈申；湯入見，有詔毋拜，示以會宗奏。湯對曰：「臣以爲此必無可憂也。」上曰：「何以言之？」湯曰：「夫胡兵五而當漢兵一，何者？兵刃朴鈍，弓弩不利。今聞頗得漢巧，然猶三而當一。又兵法曰：『客倍而主人半，然後敵。』此言憑城而守者，主人之半可以敵客之倍。今圍會宗者人衆不足以勝會宗，唯陛下勿憂！且兵輕行五十里，重行三十里，今會宗欲發城郭、敦煌，歷時乃至，所謂報讎之兵，非救急之用也。」上曰：「柰何？其解可必乎？度何時解？」度，徒洛翻。湯知烏孫瓦合，不能久攻，師古曰：謂如碎瓦之雜居，不齊同。故事不過數日，師古曰：故事，謂以舊事測之。因對曰：「已解矣！」屈指計其日，曰：「不出五日，當有吉語聞。」師古曰：吉，善也。善，謂兵解之事。居四日，軍書到，言已解。大將軍鳳奏以爲從事中郎，莫府事壹決於湯。續漢志：大將軍府有從事中郎二人，秩六百石，職參謀議。

河平元年（癸巳、前二八）以河決隄，塞輒平，改元。

1春，杜欽薦犍爲王延世於王鳳，使塞決河。犍，居言翻。塞，悉則翻。鳳以延世爲河隄使者。延世以竹落長四丈，大九圍，盛以小石，長，直亮翻。盛，時征翻。兩船夾載而下之。三十六日，河隄成。三月，詔以延世爲光祿大夫，秩中二千石，賜爵關內侯、黃金百斤。

2夏，四月，己亥晦，日有食之。詔公卿百僚陳過失，無有所諱；大赦天下。光祿大夫劉向對曰：「四月交於五月，月同孝惠，日同孝昭，孝惠七年，五月，丁卯，先晦一日日食。今四月，己亥，晦而日食，故曰四月交於五月，月同孝惠。孝昭元年，七月，己亥晦，日食。故曰日同孝昭。二帝尋皆晏駕而無嗣。其占恐害繼嗣。」是時許皇后專寵，後宮希得進見，見，賢遍翻。中外皆憂上無繼嗣，故杜欽、谷永及向所對皆及之。上於是減省椒房、掖庭用度，師古曰：椒房殿，皇后所居，以椒和泥塗壁，取其溫且芬也。服御、輿駕所發諸官署及所造作，遺賜外家、羣臣妾，師古曰：外家，謂后之家族，言在外也。劉向曰：婦人內夫家而外父母家。遺，于季翻。皆如竟寧以前故事。

皇后上書自陳，以爲：「時世異制，長短相補，不出漢制而已，纖微之間未必可同。若竟寧前與黃龍前，豈相放哉！晉灼曰：竟寧，元帝時也。黃龍，宣帝時也。言二帝奢儉不同，豈相放哉！師古曰：放，依也，音甫往翻。家吏不曉，師古曰：家吏，皇后之官屬。今壹受詔如此，且使妾搖手不得。設妾欲作某屏風張於某所，曰：『故事無有。』或不能得，則必繩妾以詔書矣。師古曰：言或有所求，吏不肯備，因云詔書不許也。繩，約也。此誠不可行，唯陛下省察！省，悉井翻。故事，以特牛祠大父母，戴侯、敬侯皆得蒙恩以太牢祠，一牲曰特，三牲備爲一牢。平恩戴侯，許廣漢；后父嘉紹其封，於后爲祖。樂成敬侯，許延壽，后父嘉所自出也。嘉繼大宗，延壽於后爲叔祖。今當率如故事，謂將復以特牛祠也。唯陛下哀之！今吏甫受詔讀記，師古曰：甫，始也。直豫言使后知之，非可復若私府有所取也。師古曰：若謂如未奉詔之前也。復，扶又翻；下同。其萌牙所以約制妾者，恐失人理。

師古曰：萌牙，言其初始發意，若草木之方生也。唯陛下深察焉！」

上於是采谷永、劉向所言災異咎驗皆在後宮之意以報之，且曰：「吏拘於法，亦安足過！過，罪過也。言何足以爲罪也。蓋矯枉者過直，古今同之。師古曰：矯，正也。枉，曲也。言意在正曲，遂過於直。且財幣之省，特牛之祠，其於皇后，所以扶助德美，爲華寵也。咎根不除，災變相襲，師古曰：襲，重累也。祖宗且不血食，何戴侯也！傳不云乎：『以約失之者鮮』，師古曰：論語載孔子之言。鮮，少也。謂能行儉約而有過失之事，如此者少也。鮮，音先踐翻。審皇后欲從其奢與？師古曰：與，讀曰歟。朕亦當法孝武皇帝也，如此，則甘泉、建章可復興矣。孝文皇帝，朕之師也。皇太后，皇后成法也。假使太后在彼時不如職，今見親厚，又惡可以踰乎！師古曰：言假令太后昔時不得其志，不依常理，而皇后今被親厚，何可踰於太后制度乎！婦不可踰姑也。惡，音烏。皇后其刻心秉德，謙約爲右，師古曰：以謙約爲先。垂則列妾，使有法焉！」師古曰：言垂法於後宮，使皆遵行也。

3 給事中平陵平當上言：「太上皇，漢之始祖，廢其寢廟園，非是。」事見上卷元帝竟寧元年。上亦以無繼嗣，遂納當言。秋，九月，復太上皇寢廟園。

4 詔曰：「今大辟之刑千有餘條，律令煩多，百有餘萬言；奇請、他比，日以益滋。師古曰：奇請，謂常文之外，主者別有所請以定罪也。他比，謂引他類以比附之，稍增律條也。奇，音居宜翻。自明習者不知所由，欲以曉喻衆庶，不亦難乎！於以羅元元之民，夭絕無辜，豈不哀哉！由，從也。羅，謂設禁網而民無所逃罪也。夭絕亡辜，謂亡罪而陷於刑辟，死於非命，至於短折也。夭，於紹翻。其議減死刑及可蠲除約省者，令較然易知，條奏！」易，以豉翻。時有司不能廣宣上意，徒鉤摭微細，毛舉數事，以塞詔而已。師古曰：毛舉，言舉毫毛之事，輕小之甚。塞，猶當也。塞，悉則翻。

5 匈奴單于遣右皋林王伊邪莫演等奉獻，朝正月。師古曰：演，音衍。朝，直遙翻。考異曰：匈奴傳：「河平元年，單于遣莫演朝正月。」下云：「明年，單于上書願朝。河平四年正月，遂入朝。」據此，則是莫演以元年至漢，朝二年正月也。而荀紀繫於元年正月之下，恐誤。漢紀又以莫演爲「黃渾」。今從漢書。

二年（甲午、前二七）

1 春，伊邪莫演罷歸，朝罷遣歸也。自言欲降，降，戶江翻；下同。「卽不受我，我自殺，終不敢還歸。」使者以聞，下公卿議。下，遐稼翻。議者或言：「宜如故事，受其降。」光祿大夫谷永、議郎杜欽以爲：「漢興，匈奴數爲邊害，數，所角翻。故設金爵之賞以待降者。今單于屈體稱臣，列爲北藩，遣使朝賀，無有二心；漢家接之，宜異於往時。今既享單于聘貢之質，師古曰：享，當也。質，誠也。而更受其逋逃之臣，是貪一夫之得而失一國之心，擁有罪之臣而絕慕義之君也。假令單于初立，師古曰：假令，猶言或當也。欲委身中國，未知利害，私使伊邪莫演詐降以卜吉凶，受之，虧德沮善，令單于自疏，疏，與疎同。不親邊吏；或者設爲反間，間，居莧翻。欲因以生隙，受之，適合其策，使得歸曲而責直；師古曰：歸曲於漢，而以直義來責也。此誠邊境安危之原，師旅動靜之首，不可不詳也。不如勿受，以昭日月之信，抑詐諼之謀，懷附親之心，便！」師古曰：諼，詐辭也，音許遠翻，又許元翻。對奏，天子從之。遣中郎將王舜往問降狀，伊邪莫演曰：「我病狂，妄言耳。」遣去。歸到，官位如故，不肯令見漢使。史言永、欽能得匈奴之情。

2 夏，四月，楚國雨雹，雨，于具翻。大如釜。

3 徙山陽王康爲定陶王。

4 六月，上悉封諸舅：王譚爲平阿侯，商爲成都侯，立爲紅陽侯，根爲曲陽侯，逢時爲高平侯。恩澤侯表，平阿侯食邑於沛，成都侯食邑於山陽，紅陽侯食邑於南陽，曲陽侯食邑於九江，高平侯食邑於臨淮。五人同日封，故世謂之「五侯」。太后母李氏更嫁爲河內苟賓妻，據太后傳，母李，以妬去，更嫁。更，工衡翻。生子參；太后欲以田蚡爲比而封之。李奇曰：田蚡與孝景王后同母異父得封故也。蚡，扶粉翻。師古曰：比，例也，音頻寐翻。上曰：「封田氏，非正也！」以參爲侍中、水衡都尉。

5 御史大夫張忠奏京兆尹王尊暴虐倨慢，尊坐免官；吏民多稱惜之。湖三老公乘興等師古曰：湖，縣名也。今虢州湖城縣取其名。地理志：湖縣，屬京兆。公乘，以爵爲姓。乘，繩證翻。上書訟：「尊治京兆，撥劇整亂，誅暴禁邪，皆前所希有，名將所不及；此將，謂郡將也。治，直之翻。將，卽亮翻。雖拜爲眞，尊自行尹事爲眞。未有殊絶褒賞加於尊身。今御史大夫奏尊『傷害陰陽，爲國家憂，無承用詔書意，「靖言庸違，象恭滔天。」』師古曰：引虞書堯典之辭也。靖，治也。庸，用也。違，僻也。滔，漫也。謂其言假託於治，實用違僻；貌象恭敬，過惡漫天也。漫，音莫干翻。一曰：慆慢也。原其所以，出御史丞楊輔，御史大夫有兩丞，秩千石；一曰中丞。素與尊有私怨，外依公事建畫爲此議，傅致奏文，師古曰：建立謀畫爲此議也。傅，讀曰附，謂益其事而引致於罪狀。據尊傳，輔故爲尊書佐，嘗醉過尊大奴利家，利家捽搏其頰，兄子閎拔刀欲剄之，以故深怨，欲傷害尊。浸潤加誣，師古曰：浸潤，猶漸染也。臣等竊痛傷。尊修身潔己，砥節首公，師古曰：砥，厲也。首，向也。砥，音指。首，音式救翻。刺譏不憚將相，誅惡不避豪強，誅不制之賊，賊，謂傰宗等。解國家之憂，功著職脩，威信不廢，誠國家爪牙之吏，折衝之臣。今一旦無辜制於仇人之手，傷於詆欺之文，上不得以功除罪，下不得蒙棘木之聽，張晏曰：周禮三槐九棘，公卿於下聽訟。王制：大司寇聽獄於棘木之下。棘者，欲其赤心而留意於三刺也。獨掩怨讎之偏奏，被共工之大惡，仲馮曰：共工之大惡，謂上劾奏云「靖言庸違，象恭滔天」是也。被，皮義翻。共，音恭。無所陳寃愬罪。尊以京師廢亂，羣盜並興，選賢徵用，起家爲卿；賊亂既除，豪猾伏辜，卽以佞巧廢黜。一尊之身，三期之間，師古曰：期，年也。期，音基。乍賢乍佞，豈不甚哉！孔子曰：『愛之欲其生，惡之欲其死，是惑也。』論語所載答子張之言。惡，烏路翻。『浸潤之譖不行焉，可謂明矣。』答子張之言。願下公卿、大夫、博士、議郎定尊素行！下，戶嫁翻。行，下孟翻。夫人臣而『傷害陰陽』，死誅之罪也；『靖言庸違』，放殛之刑也。師古曰：殛，誅也，音居力翻。審如御史章，尊乃當伏觀闕之誅，張晏曰：孔子誅少正卯於兩觀之間。觀，古玩翻。放於無人之域，不得苟免；師古曰：非止坐免官而已也。及任舉尊者，當獲選舉之辜，不可但已。任，保也。漢法，選舉而其人不稱者，與同罪。即不如章，飾文深詆以愬無罪，亦宜有誅，以懲讒賊之口，絕詐欺之路。師古曰：懲，創也。唯明主參詳，使白黑分別！」別，彼列翻。書奏，天子復以尊爲徐州刺史。徐州部琅邪、東海、臨淮等郡及楚、廣陵等國。復，扶又翻；下同。

6 夜郎王興、鉤町王禹、漏臥侯俞更舉兵相攻。孟康曰：漏臥，夷邑名，後爲縣。地理志：夜郎、鉤町、漏臥三縣皆屬牂柯郡。鉤町，音劬梃。師古曰：俞，音踰。牂柯太守請發兵誅興等。牂柯，音臧哥。議者以爲道遠不可擊，乃遣太中大夫蜀郡張匡持節和解。興等不從命，刻木象漢吏，立道旁，射之。射，而亦翻。

杜欽說大將軍王鳳曰：「蠻夷王侯輕易漢使，不憚國威，說，輸芮翻。易，以豉翻。恐議者選耎，復守和解；師古曰：選耎，怯不前之意也。選，音息兗翻。耎，音人兗翻。太守察動靜有變，乃以聞。如此，則復曠一時，師古曰：曠，空也。一時，三月也。言空廢一時，不早發兵也。王侯得收獵其衆，申固其謀，黨助衆多，各不勝忿，勝，音升；下同。必相殄滅。自知罪成，狂犯守尉，師古曰：言起狂勃之心而殺守尉也。遠臧溫暑毒草之地；臧，古藏字通。雖有孫、吳將，賁、育士，師古曰：孫，孫武。吳，吳起。賁，孟賁。育，夏育也。將，卽亮翻。賁，音奔。若入水火，往必焦沒，智勇亡所施。亡，讀曰無。屯田守之，費不可勝量。量，音良。宜因其罪惡未成，未疑漢家加誅，陰敕旁郡守尉練士馬，師古曰：練，簡也。守，式又翻；下同。大司農豫調穀積要害處，調，徒釣翻。選任職太守往，以秋涼時入，誅其王侯尤不軌者。卽以爲不毛之地，無用之民，聖王不以勞中國，師古曰：卽，猶若也。不毛，言不生草木。宜罷郡，放棄其民，絕其王侯勿復通。復，扶又翻。如以先帝所立累世之功不可墮壞，師古曰：墮，音火規翻，毀也。亦宜因其萌牙，早斷絕之，及已成形然後戰師，則萬姓被害。」斷，丁管翻；下同。被，皮義翻。於【章：十四行本「於」上有「大將軍鳳」四字；乙十一行本同；孔本同。】是鳳【章：十四行本無「鳳」字；乙十一行本同；孔本同。】薦金城司馬臨邛陳立爲牂柯太守。漢列郡守、尉之下，有長史、司馬。地理志，臨邛縣屬蜀郡。邛，音渠容翻。

立至牂柯諭告夜郎王興，興不從命；立請誅之，未報。乃從吏數十人出行縣，行，下孟翻。至興國且同亭，師古曰：且，音子餘翻。按地理志，夜郎縣，王莽改曰同亭，蓋因亭以名縣也。召興。興將數千人往至亭，從邑君數十人入見立。按西南夷傳，夷人椎結耕田，有邑聚，各有君長。立數責，因斷頭。數，所具翻。邑君曰：「將軍誅無狀，爲民除害，爲，于僞翻。願出曉士衆！」以興頭示之，皆釋兵降。師古曰：釋，解也。降，戶江翻。鉤町王禹、漏臥侯俞震恐，入粟千斛、牛羊勞吏士。勞，力到翻。立還歸郡。

興妻父翁指，與子邪務收餘兵，迫脅旁二十二邑反。至冬，立奏募諸夷，與都尉、長史分將攻翁指等。將，卽亮翻。翁指據阸爲壘，立使奇兵絶其饟道，饟，與餉同，音式亮翻。縱反間以誘其衆。間，居莧翻。誘，音酉。都尉萬年曰：「兵久不決，費不可共。」師古曰：共，讀曰供。引兵獨進，敗走，趨立營。師古曰：趨，讀曰趣。趣，向也，音七喻翻。立怒，叱戲下令格之。戲，讀曰麾。都尉復還戰，立救之。時天大旱，立攻絶其水道。蠻夷共斬翁指，持首出降，西夷遂平。考異曰：西南夷傳但云河平中；而胡旦漢春秋云在此年十一月，未知何據也。

三年（乙未、前二六）

1 春，正月，楚王囂來朝。囂，宣帝子，於帝爲叔父。二月，乙亥，詔以囂素行純茂，特加顯異，封其子勳爲廣戚侯。廣戚侯國，屬沛郡。行，下孟翻。

2 丙戌，犍爲地震，山崩，壅江水，水逆流。犍，居言翻。

3 秋，八月，乙卯晦，日有食之。

4 上以中祕書頗散亡，師古曰：言中，以別外。藝文志曰：武帝建藏書之策。劉歆曰：外則有太常、太史、博士之藏，內則有延閣、廣內、祕室之府。使謁者陳農求遺書於天下。詔光祿大夫劉向校經傳、諸子、詩賦，步兵校尉任宏校兵書，百官表：步兵校尉，掌上林苑門屯兵，武帝所置八校尉之一也。任，音壬。校尉之校，戶教翻；餘並居效翻。太史令尹咸校數術，百官表：太史令，屬太常。師古曰：數術，占卜之書。侍醫李柱國校方技。侍醫，屬太醫令，在天子左右者也。師古曰：方技，醫藥之書也。技，音渠綺翻。每一書已，向輒條其篇目，撮其指意，錄而奏之。已，終也，竟也。師古曰：撮，總取也，音千括翻。

5 劉向以王氏權位太盛，而上方嚮詩、書古文，向乃因尚書洪範，集合上古以來，歷春秋、六國至秦、漢符瑞、災異之記，推迹行事，連傅禍福，傅，讀曰附。著其占驗，比類相從，各有條目，凡十一篇，號曰洪範五行傳論，奏之。天子心知向忠精，故爲鳳兄弟起此論也；爲，于僞翻。然終不能奪王氏權。

6 河復決平原，流入濟南、千乘，所壞敗者半建始時。復，扶又翻；下同。濟，子禮翻。乘，繩證翻。壞，音怪。敗，補邁翻。復遣王延世與丞相史楊焉及將作大匠許商、百官表曰：將作少府，秦官，掌治宮室；景帝中六年，更名將作大匠。諫大夫乘馬延年同作治，孟康曰：乘馬，姓也。師古曰：乘，音食證翻。六月乃成。復賜延世黃金百斤。治河卒非受平賈者，爲著外繇六月。蘇林曰：平賈，以錢取人作卒，顧其時庸之平賈也。如淳曰：律說，平賈一月，得錢二千。又律說，戍邊一歲當罷；若有急，當留守六月。今以卒治河之故，復留六月。孟康曰：外繇，戍邊也。治水不復戍邊也。師古曰：如、孟二說皆非也。以卒治河有勞，雖執役日近，皆得比繇戍六月也。著，謂著簿籍也。治，直之翻。賈，讀曰價。著，音竹助翻。繇，讀曰傜。

四年（丙申、前二五）

1 春，正月，匈奴單于來朝。

2 赦天下徒。

3 三月，癸丑朔，日有食之。

4 琅邪太守楊肜與王鳳連昏，如淳曰：連昏者，昏家之姻親也。肜，音以中翻。其郡有災害，丞相王商按問之。鳳以爲請，商不聽，竟奏免肜，奏果寢不下。下，遐稼翻；下同。鳳以是怨商，陰求其短，使頻陽耿定上書，頻陽縣，屬左馮翊。言「商與父傅婢通；及女弟淫亂，奴殺其私夫，師古曰：私夫，女弟之私與姦通者。疑商教使。」天子以爲暗昧之過，不足以傷大臣。鳳固爭，下其事司隸。句斷。下，遐嫁翻。太中大夫蜀郡張匡，素佞巧，復上書極言詆毀商。復，扶又翻。有司奏請召商詣詔獄。上素重商，知匡言多險，制曰：「勿治！」治，直之翻。鳳固爭之。夏，四月，壬寅，詔收商丞相印綬。商免相三日，發病，歐血薨，謚曰戾侯。而商子弟親屬爲駙馬都尉、侍中、中常侍、諸曹、大夫、郎吏者，皆出補吏，莫得留給事、宿衛者。有司奏請除國邑；有詔：「長子安嗣爵爲樂昌侯。」宣帝之母黨微矣。

5 上之爲太子也，受論語於蓮勺張禹，蓮勺，音輦酌。及卽位，賜爵關內侯，拜爲諸吏、光祿大夫，秩中二千石，給事中，領尚書事。禹與王鳳並領尚書，內不自安，數病，上書乞骸骨，數，所角翻；下同。欲退避鳳；上不許，撫待愈厚。六月，丙戌，以禹爲丞相，封安昌侯。恩澤侯表，安昌侯食邑於汝南。

6 庚戌，楚孝王囂薨。

7 初，武帝通西域，罽賓自以絕遠，漢兵不能至，獨不服，罽賓國，治循鮮城，去長安萬二千二百里；不屬都護。罽，音計。數剽殺漢使。數，所角翻。師古曰：剽，劫也，音頻妙翻。久之，漢使者文忠與容屈王子陰末赴合謀攻殺其王；王曰烏頭勞，即數殺漢使者也。立陰末赴爲罽賓王。後軍候趙德使罽賓，與陰末赴相失；陰末赴鎖琅當德，師古曰：相失，相失意也。琅當，長鎖也，若今之禁繫人鎖矣。琅，音郎。殺副已下七十餘人，遣使者上書謝。孝元帝以其絕域，不錄，放其使者於縣度，縣度，在烏秅國西。縣度者，石山也，谿谷不通，以繩索相引而度。縣，古懸字通。師古曰：懸繩而度也。烏秅，鄭氏音鷃拏。師古曰：烏，音一加翻；秅，音直加翻；急言之，聲如鷃拏耳，非正音也。絕而不通。

及帝即位，復遣使謝罪。復，扶又翻；下同。漢欲遣使者報送其使。杜欽說王鳳曰：「前罽賓王陰末赴，本漢所立，後卒畔逆。說，輸芮翻。卒，子恤翻。夫德莫大於有國子民，罪莫大於執殺使者，所以不報恩，不懼誅者，自知絕遠，兵不至也。有求則卑辭，無欲則驕慢，終不可懷服。凡中國所以爲通厚蠻夷，愜快其求者，爲壤比而爲寇。師古曰：比，近也；爲其土壤接近，能爲寇也。愜，音苦頰翻。爲壤之爲，于僞翻。比，毗寐翻。今縣度之阸，非罽賓所能越也；其鄉慕，不足以安西域；鄉，讀曰嚮。雖不附，不能危城郭。前親逆節，惡暴西域，師古曰：暴，謂章露也。故絕而不通；今悔過來，而無親屬、貴人，奉獻者皆行賈賤人，賈，音古；下同。欲通貨市買，以獻爲名，故煩使者送至縣度，恐失實見欺。凡遣使送客者，欲爲防護寇害也。爲，于僞翻。起皮山，南更不屬漢之國四、五，皮山國，去長安萬五千里。師古曰：言經歷不屬漢者凡四、五國。更，音工衡翻。斥候士百餘人，五分夜擊刁斗自守，師古曰：夜有五更，分而持之。尚時爲所侵盜。驢畜負糧，須諸國稟食，得以自贍。師古曰：稟，給也。贍，足也。食，讀曰飤；下同。國或貧小不能食，或桀黠不肯給，黠，下八翻。擁強漢之節，餧山谷之間，乞匄無所得，師古曰：匄，亦乞也，音工大翻。離一、二旬，則人畜棄捐曠野而不反。又歷大頭痛、小頭痛之山，赤土、身熱之阪，令人身熱無色，頭痛嘔吐，驢畜盡然。嘔，一口翻。吐，土故翻。畜，許救翻；下同。又有三池盤、石阪道，陿者尺六七寸，長者徑三十里，臨崢嶸不測之深，陿，與狹同。師古曰：崢嶸，深險之貌。崢，音仕耕翻。嶸，音宏。余謂崢嶸，山峻貌。行者騎步相持，騎，奇寄翻。繩索相引，索，昔各翻。二千餘里，乃到縣度。畜墜，未半阬谷盡靡碎；師古曰：靡，散也，音糜。人墮，勢不得相收視；險阻危害，不可勝言。勝，音升。聖王分九州，制五服，師古曰：九州，冀、兗、豫、青、徐、荆、揚、梁、雍也。五服，甸、侯、綏、要、荒。余謂此言禹迹也。周職方，九州有幽、幷，無徐、梁；又分爲九服。務盛內，不求外；今遣使者承至尊之命，送蠻夷之賈，勞吏士之衆，涉危難之路，賈，音古。難，乃旦翻。罷敝所恃以事無用，師古曰：罷，讀曰疲。所恃，謂中國之人。無用，謂遠方蠻夷之國。非久長計也。使者業已受節，可至皮山而還。」師古曰：言已立計遣之，不能卽止，可至皮山也。於是鳳白從欽言。罽賓實利賞賜賈市，賈，音古。其使數年而壹至云。

陽朔元年（丁酉、前二四）應劭曰：時陰盛陽微，故改元曰陽朔，欲陽氣之蘇息也。師古曰：應說非也。朔，始也。以山陽火生石中，言陽氣之始。

1春，二月，丁未晦，日有食之。

2三月，赦天下徒。

3冬，京兆尹泰山王章下獄，死。下，遐嫁翻。

時大將軍鳳用事，上謙讓無所顓。左右嘗薦光祿大夫劉向少子歆通達有異材，上召見，歆誦讀詩賦，甚悅之，欲以爲中常侍；百官表：中常侍，加官，得出入禁中。蓋此時以士人爲之，東都始純用宦者。召取衣冠，臨當拜，左右皆曰：「未曉大將軍。」師古曰：曉，猶白。余謂曉，開諭也。上曰：「此小事，何須關大將軍！」左右叩頭爭之，上於是語鳳，鳳以爲不可，乃止。劉向忠於漢室，子歆附從王莽，得無由此邪！爵賞之柄不自上出，則貪爵祿苟富貴之人，視其柄所在而趨之矣。語，牛倨翻。

王氏子弟皆卿、大夫、侍中、諸曹，分據勢官，滿朝廷。杜欽見鳳專政泰重，戒之曰：「願將軍由周公之謙懼，損穰侯之威，放武安之欲，毋使范雎之徒得間其說！」周公輔成王，管、蔡流言，周公狼跋而東，其懼可知矣；吐握以下士，其謙可知矣。穰侯、范雎事見周紀。武安侯田蚡事見武帝紀。

間，居莧翻。鳳不聽。

時上無繼嗣，體常不平。師古曰：言多疾疢。定陶共王來朝，共，讀曰恭；下同。太后與上承先帝意，遇共王甚厚，賞賜十倍於他王，不以往事爲纖介；師古曰：往事，謂先帝時欲以代太子也。言無纖介之嫌怒。留之京師，不遣歸國。上謂共王：「我未有子，人命不諱，師古曰：人命無常，不可諱。一朝有他，師古曰：他，謂晏駕也。且不復相見，復，扶又翻。爾長留侍我矣！」其後天子疾益有瘳，共王因留國邸，定陶邸也。旦夕侍上；上甚親重之。大將軍鳳心不便共王在京師，會日食，鳳因言：「日食，陰盛之象。定陶王雖親，於禮當奉藩在國；今留侍京師，詭正非常，師古曰：詭，違也。故天見戒，見，賢遍翻。宜遣王之國！」上不得已於鳳而許之。共王辭去，上與相對涕泣而決。決，與訣同，別也。

王章素剛直敢言，雖爲鳳所舉，章以選爲京兆，鳳所舉也。非鳳專權，不親附鳳，乃奏封事，言「日食之咎，皆鳳專權蔽主之過。」上召見章，延問以事。見，賢遍翻。章對曰：「天道聰明，佑善而災惡，以瑞應【章：十四行本「應」作「異」；乙十一行本同。】爲符效。今陛下以未有繼嗣，引近定陶王，近，其靳翻。所以承宗廟，重社稷，上順天心，下安百姓，此正議善事，當有祥瑞，何故致災異！災異之發，爲大臣專政者也。爲，于瑞翻。今聞大將軍猥歸日食之咎於定陶王，師古曰：猥，猶曲也。建遣之國，師古曰：建立其議也。苟欲使天子孤立於上，顓擅朝事以便其私，非忠臣也。朝，直遙翻。且日食，陰侵陽，臣顓君之咎。今政事大小皆自鳳出，天子曾不壹舉手，鳳不內省責，省，悉井翻。反歸咎善人，推遠定陶王。推，吐雷翻。遠，于願翻。且鳳誣罔不忠，非一事也。前丞相樂昌侯商，本以先帝外屬，商，宣帝舅王武之子。內行篤，行，下孟翻。有威重，位歷將相，國家柱石臣也，其人守正，不肯屈節隨鳳委曲；卒用閨門之事爲鳳所罷，卒，子恤翻。身以憂死，衆庶愍之。又鳳知其小婦弟張美人已嘗適人，師古曰：小婦，妾也。弟，謂女弟，卽妹也。今俗猶謂妾爲小妻。於禮不宜配御至尊，託以爲宜子，內之後宮，苟以私其妻弟；聞張美人未嘗任身就館也。師古曰：是則不爲宜子，明鳳所言非實。婦人將生子，及月辰，出就他館。任，讀曰妊。且羌、胡尚殺首子以盪腸正世，師古曰：盪，洗滌也。言婦初來，所生之子或他姓。況於天子，而近已出之女也！已出，謂已出嫁也。近，其靳翻。此三者皆大事，陛下所自見，足以知其餘及他所不見者。師古曰：以所見者譬之，則不見者可知。鳳不可令久典事，宜退使就第，選忠賢以代之！」

自鳳之白罷商，後遣定陶王也，上不能平；及聞章言，天子感寤，納之，謂章曰：「微京兆尹直言，師古曰：微，無也。吾不聞社稷計。且唯賢知賢，君試爲朕求可以自輔者。」爲，于僞翻；下同。於是章奏封事，薦信都王舅琅邪太守馮野王，忠信質直，智謀有餘。【章：乙十一行本「餘」下有「以王舅出，以賢復入，明聖主樂進賢也。」十五字。】上自爲太子時，數聞野王名，【章：乙十一行本「王」下有「先帝」二字，「名」下有「卿聲譽出鳳遠甚」七字。】數，所角翻。方倚【章：十四行本「倚」下有「欲」字；

乙十一行本同；孔本同。】以代鳳。章每召見，上輒辟左右。見，賢遍翻。師古曰：辟，讀曰闢。時太后從弟子侍中音元后傳曰：太后從弟長樂衛尉弘，子侍中音。師古曰：弘者，太后之叔父也；音則從父弟。余據後云「音以從舅用事」，則顏註良是。獨側聽，具知章言，以語鳳。語，牛倨翻。鳳聞之，甚憂懼。杜欽令鳳【章：乙十一行本「鳳」下有「稱病」二字；張校同。】出就第，上疏乞骸骨，其辭指甚哀。太后聞之，爲垂涕，不御食。爲，于僞翻。御，進也。上少而親倚鳳，少，詩照翻。弗忍廢，乃優詔報鳳，強起之；強，其兩翻。於是鳳起視事。

上使尚書劾奏章：「知野王前以王舅出補吏，而私薦之，成帝立，有司奏野王王舅，不宜備九卿，出爲上郡太守。欲令在朝，阿附諸侯；朝，直遙翻。又知張美人體御至尊，而妄稱引羌胡殺子盪腸，非所宜言；」下章吏。下，遐稼翻。廷尉致其大逆罪，致，文致也。以爲「比上夷狄，欲絕繼嗣之端；背畔天子，背，蒲妹翻。私爲定陶王。」章竟死獄中，妻子徙合浦。合，音蛤。自是公卿見鳳，側目而視。

馮野王懼不自安，遂病；滿三月，賜告，與妻子歸杜陵就醫藥。大將軍鳳風御史中丞劾奏「野王師古曰：風，讀曰諷。劾，戶概翻，又戶得翻。賜告養病而私自便，師古曰：便，安也，音頻面翻。持虎符出界歸家，奉詔不敬。」杜欽奏記於鳳曰：「二千石病，賜告得歸，有故事；不得去郡，亡著令。如淳曰：律施行，無不得去郡之文也。亡，讀曰無。傳曰：『賞疑從予，』所以廣恩勸功也；師古曰：疑當賞、不當賞則與之。疑厚、薄則從厚。予，讀曰與。『罰疑從去，』所以慎刑，闕難知也。師古曰：疑當罰、不當罰則赦之。疑輕、重則從輕。去，謂赦之也。今釋令與故事而假不敬之法，師古曰：釋，廢去也。假，謂假託法律以致其罪。甚違『闕疑從去』之意。卽以二千石守千里之地，任兵馬之重，任，音壬。不宜去郡，將以制刑爲後法者，則野王之罪在未制令前也。刑賞大信，不可不慎！」鳳不聽，竟免野王官。

時衆庶多冤王章譏朝廷者，欽欲救其過，復說鳳曰：「京兆尹章，所坐事密，自京師不曉，況於遠方！恐天下不知章實有罪，而以爲坐言事。如是，塞爭引之原，復，扶又翻；下同。說，輸芮翻。塞，悉則翻。爭，讀曰諍。師古曰：爭引，謂引事類以諫爭之也。一曰：下有諫爭之言，上引而納之也。損寬明之德。欽愚以爲宜因章事舉直言極諫，並見郎從官，從，才用翻。展盡其意，加於往前，以明示四方，使天下咸知主上聖明，不以言罪下也。若此，則流言消釋，疑惑著明。」鳳白行其策焉。杜欽之罪浮於谷永，以其與王鳳計議，爲之文過也。

4是歲，陳留太守薛宣爲左馮翊。宣爲郡，所至有聲迹。宣子惠爲彭城令，宣嘗過其縣，心知惠不能，不問以吏事。或問宣：「何不教戒惠以吏職？」宣笑曰：「吏道以法令爲師，可問而知；及能與不能，自有資材，何可學也！」衆人傳稱，以宣言爲然。時人雖以宣言爲然，實未必然也！

二年（戊戌、前二三）

1春，三月，大赦天下。

2御史大夫張忠卒。

3夏，四月，丁卯，以侍中、太僕王音爲御史大夫。於是王氏愈盛，郡國守相、刺史皆出其門下。師古曰：言爲其家寮屬者皆得大官。五侯羣弟爭爲奢侈，按元后傳，王鳳兄弟八人：鳳、崇以與元后同母，先侯；譚、商、立、根、逢時同日侯，世謂之五侯；曼，乃五侯之兄，早死，不侯。五侯無羣弟，疑「羣」字當作「兄」。賂遺珍寶，四面而至，皆通敏人事，好士養賢，傾財施予以相高尚；遺，于季翻。好，呼到翻。施，式豉翻。予，讀曰與。賓客滿門，競爲之聲譽。劉向謂陳湯曰：「今災異如此，而外家日盛，其漸必危劉氏。吾幸得以同姓末屬，累世蒙漢厚恩，身爲宗室遺老，歷事三主。三主，宣、元、成。上以我先帝舊臣，每進見，常加優禮。見，賢遍翻。吾而不言，孰當言者！」遂上封事極諫曰：「臣聞人君莫不欲安，然而常危；莫不欲存，然而常亡；失御臣之術也。夫大臣操權柄，持國政，未有不爲害者也。操，千高翻。故書曰：『臣之有作威作福，害于而家，凶于而國。』師古曰：周書洪範也。而，汝也。言唯君得作威作福；臣下爲之，則致凶害也。孔子曰：『祿去公室，政逮大夫，』危亡之兆也。臣瓚曰：政不由君，下及大夫也。師古曰：論語孔子曰：祿之去公室五世矣，政逮於大夫四世矣。故夫三桓之子孫微矣。今王氏一姓，乘朱輪華轂者二十三人，青、紫、貂、蟬充盈幄內，魚鱗左右。漢制，列侯，紫綬；二千石，青綬；侍中、中常侍，皆銀璫左貂、金附蟬。師古曰：言在帝之左右，相次若魚鱗也。大將軍秉事用權，五侯驕奢僭盛，並作威福，擊斷自恣，行汙而寄治，身私而託公，師古曰：內爲汙私之行而外則寄託治公之道也。斷，丁亂翻。行，下孟翻。依東宮之尊，師古曰：東宮，太后所居也。余按漢制，太后率居長樂宮，在未央宮東，故曰東宮。假甥舅之親，以爲威重。尚書、九卿、州牧、郡守皆出其門，管執樞機，朋黨比周；比，毗至翻。稱譽者登進，忤恨者誅傷；游談者助之說，執政者爲之言。譽，音余。忤，五故翻。爲，于僞翻。排擯宗室，孤弱公族，其有智能者，尤非毀而不進，遠絕宗室之任，不令得給事朝省，遠，于願翻。朝，直遙翻。恐其與己分權；數稱燕王、蓋主以疑上心，燕、蓋事見昭帝紀。師古曰：以示宗室親近而反逆也。數，所角翻。避諱呂、霍而弗肯稱。呂氏事見呂后紀。霍氏事見宣帝紀。師古曰：呂、霍二家皆坐專擅誅滅，故爲王氏諱而不言也。內有管、蔡之萌，外假周公之論，兄弟據重，宗族磐互，歷上古至秦、漢，外戚僭貴未有如王氏者也。物盛必有非常之變先見，爲其人微象。言伏於微而著於象也。見，賢遍翻。孝昭帝時，冠石立於泰山，仆柳起於上林，事見二十三卷昭帝元鳳三年。而孝宣帝即位。今王氏先祖墳墓在濟南者，王氏，本濟南東平陵人；武帝時，繡衣御史王賀既免官，乃徙居魏郡元城。其梓柱生枝葉，扶疏上出屋，根臿地中，康曰：臿，測洽切。余按字書，測洽之臿，從「干」、從「臼」，與今臿字不同。漢書作「根垂地中」。意「臿」即「垂」字也。雖立石起柳，無以過此之明也。事勢不兩大，王氏與劉氏亦且不並立，如下有泰山之安，則上有累卵之危。陛下爲人子孫，守持宗廟，而令國祚移於外親，降爲皁隸，師古曰：皁隸，卑賤之人也。春秋左氏傳曰：大夫臣士，士臣皁，皁臣輿，輿臣隸也。縱不爲身，爲，于僞翻。柰宗廟何！婦人內夫家而外父母家，此亦非皇太后之福也。如淳曰：內，猶親也；而皇太后反外夫家也。孝宣皇帝不與舅平昌侯權，所以全安之也。平昌侯王無故，宣帝舅也。夫明者起福於無形，銷患於未然，宜發明詔，吐德音，援近宗室，親而納信，師古曰：援，引也。謂升引而附近之也。援，音爰。近，其靳翻。黜遠外戚，毋授以政，師古曰：遠，謂疏而離之也，音于萬翻。皆罷令就弟，弟，與第同；漢書率作「弟」。孟康曰：第，宅也，有甲乙次第也；亦作「弟」。以則效先帝之所行，厚安外戚，全其宗族，誠東宮之意，外家之福也。王氏永存，保其爵祿，劉氏長安，不失社稷，所以褒睦外內之姓，子子孫孫無疆之計也。如不行此策，田氏復見於今，六卿必起於漢，田氏簒齊，六卿分晉，言漢亦將有此禍也。復，扶又翻。爲後嗣憂，昭昭甚明。唯陛下深留聖思！」書奏，天子召見向，歎息悲傷其意，謂曰：「君且休矣，吾將思之！」然終不能用其言。

4 秋，關東大水。

5 八月，甲申，定陶共王康薨。

6 是歲，徙信都王興爲中山王。」

容肇祖標點顧頡剛聶崇岐覆校

資治通鑑卷第三十一

翰林學士朝散大夫右諫議大夫知制誥兼侍講同提舉萬壽觀公事
兼判集賢院上護軍河內郡開國侯食邑一千三百戶賜紫金魚袋臣　司馬光　奉敕編集
後學天台胡三省　音註

漢紀二十三

起屠維大淵獻（己亥），盡強圉協洽（丁未），凡九年。

孝成皇帝上之下

陽朔三年（己亥、前二二）

1 春，三月，壬戌，隕石東郡八。

2 夏，六月，潁川鐵官徒申屠聖等百八十人殺長吏，盜庫兵，自稱將軍，經歷九郡。遣丞相長史、御史中丞逐捕，以軍興從事，長，知兩翻。師古曰：逐捕之事，須有發興，皆依軍法。皆伏辜。

3 秋，王鳳疾，天子數自臨問，數，所角翻。親執其手涕泣曰：「將軍病，如有不可言，師古曰：不可言，謂死也，不欲斥言之。平阿侯譚次將軍矣！」鳳頓首泣曰：「譚等雖與臣至親，行皆奢僭，行，下孟翻。無以率導百姓，不如御史大夫音謹敕，敕，整也，正也，固也，理也。臣敢以死保之！」及鳳且死，上疏謝上，復固薦音自代，復，扶又翻。言譚等五人必不可用；天子然之。初，譚倨，不肯事鳳，師古曰：倨，慢也。而音敬鳳，卑恭如子，故鳳薦之。八月，丁巳，鳳薨。九月，甲子，以王音爲大司馬、車騎將軍，而王譚位特進，領城門兵。長安十二城門皆有屯兵。安定太守谷永以譚失職，勸譚辭讓，不受城門職；由是譚、音相與不平。

4 冬，十一月，丁卯，光祿勳于永爲御史大夫。永，定國之子也。

四年（庚子、前二一）

1 春，二月，赦天下。

2 夏，四月，雨雪。雨，于具翻。

3 秋，九月，壬申，東平思王宇薨。宇，宣帝之子。

4 少府王駿爲京兆尹。駿，吉之子也。先是，京兆有趙廣漢、張敞、王尊、王章，至駿，皆有能名，故京師稱曰：「前有趙、張，後有三王。」趙廣漢、張敞，宣帝時尹京。三王，皆帝所用。史言尹京者難其材。先，悉薦翻。

5 閏月，壬戌，于永卒。

6 烏孫小昆彌烏就屠死，子拊離代立；師古曰：拊，讀與撫同。爲弟日貳所殺。漢遣使者立拊離子安日爲小昆彌。日貳亡阻康居；亡奔康居，依阻其遠以自全。安日使貴人姑莫匿等三人許亡從日貳，刺殺之。師古曰：詐畔亡而投之，因得以刺殺。刺，七亦翻。於是西域諸國上書，願復得前都護段會宗；會宗前爲西域都護，終更而還。復，扶又翻。上從之。城郭諸國聞之，皆翕然親附。

7谷永奏言：「聖王不以名譽加於實效；御史大夫任重職大，少府宣達於從政，唯陛下留神考察！」上然之。

鴻嘉元年（辛丑、前二〇）

1春，正月，癸巳，以薛宣爲御史大夫。用谷永之言也。

2二月，壬午，上行幸初陵，赦作徒；師古曰：徒人之在陵役作者。以新豐之戲鄉爲昌陵縣，師古曰：戲水之鄉也。戲，音許宜翻。奉初陵。

3上始爲微行，張晏曰：出入市里，不復警蹕，若微賤者之所爲，故曰微行。從期門郎或私奴十餘人，或乘小車，或皆騎，騎，奇寄翻。出入市里郊野，遠至旁縣旁縣，諸縣環長安旁者也。甘泉、長楊、五柞，柞，才各翻。鬬雞、走馬，常自稱富平侯家人。富平侯者，張安世四世孫放也。放父臨，尙敬武公主，文穎曰：公主，成帝姊也。臣瓚曰：敬武公主是元帝姊也。師古曰：二說皆非也。薛宣傳云：主怒曰：「嫂何以取妹殺之！」既謂元后爲嫂，是卽元帝妹也。地理志，鉅鹿郡有敬武縣。生放，放爲侍中、中郎將，娶許皇后女弟，當時寵幸無比，故假稱之。

4 三月，庚戌，張禹以老病罷，以列侯朝朔、望，位特進，見禮如丞相；朝，直遥翻。賞賜前後數千萬。

5 夏，四月，庚辰，薛宣爲丞相，封高陽侯；恩澤侯表，高陽侯食邑於東莞。京兆尹王駿爲御史大夫。

6 王音既以從舅越親用事，小心親職。從，才用翻。上以音自御史大夫入爲將軍，將軍，中朝官，故曰入。不獲宰相之封，自公孫弘以來，爲相者封侯。六月，乙巳，封音爲安陽侯。地理志，汝南郡有安陽侯國。

7 冬，黄龍見眞定。見，賢遍翻。

8 是歲，匈奴復株累單于死，弟且麋【章十四行本「麋」作「糜」；乙十一行本同；孔本同。】胥立，爲搜諧若鞮單于；遣子左祝都韓王呴留斯侯入侍，以且莫車爲左賢王。累，力追翻。單，音蟬。且，子余翻。鞮，丁兮翻。「呴」，漢書作「朐」；師古曰：音許于翻。

二年（壬寅、前一九）

1 春，上行幸雲陽、甘泉。甘泉宮在雲陽縣。

2 三月，博士行大射禮。古者天子、諸侯、大夫、士皆有大射之禮。博士所行，士之射禮也。有飛雉集于庭，歷階登堂而雊；師古曰：歷階，謂以次而登也。雊，古豆翻。後雉又集太常、宗正、丞相、御史大夫、車騎將軍之府，又集未央宮承明殿屋上。車騎將軍音、待詔寵等上言：師古曰：以經術待詔，其人名寵，不記姓也。「天地之氣，以類相應；譴告人君，甚微而著。雉者聽察，先聞雷聲，故月令以紀氣。師古曰：謂季冬之月，雉雊、雞乳。經載高宗雊雉之異，以明轉禍爲福之驗。師古曰：高宗祭成湯，有飛雉升鼎耳而雊，祖己曰：「惟先假王正厥事」。故能攘妖而致百年之壽。今雉以博士行禮之日【章：乙十一行本「日」下有「大衆聚會，飛集於庭」八字，孔本同；張校同；退齋校同。】歷階登堂，萬衆睢睢，師古曰：睢睢，仰目視貌，音呼惟翻。驚怪連日，徑歷三公之府，太常、宗正典宗廟骨肉之官，然後入宮，其宿留告曉人，具備深切；師古曰：宿，音先就翻。留，音力救翻。雖人道相戒，何以過是！」後帝使中常侍鼂閎詔音曰：鼂，古朝字。「聞捕得雉，毛羽頗摧折，類拘執者，得無人爲之？」師古曰：言人放此雉，故欲爲變異者。折，而設翻。音復對曰：「陛下安得亡國之語！不知誰主爲佞讇之計，誣亂聖德如此者！左右阿諛甚衆，不待臣音復讇而足。復，扶又翻。讇，古諂字。師古曰：足，益也，音子喻翻。足其不足曰足。公卿以下，保位自守，莫有正言。如令陛下覺寤，懼大禍且至身，深責臣下，繩以聖法，臣音當先誅，豈有以自解哉！今即位十五年，繼嗣不立，日日駕車而出，失行流聞；行，所行也。言帝所行多非道，過失流布，聞於遠方也。行，下孟翻。海內傳之，甚於京師。外有微行之害，內有疾病之憂，皇天數見災異，欲人變更，數，所角翻。見，賢遍翻。更，工衡翻；下同。終已不改。天尚不能感動陛下，臣子何望！獨有極言待死，命在朝暮而已。如有不然，老母安得處所，尚何皇太后之有！高祖天下當以誰屬乎！如淳曰：老母，音之老母也，當隨己受罪誅也。又謂己言深切，觸牾人主，積恚而犯必行之誅，不能復顧太后也。師古曰：如說非也。此言總屬於成帝耳。不然者，謂不如所諫而自修改也。老母，即帝之母太后也。言帝不自修改，國家危亡，太后不知處所，高祖天下無所付屬也。屬，音之欲翻。宜謀於賢智，克己復禮，用論語孔子答顏淵之言。以求天意，繼嗣可立，災變尚可銷也。」

3 初，元帝儉約，渭陵不復徙民起邑；事見二十九卷元帝永光四年。復，扶又翻。帝起初陵，即延陵也。數年後，樂霸陵曲亭南，更營之。即新豐戲鄉之地。關中記：昌陵，在霸城東二十里。樂，音洛。將作大匠解萬年解，戶買翻，姓也。姓譜：自晉唐叔虞食邑於解，今解縣也。晉有解狐、解揚。使陳湯爲奏，請爲初陵徙民起邑，欲自以爲功，求重賞。湯因自請先徙，冀得美田宅。上從其言，果起昌陵邑。爲萬年、湯得罪罷昌陵張本。

夏，徙郡國豪桀貲五百萬以上五千戶于昌陵。

4 五月，癸未，隕石于杜郵三。

5 六月，立中山憲王孫雲客爲廣德王。中山憲王福，靖王勝之玄孫也。地節元年，福薨，子懷王脩嗣。五鳳三年，脩薨，無後。今立雲客。

6 是歲，城陽哀王雲薨；無子，國除。城陽景王章傳國十世，至雲。

三年（癸卯、前一八）

1夏，四月，赦天下。

2大旱。

3王氏五侯爭以奢侈相尚。成都侯商嘗病，欲避暑，從上借明光宮。師古曰：黃圖云：明光宮，在城內，近桂宮。後又穿長安城，引內灃水，地理志：豐水出鄠縣東南，北流過上林苑，入渭。注第中大陂以行船，立羽蓋，羽蓋，編羽爲之。張周帷，周帷，船之四周皆張帷。楫棹越歌。師古曰：楫、棹，皆所以行船也；令執楫棹人爲越歌也。楫，謂棹之短者也，今吳、越之人謂之橈，音饒。越歌，爲越之歌。上幸商第，見穿城引水，意恨，內銜之，未言。後微行出，過曲陽侯第，又見園中土山、漸臺，象白虎殿，起土山、漸臺，又爲室屋象白虎殿也。於是上怒，以讓車騎將軍音。商、根兄弟欲自黥、劓以謝太后。劓，魚器翻，又牛例翻。上聞之，大怒，乃使尚書責問司隸校尉、京兆尹，知成都侯商等奢僭不軌，藏匿姦猾，皆阿縱，不舉奏正法；二人頓首省戶下。司隸校尉察三輔，京兆尹治京邑，而阿縱不舉奏，故責之。省戶，禁門也。又賜車騎將軍音策書曰：「外家何甘樂禍敗！師古曰：言此罪過，並身自爲之。余謂言商等奢僭，必將得罪，何乃甘心爲之以爲樂也！樂，音洛。而欲自黥、劓，相戮辱於太后前，傷慈母之心，以危亂國家！外家宗族強，上一身寖弱日久，今將一施之，師古曰：行刑罰。君其召諸侯，令待府舍！」諸侯，指商、根等。師古曰：令總集音舍待詔命。是日，詔尚書奏文帝誅將軍薄昭故事。見十四卷文帝前十年。車騎將軍音藉稾請罪，師古曰：自坐稾上，言待刑戮也。商、立、根皆負斧質謝，良久乃已。上特欲恐之，實無意誅也。

4 秋，八月，乙卯，孝景廟北闕災。

5 初，許皇后與班倢伃皆有寵於上。上嘗遊後庭，欲與倢伃同輦載，倢伃，音接于；下同。倢伃辭曰：「觀古圖畫，賢聖之君皆【章：十四行本「皆」下有「有」字；乙十一行本同；孔本同。】名臣在側，三代末主乃有嬖妾；今欲同輦，得無近似之乎！」師古曰：嬖，愛也，音必計翻，又卑義翻。近，音巨靳翻。上善其言而止。太后聞之，喜曰：「古有樊姬，張晏曰：楚王好田，樊姬爲不食禽獸之肉。按樊姬事楚莊王。今有班倢伃！」班倢伃進侍者李平得幸，亦爲倢伃，賜姓曰衞。

其後，上微行過陽阿主家，師古曰：陽阿，平原之縣也。應劭曰：平原漯陰東南五十里，有陽阿鄉，故縣也。考異曰：五行志作「河陽主」，伶玄趙后外傳及荀紀亦作「河陽」。外戚傳顏師古註曰：陽阿，平原之縣也。今俗書「阿」字作「河」，或爲「河陽」，皆後人所妄改耳。今從之。悅歌舞者趙飛燕，師古曰：以其體輕，故曰飛燕。召入宮，大幸；有女弟，復召入，復，扶又翻。姿性尤醲粹，左右見之，皆嘖嘖嗟賞。嘖嘖，衆口稱羨而作聲也；音側革翻。有宣帝時披香博士淖方成在帝後，披香博士，後宮女職也。淖，音女教翻，姓也。唾曰：「此禍水也，滅火必矣！」姊、弟俱爲倢伃，貴傾後宮。許皇后、班倢伃皆失寵。於是趙飛燕譖告許皇后、班倢伃挾媚道，婦人挾媚道者，蠱詛他人，求己親媚。祝詛後宮，詈及主上。祝，職救翻。詛，莊助翻。詈，力智翻。冬，十一月，甲寅，許后廢處昭臺宮，師古曰：宮在上林苑中。處，昌呂翻。后姊謁【章：乙十一行本「謁」下有「等」字；孔本同；張校同。】皆誅死，親屬歸故郡。后姊謁，爲平安剛侯夫人。許氏，本山陽人也。考問班倢伃，倢伃對曰：「妾聞『死生有命，富貴在天。』論語載子夏答司馬牛之言。脩正尚未蒙福，爲邪欲以何望！使鬼神有知，不受不臣之愬；師古曰：祝詛主上，是不臣也。如其無知，愬之何益！故不爲也。」上善其對，赦之，賜黄金百斤。趙氏姊、弟驕妒，倢伃恐久見危，乃求共養太后於長信宮。師古曰：共，音居用翻。養，音弋向翻。宮閣記：長信殿，在長樂宮，太后常居之。上許焉。

6 廣漢男子鄭躬等六十餘人攻官寺，篡囚徒，盜庫兵，自稱山君。廣漢郡，高帝分蜀郡置，屬益州。師古曰：逆取曰篡。風俗通：寺，司也。諸官府所止皆曰寺。

四年(甲辰、前一七)

1 秋，勃海、清河、信都河水湓溢，勃海，唐滄、景州。清河，唐貝州。信都，唐冀州。師古曰：湓，湧也；音普頓翻。灌縣、邑三十一，敗官亭、民舍四萬餘所。敗，補邁翻。平陵李尋【章：乙十一行本「尋」下有「等」字；孔本同。】奏言：「議者常欲求索九河故迹而穿之。今因其自決，可且勿塞，以觀水勢；索，山客翻。塞，悉則翻；下同。河欲居之，當稍自成川，跳出沙土。然後順天心而圖之，必有成功，而用財力寡。」於是遂止不塞。朝臣數言百姓可哀，上遣使者處業振贍之。師古曰：處業，謂安處之，使得居業。數，所角翻。處，昌呂翻。

2廣漢鄭躬黨與寖廣，犯歷四縣，衆且萬人；州郡不能制。冬，以河東都尉趙護爲廣漢太守，發郡中及蜀郡合三萬人擊之，或相捕斬除罪；師古曰：賊黨相捕斬，赦其本罪。旬月平。遷護爲執金吾，賜黃金百斤。

3是歲，平阿安侯王譚薨。上悔廢譚使不輔政而薨也，乃復進成都侯商，復，扶又翻。以特進領城門兵，置幕府，得舉吏如將軍。漢制，列將軍置幕府，得舉吏。

魏郡杜鄴時爲郎，素善車騎將軍音，見音前與平阿侯有隙，卽說音曰：「夫戚而不見殊，孰能無怨！師古曰：戚，近也。殊，謂異於疏也。說，輸芮翻。昔秦伯有千乘之國而不能容其母弟，師古曰：秦景公母弟公子鍼有寵於其父桓公。景公立，鍼懼而奔晉。事在昭元年。故經書「秦伯之弟鍼出奔晉」，傳曰：稱弟，罪秦伯也。春秋譏焉。周、召則不然，師古曰：言周公、召公無私怨也。余謂不然者，不爲秦伯之爲也。召，讀曰邵。忠以相輔，義以相匡，同己之親，等己之尊，不以聖德獨兼國寵，又不爲長專受榮任，分職於陝，並爲弼疑，師古曰：分職於陝，謂自陝以東周公主之，自陝以西召公主之。陝，卽今陝州縣也；音式冉翻。而說者妄云分陝是潁川郟縣，謬矣。弼疑，謂左輔、右弼、前疑、後丞也。余按字書，陝從兩「入」，郟從兩「人」，人自不考耳。爲，于僞翻。長，知兩翻。故內無感恨之隙，師古曰：感，音胡闇翻。外無侵侮之羞，俱享天祐，兩荷高名者，蓋以此也。荷，下可翻。竊見成都侯以特進領城門兵，復有詔得舉吏如五府，丞相、御史及車騎、左、右將軍府也。復，扶又翻。此明詔所欲必寵也。將軍宜承順聖意，加異往時，每事凡議，必與及之。發於至誠，則孰不說諭！」師古曰：言皆出於至誠，彼必和說，無憂乖異也。說，讀曰悅。音甚嘉其言，由是與成都侯商親密。二人皆重鄰。

永始元年（乙巳、前一六）

1春，正月，癸丑，太官凌室火。師古曰：凌室，藏冰之室。凌，音力證翻，又音陵。戊午，戾后園南闕火。考異曰：五行志及荀紀二「火」皆作「災」，今從漢書。

2上欲立趙倢伃爲皇后，皇太后嫌其所出微甚，難之。太后姊子淳于長爲侍中，數往來通語東宮；數，所角翻。歲餘，乃得太后指，許之。夏，四月，乙亥，上先封倢伃父臨爲成陽侯。恩澤侯表，成陽侯食邑於汝南新息。諫大夫河間劉輔上書，漢書：劉輔，河間宗室。言：「昔武王、周公，承順天地以饗魚、烏之瑞，然猶君臣祇懼，動色相戒。今文尚書泰誓曰：白魚入于王舟；有火復于王屋，流爲烏。周公曰：「復哉！復哉！」況於季世，不蒙繼嗣之福，屢受威怒之異者虖！威怒，謂皇天降威震怒也。虖，古乎字。雖夙夜自責，改過易行，行，下孟翻。畏天命，念祖業，妙選有德之世，考卜窈窕之女，鄭玄曰：考，猶稽也。師古曰：窈窕，幽閒也。以承宗廟，順神祇心，塞天下望，塞，悉則翻。子孫之祥猶恐晚暮！今乃觸情縱欲，傾於卑賤之女，欲以母天下，不畏于天，不愧于人，惑莫大焉！里語曰：『腐木不可以爲柱；人婢不可以爲主。』考異曰：劉輔傳云：「腐木不可以爲柱；卑人不可以爲主。」荀紀「柱」作「珪」，「卑人」作「人婢」。今「柱」從漢書；「人婢」從荀紀。天人之所不予，必有禍而無福，市道皆共知之，師古曰：市道，市中之道也；一曰市人及行於道路者也。予，讀曰與。朝廷莫肯壹言。臣竊傷心，不敢不盡死！」書奏，上使侍御史收縛輔，繫掖庭祕獄，師古曰：漢舊儀：掖庭詔獄，令、丞，宦者爲之，主理婦人、女官也。羣臣莫知其故。於是左將軍辛慶忌、右將軍廉褒、光祿勳琅邪師丹、太中大夫谷永四人皆中朝官。俱上書曰：「竊見劉輔前以縣令求見，擢爲諫大夫，輔以襄賁令上書言得失，召見，擢諫大夫。襄賁，東海縣也。賁，音肥。此其言必有卓詭切至當聖心者，故得拔至於此；旬月之間，收下祕獄。下，遐稼翻。臣等愚以爲輔幸得託公族之親，在諫臣之列，新從下土來，未知朝廷體，獨觸忌諱，不足深過。過，猶罪也。小罪宜隱忍而已，如有大惡，宜暴治理官，與衆共之。理官，謂廷尉也。師古曰：令衆人知其罪狀而罰之。暴，顯示也。顯示其罪，使理官治之。今天心未豫，張晏曰：豫，悅豫也。災異屢降，水旱迭臻，方當隆寬廣問，褒直盡下之時也，而行慘急之誅於諫爭之臣，爭，讀曰諍。震驚羣下，失忠直心。假令輔不坐直言，所坐不著，師古曰：著，明也。天下不可戶曉。師古曰：言不可家家曉諭之也。同姓近臣，本以言顯，其於治親養忠之義，治，直之翻。誠不宜幽囚於掖庭獄。公卿以下，見陛下進用輔亟而折傷之暴，人有懼心，精銳銷耎，師古曰：人人皆懼也。蘇林曰：耎，弱也。師古曰：耎，音乃亂翻，又乳兗翻。莫敢盡節正言，非所以昭有虞之聽，師古曰：舜有敢諫之鼓，故言有虞之聽也；

一曰：謂達四聰也。廣德美之風！臣等竊深傷之，惟陛下留神省察！」省，悉井翻。上乃徙輔繫共工獄，蘇林曰：考工也。師古曰：少府之屬官，亦有詔獄。共，讀與龔同。減死罪一等，論爲鬼薪。應劭曰：取薪給宗廟爲鬼薪，三歲刑也。

3 初，太后兄弟八人，獨弟曼早死，不侯；鳳，嗣父爵陽平侯。崇，安成侯。庶弟五人，同日封，謂之五侯。八人之中，獨曼不侯。太后憐之。曼寡婦渠供養東宮，供，居用翻。養，余亮翻。子莽幼孤，不及等比；師古曰：比，音必寐翻；余謂當音毗至翻。其羣兄弟皆將軍、五侯子，乘時侈靡，師古曰：乘，因也；因富貴之時。以輿馬聲色佚游相高。師古曰：佚，與逸同。莽因折節爲恭儉，勤身博學，折，而設翻。被服如儒生；師古曰：被，音皮義翻。事母及寡嫂，養孤兄子，行甚敕備；莽兄永早死，有子光。行，下孟翻。又外交英俊，內事諸父，曲有禮意。大將軍鳳病，莽侍疾，親嘗藥，鄭玄曰：嘗藥，度其所堪。亂首垢面，不解衣帶連月。鳳且死，以託太后及帝，拜爲黃門郎，漢舊儀曰：黃門郎，屬黃門令，日暮入對青瑣門拜，名曰夕郎。董巴曰：禁門曰黃闥。遷射聲校尉。久之，叔父成都侯商上書，願分戶邑以封莽。長樂少府戴崇、姓譜：戴，宋戴公之後；一曰：宋滅戴，子孫以國爲氏。侍中金涉、中郎陳湯等皆當世名士，咸爲莽言，爲，于僞翻；下同。上由是賢莽，太后又數以爲言。數，所角翻。五月，乙未，封莽爲新都侯，莽傳以南陽新野之都鄉爲新都侯國。遷騎都尉、光祿大夫、侍中。宿衛謹敕，爵位益尊，節操愈謙，散輿馬、衣裘振施賓客，師古曰：振，舉也。施，式智翻。

家無所餘；收贍名士，交結將、相、卿、大夫甚衆。故在位者更推薦之，更，工衡翻。游者爲之談說，虛譽隆洽，傾其諸父矣。隆，盛也。洽，浹也，周徧也。敢爲激發之行，處之不慙恧。師古曰：激，急動。恧，愧也。激，音工歷翻。行，下孟翻。處，昌呂翻。恧，音女六翻。嘗私買侍婢，昆弟或頗聞知，莽因曰：「後將軍朱子元無子，朱博，字子元。莽聞此兒種宜子。」【章：十四行本「子」下有「爲買之」三字；乙十一行本同；孔本同；張校同；退齋校同。】師古曰：此兒，謂所買婢也。種，章勇翻。即日以婢奉朱博。其匿情求名如此！王莽事始此。

4 六月，丙寅，立皇后趙氏，大赦天下。

皇后既立，寵少衰；而其女弟絕幸，爲昭儀，居昭陽舍，其中庭彤朱而殿上髹漆；師古曰：以漆漆物謂之髹，音許求翻，又許昭翻。今關東俗，器物一再著漆者謂之捎漆；捎，即髹聲之轉重耳。「髹」，字或作「髤」，音義亦與髹同。今關西俗云黑髹盤、朱髹盤，其音如此。兩義並通。毛晃曰：髹，赤黑漆。切皆銅沓，黃金塗；師古曰：切，門限也；音千結翻。沓，冒其頭也。塗以金，塗銅上也。沓，音他合翻。白玉階；師古曰：階，所由升殿陛也。壁帶往往爲黃金釭，函藍田璧、明珠、翠羽飾之；服虔曰：釭，壁中之橫帶也。晉灼曰：以金環飾之也。師古曰：壁帶，壁之橫木露出如帶者也，於壁帶之中往往以金爲釭，若車釭之形也。其釭中，著玉璧、明珠、翠羽耳。藍田，山名，出美玉。釭，音工；流俗讀之音江，非也。自後宮未嘗有焉。趙后居別館，多通侍郎、宮奴多子者。侍郎，郎之得出入禁中者。宮奴，有罪沒爲宮奴，給使宮中者。昭儀嘗謂帝曰：「妾姊性剛，有如爲人構陷，則趙氏無種矣！」種，章勇翻。因泣下悽惻。帝信之，有白后姦狀者，帝輒殺之。由是后公爲淫恣，無敢言者，然卒無子。卒，子恤翻。

光祿大夫劉向以爲王教由內及外，自近者始，詩大序：關雎，后妃之德也，風之始也，所以風天下而正夫婦也，故曰正始之道，王化之基。於是採取詩、書所載賢妃、貞婦興國顯家及孽、嬖亂亡者，師古曰：孽，庶也。嬖，愛也。序次爲列女傳，凡八篇，及采傳記行事，著新序、說苑，凡五十篇，奏之；數上疏言得失，陳法戒。數，所角翻。書數十上，以助觀覽，補遺闕。上，時掌翻。上雖不能盡用，然內嘉其言，常嗟嘆之。

昌陵制度奢泰，久而不成。劉向上疏曰：「臣聞王者必通三統，應劭曰：二王之後與己爲三統也。孟康曰：天、地、人之始也。張晏曰：一曰天統，謂周以十一月建子爲正，天始施之端也；二曰地統，謂殷以十二月建丑爲正，地始化之端也；三曰人統，謂夏以十三月建寅爲正，人始成之端也。師古曰：諸家之說皆不備也；言王者象天、地、人之三統，故存三代也。明天命所授者博，非獨一姓也。自古及今，未有不亡之國。孝文皇帝嘗美石槨之固，張釋之曰：『使其中有可欲，雖錮南山猶有隙。』夫死者無終極而國家有廢興，故釋之之言爲無窮計也。釋之對詳見十四卷文帝前三年。孝文寤焉，遂薄葬。棺槨之作，自黃帝始。古之葬者，厚衣之以薪，葬之中野，不封不樹；黃帝易之以棺槨。黃帝、堯、舜、禹、湯、文、武、周公，丘壠皆小，葬具甚微；晉灼曰：丘壠，冢墳也。其賢臣孝子亦承命順意而薄葬之，此誠奉安君父忠孝之至也。孔子葬母於防，師古曰：防，魯邑名也。杜預曰：昌邑縣西有防城。墳四尺。記檀弓曰：孔子既得合葬於防，曰：「古者墓而不墳；今丘也，東西南北之人也，不可以不識也，」於是封之，崇四尺。師古曰：墳者，謂積土也。春秋緯：天子墳高三仞，樹以松；諸侯半之，樹以柏；大夫八尺，樹以藥草；士四尺，樹以槐；庶人無墳，樹以楊柳。鄭玄曰：孔子蓋用士禮。延陵季子葬其子，封墳掩坎，其高可隱。孟康曰：隱蔽之，財可見而已。臣瓚曰：謂人立可隱肘也。師古曰：瓚說是也。隱，音於靳翻。故仲尼孝子而延陵慈父，舜、禹忠臣，周公弟弟，師古曰：弟弟者，言弟能順理也。上弟，音徒計翻。其葬君、親、骨肉皆微薄矣；非苟爲儉，誠便於體也。秦始皇葬於驪山之阿，下錮三泉，上崇山墳，水銀爲江、海，黃金爲鳧、雁，珍寶之臧，臧，古藏字通；下臧椁同。機械之變，棺椁之麗，宮館之盛，不可勝原；詳見七卷秦始皇三十七年。勝，音升。天下苦其役而反之，驪山之作未成，而周章百萬之師至其下矣。事見七卷秦二世二年。項籍燔其宮室，營宇，事見九卷高帝元年。牧兒持火照求亡羊，失火燒其臧椁。自古及今，葬未有盛如始皇者也；數年之間，外被項籍之災，被，皮義翻。內離牧豎之禍，師古曰：離，遭也。豈不哀哉！是故德彌厚者葬彌薄，知愈深者葬愈微。無德寡知，知，讀曰智；下賢知同。其葬愈厚，丘壠彌高，宮闕【章：十四行本「闕」作「廟」；乙十一行本同；孔本同。】甚麗，發掘必速。由是觀之，明暗之效，葬之吉凶，昭然可見矣！陛下卽位，躬親節儉，始營初陵，其制約小，天下莫不稱賢明；始營陵見上卷建始二年。及徙昌陵，增庳爲高，師古曰：庳，下也，音婢。積土爲山，發民墳墓，積以萬數，營起邑居，期日迫卒，師古曰：卒，讀曰猝。功費大萬百餘，應劭曰：大萬，億也。大，巨也。死者恨於下，生者愁於上，臣甚惽焉！師古曰：惽，謂不了，言惑於此事也。惽，音昏；一云：惽，古閔字，憂病也。余謂當從後說。以死者爲有知，發人之墓，其害多矣；若其無知，又安用大！謀之賢知則不說，說，讀與悅同；下同。以示衆庶則苦之，若苟以說愚夫淫侈之人，又何爲哉！唯陛下上覽明聖之制以爲則，下觀亡秦之禍以爲戒，初陵之模，宜從公卿大臣之議，以息衆庶！」上感其言。

初，解萬年自詭昌陵三年可成，卒不能就；卒，子恤翻。羣臣多言其不便者。下有司議，下，遐稼翻。皆曰：「昌陵因卑爲高，度便房猶在平地上；漢書音義曰：便房，藏中便坐也。度，徒洛翻。客土之中，不保幽冥之靈，淺外不固。服虔曰：取他處土以增高，爲客土。卒徒工庸以鉅萬數，至然脂夜作，取土東山，且與穀同賈，師古曰：賈，讀曰價。作治數年，天下徧被其勞。治，直之翻。被，皮義翻。故陵因天性，據眞土，處勢高敞，旁近祖考，初陵近渭陵，又西近茂陵。處，昌呂翻。近，其靳翻。前又已有十年功緒，師古曰：緒，謂端次也。宜還復故陵，勿徙民，便！」秋，七月，詔曰：「朕執德不固，謀不盡下，師古曰：言不博謀於羣下。過聽將作大匠萬年言『昌陵三年可成』，師古曰：過，誤也。萬年，解萬年也。作治五年，中陵、司馬殿門內尚未加功。如淳曰：陵中有司馬殿門，如生時制也。臣瓚曰：天子之藏壙中，無司馬殿門也。此謂陵上寢殿及司馬門也。時皆未作之，故曰尚未加功。師古曰：中陵，陵中正寢也。司馬殿門，瓚說是也。天下虛耗，百姓罷勞，客土疏惡，罷，讀曰疲。疏，音疎。終不可成，朕惟其難，師古曰：惟，思也。怛然傷心。怛，當割翻；驚也，懼也，悼也，不安也。夫『過而不改，是謂過矣』。師古曰：論語載孔子之言，故詔引之。其罷昌陵，及故陵勿徙吏民，罷昌陵，還故陵，而故陵勿起陵邑、徙吏民也。令天下毋有動搖之心！」

6 初，酇侯蕭何之子【章：十四行本「子」下有「孫」字；乙十一行本同；孔本同；張校同。】嗣爲侯者，無子及有罪，凡五絕祀。高后、文帝、景帝、武帝、宣帝思何之功，輒以其支庶紹封。蕭何薨，子祿嗣；薨，亡子，高后乃封何夫人同爲酇侯，小子延爲筑陽侯。孝文元年，罷同，更封延爲酇侯；薨，子遺嗣；薨，亡子，文帝復以遺弟則嗣；有罪，免。景帝二年，封則弟嘉爲武陽侯；薨，子勝嗣；有罪，免。武帝元狩中，復以酇戶二千四百封何曾孫慶爲酇侯。慶，則子也；薨，子壽成嗣；坐罪，免。宣帝封何玄孫建世爲酇侯。凡五紹封。是歲，何七世孫酇侯獲坐使奴殺人，減死，完爲城旦。獲，建世孫也。先是，上詔有司訪求漢初功臣之後，久未省錄。杜業說上曰：先，悉薦翻。省，悉井翻。說，輸芮翻。「唐、虞、三代皆封建諸侯，以成太平之美，是以燕、齊之祀與周並傳，太公封於齊，至周安王二十三年，始爲田氏所滅。召公封於燕，後周而滅。子繼弟及，歷載不墮。師古曰：弟繼兄位謂之及。載，子亥翻。墮，毀也；音火規翻。豈無刑辟，辟，毗亦翻。繇祖之竭力，故支庶賴焉。師古曰：言國家非無刑辟，而功臣子孫得不陷罪辜而能長存者，思其先人之力，令有嗣續也。迹漢功臣，亦皆剖符世爵，受山、河之誓；高帝封爵之誓曰：「使黃河如帶，泰山若厲，國以永存，爰及苗裔。」百餘年間，而襲封者盡，朽骨孤於墓，苗裔流於道，生為愍隸，死為轉屍。應劭曰：死不能葬，故屍流轉在溝壑之中。師古曰：愍隸者，言為徒隸，在可哀愍之中。以往況今，師古曰：況，譬也。甚可悲傷。聖朝憐閔，詔求其後，四方忻忻，靡不歸心。出入數年而不省察，恐議者不思大義，徒設虛言，則厚德掩息，吝簡布章，吝，靳也。簡，略也。言既詔求其後，復靳而不封，略而不問，若如此，必布聞於天下也。非所以示化勸後也。雖難盡繼，宜從尤功。」言漢之功臣絕世者多，雖難盡繼，宜取功尤重者後，紹其國封也。上納其言。癸卯，封蕭何六世孫南䜌長喜為酇侯。地理志，南䜌縣屬鉅鹿郡。孟康曰：䜌，音力全翻。百官表：縣令、長皆秦官，掌治其縣；萬戶以上為令，秩千石至六百石；減萬戶為長，秩五百石至三百石。長，知兩翻。考異曰：成紀：「元延元年，封蕭相國後喜為酇侯。」荀、胡皆用之。按功臣表，「永始元年，釐侯喜紹封；三年薨。永始四年，質侯尊嗣；五年薨，綏和元年質侯章嗣。」蓋本紀誤以永始為元延故也。

7 立城陽哀王弟俚為王。鴻嘉二年，哀王雲薨，無後。考異曰：漢紀，「俚」作「悝」，今從漢書。

8 八月，丁丑，太皇太后王氏崩。師古曰：宣帝王皇后也。

9 九月，黑龍見東萊。見，賢遍翻。

10 丁巳晦，日有食之。考異曰：荀紀作「乙巳」，按長曆丁巳晦，荀悅誤。

11 是歲，以南陽太守陳咸為少府，侍中淳于長為水衡都尉。

二年（丙午、前一五）

1 春，正月，己丑，安陽敬侯王音薨。王氏唯音爲修整，數諫正，數，所角翻。有忠直節。

2 二月，癸未夜，星隕如雨，繹繹，未至地滅。師古曰：繹繹，光采貌。

3 乙酉晦，日有食之。

4 三月，丁酉，以成都侯【章：十四行本「侯」下有「王」字；乙十一行本同；孔本同。】商爲大司馬、衞將軍；紅陽侯王立位特進，領城門兵。

5 京兆尹翟方進爲御史大夫。翟，亭歷翻，又直格翻。

6 谷永爲涼州刺史，奏事京師，訖，當之部，涼州部隴西、天水、武都、金城、安定、北地、武威、張掖、敦煌、酒泉等郡。漢制，諸州刺史常以八月巡行所部，錄囚徒，考殿最；歲盡，詣京師奏事。上使尚書問永，受所欲言。師古曰：永有所言，令尚書卽受之。永對曰：「臣聞王天下、有國家者，王，于況翻。患在上有危亡之事而危亡之言不得上聞。如使危亡之言輒上聞，師古曰：如，若也。有卽上聞。則商、周不易姓而迭興，三正不變改而更用。更，工衡翻。夏、商之將亡也，行道之人皆知之；師古曰：凡在道路行者也。晏然自以若天有日，莫能危，尚書大傳曰：桀云：天之有日猶吾之有民。日有亡哉？日亡，吾亦亡矣。師古曰：自謂如日在天而無有能傷危也。是故惡日廣而不自知，大命傾而不【章：十四行本「不」下有「自」字；乙十一行本同；孔本同。張校同。】寤。易曰：『危者有其安者也，亡者保其存者也。』師古曰：易下繫之辭也。言安必思危，存不忘亡，乃得保其安存。陛下誠垂寬明之聽，無忌諱之誅，使芻蕘之臣得盡所聞於前，刈草曰芻，采薪曰蕘。文王詢于芻蕘。羣臣之上願，社稷之長福也！

元年，九月，黑龍見；見，賢遍翻。其晦，日有食之。今年二月，己未夜，星隕；乙酉，日有食之。「己」，當作「癸」。此承谷永傳之誤。六月之間，大異四發，二二而同月。三代之末，春秋之亂，未嘗有也。臣聞三代所以隕社稷，喪宗廟者，皆由婦人與羣惡沈湎於酒；喪，息浪翻。沈，持林翻。秦所以二世、十六年而亡者，秦始皇二十六年，初幷天下，三十七年，崩，二世三年而亡，其有天下財十六年。養生泰奢，奉終泰厚也。二者，陛下兼而有之，臣請略陳其效：

建始、河平之際，許、班之貴，傾動前朝，師古曰：許皇后及班倢伃之家。朝，直遙翻。熏灼四方，女寵至極，不可上矣；師古曰：上，猶加也。今之後起，什倍于前。如淳曰：謂趙、李本從微賤起也。廢先帝法度，聽用其言，官秩不當，縱釋王誅，師古曰：縱，放也。釋，解也。王誅，謂王法當誅者。當，丁浪翻。驕其親屬，假之威權，從橫亂政，師古曰：從，音子用翻。橫，音胡孟翻。刺舉之吏，莫敢奉憲。又以掖庭獄大爲亂阱，師古曰：阱，穿地爲阬阱以拘繫人也。亂者，言其非正而又多也。阱，音才性翻。仲馮曰：言設獄陷人如阱耳。余謂仲說是。榜箠𤺌於炮烙，師古曰：𤺌，痛也。炮烙，紂所作刑也。膏塗銅柱，加之火上，令罪人行其上，輒墮炭中；笑而以爲樂。𤺌，音千感翻。絕滅人命，主爲趙、李報德復怨。

師古曰：復，亦報也。爲，于僞翻。反除白罪，建治正吏，師古曰：反，讀曰幡。罪之明白者，反而除之；吏之公正者，建議劾治也。多繫無辜，掠立迫恐，師古曰：掠，笞服之，立其罪名。至爲人起責，分利受謝，師古曰：言富賈有錢，假託其名，代之爲主，放與他人，以取利息而共分之；或受報謝，別取財物。爲，于僞翻。生入死出者，不可勝數。勝，音升。是以日食再既，以昭其辜。孟康曰：既，盡也。師古曰：昭，明也。

王者必先自絕，然後天絕之。今陛下棄萬乘之至貴，樂家人之賤事，師古曰：謂私畜田及奴婢財物。樂，音洛。厭高美之尊號，好匹夫之卑字，孟康曰：成帝好微行，更作私字以相呼。如淳曰：稱張放家人爲卑字。好，呼到翻。崇聚僄輕無義小人以爲私客，師古曰：僄，疾也；音頻妙翻，又匹妙翻。數離深宮之固，數，所角翻。離，力智翻。挺身晨夜，與羣小相隨，師古曰：挺，引也，音大鼎翻。烏集雜會，醉飽吏民之家，師古曰：言聚散不常，如烏鳥之集。亂服共坐，沈湎媟嫚，溷淆無別，黽勉遁樂，師古曰：黽勉，言不息也。遁，流遁也。言流遁爲樂也。沈，持林翻。樂，音洛。晝夜在路，典門戶、奉宿衞之臣執干戈而守空宮，公卿百僚不知陛下所在，積數年矣。

王者以民爲基，民以財爲本，財竭則下畔，下畔則上亡。是以明王愛養基本，不敢窮極，使民如承大祭。論語孔子答仲弓之言。師古曰：言常畏愼。今陛下輕奪民財，不愛民力，聽邪臣之計，去高敞初陵，改作昌陵，役百乾谿，費擬驪山，楚靈王侈心無厭，民不堪其役，潰於乾谿，王縊而死。驪山事見秦紀。師古曰：擬，比也，言勞役之功百倍於楚靈王，費財之廣比於秦始皇。杜預曰：乾谿，在譙國城父縣南。乾，音干。靡敝天下，師古曰：靡，音武皮翻。五年不成而後反故。百姓愁恨感天，饑饉仍臻，師古曰：仍，頻也。流散冗食，餧死於道，以百萬數。師古曰：冗，亦散也。餧，餓也。冗，音人勇翻。餧，音乃賄翻。公家無一年之畜，師古曰：畜，讀曰蓄。百姓無旬月【章：十四行本「月」作「日」；乙十一行本同；孔本同；張校同。】之儲，上下俱匱，無以相救。詩云：『殷監不遠，在夏后之世。』師古曰：大雅蕩之詩也。願陛下追觀夏、商、周、秦所以失之，以鏡考己行，師古曰：鏡，謂鑒照之。考，校也。行，下孟翻。有不合者，臣當伏妄言之誅！師古曰：言上所爲違於節儉，皆與永言同。余謂此言帝之失行，與夏、殷、周、秦所以失者合耳。

漢興九世，百九十餘載，載，子亥翻。繼體之主七，皆承天順道，遵先祖法度，或以中興，或以治安；治，直吏翻。至於陛下，獨違道縱欲，輕身妄行，當盛壯之隆，無繼嗣之福，有危亡之憂，積失君道，不合天意，亦以多矣。爲人後嗣，守人功業如此，豈不負哉！方今社稷、宗廟禍福安危之機在於陛下；陛下誠能昭然遠寤，專心反道，師古曰：反，猶還也。舊愆畢改，新德既章，則赫赫大異庶幾可銷，天命去就庶幾可復，師古曰：去就，言去離無德而就有德。社稷、宗廟庶幾可保！唯陛下留神反覆，熟省臣言！」

帝性寬，好文辭，而溺於宴樂，省，悉井翻。好，呼到翻。樂，音洛。皆皇太后與諸舅夙夜所常憂；至親難數言，數，所角翻。故推永等使因天變而切諫，勸上納用之。永自知有內應，展意無所依違，師古曰：展，申也。每言事輒見答禮。師古曰：如禮而答之。余謂答禮者，答之而又加禮也。至上此對，上，時掌翻。上大怒。衛將軍商密擿永令發去。師古曰：擿，謂發動之。上使侍御史收永，敕過交道廐者勿追；晉灼曰：交道廐，去長安六十里，近延陵。御史不及永，還。上意亦解，自悔。悔遣侍御史收永也。

7 上嘗與張放及趙、李諸侍中共宴飲禁中，皆引滿舉白，服虔曰：舉滿桮，有餘白瀝者罰之也。孟康曰：舉白，見驗飲酒盡不也。師古曰：謂引取滿觴而飲，飲訖，舉觴告白盡不也。一說：白者，罰爵之名；飲有不盡者，則以此爵罰之。魏文侯與大夫飲酒，令曰：「不釂者浮以大白。」於是公乘不仁舉白浮君，是也。釂，子肖翻；飲酒盡爵也。談笑大噱。師古曰：噱，笑聲也，音其略翻。或曰，噱，謂脣口之中，大笑則見。此說非。時乘輿幄坐張畫屏風，乘，繩證翻。師古曰：坐，音材臥翻。畫，古畫字通；下同。畫紂醉踞妲己，作長夜之樂。妲，當割翻。妲己，有蘇氏之女。樂，音洛。侍中、光祿大夫班伯久疾新起，姓譜：班，楚令尹鬬班之後。班書敘傳自以爲楚令尹子文之後。子文初生，弃於夢中而虎乳之。楚人謂乳爲「穀」，謂虎爲「於菟」，故名穀於菟，楚人謂虎「班」，其子以爲號。師古註曰：子文之子鬬班亦爲楚令尹。余按左傳莊三十年，申公鬬班殺令尹子元，鬬穀於菟爲令尹，恐班非子文之子。上顧指畫而問伯曰：「紂爲無道，至於是虖？」虖，古乎字。對曰：「書云：『乃用婦人之言』，師古曰：今文尚書泰誓之辭。何有踞肆於朝！師古曰：肆，放也；陳也。朝，直遙翻。所謂衆惡歸之，不如是之甚者也！」師古曰：論語稱孔子曰：「紂之不善，不如是之甚也！是以君子惡居下流，天下之惡皆歸焉。」上曰：「苟不若此，此圖何戒？」對曰：「『沈湎于酒』，微子所以告去也。孔穎達曰：酒誥註云：飲酒齊色曰湎。然則湎者，顏色湎然齊一之辭。師古曰：微子，殷之卿士，封於微，爵稱子也。殷紂錯亂天命，微子作誥，告箕子、比干而去。其誥曰：用沈酗于酒，用亂敗厥德于下。我其發出狂，吾家耄遜于荒。事見尚書微子篇。『式號式謼』，大雅所以流連也。師古曰：大雅蕩之詩曰：式號式謼，俾晝作夜。言醉酒號呼，以晝爲夜也。流連，言作詩之人，嗟嘆而泣涕流連也。而說者乃以流連爲荒亡，蓋失之矣。大雅所以流連，不謂飲酒之人也。謼，音火故翻。詩、書淫亂之戒，其原皆在於酒！」上乃喟然歎曰：「吾久不見班生，今日復聞讜言！」復，扶又翻。師古曰：讜言，善言也。讜，音黨。放等不懌，師古曰：懌，悅也，音亦。稍自引起更衣，更，工衡翻。因罷出。

時長信庭林表適使來，聞見之。孟康曰：長信，太后宮名也。庭林表，宮中婦人官名也。師古曰：長信宮庭之林表也。林表，官名耳。庭，非官稱也。使，疏吏翻。後上朝東宮，朝，直遙翻。太后泣曰：「帝間顏色瘦黑。師古曰：間，謂比日也。班侍中本大將軍所舉，大將軍，謂王鳳也。宜寵異之；益求其比，以輔聖德！鳳初薦伯宜勸學，召見親近。今太后以其能諫正，欲令帝寵異之也。師古曰：比，類也；音必寐翻。當如字。宜遣富平侯且就國！」富平侯，張放。上曰：「諾。」上諸舅聞之，以風丞相、御史，師古曰：風，讀曰諷。求放過失。於是丞相宣、御史大夫方進奏「放驕蹇縱恣，奢淫不制，拒閉使者，侍御史脩奉使至放家，逐名捕賊；奴從者閉門，設弓弩，距使者，不肯內。賊傷無辜，放知李游君欲獻女，求不得，使奴康等之其家，賊傷三人。從者支屬並乘權勢，爲暴虐，從，才用翻。請免放就國。」考異曰：敍傳云：「王音以風丞相御史。」按放傳：「丞相宣、御史大夫方進奏放過惡。」音以正月乙巳薨，方進以三月丁酉爲御史大夫，然則風丞相、御史者疑非音也。放傳又云：「上諸舅皆害其寵。」故但云上諸舅。上不得已，師古曰：已，止也。左遷放爲北地都尉。其後比年數有災變，師古曰：比，頻也。比，毗至翻。數，所角翻。故放久不得還。璽書勞問不絕。璽，斯氏翻。勞，力到翻。敬武公主有疾，詔徵放歸第視母疾。數月，主有瘳，後復出放爲河東都尉。復，扶又翻。上雖愛放，然上迫太后，下用大臣，故常涕泣而遣之。

8 邛成太后之崩也，邛成太后，孝宣王皇后也。父奉光，封邛成侯，故書邛成太后，以別孝元王皇后。恩澤侯表，邛成侯，國於濟陰。喪事倉卒，吏賦斂以趨辦，卒，讀曰猝。斂，力贍翻。師古曰：趨，讀曰趣；言苟取辦。趣，與促同。上聞之，以過丞相、御史。過，罪也。冬，十一月，己丑，策免丞相宣爲庶人，御史大夫方進左遷執金吾。二十餘日，丞相官缺，羣臣多舉方進者；上亦器其能，十一月，壬子，擢方進爲丞相，封高陵侯。恩澤侯表，高陵侯，國於琅邪。考異曰：方進傳：「丞相薛宣免，方進亦左遷執金吾；二十餘日，遂擢爲丞相。」而荀紀云：「秋八月，方進貶爲執金吾。」蓋以公卿表云，「三月，丁酉，京兆尹翟方進爲御史大夫；八月貶爲執金吾。」故致此誤也。按公卿表所云者，謂方進自三月爲御史大夫，至十一月而貶，凡居官八月耳。又黑龍見東萊，在去年九月，谷永傳著之甚明，而荀悅亦載之於此年，云「冬，黑龍見東萊。」蓋因陳湯獲罪在今年故也。漢春秋雖正黑龍之誤，而方進貶官猶承荀悅之失。以諸吏、散騎、光祿勳孔光爲御史大夫。散，悉亶翻。方進以經術進，方進以射策甲科爲郎，舉明經，遷議郎。其爲吏，用法刻深，好任勢立威；有所忌惡，峻文深詆，中傷甚多。好，呼到翻。惡，烏路翻。中，竹仲翻。有言其挾私詆欺不專平者，上以方進所舉應科，不以爲非也。科，律條也。光，褒成君霸之少子也，霸見二十八卷元帝永光元年。領尚書，典樞機十餘年，守法度，修故事，上有所問，據經法，以心所安而對，不希指苟合；師古曰：希指，希望天子之意指也。如或不從，不敢強諫爭，爭，讀曰諍。以是久而安。時有所言，輒削草藁，服虔曰：言已繕書，更削壞其草也。以爲章主之過以奸忠直，人臣大罪也。師古曰：奸，求也；奸忠直之名也。奸，音干。有所薦舉，唯恐其人之聞知。沐日歸休，兄弟妻子燕語，終不及朝省政事。朝，直遙翻。或問光：「溫室省中樹，皆何木也？」光嘿不應，更答以他語，其不泄如是。

9上行幸雍，祠五畤。建始二年，罷雍五畤；今以久無繼嗣，并甘泉泰畤皆復之。雍，於用翻。時，音止。

10衛將軍王商惡陳湯，奏「湯妄言昌陵且復發徙；初，湯請起昌陵邑；既罷昌陵，丞相、御史請廢昌陵邑中室。奏未下，人以問湯：「第宅不徹，得無復發徙？」湯曰：「縣官且順聽羣臣言，猶復發徙之也。」惡，烏路翻。又言黑龍冬出，微行數出之應。」東萊郡黑龍出，人以問湯，曰：「是所謂玄門開；微行數出，出入不時，故龍以非時出也。」數，所角翻。廷尉奏「湯非所宜言，大不敬。」詔以湯有功，有斬郅支功。免爲庶人，從邊。

上以趙后之立也，淳于長有力焉，故德之，乃追顯其前白罷昌陵之功，下公卿，議封長。下，遐稼翻。光祿勳平當以爲：「長雖有善言，不應封爵之科。」姓譜：平，齊相晏平仲之後；一曰：韓哀侯少子婼食采平邑，因以爲氏。高祖之法，非有功不侯。當坐左遷鉅鹿太守。上遂下詔，以常侍閎、衞【章：十四行本「衞」上有「侍中」二字；乙十一行本同；孔本同。】尉長首建至策，師古曰：閎，王閎也。賜長、閎爵關內侯。

將作大匠萬年佞邪不忠，毒流衆庶，與陳湯俱徙敦煌。敦，徒門翻。

初，少府陳咸，衞尉逢信，官簿皆在翟方進之右；逢，皮江翻，姓也；古有逢蒙。師古曰：簿，謂伐閱也。簿，音主簿之簿。方進晚進，爲京兆尹，與咸厚善。及御史大夫缺，三人皆名卿，俱在選中，而方進得之。會丞相薛宣得罪，與方進相連，上使五二千石雜問丞相、御史，晉灼曰：大臣獄重，故以秩二千石者五人詰責之。咸詰責方進，冀得其處，方進心恨。詰，去吉翻。陳湯素以材能得幸於王鳳及王音，咸、信皆與湯善，湯數稱之於鳳、音所，數，所角翻。以此得爲九卿。及王商黜逐湯，方進因奏「咸、信附會湯以求薦舉，苟得無耻，」皆免官。考異曰：咸、信免官皆在明年以後，因陳湯事連言之。

11 是歲，琅邪太守朱博爲左馮翊。博治郡，常令屬縣各用其豪桀以爲大吏，文、武從宜。

師古曰：各因其材而任之。治，直之翻。縣有劇賊及他非常，輒移書以詭責之，其盡力有效，必加厚賞；懷詐不稱，誅罰輒行。師古曰：稱，副也。稱，尺證翻。以是豪強懾服，事無不集。懾，之涉翻。

三年（丁未、前一四）

1春，正月，己卯晦，日有食之。

2初，帝用匡衡議，罷甘泉泰畤，事見上卷建始元年。其日，大風壞甘泉竹宮，武帝以正月上辛有事甘泉圜丘，自竹宮而望拜。韋昭曰：以竹爲宮，天子居中。師古曰：漢舊儀，竹宮去壇三里。壞，音怪。折拔畤中樹木十圍以上百餘。折，而設翻。帝異之，以問劉向；對曰：「家人尚不欲絕種祠，師古曰：家人，謂庶人之家也。種祠，繼嗣所傳祠也。況於國之神寶舊畤！且甘泉、汾陰及雍五畤始立，皆有神祇感應，然後營之，非苟而已也。武帝祠泰一於甘泉，夜常有神光如流星集于祠壇。汾陰男子公孫滂洋等見汾旁有光如絳，上遂立后土祠於汾陰脽上。文帝十四年，黃龍見成紀，始幸雍，郊見五畤。武、宣之世奉此三神，禮敬敕備，神光尤著。祖宗所立神祇舊位，誠未易動。易，以豉翻。前始納貢禹之議，後人相因，多所動搖。元帝時，貢禹建言，漢家祭祀多不應古禮；韋玄成、匡衡等因之。易大傳曰：『誣神者殃及三世。』恐其咎不獨止禹等！」上意恨之，師古曰：恨，悔也。又以久無繼嗣，冬，十月，庚辰，上白太后，令詔有司復甘泉泰畤、汾陰后土如故，及雍五畤、陳寶祠、長安及郡國祠著明者，皆復之。

是時，上以無繼嗣，頗好鬼神、方術之屬，好，呼到翻。上書言祭祀方術得待詔者甚衆，祠祭費用頗多。谷永說上曰：說，輸芮翻。「臣聞明於天地之性，不可惑以神怪；知萬物之情，不可罔以非類。師古曰：罔，猶蔽。余謂罔，欺也，欺人以所無曰罔。諸背仁義之正道，背，蒲妹翻。不遵五經之法言，而盛稱奇怪鬼神，廣崇祭祀之方，求報無福之祠，及言世有仙人，服食不終之藥，遙興輕舉，如淳曰：遙，遠也。興，舉也。師古曰：興，起也，謂起而遠去也。黃冶變化之術者，晉灼曰：黃者，鑄黃金也。道家言，冶丹沙令變化，可鑄作黃金也。皆姦人惑衆，挾左道，懷詐僞，以欺罔世主，師古曰：左道，邪僻之道，非正義也。王制曰：執左道以亂政者殺。聽其言，洋洋滿耳，若將可遇，師古曰：洋洋，美盛之貌。洋，音羊，又音祥。求之，盪盪如係風捕景，終不可得。師古曰：盪盪，空曠之貌也。盪，音蕩。景，影也。是以明王距而不聽，聖人絕而不語。師古曰：謂孔子不語怪神。昔秦始皇使徐福發男女入海求神采藥，因逃不還，天下怨恨。事見秦始皇紀。漢興，新垣平、事見文帝紀。齊人少翁、公孫卿、欒大等事見武帝紀。皆以術窮詐得，誅夷伏辜。師古曰：詐得，謂主上得其詐僞之情。唯陛下距絕此類，毋令姦人有以窺朝者！」朝，直遙翻。上善其言。

3 十一月，尉氏男子樊並等十三人謀反，地理志，尉氏縣屬陳留郡。應劭曰：古獄官曰尉氏，鄭之別獄也。臣瓚曰：鄭大夫尉氏之邑，故遂以爲邑名。師古曰：鄭大夫尉氏，亦以掌獄之官故爲族耳；應說是也。殺陳留太守，劫略吏民，自稱將軍；徒李譚、稱忠、鍾祖、訾順共殺並，以聞，皆封爲侯。姓譜：稱，平聲。漢功臣表有新山侯稱忠。楚有鍾儀、鍾建，又有知音鍾子期。訾，即移翻；何氏姓苑云：今齊人，本姓祭氏。譚，延鄉侯。忠，新山侯。祖，童鄉侯。順，樓虛侯。考異曰：本紀云五人，而功臣表止有四人，蓋紀誤。

4 十二月，山陽鐵官徒蘇令等二百二十八人攻殺長吏，盜庫兵，自稱將軍；地理志，山陽郡有鐵官。經郡國十九，殺東郡太守及汝南都尉。汝南太守嚴訢捕斬令等。遷訢爲大司農。師古曰：訢，與欣同。

5 故南昌尉九江梅福上書曰：地理志，南昌縣屬豫章郡。後漢志：尉，主盜賊；凡有賊發，主名不立，則推索行尋，按察姦宄，以起端緒。「昔高祖納善若不及，從諫如轉圜，師古曰：不及，恐失之也。轉圜者，言其順易也。聽言不求其能，舉功不考其素，師古曰：直取其功，不論其舊行及所從來也。陳平起於亡命而爲謀主，韓信拔於行陳而建上將；事並見高帝紀。行，戶剛翻。陳，讀曰陣。故天下之士雲合歸漢，師古曰：言四面而至。爭進奇異，知者竭其策，知，讀曰智；下同。愚者盡其慮，勇士極其節，怯夫勉其死。合天下之知，并天下之威，是以舉秦如鴻毛，取楚若拾遺，師古曰：鴻毛，諭輕；拾遺，言其易也。此高祖所以無敵於天下也。孝武皇帝好忠諫，說至言，好，呼到翻。說，讀曰悅。出爵不待廉、茂，廉、茂，孝廉、秀才也。光武諱秀，改爲茂才。慶賜不須顯功，師古曰：謂諫爭合意，即得爵賜，不由薦舉及軍功也。廉，廉吏也。茂，茂材也。是以天下布衣各厲志竭精以赴闕庭，自衒鬻者不可勝數，師古曰：衒，行賣也。鬻，亦賣也。衒，音州縣之縣，又音工縣翻。勝，音升。漢家得賢，於此爲盛。使孝武皇帝聽用其計，升平可致，張晏曰：民有三年之儲曰升平。於是積尸暴骨，快心胡、越，故淮南王安緣間而起；間，古莧翻；下同。所以計慮不成而謀議泄者，以衆賢聚於本朝，故其大臣勢陵，不敢和從也。事見武紀。師古曰：本朝，謂漢朝也。大臣，謂淮南相、內史之屬也。服虔曰：臣勢陵君。和，戶臥翻。方今布衣乃窺國家之隙，見間而起者，蜀郡是也。孟康曰：鴻嘉中廣漢男子鄭躬等反是也。及山陽亡徒蘇令之羣，蹈藉名都、大郡，賢曰：前書曰：十二萬戶爲大郡。求黨與，索隨和，而無逃匿之意，李奇曰：求索與己和及隨己者。原父曰：漢氏世寶隨和珠玉，謂匹夫至欲求索此物，所謂與上爭衡也。索，山客翻。此皆輕量大臣，無所畏忌，量，音良。國家之權輕，故匹夫欲與上爭衡也。

士者，國之重器；得士則重，失士則輕。詩云：『濟濟多士，文王以寧。』師古曰：詩大雅文王之詩也。濟濟，盛貌也。言文王能多用賢人，故邦國得以安寧也。濟，子禮翻。廟堂之議，非草茅所言也；漢書「所」字下有「當」字。臣誠恐身塗野草，尸并卒伍，故數上書求見，輒報罷。福去南昌歸壽春，數因縣道上書，求假軺傳，詣行在所條對急政，輒報罷。數，所角翻。見，賢遍翻。臣聞齊桓之時，有以九九見者，桓公不逆，欲以致大也。今臣所言，非特九九也；陛下距臣者三矣，此天下士所以不至也。昔秦武王好力，任鄙叩關自鬻；事見三卷周赧王七年。周禮司關，凡四方之賓客叩關者，則爲之告。註曰：叩關，謂謁關人也。疏曰：叩，猶至也。好，呼到翻。繆公行霸，由余歸德。秦繆公開霸業，由余自西戎歸之。繆，讀曰穆。今欲致天下之士，民有上書求見者，輒使詣尚書問其所言，言可采取者，秩以升斗之祿，賜以一束之帛，若此，則天下之士，發憤懣，懣，音悶。吐忠言，嘉謀日聞於上，天下條貫，國家表裏，爛然可睹矣。師古曰：爛然，分明之貌也。

夫以四海之廣，士民之數，數，趨玉翻。能言之類至衆多也；然其儁桀指世陳政，言成文章，質之先世【章：十四行本「世」作「聖」；乙十一行本同；孔本同；張校同。】而不繆，施之當世合時務，若此者亦無幾人。師古曰：無幾，言不多也。幾，音居豈翻。故爵祿束帛者，天下之砥石，高祖所以厲世摩鈍也。師古曰：砥，細石也；音之履翻，又音祇。

孔子曰：『工欲善其事，必先利其器。』師古曰：論語載孔子之言也。工以諭國政，利器諭賢材。至秦則不然，張誹謗之罔以爲漢敺除，爲，于僞翻。倒持泰阿，授楚其柄。師古曰：太阿，劍名，歐冶所鑄也。言秦無道，令陳涉、項羽乘間而發，譬倒持劍，以把授人也。故誠能勿失其柄，天下雖有不順，莫敢觸其鋒，此孝武皇帝所以辟地建功，爲漢世宗也。師古曰：辟，讀曰闢。

今陛下既不納天下之言，又加戮焉。夫鳶鵲遭害，則仁鳥增逝，師古曰：鳶，鴟也。仁鳥，鸞鳳也。鳶，音緣。愚者蒙戮，則智士深退。間者愚民上書，多觸不急之法，師古曰：言以其所言爲不急而罪之也。或下廷尉而死者衆。下，遐稼翻；下同。自陽朔以來，天下以言爲諱，朝廷尤甚，懲王章之死也。師古曰：防人之口，法禁嚴切也。羣臣皆承順上指，莫有執正。何以明其然也？取民所上書，陛下之所善，試下之廷尉，廷尉必曰『非所宜言，大不敬。』以此卜之，一矣。故京兆尹王章，資質忠直，敢面引廷爭，爭，讀曰諍。孝元皇帝擢之，以厲具臣而矯曲朝；元帝初，擢章爲左曹、中郎將。師古曰：具臣，具位之臣，無益者也。矯，正也。朝，直遙翻。及至陛下，戮及妻子；事見上卷陽朔元年。且惡惡止其身，公羊傳：惡惡止其身，善善及子孫。王章非有反畔之辜而殃及室家，言王章妻子坐徙也。孔穎達曰：左傳曰：男有室，女有家。謂男處妻之室，女安夫之家，夫婦共爲家室。故謂夫婦家室之道爲室家也。折直士之節，折，而設翻。結諫臣之舌。羣臣皆知其非，然不敢爭，天下以言爲戒，最國家之大患也！

願陛下循高祖之軌，杜亡秦之路，除不急之法，下無諱之詔，博覽兼聽，謀及疏賤，令深者不隱，遠者不塞，所謂『辟四門，明四目』也。師古曰：虞書舜典曰：「闢四門，明四目。」言開四門以致衆賢，則明視於四方也。塞，悉則翻。辟，讀曰闢。往者不可及，來者猶可追。方今君命犯而主威奪，師古曰：君命犯者，謂大臣犯君之命。外戚之權，日以益隆。陛下不見其形，願察其景！建始以來，日食、地震，以率言之，三倍春秋，水災亡與比數，師古曰：言其極多，不可比校而數也。亡，讀曰無。陰盛陽微，金鐵爲飛，此何景也？張晏曰：河平二年，沛郡鐵官鑄鐵如星飛，上去權、臣用事之異也。蘇林曰：言之不從，是謂不乂，則金不從革。景，象也；何象，言將危亡也。爲，于僞翻。漢興以來，社稷三危：呂，霍，上官，皆母后之家也。親親之道，全之爲右，師古曰：務全安之，此爲上。當與之賢師良傅，教以忠孝之道；今乃尊寵其位，授以魁柄，師古曰：以斗爲諭也。斗身爲魁。使之驕逆，至於夷滅，師古曰：夷，平也，謂平除之。此失親親之大者也。自霍光之賢，不能爲子孫慮，故權臣易世則危。書曰：『毋若火，始庸庸。』師古曰：周書洛誥之辭也。庸庸，微小貌也。言火始微小，不早撲滅，則至熾盛；大臣貴擅，亦當早圖，黜其權也。勢陵於君，權隆於主，然後防之，亦無及已！」師古曰：已語終辭。上不納。

資治通鑑卷第三十二

翰林學士朝散大夫右諫議大夫知制誥兼侍講同提舉萬壽觀公事
兼判集賢院上護軍河內郡開國侯食邑一千三百戶賜紫金魚袋臣　司馬光　奉敕編集
後　學　天　台　胡三省　音　註

漢紀二十四　起著雍涒灘（戊申），盡昭陽赤奮若（癸丑），凡六年。

孝成皇帝中

永始四年（戊申、前一三）

1 春，正月，上行幸甘泉，郊泰畤；大赦天下。三月，行幸河東，祠后土。

2 夏，大旱。

3 四月，癸未，長樂臨華殿、未央宮東司馬門皆災。師古曰：東面之司馬門也。樂，音洛。六月，甲午，霸陵園門闕災。

4 秋，七月，辛未晦，日有食之。

5 冬，十一月，庚申，衛將軍王商病免。

6 梁王立驕恣無度，立，梁孝王武八世孫也。至一日十一犯法。相禹奏「立對外家怨望，有惡言。」梁相，名禹。相，息亮翻。有司按驗，因發其與姑園子姦事，奏「立禽獸行，請誅。」漢法，內亂爲禽獸行。行，下孟翻。太中大夫谷永上書曰：「臣聞禮，天子外屏，不欲見外也；師古曰：屏，謂當門之牆，以屏蔽者也。外屏，於門外爲之。是以帝王之意，不窺人閨門之私，聽聞中冓之言。韓詩云：中冓，中夜。應劭曰：中冓，材冓在堂之中也。晉灼曰：魯詩以爲夜也。師古曰：冓，謂舍之交積材木也。應說近之。冓，音工豆翻。春秋爲親者諱。春秋公羊傳：閔元年，齊仲孫來。齊仲孫者何？公子慶父也。公子慶父則曷爲謂之齊仲孫？外之也。曷爲外之？春秋爲親者諱。爲，于僞翻；下同。今梁王年少，少，詩照翻；下同。頗有狂病，始以惡言按驗，既無事實，而發閨門之私，非本章所指。王辭又不服，猥強劾立，傅致難明之事，劾，戶概翻。師古曰：傅，讀曰附。獨以偏辭成罪斷獄，斷，丁亂翻。無益於治道；治，直吏翻。汙蔑宗室，汙，烏故翻。孟康曰：蔑，音漫。師古曰：蔑，音秣，謂塗染也。以內亂之惡，披布宣揚於天下，非所以爲公族隱諱，爲，于僞翻；下爲公同。增朝廷之榮華，昭聖德之風化也。臣愚以爲王少而父同產長，姑者，父之同產。長，知兩翻。年齒不倫；梁國之富足以厚聘美女，招致妖麗；妖，巧也，艷也，好也。妖，於驕翻。父同產亦有恥辱之心；師古曰：言其姑亦當自恥，必不與姦。按事者乃驗問惡言，師古曰：本所問者，怨望朝廷之言也。何故猥自發舒！言何爲而自發內亂之事。以三者揆之，殆非人情，疑有所迫切，過誤失言，文吏躡尋，不得轉移。躡尋者，謂躡其失言之後，而尋其內亂之跡也。萌牙之時，加恩勿治，上也。如淳曰：覆蓋之，則計之上。治，直之翻；下同。既已按驗舉憲，舉憲者，舉以法也。宜及王辭不服，詔廷尉選上德通理之吏更審考清問，上，與尚同。書呂刑：皇帝清問下民。孔安國曰：清問，詳問也。馬曰：清，訊。著不然之效，定失誤之法，著，明也。效，驗也。明其事之不然，具有證驗也。失誤，謂誤入人罪爲失。而反命於下吏，師古曰：使者還，反以清白之狀付有司也。以廣公族附疏之德，附疏者，使疏屬親附也。爲宗室刷汙亂之恥，師古曰：刷，謂拭，刷除之也，音所劣翻。甚得治親之誼。」天子由是寢而不治。

7 是歲，司隸校尉蜀郡何武爲京兆尹。姓譜：何，出自周成王母弟唐叔虞；後封於韓；韓滅，子孫分散，江、淮間音以「韓」爲「何」，字隨音變，遂爲何氏。武爲吏，守法盡公，進善退惡，所居無赫赫名，去後常見思。

元延元年（己酉、前一二）

1 春，正月，己亥朔，日有食之。

2 壬戌，王商復爲大司馬、衛將軍。商去年以病免，今復位。

3 三月，上行幸雍，祠五畤。雍，於用翻。畤，音止。

4 夏，四月，丁酉，無雲而雷；劉向曰：雷當託於雲，猶君之託於臣，陰陽之合也。人君不恤天下，萬民有怨畔之心，故無雲而雷。有流星從日下東南行，四面燿燿如雨，自晡及昏而止。

5 赦天下。

6 秋，七月，有星孛于東井。孛，蒲內翻。

上以災變，博謀羣臣。北地太守谷永對曰：「王者躬行道德，承順天地，則五徵時序，五徵，卽洪範之八庶徵，曰雨、曰暘、曰寒、曰燠、曰風也。百姓壽考，符瑞並降；失道妄行，逆天暴物，則咎徵著郵，洪範之常雨、常暘、常寒、常燠、常風，爲咎徵著明也。天見咎徵，以明著人君之過也。師古曰：郵，與尤同。尤，過也。妖孽並見，洪範五行傳說曰：凡草木之類謂之妖；妖，猶夭胎，言尚微也。蟲豸之類謂之孽；孽則芽孽矣。見，賢遍翻。饑饉荐臻；終不改寤，惡洽變備，不復譴告，更命有德。如魯哀禍大天不降譴是也。復，扶又翻。更，工衡翻。此天地之常經，百王之所同也。加以功德有厚薄，期質有脩短，時世有中季，師古曰：中，讀曰仲。天道有盛衰。陛下承八世之功業，八世，高、惠、文、景、武、昭、宣、元。當陽數之標季，孟康曰：陽九之末季也。師古曰：標，音必遙翻。涉三七之節紀，孟康曰：至平帝，乃三七二百一十歲之厄，今已涉向其節紀。遭無妄之卦運，應劭曰：天必先雲而後雷，雷而後雨；而今無雲而雷。無妄者，無所望也。萬物無所望於天，災異之最大者也。師古曰：取易之無妄卦爲義。項安世曰：古妄與望通，秦、漢言无妄，皆無望也。朱英之說黃歇與揚子法言皆然。故太玄以去準无妄，謂其無所復望也。在易則自爲誠妄之妄。直百六之災阸，易九戹曰：初入元，百六陽九。孟康曰：易傳也。所謂陽九之戹，百六之會也。初入元，百六歲有戹者，則前元之餘氣也。師古曰：直，當也。孔穎達曰：凡水旱之歲，曆運有常。

按律曆志云：十九歲爲一章，四章爲一部，二十部爲一統，三統爲一元。則一元有四千五百六十歲。初入元一歲有陽九，謂旱九年。次三百七十四歲陰九，謂水九年。以一百六歲并三百七十四歲爲四百八十歲，註云，六乘八之數。次四百八十歲有陽九，謂旱九年。次七百二十歲陰七，謂水七年。次七百二十歲陽七，謂旱七年。又註云：七百二十者，九乘八之數。次六百歲陰五，謂水五年。次六百歲陽五，謂旱五年。註云：六百歲者，以八乘八，八八六十四。又以七乘八，七八五十六，相并爲一千二百歲。於易七、八不變，氣不通，故合而數之，各得六百歲。次四百八十歲陰三，次四百八十歲陽三，除入元至陽三，除去災歲，總有四千五百六十年。其災歲，兩个陽九年，一个陰九年，一个陰、陽各七年，一个陰、陽各五年，一个陰、陽各三年，總有五十七年，并前四千五百六十年，通爲四千六百一十七歲。此一元之氣終矣。此是陰陽水旱之大數也。所以正用七、八、九、六相乘者，以水數六，火數七，木數八，金數九，此交互相乘也。以七、八、九、六陰陽之數自然，故有九年、七年、五年、三年之災。**三難異科，雜焉同會；**師古曰：雜，謂相參也。一曰，雜，音先合翻。雜焉，總萃。難，乃旦翻。**建始元年以來，二十載間，**載，子亥翻。**羣災大異，交錯鋒起，多於春秋所書。內則爲深宮後庭，將有驕臣悍妾、醉酒狂悖卒起之敗，**驕臣，指淳于長等。悍妾，指趙昭儀姊弟也。悍，下罕翻，又侯旰翻。師古曰：卒，讀曰猝。悖，蒲內翻，又蒲沒翻。**北宮苑囿街巷之中、臣妾之家幽閒之處**苑，囿也。孔穎達曰：有蕃曰園，有牆曰囿；園、囿大同，蕃、牆異耳。囿者，域養禽獸之處。園者，種菜殖果之處。毛晃曰：苑，亦以養禽獸。直曰街，曲曰巷。師古曰：閒，讀曰閑。**徵舒、崔杼之亂；**陳靈公淫于夏姬，數如其家；夏姬之子徵舒病之，自廐射而殺之。齊莊公通于崔杼之妻姜氏，數如崔氏；杼伏甲殺之。事並見左傳。此指帝微行，將有徵舒、崔杼之禍也。**外則爲諸夏下**

土，將有樊並、蘇令、陳勝，項梁奮臂之禍。樊並、蘇令事見上卷永始三年。陳勝、項梁事見七卷秦二世元年。夏，戶雅翻；下同。安危之分界，宗廟之至憂，師古曰：分，音扶問翻。臣永所以破膽寒心，豫言之累年。下有其萌，然後變見於上，見，賢遍翻。可不致慎！禍起細微，姦生所易。易，輕也，忽也。言姦生於所輕忽也。易，以豉翻。願陛下正君臣之義，無復與羣小媟黷宴飲；師古曰：媟，狎也，音私列翻。黷，汙也。復，扶又翻；下同。勤三綱之嚴，師古曰：三綱，君臣、父子、夫婦也。余按君爲臣綱，父爲子綱，夫爲婦綱，所謂嚴也。修後宮之政，抑遠驕妬之寵，崇近婉順之行；遠，于願翻。近，其靳翻。行，下孟翻。朝覲法駕而後出，朝，直遙翻。陳兵清道而後行，無復輕身獨出，飲食臣妾之家。三者既除，內亂之路塞矣。三者，謂微行、崇飲、好色也。塞，悉則翻。諸夏舉兵，萌在民饑饉而吏不恤，興於百姓困而賦斂重，發於下怨離而上不知。永書曰：諸夏舉兵，以火角爲期。蓋言已有其萌，而將至於興發也。斂，力贍翻。傳曰：『飢而不損，茲謂泰，厥咎亡。』師古曰：洪範傳之辭。余按五行志，蓋京房易傳之辭也。比年郡國傷於水災，禾麥不收，禾，粟苗也，又稼之總名。比，毗至翻。宜損常稅之時，謂此時宜減稅也。而有司奏請加賦，甚繆經義，逆於民心，市怨趨禍之道也。趨，讀曰趣，與促同。臣願陛下勿許加賦之奏，益減奢泰之費，流恩廣施，施，式豉翻。振贍困乏，敕勸耕桑，以慰綏元元之心，諸夏之亂庶幾可息！」贍，而豔翻。幾，居希翻，又巨衣翻。

中壘校尉劉向武帝置中壘校尉，掌北軍壘門之內，又外掌西域，八校尉之首也。上書曰：「臣聞帝舜戒伯禹『毋若丹朱傲』，師古曰：事見虞書益稷篇。丹朱，堯子也。敖，讀曰傲。仲馮曰：此禹戒舜之語。非舜戒禹之辭也。上，時掌翻。周公戒成王『毋若殷王紂』，尚書無逸篇：周公戒成王曰：毋若殷王紂之迷亂，酗于酒德哉！聖帝明王常以敗亂自戒，不諱廢興，故臣敢極陳其愚，唯陛下留神察焉！

謹按春秋二百四十二年，日食三十六，師古曰：從隱公元年至哀公十四年獲麟，凡二百四十二年。日食三十六，謂隱三年二月己巳，桓三年七月壬辰朔，十七年十月朔，莊十八年三月，二十五年六月辛未朔，二十六年十二月癸亥朔，三十年九月庚午朔，僖五年九月戊申朔，十二年三月庚午，十五年五月，文元年二月己亥朔，十五年六月辛丑朔，宣八年七月甲子，十年四月丙辰，十七年六月癸卯，成十六年六月丙寅朔，十七年十二月丁巳朔，襄十四年二月乙未朔，十五年秋八月丁巳，二十年冬十月丙辰朔，二十一年九月庚戌朔，冬十月庚辰朔，二十三年二月癸酉朔，二十四年秋七月甲子朔，八月癸巳朔，二十七年冬十二月乙亥朔，昭七年夏四月甲辰朔，十五年六月丁巳朔，十七年六月甲戌朔，二十一年秋七月壬午朔，二十二年十二月癸酉朔，二十四年夏五月乙未朔，三十一年十二月辛亥朔，定五年正月辛亥朔，十二年十一月丙寅朔，十五年八月庚辰朔也。今連三年比食，比，毗至翻。自建始以來，二十歲間而八食，率二歲六月而一發，古今罕有。建始三年十二月戊申朔，河平元年四月癸亥晦，三年八月乙卯晦，四年三月癸丑朔，陽朔元年二月丁未晦，永始二年二月乙酉晦，三年正月己卯晦，四年七月辛未晦，凡八食，而是年春正月己亥又不預此數。異有小大希稠，占有舒疾緩急，觀秦、漢之易世，覽惠、昭之無後，察昌邑之不終，視孝宣之紹起，皆有變異著於漢紀。天之去就，豈不昭昭然哉！按向書曰：秦始皇之末至二世時，日月薄食，山林淪亡，辰星出於四孟，太白經天而行，無雲而雷，枉矢夜光，熒惑襲月，孽火燒宮，野禽戲庭，都門內崩，長人見臨洮，石隕于東郡，星孛大角，大角以亡。及項籍之敗，亦孛大角。漢之入秦，五星聚于東井，得天下之象也。孝惠時有雨血，日食於衝，滅光星見之異。孝昭時有太山臥石自立，上林僵柳復起，大星如月西行，衆星隨之，此爲特異，孝宣興起之表。天狗夾漢而西，久陰不雨者二十餘日，昌邑不終之異也。**臣幸得託末屬，誠見陛下寬明之德，冀銷大異而興高宗、成王之聲，**向書曰：高宗、成王亦有雊雉、拔木之變，能思其故，故高宗有百年之福，成王有復風之報，向之所以望帝者如此。**以崇劉氏，**崇，增高也。謂增高劉氏之業，愈巍巍也。**故懇懇數奸死亡之誅！**師古曰：懇懇，款誠之意也。奸，犯也。數，所角翻。奸，音干。**天文難以相曉，臣雖圖上，猶須口說，然後可知；願賜清燕之閒，指圖陳狀！」上輒入之，**師古曰：謂召入也。上，時掌翻。閒，讀曰閑；又如字。上輒之上，如字。**然終不能用也。**考異曰：向傳云：星孛東井，岷山崩，向懷不能已，上此奏。按岷山崩在三年，此奏云「自建始以來，二十歲間而食八，率二歲六月而一發」，則上此奏當在今年也。胡旦亦載之三年。余按劉向傳，若以星孛東井爲據，則上奏當在今年。若以岷山崩爲據，則上奏當在三年。若以二十歲間日八食爲據，則上奏當在去年。然向言「日食之變率二歲六月而一發」，以班書考之，自建始三年十二月至河平元年四月，則一年五月而食；至四年三月癸丑朔則纔一年而食；又至陽朔元年二月丁未晦則又期年而食；永始元年九月丁巳晦，志書食而紀不書；至二年二月乙酉晦，則凡九期，而志所書永始元年九月丁巳晦不計也。又至永始三年正月己卯晦，則未及一期而食。又至四年七月辛未晦，則一年六月而食。向所謂率二歲六月而一發，亦通二十歲而約言之耳。自建始三年至今年，以紀考之則九食，以志考之則十食，此其差異又未有所折衷也。

7紅陽侯立舉陳咸方正，對策，拜爲光祿大夫、給事中。丞相方進復奏「咸前爲九卿，坐爲貪邪免，咸免見上卷永始二年。復，扶又翻。不當蒙方正舉，備內朝臣」；孟康曰：內朝，中朝也。大司馬、前・後・左・右將軍、侍中、常侍、散騎、諸吏、給事中爲中朝官；丞相以下至六百石，爲外朝官也。并劾「紅陽侯立選舉故不以實。」漢制，列侯選舉不以實，削封戶。劾，戶概翻；下同。有詔免咸，勿劾立。

8十二月，乙未，王商爲大將軍。辛亥，商薨。其弟紅陽侯立次當輔政；先是立使客因南郡太守李尚占墾草田數百頃，先，悉薦翻。據孫寶傳：占墾草田，頗有民所假少府陂澤，略皆開發。師古曰：隱度而取之也。草田，荒田也。舊爲陂澤，本屬少府，其後以假百姓，百姓皆已田之。而立總謂爲草田，占云新自墾。占，音之贍翻。百畝爲頃。上書以入縣官，師古曰：立上書云：新墾得此田，請以入官也。貴取其直一億【章：十四行本「億」作「萬」；乙十一行本同；孔本同；退齋校同。】萬以上，師古曰：直，價直也。貴者，增於時價。丞相司直孫寶發之，上由是廢立，而用其弟光祿勳曲陽侯根。庚申，以根爲大司馬、驃騎將軍。考異曰：荀紀云「十一月」，成紀云「十二月」。按是歲十一月甲子朔，無乙未、辛亥、庚申。荀悅誤。今按考異又有揚雄待詔一條，註云：雄傳云：「車騎將軍王音奇其文雅，薦雄待詔。」按雄自序云：「上方郊祠甘泉泰畤，召雄待詔承明之庭，奏甘泉賦。其十二月，奏羽獵賦。」事在今年。時王音卒已久，蓋王根也。胡旦遂誤以爲曲陽侯云。余按曲陽侯卽王根也。王音則封安陽侯。

9特進、安昌侯張禹請平陵肥牛亭地；師古曰：肥牛，亭名。禹欲得置亭之處爲冢塋。曲陽侯根爭，以爲此地當平陵寢廟，衣冠所出游道，宜更賜禹他地。請別以地賜之。更，工衡翻。上不從，卒以賜禹。卒，子恤翻。根由是害禹寵，數毀惡之。數，所角翻；下同。師古曰：惡，謂言其過惡。依顏註，惡，當讀如字；後凡毀惡之惡皆同音。天子愈益敬厚禹，每病，輒以起居聞，師古曰：謂其飲食寢臥之增損。車駕自臨問之，上親拜禹牀下，禹頓首謝恩；禹小子未有官，禹數視其小子；上卽禹牀下拜爲黃門郎、給事中。卽，就也。禹雖家居，以特進爲天子師，國家每有大政，必與定議。師古曰：與，讀曰豫。余謂與，讀如字，言天子與禹定其可否也。

時吏民多上書言災異之應，譏切王氏專政所致，上，時掌翻。上意頗然之，未有以明見；未能灼見人言之當否也。乃車駕至禹弟，弟，與第同，舍也，宅也。辟左右，師古曰：辟，讀曰闢。親問禹以天變，因用吏民所言王氏事示禹。禹自見年老，子孫弱，又與曲陽侯不平，恐爲所怨，則謂上曰：「春秋日食、地震，或爲諸侯相殺，夷狄侵中國。爲，于僞翻。災變之意，深遠難見，故聖人罕言命，不語怪神，師古曰：罕，稀也。論語云：子罕言利與命與仁。又曰：子不語：怪、力、亂、神。性與天道，自子貢之屬不得聞，師古曰：論語稱子貢曰：夫子之言性與天道不可得而聞也。謂孔子未嘗言性命及天道。何況淺見鄙儒之所言。陛下宜修政事，以善應之，與下同其福喜，漢書張禹傳，「喜」作「善」。此經義意也。新學小生，亂道誤人，宜無信用，以經術斷之！」斷，丁亂翻。上雅信愛禹，由此不疑王氏。元帝師蕭望之，成帝師張禹，皆敬重之矣。元帝不能聽望之之言疏許、史而去恭、顯，成帝則聽禹言而不疑王氏；望之以此殺身，禹以此苟富貴。漢祚中衰，實由此也。又，成帝之時，吏民猶譏切王氏；平帝之末，吏民以王莽不受新野田，上書者至四十八萬七千五百七十二人，何元、成之時吏民猶忠於漢，平帝之時吏民則附王氏也？政自之出久矣，人心能無從之乎！有國家者，尚監茲哉！後曲陽侯根及諸王子弟聞知禹言，皆喜說，遂親就禹。張氏安矣，劉氏危矣。說，讀曰悅。

故槐里令朱雲元帝時，雲爲槐里令，坐論石顯廢錮，故稱故。上書求見，見，賢遍翻。公卿在前，雲曰：「今朝廷大臣，上不能匡主，下無以益民，皆尸位素餐，師古曰：尸，主也。素，空也。尸位者，不舉其事，但主其位而已。素餐者，德不稱官，空當食祿。孔子所謂『鄙夫不可與事君，苟患失之，亡所不至』者也！師古曰：論語所載孔子之言也。苟患失其寵祿，則言行僻邪，無所不至也。謹案孔子曰：鄙夫可與事君也與哉！其未得之也，患得之；既得之，患失之。苟患失之，無所不至矣！亡，與無同。臣願賜尚方斬馬劍，師古曰：尚方，少府之屬官也，作供御器物，故有斬馬劍；劍利，可以斬馬。斷佞臣一人頭以厲其餘！」斷，丁管翻。上問：「誰也？」對曰：「安昌侯張禹！」上大怒曰：「小臣居下訕上，蓋引用論語惡居下流而訕上之言。師古曰：訕，謗也，音所諫翻，又音刪。廷辱師傅，罪死不赦！」御史將雲下，雲攀殿檻，檻折。師古曰：檻，軒前欄也。折，而設翻。雲呼曰：「臣得下從龍逢、比干遊於地下，足矣！師古曰：呼，叫也，音火故翻。關龍逢，桀臣，王子比干，紂臣，皆以諫而死，故云然。逢，音皮江翻。未知聖朝何如耳！」師古曰：言殺直臣，其聲惡。余謂雲蓋言亦將如夏、殷之亡也。朝，直遙翻；下入朝同，每朝同。御史遂將雲去。將，如字，挾也，攜也。於是左將軍辛慶忌免冠，解印綬，叩頭殿下曰：「此臣素著狂直於世，師古曰：著，表也。言此名久已章表。使其言是，不可誅；其言非，固當容之。臣敢以死爭！」慶忌叩頭流血；上意解，然後得已。言殺雲之事得止也。及後當治檻，治，直之翻。上曰：「勿易，因而輯之，以旌直臣！」師古曰：輯，與集同；謂補合之也。旌，表也。

10匈奴搜諧單于將入朝；未入塞，病死。弟且莫車立，爲車牙若鞮單于；以囊知牙斯爲左賢王。單，音蟬。且，子余翻。車，尺遮翻。鞮，丁奚翻。

11北地都尉張放到官數月，復徵入侍中。復，扶又翻；下同。太后與上書曰：「前所道尚未效，張晏曰：謂太后言，「班侍中，大將軍所舉，宜寵異之。」詳見上卷永始二年。富平侯反復來，其能默虖！」如淳曰：富平侯張放又來，太后安能默然不以爲言。上謝曰：「請今奉詔！」上於是出放爲天水屬國都尉；地理志，天水屬國都尉，治勇士縣。引少府許商、光祿勳師丹爲光祿大夫，姓譜：師，古者掌樂之官，因以爲氏。班伯爲水衡都尉，並侍中，皆秩中二千石，每朝東宮，常從；從，才用翻。及大政，俱使諭指於公卿。使傳上指以諭公卿也。上亦稍厭游宴，復脩經書之業；上爲太子時，好經書；及即位，幸酒，樂宴樂。今出放等，復脩經書業。太后甚悅。

12是歲，左將軍辛慶忌卒。慶忌爲國虎臣，爪牙扞禦之臣曰虎臣。遭世承平，匈奴、西域親附，敬其威信。

二年（庚戌、前一一）

1春，正月，上行幸甘泉，郊泰畤。三月，行幸河東，祠后土。既祭，行遊龍門，師古曰：龍門山，在今蒲州龍門縣北。登歷觀，晉灼曰：歷觀，在河東蒲反縣。師古曰：歷山上有觀。觀，音古玩翻。陟西岳而歸。陟，登也。師古曰：西岳，華山也。

2夏，四月，立廣陵孝王子守爲王。廣陵孝王霸，厲王胥之子也，元帝初元二年紹封；傳子意，孫護人，薨，無後。今立守以紹封。考異曰：荀紀「守」作「憲」，今從漢書。

3初，烏孫小昆彌安日爲降民所殺，諸翖侯大亂；降，戶江翻。翖，許及翻。詔徵故金城太守段會宗爲左曹、中郎將、光祿大夫，使安輯烏孫；陽朔中，會宗復爲西域都護，終更而還，以擅發戊己校尉兵迎康居降者不遂，劾乏興，詔以贖論；拜金城太守，以病免，故曰故金城太守。守，式又翻。立安日弟末振將爲小昆彌，服虔曰：末振將，人姓名。師古曰：其名也；昆彌之弟，不可別舉姓也。考異曰：烏孫傳以末振將爲安日弟，段會宗傳以爲兄，「兄」字誤耳。定其國而還。還，從宣翻；又如字。時大昆彌雌栗靡勇健，末振將恐爲所并，使貴人烏日領詐降，刺殺雌栗靡；刺，七亦翻。漢欲以兵討之而未能，遣中郎將段會宗立公主孫伊秩靡爲大昆彌。公主，謂楚主解憂也。公主之孫，於雌栗靡爲季父。久之，大昆彌、翖侯難栖殺末振將，安日子安犂靡代爲小昆彌。漢恨不自誅末振將，復遣段會宗發戊己校尉諸國兵，復，扶又翻。校，戶教翻。即誅末振將太子番丘。即，就也。師古曰：番，音盤。會宗恐大兵入烏孫，驚番丘，亡逃不可得，卽留所發兵墊婁地，服虔曰：墊，音墊阸之墊。鄭氏曰：婁，音嬴。師古曰：墊，音丁念翻。婁，音樓。選精兵三十弩李奇曰：三十人，人持一弩。徑至昆彌所在，召番丘，責以末振將之罪，卽手劍擊殺番丘。手執劍曰手劍。記檀弓曰：子手弓，子射諸。手，守又翻。官屬以下驚恐，馳歸。小昆彌安犂靡勒兵數千騎圍會宗，會宗爲言來誅之意，爲言奉天子命來誅番丘之意。爲，于僞翻。「今圍守殺我，如取漢牛一毛耳。司馬遷答任安書曰：假令僕伏法受誅，若九牛亡一毛，與螻蟻何異！自諭其身甚微也。宛王、郅支頭縣稾街，宛王事見二十一卷武帝太初三年。郅支事見二十九卷元帝建昭三年。宛，於元翻。烏孫所知也。」昆彌以下服，曰：「末振將負漢，誅其子可也，獨不可告我，令飲食之邪！」師古曰：飲，於禁翻。食，讀曰飤；下同。會宗曰：「豫告昆彌，逃匿之，爲大罪。謂豫以誅番丘之事告昆彌，昆彌以叔姪之情必使番丘逃匿，漢欲誅之而昆彌匿之，則於漢爲有大罪也。卽飲食以付我，傷骨肉恩。若飲食之而使之就死，則於骨肉爲傷恩。故不先告。」昆彌以下號泣罷去。號，戶刀翻。會宗還，奏事，天子賜會宗爵關內侯、黃金百斤。會宗以難栖殺末振將，奏以爲堅守都尉。烏孫有大將、都尉各一人。以難栖能爲雌栗靡復讎，堅守臣節，異於諸翎侯，故以「堅守」二字寵之。責大祿、大監以雌栗靡見殺狀，奪金印、紫綬，更與銅、墨云。宣帝甘露三年，大祿大監賜金印、紫綬。末振將弟卑爰疐師古曰：疐，音竹二翻。本共謀殺大昆彌，將衆八萬【章：十四行本「萬」下有「餘口」二字；乙十一行本同；孔本同；張校同；退齋校同。】北附康居，謀欲借兵兼幷兩昆彌；

卑爰疐自此強，其後都護孫建襲殺之。將，卽亮翻。漢復遣會宗與都護孫建并力以備之。復，扶又翻；下同。

自烏孫分立兩昆彌，漢用憂勞，且無寧歲。分立兩昆彌，見二十七卷宣帝甘露元年。時康居復遣子侍漢，元帝時，康居遣子入侍，陳湯上言其非王子。今復遣子入侍。貢獻，既遣子入侍，而又奉貢也。都護郭舜上言：此時郭舜爲都護。平帝元始間，孫建始爲都護。上，時掌翻。「本匈奴盛時，非以兼有烏孫、康居故也；及其稱臣妾，非以失二國也。言匈奴之強弱，不繫二國之叛服。漢雖皆受其質子，然三國內相輸遺，交通如故；三國，謂匈奴、烏孫、康居。質，音致。遺，于季翻。亦相候司，司，讀曰伺。見便則發：合不能相親信，離不能相臣役。以今言之，結配烏孫，竟未有益，反爲中國生事。謂自武帝以來，以宗室女下嫁烏孫也。爲，于僞翻。然烏孫既結在前，今與匈奴俱稱臣，義不可距。而康居驕黠，訖不肯拜使者；師古曰：訖，竟也。黠，戶八翻。都護吏至其國，坐之烏孫諸使下，王及貴人先飲食已，乃飲啗都護吏，師古曰：飲，音於禁翻。啗，音徒濫翻。故爲無所省以夸旁國。師古曰：言故不省視漢使也。余謂夸者，自矜耀其能傲漢也。旁國，鄰國也。省，悉井翻。以此度之，何故遣子入侍？度，徒洛翻。其欲賈市，爲好辭之詐也。謂特欲行賈以市易，其爲好辭者，詐也。賈，音古。匈奴，百蠻大國，師古曰：於百蠻中，最大國也。今事漢甚備；聞康居不拜，且使單于有悔自卑之意。師古曰：言單于見康居不事漢以爲高，自以事漢爲太卑而悔之也。宜歸其侍子，絕不復使，師古曰：不通使於其國也。使，疏吏翻。**以章漢家不通無禮之國！」**章，顯著也。**漢爲其新通，**爲，于僞翻。**重致遠人，**師古曰：以此聲名爲重也。**終羈縻不絕。**

三年（辛亥、前一〇）

1 **春，正月，丙寅，蜀郡岷山崩，**地理志，岷山，在蜀郡湔氐道西徼外。禹貢所謂岷山導江，即此山也。水經註曰：岷山，即瀆山，水曰瀆水，亦曰汶阜山，在氐道徼外，江水所導也。大江泉源發羊膊嶺下，緣崖散漫，小大百數，殆未濫觴，東南下百餘里，至白馬嶺西，歷天彭闕，亦謂之天谷。天彭山兩山相對，其高若闕，謂之天彭門。江水自此以上至微弱，所謂其源濫觴者也。漢元延中，岷山崩，壅江水三日不流，即其處。岷，音武巾翻。**壅江三日，江水竭。劉向大惡之，**惡，音烏路翻；惡其徵異也。**曰：「昔周岐山崩，三川竭，而幽王亡。**周幽王二年，三川竭，岐山崩。師古曰：三川，涇、渭、洛也。洛，即漆、沮也。余按幽王時有是異，後卒爲犬戎所殺。**岐山者，周所興也。**周自太王避狄去豳，而邑于岐山之下，周之王業遂興於此。**漢家本起於蜀、漢，**高帝始王漢中，起兵還定三秦，誅項羽，遂有天下。**今所起之地，山崩川竭，星孛又及攝提、大角，從參至辰，**天文志：房南衆星曰騎官，左角理，右角將。大角者，天王帝坐廷，其兩旁各有三星鼎足句之，曰攝提。攝提者，直斗杓所指，以建時節，故曰攝提格。晉天文志：參十星，於辰在申。至辰者，至大火也。自氐五度至尾九度，爲大火，於辰在卯。如淳曰：孛星尾長及攝提大角，始發於參至辰也。孛，蒲內翻。參，疏簪翻。**殆必亡矣！」**

2 **二月，丙午，封淳于長爲定陵侯。**恩澤侯表，定陵侯，國於汝南。

3 三月，上行幸雍，祠五畤。

4 上將大誇胡人以多禽獸，秋，命右扶風發民入南山，西自褒、斜，師古曰：褒、斜，南山二谷名。余按自秦川逕南山通漢中，南谷曰褒，北谷曰斜，徑五百里。斜，余遮翻。東至弘農，長安南山連延，東至弘農，今商、虢二州之山皆是也。南歐漢中，歐，與驅同。張羅罔罝罘，罔，與網同，古字通用。罝，音咨邪翻，兔罟也。罘，音房尤翻，翻車大網也。捕熊羆禽獸，熊似豕而大，黑色。羆似熊，黃白色，被髮人立，而絕有力。載以檻車，輸之長楊射熊館，師古曰：長楊宮中有射熊館。以罔爲周阹，李奇曰：阹，遮禽獸圍陳也。師古曰：阹，音祛。縱禽獸其中，令胡人手搏之，自取其獲，上親臨觀焉。考異曰：成紀，「元延二年冬，行幸長楊宮，從胡客大校獵，宿萯陽宮，賜從官。」胡旦用之。按揚雄傳：祀甘泉、河東之歲，十二月，羽獵，雄上校獵賦；明年，從至射熊館還，上長楊賦。然則從胡客校獵當在今年；紀因去年冬有羽獵事，致此誤耳。

四年（壬子、前九）

1 春，正月，上行幸甘泉，郊泰畤。

2 中山王興、定陶王欣皆來朝，興，帝少弟。欣，帝弟定陶共王康之子。朝，直遙翻。中山王獨從傅，定陶王盡從傅、相、中尉。師古曰：三官皆從王入朝。相，息亮翻。上怪之，以問定陶王，對曰：「令：諸侯王朝，得從其國二千石。傅、相、中尉，皆國二千石，故盡從之。」上令誦詩，通習，能說。師古曰：說其義也。他日，問中山王：「獨從傅在何法令？」不能對；令誦尚書，又廢；師古曰：中忘之也。法令，力政翻。令誦，力呈翻。及賜食於前，後飽；起下，韤係解。師古曰：食而獨在後飽；及起，又韤係解也。韤，音武伐翻。余謂賜食於君前，禮主於敬，食而獨後，又致飽而止，皆非敬也。及起而降階，韤係解而不知，是皆不能執禮。夫禮，所以固人肌膚之會，筋骸之束也。韤，足衣也；係，所以結韤。帝由此以爲不能，而賢定陶王，數稱其材。數，所角翻。是時諸侯王唯二人於帝爲至親，定陶王祖母傅太后隨王來朝，傅太后，元帝傅昭儀，定陶共王母也；隨共王就國，爲定陶太后。私賂遺趙皇后、昭儀及票騎將軍王根。遺，于季翻。票，匹妙翻。后、昭儀、根見上無子，亦欲豫自結，爲長久計，皆更稱定陶王，迭互稱其材美也。師古曰：更，工衡翻。勸帝以爲嗣。帝亦自美其材，爲加元服而遣之，師古曰：爲之冠也。爲，于僞翻。時年十七矣。

3 三月，上行幸河東，祠后土。

4 隕石于關東二。據漢書，「關東」當作「都關」。師古曰：都關，山陽之縣。

5 王根薦谷永，徵入，爲大司農。自北地太守徵入。永前後所上四十餘事，上，時掌翻。略相反覆，專攻上身與後宮而已；黨於王氏，上亦知之，不甚親信也。爲大司農歲餘，病；滿三月，上不賜告，卽時免。故事，公卿病，輒賜告；上以其黨於王氏，故卽時免。數月，卒。史終言之。

綏和元年（癸丑、前八）

1 春，正月，大赦天下。

2 上召丞相翟方進、御史大夫孔光、右將軍廉褒、後將軍朱博入禁中，票騎將軍王根先勸帝立定陶王爲嗣，漢書孔光傳先書根勸立定陶王事，下即書召方進、光、褒、博入禁中。通鑑因之，亦不書根。今但以下文觀之，根亦召入禁中也。議「中山、定陶王誰宜爲嗣者？」方進、根、褒、博皆以爲：「定陶王，帝弟之子。禮曰：『昆弟之子，猶子也。爲其後者，爲之子也。』昆弟之子，視猶子也。以弟之子爲兄後，則爲兄之子矣。公羊春秋：成十五年，仲嬰齊卒。此公孫嬰齊也，曷爲謂之仲嬰齊？爲兄後也。爲兄後，則曷爲謂之仲嬰齊？爲人後者，爲之子也。爲其子則其稱仲何？孫以王父字爲氏也。定陶王宜爲嗣。」光獨以爲：「禮，立嗣以親。謂兄、弟，同父之親子；其親親於兄弟之子。以尚書盤庚殷之及王爲比，兄終弟及。兄終弟及，殷法也。殷自外丙、仲壬至于盤庚，率多兄弟代立，而尚書無文；光所引蓋今文尚書也。師古曰：比，音必寐翻；余謂當如字讀。中山王，先帝之子，帝親弟，宜爲嗣。」上以「中山王不材；又禮，兄弟不得相入廟，」父爲昭，子爲穆，則兄弟不得相入廟也。不從光議。二月，癸丑，詔立定陶王欣爲皇太子，封中山王舅諫大夫馮參爲宜鄉侯，益中山國三萬戶，以慰其意；師古曰：以不得繼統爲帝之後，恐其怨恨。使執金吾任宏守大鴻臚，持節徵定陶王。大鴻臚，掌諸侯，故任宏守大鴻臚之官以徵定陶王。守者，權守也。任，音壬。臚，陵如翻。定陶王謝曰：「臣材質不足以假充太子之宮；師古曰：謙不言爲太子，故云假充，若元非正。余謂王謝意，蓋以將有皇嗣，今爲太子特假充耳。臣願且得留國邸，旦夕奉問起居，謂昏定晨省。記曰：文王之爲世子也，朝於王季日三，雞初鳴而衣服，至于寢門外，問内豎之御者曰：「今日安否何如？」内豎曰：「安。」文王乃喜。及日中又至，亦如之。及莫再至，亦如之。其有不安節，則内豎以告文王，文王色憂，行不能正履。此旦夕問起居之禮也。國邸，謂定陶國邸也。侯有聖嗣，歸國守藩。」書奏，天子報「聞」。報聞，報已覽其書，而不從其請也。戊午，孔光以議不合意，左遷廷尉；何武爲御史大夫。光左遷廷尉，而何武自廷尉爲御史大夫。

3 初，詔求殷後，分散爲十餘姓，殷，子姓也，其後爲宋、爲孔、爲華、爲戴、爲桓、爲向、爲樂等姓。推求其嫡，不能得。匡衡、梅福皆以爲宜封孔子世爲湯後，匡衡議，以爲王者存二王後，所以尊其先王而通三統也。其犯誅絶之罪者，絶而更封他親爲始封君，上承其王者之始祖。春秋之義，諸侯不能守其社稷者絶。今宋國已不守其統而失國矣，則宜更立殷後爲始封君而上承湯統；非當繼宋之絶侯也，宜明得殷後而已。今之故宋，推求其嫡，久遠不可得；雖得其嫡，嫡之先已絶，不當得立禮。孔子曰：「丘，殷人也。」先師所傳，宜以孔子世爲湯後。此元帝時議也；是時梅福復言之。上從之，封孔吉爲殷紹嘉侯。恩澤侯表：殷紹嘉侯，國於沛。三月，與周承休侯皆進爵爲公，地各百里。

4 上行幸雍，祠五畤。

5 初，何武之爲廷尉也，公卿表，元延三年，何武自沛郡太守爲廷尉；是年三月，戊午，爲御史大夫。建言：「末俗之敝，政事煩多，宰相之材不能及古，而丞相獨兼三公之事，所以久廢而不治也。廢，謂廢事也。宜建三公官。」上從之。夏，四月，賜曲陽侯根大司馬印綬，置官屬，罷票騎將軍官；武帝初置大司馬，以冠將軍之號。宣帝地節三年，置大司馬，不冠將軍，亦無印綬、官屬。今賜大司馬金印、紫綬，置官屬，而大司馬爲專官，故根不復領票騎將軍。以御史大夫何武爲大司空，封氾鄉侯；武封氾鄉侯，在琅邪不其縣；後改食南陽博望鄉。師古曰：氾，音凡。其，音基。皆增奉如丞相，如淳曰：律：大司馬、大將軍與丞相奉，月錢六萬；御史大夫奉，月四萬也。奉，讀曰俸。以備三公焉。

6 秋，八月，庚戌，中山孝王興薨。

7 匈奴車牙單于死；弟囊知牙斯立，爲烏珠留若鞮單于。烏珠留單于立，以弟樂爲左賢王，輿爲右賢王，樂，呼韓邪單于大閼氏之子。輿，第五閼氏之子。漢遣中郎將夏侯藩、副校尉韓容使匈奴。

或說王根曰：說，輸芮翻。「匈奴有斗入漢地，直張掖郡，師古曰：斗，絕也；地之斗曲入漢界者也。直，當也。生奇材箭竿、鷲羽，師古曰：鷲，大鵰也，黃頭赤目，其羽可爲箭。竿，音工旱翻。鷲，音就。余按鷲羽可爲箭翎也。山海經曰：景山多鷲，黑色多力，所謂皁鵰是也。如得之，於邊甚饒，國家有廣地之實，將軍顯功垂於無窮！」根爲上言其利，言得此地爲中國利也。爲，于僞翻；下同。上直欲從單于求之，師古曰：直，猶正也。余謂直，徑直也。爲有不得，傷命損威。師古曰：詔命不行爲傷命。余謂天子之命不行於夷狄爲損中國之威。根卽但以上指曉藩，令從藩所說而求之。師古曰：自以藩意說單于而求之。說，輸芮翻；下同。藩至匈奴，以語次說單于曰：語次，交語之次也。「竊見匈奴斗入漢地，直張掖郡，漢三都尉居塞上，士卒數百人，寒苦，候望久勞，張掖兩都尉，一治日勒澤索谷，一治居延；又有農都尉，治番和：是爲三都尉。師古曰：澤，音鐸。索，音先各翻。如淳曰：番，音盤。單于宜上書獻此地，直斷割之，謂從直割地，以其斗入者與漢也。斷，丁管翻。上，時掌翻；下同。省兩都尉士卒數百人，以復天子厚恩，師古曰：復，亦報也。其報必大！」師古曰：漢得此地，必厚報單于。單于曰：「此天子詔語邪，邪，音耶，疑未定之辭。將從使者所求也？」藩曰：「詔指也；然藩亦爲單于畫善計耳。」爲，于僞翻。單于曰：「此温偶駼王所居地也，師古曰：偶，音五口翻。駼，音塗；下同。余按後漢書，匈奴有溫禺犢王。班固燕然銘曰：斬溫禺以釁鼓，血尸逐以染鍔。意溫偶駼即溫禺也，後人妄加「禺」旁從「人」耳；當讀曰禺。未曉其形狀、所生，請遣使問之。」形狀，謂地形之夷險，可割與不可割之狀也。師古曰：所生，謂山之所生草木、鳥獸爲用者。

藩、容歸漢後，復使匈奴，復，扶又翻。至則求地。單于曰：「父兄傳五世，呼韓邪傳其長子復株絫，復株絫傳其弟搜諧，搜諧又傳其弟車牙，車牙傳之囊知牙斯，是爲五世。漢不求此地，至知獨求，何也？單于名囊知牙斯。王莽專政，諷其慕中國不二名，始名知。史從簡便，因以單名書於此。已問温偶駼王，匈奴西邊諸侯作穹廬及車，皆仰此山材木，師古曰：謂諸小王爲諸侯，效中國之言耳。仰，音牛向翻。且先父地，不敢失也。」先父，謂呼韓邪。藩還，遷太原太守。單于遣使上書，以藩求地狀聞。守，式又翻。使，疏吏翻。詔報單于：【章：十四行本「于」下有「曰」字；乙十一行本同；孔本同。】「藩擅稱詔，從單于求地，法當死；更大赦二，余按是年後至明年哀帝即位，大赦。又明年，改元，赦。詔云更大赦二，以此知夏侯藩再使匈奴，必在建平初。師古曰：更，經也；音工衡翻。今徙藩爲濟南太守，不令當匈奴。」濟，子禮翻。

8冬，十月，甲寅，王根病免。

9上以太子既奉大宗後，不得顧私親，按禮，父、祖以上正嫡相傳爲大宗；別子爲祖，繼別爲宗，繼禰者爲小宗。定陶王以帝弟之子入奉大宗後，義不得復顧定陶共王親也。十一月，立楚孝王孫景爲定陶王。【章：十四行本「王」下有「以奉共王後」五字；乙十一行本同，「共」作「恭」；孔本同；張校同。】楚孝王囂，宣帝之子。太子議欲謝；少傅閻崇以爲「爲人後之禮，不得顧私親，不當謝」；少，詩照翻；下少府同。太傅趙玄以爲「當謝」，太子從之。詔問所以謝狀，尚書劾奏玄，左遷少府；劾，戶概翻。以光祿勳師丹爲太傅。

初，太子之幼也，王祖母傅太后躬自養視；在定陶國時也。及爲太子，詔傅太后、【章：十四行本「后」下有「與太子母」四字；乙十一行本同；孔本同；退齋校同。】丁姬自居定陶國邸，丁姬事定陶共王，實生太子。不得相見。頃之，王太后欲令傅太后、丁姬十日一至太子家，帝曰：「太子承正統，當共養陛下，漢亦稱太后爲陛下；後世多稱殿下，唯臨朝乃稱陛下。共，音居用翻。養，音弋尚翻。不得復顧私親。」此私親，謂傅太后、丁姬。復，扶又翻；下同。王太后曰：「太子小而傅太后抱養之；

今至太子家，以乳母恩耳，謂抱養太子，恩猶乳母也。不足有所妨！」於是令傅太后得至太子家；丁姬以不養太子，獨不得。

10 衛尉、侍中淳于長有寵於上，大見信用，貴傾公卿，外交諸侯、牧、守，賂遺、牧，州牧也。守，郡守也。遺，于季翻；下同。賞賜累鉅萬，淫於聲色。淫，過也，放也。許后姊嬺爲龍雒思侯夫人，龍雒思侯韓寶，增子也。晉灼曰：嬺，音靡。余按韓寶已死，故書謚。謚法：外內思索曰思；追悔前過曰思。寡居；長與嬺私通，因取爲小妻。嬺雖皇后之姊，列侯之夫人，以淫放失身於長，而長自有正室，故爲小妻。記曰：聘則爲妻，奔則爲妾。婦人女子之持身，不可不愼也。許后時居長定宮，許后廢，徙昭臺宮；歲餘，還徙長定宮。師古曰：三輔黃圖，林光宮中有長定宮。因嬺賂遺長，欲求復爲婕妤。長受許后金錢乘輿、服御物前後千餘萬，乘，繩證翻。詐許爲白上，立爲左皇后。許爲，于僞翻。嬺每入長定宮，輒與嬺書，戲侮許后，嫚易無不言；師古曰：嫚，褻汙也。易，輕也。易，音弋豉翻。交通書記，賂遺連年。

時曲陽侯根輔政，久病，數乞骸骨。數，所角翻。長以外親居九卿位，長，太后姊子，於帝室爲外家之親。次第當代根。侍中、騎都尉、光祿大夫王莽心害長寵，私聞其事。莽侍曲陽侯病，因言：「長見將軍久病意喜，自以當代輔政，至對衣冠議語署置；」衣冠，當時士大夫及貴游子弟也。師古曰：自謂當輔政，故豫言某人爲某官，某人主某事。具言其罪過。根怒曰：「即如是，何不白也！」莽曰：「未知將軍意，故未敢言！」根曰：「趣白東宮！」東宮，太后宮。師古曰：趣，讀曰促。莽求見太后，具言長驕佚，欲代曲陽侯；私與長定貴人姊通，受取其衣物。太后亦怒曰：「兒至如此！長，太后姊子，故呼爲兒。往，白之帝！」莽白上；上以太后故，免長官，勿治罪，遣就國。就定陵侯國。治，直之翻。

初，紅陽侯立不得輔政，疑爲長毀譖，常怨毒長；毒，苦也，痛也；怨之甚也。上知之。及長當就國，立嗣子融從長請車騎，以長當就國，所常從車騎無所用，故請之。師古曰：嗣子，謂適長子當爲嗣者也。長以珍寶因融重遺立。立因上封事，爲長求留上，時掌翻。爲，于僞翻。曰：「陛下既託文以皇太后故，蘇林曰：託於詔文也。誠不可更有他計。」師古曰：言不宜遣長就國。於是天子疑焉，帝知立素怨長，今爲長上封事求留，疑心於是而起。下有司按驗。下，戶稼翻；下同。吏捕融，立令融自殺以滅口。恐融就吏而事泄，故令其自殺以滅口。上愈疑其有大姦，遂逮長繫洛陽詔獄，凡詔所繫治皆爲詔獄，非必洛陽先有詔獄也。窮治。考鞫以窮其姦也。長具服戲侮長定宮，謀立左皇后，罪至大逆，死獄中。妻子當坐者徙合浦；母若歸故郡。長母若，卽王太后姊，故居魏郡元城。師古曰：若者，其母名。上使廷尉孔光持節賜廢后藥，自殺。丞相方進復劾奏「紅陽侯立，狡猾不道，師古曰：狡，狂也。猾，亂也。復，扶又翻。請下獄。」上曰：「紅陽侯，朕之舅，不忍致法；遣就國。」於是方進復奏立黨友後將軍朱博、鉅鹿太守孫閎，皆免官，與故光祿大夫陳咸皆歸故郡。朱博，杜陵人；孫閎亦京師世家；陳咸本沛郡相人。據漢書翟方進傳，則博、閎免官，獨咸歸故郡耳。「與」字、「皆」字衍。元延元年，咸免光祿大夫，故稱故。咸自知廢錮，以憂死。

方進智能有餘，兼通文法吏事，以儒雅緣飾，【章：十四行本「飾」下有「法律」二字；乙十一行本同；孔本同；張校同。】師古曰：緣飾，譬之於衣，加純緣者。純，音之允翻。號爲通明相，相，息亮翻。天子器重之；又善求人主微指，微指，謂上意所嚮，未著見於外者。奏事無不當意。方淳于長用事，方進獨與長交，稱薦之；據方進傳，長初用事，方進獨與長交。及長寵盛，與之交者不獨一方進矣。及長坐大逆誅，上以方進大臣，爲之隱諱，爲，于僞翻。方進內慚，上疏【章：十四行本「疏」下有「謝罪」二字；乙十一行本同；孔本同；張校同；退齋校同。】乞骸骨。上，時掌翻。上報曰：「定陵侯長已伏其辜，君雖交通，傳不云乎：『朝過夕改，君子與之，』師古曰：與，許也。余謂此蓋論語傳。傳，音直戀翻。君何疑焉！其專心壹意，毋怠醫藥，以自持。」方進起視事，復條奏長所厚善京兆尹孫寶、右扶風蕭育，刺史二千石以上，免二十餘人。孫寶、蕭育，皆能吏也。以急於求進，比匪人以得罪，是以君子慎交。函谷都尉、建平侯杜業，素與方進不平，函谷關置都尉，以譏出入。業，杜延年之孫，素不事權貴，與翟方進、淳于長皆不平。方進奏「業受紅陽侯書聽請，不敬，」免，就國。據業傳，業與淳于長不平，長當就國，紅陽侯立與業書屬之，勿復用前事相侵。長出關後，罪復發，下洛陽獄，丞相史搜得紅陽侯書，奏業聽請，不敬。服虔曰：受立屬請爲不敬。

上以王莽首發大姦，稱其忠直；王根因薦莽自代。丙寅，以莽爲大司馬，時年三十八。莽既拔出同列，繼四父而輔政，師古曰：鳳、商、音、根四人皆爲大司馬，而莽之諸父也。欲令名譽過前人，遂克己不倦。聘諸賢良以爲掾、史，賞賜、邑錢悉以享士，邑錢，封邑所入之錢也。掾，俞絹翻。愈爲儉約。母病，公卿列侯遣夫人問疾，莽妻迎之，衣不曳地，布蔽膝，蔽膝，韠也；亦曰韍。鄭玄曰：韍，太古蔽膝之象。見之者以爲僮使，問知其夫人。此下，依漢書有「皆驚」二字，文意乃足。他本皆有此二字。其飾名如此。

11 丞相方進、大司空武奏言：「春秋之義，用貴治賤，不以卑臨尊。春秋首止之會，殊會王世子，世子貴也。宋之盟，楚翟晉而書先晉，黄池之會，吴主會而書先晉，不以卑臨尊也。治，直之翻。刺史位下大夫而臨二千石，刺史六百石，下大夫之秩也；其朝位亦班於下大夫。輕重不相準。臣請罷刺史，更置州牧以應古制！」古制九州，一爲畿内，八州八伯，以統諸侯之國。今請置州牧以應古州伯之制。更，工衡翻；下同。十二月，罷刺史，更置州牧，秩二千石。

12 犍爲郡於水濱得古磬十六枚，師古曰：濱，水厓也；音賓。說文曰：磬，樂石也。古者毋句氏作磬，後或以玉爲之。犍，居言翻。議者以爲善祥。劉向因是說上：「宜興辟雍，記王制：天子之學曰辟雍。鄭玄曰：辟，明也。雍，和也。所以明和天下。說，輸芮翻。設庠序，古者黨有庠，遂有序。庠者，養也。序者，教也。陳禮樂，隆雅頌之聲，盛揖讓之容，以風化天下。如此而不治者，未之有也。治，直吏翻。

或曰：不能具禮。師古曰：或曰者，劉向設爲難者之言，而後答釋也。禮以養人爲本，如有過差，師古曰：過差，猶失錯也。是過而養人也。刑罰之過或至死傷，今之刑非皋陶之法也，而有司請定法，削則削，筆則筆，服虔曰：言隨君意也。師古曰：削者，言有所删去，以刀削簡牘也。筆者，謂有所增益，以筆就而書也。救時務也。至於禮樂，則曰不敢，是敢於殺人、不敢於養人也。爲其俎豆、管絃之間小不備，爲，于僞翻。因是絕而不爲，是去小不備而就大不備，惑莫甚焉！爲其不能具禮而廢禮，是去小不備而就大不備也。俎，祭器，如几，盛牲體者也。豆，似籩，亦所以盛肉。籩用竹而豆用木。管，笙、簫之屬也。絃，琴、瑟之屬也。夫教化之比於刑法，刑法輕，是舍所重而急所輕也。師古曰：舍，廢也。舍，讀曰捨。教化，所恃以爲治也；刑法，所以助治也；治，直吏翻。今廢所恃而獨立其所助，非所以致太平也。自京師有誖逆不順之子孫，師古曰：誖，乖也；音布內翻。至於陷大辟，受刑戮者不絕，由不習五常之道也。師古曰：五常，仁、義、禮、智、信，人性之所常行也。辟，毗亦翻。夫承千歲之衰周，繼暴秦之餘敝，民漸漬惡俗，貪饕險詖，不閑義理，漸，子廉翻。師古曰：貪甚曰饕。言行險曰詖。饕，音吐高翻。詖，音彼義翻。閑，習也。不示以大化而獨敺以刑罰，敺，讀與驅同。終已不改！」帝以向言下公卿議，下，遐稼翻。丞相、大司空奏請立辟廱，按行長安城南營表；未作而罷。師古曰：營，度地也。表，立標也。行，下孟翻。時又有言「孔子布衣，養徒三千人，今天子太學弟子少。」詩沼翻。於是增弟子員三千人；歲餘，復如故。元帝設弟子員千人。

劉向自見得信於上，故常顯訟宗室，譏刺王氏及在位大臣，其言多痛切，發於至誠。上數欲用向爲九卿，數，所角翻。輒不爲王氏居位者及丞相、御史所持，師古曰：持，謂扶持佐助也。故終不遷，居列大夫官前後三十餘年而卒。後十三歲而王氏代漢。

容肇祖標點顧頡剛聶崇岐覆校

資治通鑑卷第三十三

翰林學士朝散大夫右諫議大夫知制誥兼侍講同提舉萬壽觀公事兼判集賢院上護軍河內郡開國侯食邑一千三百戶賜紫金魚袋臣司馬光奉敕編集
後學天台胡三省音註

漢紀二十五

起閼逢攝提格（甲寅），盡旃蒙單閼（乙卯），凡二年。

孝成皇帝下

綏和二年（甲寅、前七）

1 春，正月，上行幸甘泉，郊泰畤。

2 二月，考異：荀紀云「赦天下」，今本紀無之，故不取。壬子，丞相方進薨。

時熒惑守心，心爲明堂；熒惑守心，王者惡之。火曰熒惑星。熒惑，天子理也。雖有明天子，必視熒惑所在。見天文志。丞相府議曹平陵李尋議曹，職在論議，自公府至州郡皆有之。奏記方進，言：「災變迫切，大責日加，安得保斥逐之戮！師古曰：言其事重，不但斥逐而已也。闔府三百餘人，師古曰：三百餘人，言丞相之官屬也。唯君侯擇其中，與盡節轉凶。」方進憂之，不知所出。會郎賁麗善爲星，善爲甘、石之學也。師古曰：賁，姓也。麗，名也。賁，音肥。言大臣宜當之。上乃召見方進。還歸，未及引決，師古曰：引決，自裁也。還，從宣翻。上遂賜册，責讓以政事不治，災害並臻，百姓窮困，册，卽策書也。說文：册，符命也，諸侯進受於王也；象其札一長一短，中有二繩之形。程大昌演繁露曰：策制長二尺，短者半之；其次一長一短；兩編下唯用篆書。此漢策拜丞相之制也。至策免，則以尺一木，兩行而隸書，與策拜異矣。治，直吏翻。曰：「欲退君位，尙未忍，使尙書令賜君上尊酒十石，養牛一，君審處焉！」如淳曰：漢儀注，有天地大變，天下大過，皇帝使侍中持節乘四白馬，賜上尊酒十斛，牛一頭，策告殃咎。使者去半道，丞相卽上病。使者還，未白事，尙書以丞相不起聞。律：稻米一斗得酒一斗爲上尊，稷米一斗得酒一斗爲中尊，粟米一斗得酒一斗爲下尊。師古曰：稷，卽粟也；宜爲黍米，不當言稷。且作酒自有澆、淳之異，爲上、中、下耳。處，昌呂翻。方進卽日自殺。上祕之，遣九卿策贈印綬，賜乘輿祕器、少府供張，柱檻皆衣素。乘，繩證翻。祕器，東園祕器也。供，音居用翻。張，音竹亮翻。師古曰：柱，屋柱也；檻，軒前闌版也；皆以白素衣之。衣，音於既翻。天子親臨弔者數至，禮賜異於他相故事。師古曰：漢舊儀云：丞相有疾，皇帝法駕親至問疾，從西門入；卽薨，移居第中，車駕往弔，賜棺、棺斂具；贈錢、葬地。葬日，公卿已下會葬。數，所角翻。

臣光曰：晏嬰有言：「天命不慆，不貳其命。」晏子對齊侯禳彗之辭也。杜預曰：慆，疑也，音他刀翻。禍福之至，安可移乎！昔楚昭王、宋景公不忍移災於卿佐，曰：「移腹心之疾，寘諸股肱，何益也！」左傳：哀六年，有雲如衆赤鳥，夾日而飛，三日。楚子使問諸周太史，周太史曰：「其當王身乎！若禜之，可移於令尹、司馬。」王曰：「移腹心之疾而寘股肱，何益！」遂弗禜。史記：宋景公時，熒惑守心，景公憂之。司星子韋曰：「可移於相。」公曰：「相，吾之股肱。」曰：「可移於民。」公曰：「君者待民。」曰：「可移於歲。」公曰：「歲饑民困，吾誰爲君！」子韋曰：「天高聽卑，君有仁人之言三，熒惑宜有動。」候之，果徙三度。藉其災可移，藉之爲言借也，假也；設爲之言，以發所欲言之意。仁君猶不忍【章：十四行本「忍」作「肯」；乙十一行本同；孔本同。】爲，況不可乎！使方進罪不至死而誅之，以當大變，是誣天也；方進有罪當刑，隱其誅而厚其葬，是誣人也；孝成欲誣天、人而卒無所益，卒，子恤翻。可謂不知命矣。

3 三月，上行幸河東，祠后土。

4 丙戌，帝崩于未央宮。臣瓚曰：帝年二十即位，即位二十六年，壽四十五。師古曰：即位明年乃改元耳，壽四十六。

帝素強無疾病，自強以爲無疾病也。是時，楚思王衍、梁王立來朝，衍，楚孝王囂之子。明旦，當辭去，上宿供張白虎殿；又欲拜左將軍孔光爲丞相，已刻侯印，書贊。師古曰：贊，謂延拜之文。贊，進也，延進而拜之也。書贊者，書贊辭於策也。昏夜，平善，鄉晨，傅絝韤欲起，應劭曰：傅，著也。師古曰：鄉，讀曰嚮。傅，讀曰附。絝，古袴字也。韤，音武伐翻。因失衣，不能言，攬衣而失，手緩縱也。晝漏上十刻而崩。司漏之度，有晝漏、夜漏。是時三月，晝漏五十八刻。上者，漏箭浮而上也。上，時掌翻。民間讙譁，咸歸罪趙昭儀。讙，許元翻。皇太后詔大司馬莽雜與御史、丞相、廷尉治，問皇帝起居發病狀；趙昭儀自殺。

班彪贊曰：臣姑充後宮爲婕妤，婕妤，音接予。父子、昆弟侍帷幄，數爲臣言：數，所角翻。爲，于僞翻。「成帝善修容儀，升車正立，不內顧，不疾言，不親指，師古曰：不內顧者，儼然端嚴，不迴眄也。不疾言者，爲輕肆也。不親指者，爲惑下也。此三句者，本論語鄉黨篇述孔子之事，班氏引之。今論語云：車中不內顧，不疾言，不親指。內顧者，說者以爲前視不過衡軛，旁視不過輢較，與此不同。輢，音於綺翻。余謂此亦成帝學論語而有得於脩容儀者也。夫聖人道德之容，積於中而發於外；帝則因論語之文，而剛制其外而已。損者三樂，帝何不能服膺斯言乎！嗚呼，豈唯是哉！論語二十篇，脩身、齊家、治國、平天下盡在是矣。臨朝淵嘿，尊嚴若神，可謂【章：十四行本「謂」下有「有」字；乙十一行本同；孔本同。】穆穆天子之容【章：十四行本「容」下有「者」字；乙十一行本同；孔本同。】矣。淵，深；嘿，靜也。師古曰：禮記云：天子穆穆，諸侯皇皇，大夫濟濟，士蹌蹌。毛晃曰：穆穆，和敬貌。朝，直遙翻；下同。博覽古今，容受直辭，公卿奏議可述。遭世承平，上下和睦。然湛于【章：十四行本「于」作「乎」；乙十一行本同；孔本同。】酒色，師古曰：湛，讀曰耽。孔穎達曰：耽者，過禮之樂。趙氏亂內，外家擅朝，言之可爲於邑！」師古曰：於邑，短氣貌，讀如本字。於，又音烏；邑，又音烏合翻。建始以來，王氏始執國命，哀、平短祚，莽遂篡位，蓋其威福所由來者漸矣！言王氏之禍，始於成帝。

5 是日，孔光於大行前拜受丞相、博山侯印綬。大行前，謂大行皇帝柩前。韋昭曰：大行者，不反之辭。恩澤侯表，博山侯，國於南陽順陽。

6 富平侯張放聞帝崩，思慕哭泣而死。放自河東都尉徵爲侍中、光祿勳；丞相翟方進奏免放，遣就國。

荀悅論曰：放非不愛上，忠不存焉。故愛而不忠，仁之賊也！

7 皇太后詔南、北郊長安如故。永始三年，復甘泉泰畤、雍五畤、汾陰后土祠；罷長安南、北郊。

8 夏，四月，丙午，太子卽皇帝位，謁高廟；尊皇太后曰太皇太后，皇后曰皇太后。大赦天下。

哀帝初立，躬行儉約，省減諸用，政事由己出，朝廷翕然望至治焉。治，直吏翻。

9 己卯，葬孝成皇帝于延陵。臣瓚曰：自崩至葬凡五十四日。延陵在扶風，去長安六十二里。考異曰：成紀：「三月，丙戌，帝崩于未央宮。四月，己卯，葬延陵。」臣瓚曰：「自崩及葬凡五十四日。」漢紀：「三月，丙午，帝崩。四月，己卯，葬延陵。」自崩及葬三十四日。按是年三月己巳朔，無丙午；四月己亥朔，無己卯。若依成紀，則當云「五月己卯葬」；依荀紀，當云「閏三月丙午崩」。二者各有差舛，未知孰是。按是年閏七月，不當頓差四月。今且從成紀之文。

10 太皇太后令傅太后、丁姬十日一至未央宮。

有詔問丞相、大司空：「定陶共王太后宜當何居？」共，讀曰恭。丞相孔光素聞傅太后爲人剛暴，長於權謀，自帝在襁褓，而養長教道至於成人，養長，知兩翻。道，讀曰導。帝之立又有力；事見上卷元延四年。光心恐傅太后與政事，師古曰：與，讀曰豫。不欲與帝旦夕相近，近，其靳翻。即議以爲：「定陶太后宜改築宮。」大司空何武曰：「可居北宮。」上從武言。北宮有紫房複道通未央宮，長安記：桂宮在未央宮北，亦曰北宮。余按漢書平帝紀，成帝趙皇后退居北宮，哀帝傅皇后退居桂宮，則北宮、桂宮自是兩宮。傅太后果從複道朝夕至帝所，求欲稱尊號，貴寵其親屬，使上不得由直道行。師古曰：不得依正直之道也。余謂小宗不得間大宗，藩后不得位匹長樂，私戚不得妄干恩澤，所謂正道也。高昌侯董宏宏，高昌侯董忠子也。功臣表，高昌侯，國於千乘。希指，上書言：「秦莊襄王，母本夏氏，而爲華陽夫人所子，及即位後，俱稱太后。事見六卷秦孝文王元年。上，時掌翻。華，戶化翻。宜立定陶共王后爲帝太后。」事下有司，下，遐稼翻。大司馬王莽、左將軍、關內侯、領尚書事師丹劾奏宏：「知皇太后至尊之號，天下一統，而稱引亡秦以爲比喻，詿誤聖朝，劾，戶概翻。詿，戶卦翻。非所宜言，大不道！」上新立，謙讓，納用莽、丹言，免宏爲庶人。傅太后大怒，要上，欲必稱尊號。要，一遙翻。上乃白太皇太后，令下詔尊定陶恭王爲恭皇。

11 五月，丙戌，立皇后傅氏，傅太后從弟晏之子也。從，才用翻。

12 詔曰：「春秋，母以子貴。見公羊春秋傳隱元年。宜尊定陶太后曰恭皇太后、丁姬曰恭皇后，各置左右詹事，食邑如長信宮、中宮。」應劭曰：成帝母王太后居長信宮。李奇曰：傅姬如長信，丁姬如中宮也。師古曰：中宮，皇后之宮。追尊傅父爲崇祖侯，丁父爲褒德侯；封舅丁明爲陽安侯，舅子滿爲平周侯，皇后父晏爲孔鄉侯，師古曰：傅父，傅太后之父。丁父，丁太后之父。地理志，汝南郡有陽安縣。恩澤侯表，平周侯，食邑於南陽湖陽。孔鄉侯，食邑於沛郡夏丘。皇太后弟侍中、光祿大夫趙欽爲新城侯。地理志，河南郡有新城縣。太皇太后詔大司馬莽就第，避帝外家；莽上疏乞骸骨。帝遣尚書令詔起莽，又遣丞相孔光、大司空何武、左將軍師丹、衞尉傅喜白太皇太后曰：「皇帝聞太后詔，甚悲！大司馬卽不起，皇帝卽不敢聽政！」太后乃復令莽視事。太皇太后止稱太后，史省文。復，扶又翻。

13 成帝之世，鄭聲尤甚，周末有鄭、衞之樂：東門、溱洧之詩，鄭聲也；桑中、濮上之音，衞聲也：皆淫聲也。其從凡淫聲通謂之鄭聲。孔子曰：鄭聲淫，是也。黄門名倡丙彊、景武之屬富顯於世，倡，音齒良翻。貴戚至與人主爭女樂。蓋王氏五侯、淳于長之屬也。帝自爲定陶王時疾之，又性不好音，好，呼到翻。六月，詔曰：「孔子不云乎：『放鄭聲，鄭聲淫。』師古曰：論語載孔子之言。鄭國有溱、洧之水，男女亟於其間聚會，故俗亂而樂淫。其罷樂府官；立樂府見十九卷元狩三年。郊祭樂及古兵法武樂在經，非鄭、衞之樂者，別【章：十四行本「別」上有「條奏」二字；乙十一行本同；孔本同；張校同；退齋校同。】屬他官。」郊祭樂，亦武帝置，今以給祠南、北郊。大樂鼓、嘉至鼓、邯鄲鼓、騎吹鼓、江南鼓、淮南鼓、巴俞鼓、歌鼓、楚嚴鼓、梁皇鼓、臨淮鼓、茲邡鼓，朝賀置酒，陳殿上，應古兵法，凡鼓十二，人員百一十八人，郊祭員十三人；諸族樂人兼雲招給祠南、北郊用六十七人，兼給事雅樂用四人，夜誦員五人，剛、別柎員二人，給盛德主調篪員二人，聽工以日知律冬夏至一人，鍾工、磬工、簫工員各一人；僕射二人，主領諸樂人；皆不可罷。竽工員三人，罷一；琴工員五人，罷三；柱工員二人，罷一；繩弦工員六人，罷四；鄭四會員六十二人，留一人給事雅樂，餘罷；張瑟員八人，留一；安世樂鼓、沛吹鼓、族歌鼓、陳吹鼓、商樂鼓、東海鼓、長樂鼓、縵樂鼓，凡鼓八，員百二十八人，朝賀置酒陳前殿房中，不應經法；治竽員五人，楚鼓員六人，常從倡三十人，常從象人四人，詔隨常從倡十六人；秦倡員二十九人，秦倡象人員三人，詔隨秦倡一人；雅大人員九人，朝賀置酒爲樂；楚四會員十七人，巴四會員十二人，銚四會員十二人，齊四會員十九人，蔡謳員三人，齊謳員六人，竽、瑟、鍾、磬員五人，皆鄭聲，可罷。師學百四十四人，其七十二人給太官挏馬酒，其七十二人可罷。大凡八百二十九人，其三百八十八人不可罷，可領屬大樂；其四百四十一人不應經法，或鄭、衞之聲，皆可罷。奏可。晉灼曰：邡，音方。師古曰：招，讀與翹同。剛及別柎，皆鼓名也。柎，音膚。柱工，主箏瑟之柱者。弦，琴瑟之弦。繩，言主糾合作之也。縵樂，雜樂也，音漫。挏，音動。李奇曰：以馬乳爲酒，撞挏乃成。孟康曰：象人，若今戲蝦、魚、師子者也。韋昭曰：著假面者也。凡所罷省過半。然百姓漸漬日久，又不制雅樂有以相變，豪富吏民湛沔自若。漸，讀曰沾。師古曰：湛，讀曰沈，又讀曰耽。自若，言自如故也。

14王莽薦中壘校尉劉歆有材行，行，下孟翻。爲侍中，稍遷光祿大夫，貴幸；更名秀。歆改名秀，冀以應圖讖。更，工衡翻。上復令秀典領五經，卒父前業；秀父向典校書，見三十卷河平三年。師古曰：卒，終也。復，扶又翻。卒，子恤翻。秀於是總羣書而奏其七略，有輯略、有六藝略、有諸子略、有詩賦略、有兵書略、有術數略、有方技略。師古曰：輯略，謂羣書之總要。輯，與集同。六藝，六經也。諸子，卽下九流是也。詩賦，則自屈原、荀卿至揚雄等所作也。兵書，則權謀、技巧、形勢、陰陽之書也。術數，則天文、曆譜、五行、蓍龜、雜占、形法之書也。方技，則醫經、經方、房中、神仙之書也。凡書六略，三十八種，種，章勇翻。五百九十六家、萬三千二百六十九卷。其敍諸子，分爲九流：曰儒，曰道，曰陰陽，曰法，曰名，曰墨，曰從横，曰雜，曰農，從，子容翻。以爲：「九家皆起於王道既微，諸侯力政，時君世主好惡殊方，好，呼到翻。惡，烏路翻。是以九家之術蠭出並作，師古曰：蠭，與鋒同。各引一端，崇其所善，以此馳說，取合諸侯，其言雖殊，譬如水火相滅，亦相生也；水滅火而生木，木復生火。仁之與義，敬之與和，相反而皆相成也。易曰：『天下同歸而殊塗，一致而百慮。』師古曰：下繫之辭。今異家者推所長，窮知究慮以明其指，雖有蔽短，合其要歸，亦六經之支與流裔；師古曰：裔，衣末也。其於六經，如水之下流，衣之末裔。使其人遭明王聖主，得其所折中，中，竹仲翻。皆股肱之材已。師古曰：已，語終辭。仲尼有言：『禮失而求諸野。』師古曰：言都邑失禮，則於外野求之，亦將有獲。方今去聖久遠，道術缺廢，無所更索，師古曰：索，求也。索，山客翻。彼九家者，不猶愈於野乎！師古曰：愈，勝也。若能脩六藝之術而觀此九家之言，舍短取長，舍，讀曰捨。則可以通萬方之略矣。」

河間惠王良能脩獻王之行，行，下孟翻。母太后薨，服喪如禮；詔益封萬戶，以爲宗室儀表。師古曰：儀表者，言爲禮儀之表率。余謂有儀可象謂之儀，四外望之以取正謂之表。

16 初，董仲舒說武帝，說，輸芮翻。以「秦用商鞅之法，除井田，事見二卷周顯王十九年。民得賣買，富者田連阡陌，貧者亡立錐之地，亡，讀與無同。邑有人君之尊，里有公侯之富，小民安得不困！古井田法雖難卒行，卒，讀曰猝。宜少近古，少，詩沼翻。限民名田以贍不足，師古曰：名田，占田也。各爲立限，不使富者過制，則可使貧弱之家足也。塞幷兼之路；去奴婢，除專殺之威；服虔曰：不得專殺奴婢也。塞，悉則翻。去，羌呂翻。薄賦斂，省繇役，斂，力贍翻。繇，讀曰傜。以寬民力，然後可善治也！」治，直吏翻。及上卽位，師丹復建言：復，扶又翻。「今累世承平，豪富吏民訾數鉅萬，訾，與貲同。而貧弱愈困，宜略爲限。」天子下其議，下，遐稼翻。丞相光、大司空武奏請：「自諸侯王、列侯、公主名田各有限；關內侯、吏、民名田皆毋過三十頃；奴婢毋過三十人。據哀帝紀：有司條奏：「諸侯王、列侯得名田國中，列侯在長安及公主得名田縣、道。關內侯、吏、民名田皆毋得過三十頃。諸侯王奴婢二百人，列侯、公主百人，關內侯吏民三十人。」與此少異。食貨志亦與紀同。期盡三年，犯者沒入官。」時田宅、奴婢賈爲減賤，賈，讀曰價。貴戚近習皆不便也，皆不以爲便於己也。詔書：「且須後。」師古曰：須，待也。遂寢不行。又詔：「齊三服官、諸官，織綺繡難成、害女紅之物，皆止，無作輸。齊三服官及諸織官，皆無作難成之物以輸送也。如淳曰：紅，亦工也。其所作已成、未成，皆止無復作，皆輸所近官府也。師古曰：如說非也，謂未成者不作，已成者不輸耳。余謂如說固非，顏說亦未若余說之爲簡易明白也。除任子令及誹謗詆欺法。應劭曰：任子令者，漢儀注：吏二千石以上視事滿三年，得任同產若子一人爲郎。不以德選，故除之。師古曰：任，保也。詆，誣也。掖庭宮人年三十以下，出嫁之；重絕人道也。官奴婢五十以上，免爲庶人。益吏三百石以下俸。」

17 上置酒未央宮，內者令爲傅太后張幄，坐於太皇太后坐旁。百官志：內者令，屬少府，以宦者爲之，掌中布張諸衣物。爲，于僞翻。師古曰：坐，音材臥翻；下同。大司馬莽按行，行，下孟翻。責內者令曰：「定陶太后，藩妾，何以得與至尊並！」徹去，更設坐。去，羌呂翻。更，工衡翻。傅太后聞之，大怒，不肯會，重怨恚莽；師古曰：會，謂至酒所也。重，音直用翻。莽復乞骸骨。復，扶又翻。秋，七月，丁卯，上賜莽黃金五百斤，安車駟馬，罷就第。考異曰：公卿表：「十一月，丁卯，大司馬莽免。庚午，師丹爲大司馬。四月，徙。」又曰：「十月，癸酉，丹爲大司空。」又曰：「太子太傅師丹爲左將軍，五月遷。」荀紀：「七月，丁巳，大司馬莽免。」按丹若以十一月爲司馬，四月徙官，不得以十月爲司空也。七月丁卯朔，無丁巳。年表月誤，荀紀日誤。公卿大夫多稱之者，上乃加恩寵，置中黃門，爲莽家給使，蘇林曰：使黃門在其家爲使令。十日一賜餐。又下詔益封曲陽侯根、安陽侯舜、新都侯莽、丞相光、大司空武邑戶各有差。益封根二千戶，舜五百戶，舜，音子也；莽三百五十戶；光千戶；武更以南陽犨之博望鄉爲汜鄉侯國，益封千戶。以莽爲特進、給事中，朝朔望，見禮如三公。朝，直遙翻。又還紅陽侯立於京師。立就國見上卷去年。傅太后從弟右將軍喜，好學問，有志行。從，才用翻。好，呼到翻。行，下孟翻；下同。王莽既罷退，衆庶歸望於喜。初，上之官爵外親也，外親，外家之親。喜獨執謙稱疾；傅太后始與政事，數諫之；與，讀曰豫。數，所角翻。由是傅太后不欲令喜輔政。庚午，以左將軍師丹爲大司馬，封高鄉亭侯；按丹傳及恩澤侯表，皆云封高樂侯，國於東海。賜喜黄金百斤，上右將軍印綬，以光祿大夫養病；以光祿勳淮陽彭宣爲右將軍。大司空何武、尚書令唐林皆上書言：「喜行義修潔，忠誠憂國，内輔之臣也。言可爲内朝輔弼之臣。今以寢病一旦遣歸，衆庶失望，皆曰：『傅氏賢子，以論議不合於定陶太后，故退。』百寮莫不爲國恨之。爲，于僞翻。忠臣，社稷之衞；魯以季友治亂，師古曰：謂季氏亡則魯不昌。治，直吏翻。楚以子玉輕重，師古曰：謂楚殺子玉而晉侯喜可知。魏以無忌折衝，事見上卷秦莊襄王三年。項以范增存亡。事見高帝紀。百萬之衆，不如一賢；故秦行千金以間廉頗，事見五卷周赧王五十五年。間，古莧翻。漢散萬金以疏亞父。事見十卷高帝三年。疏，與疎同。喜立於朝，陛下之光輝，傅氏之廢興也。」如淳曰：傅喜顯則傅氏興，其廢亦如之。晉灼曰：用喜於陛下有光明，而傅氏之廢復得興也。師古曰：如說是。余謂晉說亦未可厚非。上亦自重之，故尋復進用焉。明年，復進用喜。復，扶又翻。

18 建平侯杜業上書詆曲陽侯【章：十四行本「侯」下有「王」字，乙十一行本同；孔本同；張校同。】根、高陽侯薛宣、安昌侯張禹而薦朱博。帝少而聞知王氏驕盛，少，詩照翻。心不能善，以初立，故且優之。後月餘，司隸校尉解光解，戶買翻。奏：「曲陽侯，先帝山陵未成，公聘取【章：十四行本「取」下有「故」字；乙十一行本同，孔本同；張校同。】掖庭女樂五官殷嚴、王飛君等置酒歌舞，如淳曰：五官，官名也。外戚傳云：五官，視三百石。及根兄子成都侯況，亦聘取故掖庭貴人以爲妻，況，商子也。皆無人臣禮，大不敬，不道！」於是天子曰：「先帝遇根、況父子，至厚也，今乃背恩忘義！」背，蒲妹翻。以根嘗建社稷之策，師古曰：謂立哀帝爲嗣也。事見上卷元延四年。遣歸國；免況爲庶人，歸故郡。王氏，故魏郡元城人。根及況父商所薦舉爲官者皆罷。以其黨也。

19 九月，庚申，地震，自京師到北邊郡國三十餘處，壞城郭，壞，音怪。凡壓殺四百餘人。上以災異問待詔李尋，考異曰：尋傳云：使侍中、衞尉傅喜問尋。按公卿表：「傅喜爲衞尉；二月，遷右將軍；十一月，罷。」地震在九月，當是時，喜已不爲衞尉矣。對曰：「夫日者，衆陽之長，長，知兩翻。人君之表也。君不修道，則日失其度，晻昧亡光。師古曰：晻，與暗同；又音烏感翻。間者日尤不精，光明侵奪失色，邪氣珥、蜺數作。孟康曰：暈適、背鐍、抱珥、虹蜺，皆日旁氣也。珥，形點黑也。如淳曰：雄爲虹，雌爲蜺。凡氣在旁相對爲珥，在旁如半鐶向日爲抱，向外爲背。有氣刺日爲鐍，鐍，映傷也。適者，日之將食，先有黑之變也。蜺，讀曰齧。珥，音仍吏翻。數，所角翻；下同。小臣不知內事，竊以日視陛下，志操衰於始初多矣。唯陛下執乾剛之德，強志守度，謂守法度也。毋聽女謁，邪臣之態，諸保阿、乳母甘言卑【章：十四行本「卑」作「悲」；乙十一行本同；孔本同。】辭之託，斷而勿聽。勉強大義，斷，丁管翻。強，其兩翻。絕小不忍；良有不得已，良，甚也。可賜以貨財，不可私以官位，誠皇天之禁也！

臣聞月者，衆陰之長，長，知兩翻。妃后、大臣、諸侯之象也。間者月數爲變，此爲母后與政亂朝，與，讀曰豫。朝，直遙翻；下同。陰陽俱傷，兩不相便；外臣不知朝事，竊信天文，卽如此，近臣已不足杖矣。師古曰：杖，謂倚任也。唯陛下親求賢士，無強所惡，師古曰：邪佞之人，誠可賤惡，勿得寵而異之，令其盛強也。惡，烏路翻。以崇社稷，尊強本朝！

臣聞五行以水爲本，五行，一曰水。水者，天一所生。水爲準平，王道公正脩明，則百川理，落脈通；師古曰：落，謂經絡也。偏黨失綱，則涌溢爲敗。今汝、潁漂涌，地理志，潁川郡陽城縣陽乾山，潁水所出，東至沛郡下蔡縣入淮，過郡三，行千五百里。汝水出汝南郡定陵縣高陵山，東南至新蔡入淮，過郡四，行千三百四十里。與雨水並爲民害，此詩所謂『百川沸騰』，咎在皇甫卿士之屬。師古曰：詩小雅十月之交之詩也。皇甫卿士，周室女寵之族也。唯陛下少抑外親大臣！

臣聞地道柔靜，陰之常義也。間者關東地數震，數，所角翻。宜務崇陽抑陰以救其咎，固志建威，固志以用英俊，建威以黜姦邪。建，立也。閉絕私路，拔進英雋，退不任職，以強本朝！夫本強則精神折衝；師古曰：言有欲衝突爲害者，則折挫之。本弱則招殃致凶，爲邪謀所陵。聞往者淮南王作謀之時，其所難者獨有汲黯，以爲公孫弘等不足言也。事見十九卷武帝元狩元年。弘，漢之名相，於今無比，而尚見輕，何況亡弘之屬乎！故曰朝廷亡人，則爲賊亂所輕，亡，讀曰無。其道自然也。」

20 騎都尉平當使領河隄，師古曰：爲使而領其事。使，音疏吏翻。奏：「九河今皆寘滅。寘，與塡同。按經義，治水有決河深川師古曰：決，分泄也。深，浚治也。治，直之翻；下同。而無隄防壅塞之文。塞，悉則翻。河從魏郡以東多溢決；水迹難以分明，四海之衆不可誣。爾雅：九夷、八狄、七戎、六蠻，謂之四海。孔穎達曰：東方曰夷者，風俗通云：東方人好生，萬物牴觸地而出；夷者，牴也。其類有九。依東夷傳：一曰玄菟，二曰樂浪，三曰高麗，四曰滿飾，五曰鳧臾，六曰索家，七曰東屠，八曰倭人，九曰天鄙。南方曰蠻者，風俗通云：君臣同川而浴，極爲簡慢；蠻者，慢也。其類有八。李巡註爾雅云：一曰天竺，二曰咳首，三曰僬僥，四曰跛踵，五曰穿胸，六曰儋耳，七曰狗軹，八曰旁春。西方曰戎者，風俗通云：斬伐殺生，不得其中。戎者，兇也。其類有六。李巡註爾雅云：一曰僥夷，二曰戎央，三曰老白，四曰耆羌，五曰鼻息，六曰天剛。北方曰狄者，風俗通云：父子、嫂叔同穴無別；狄者，辟也，其行邪辟。其類有五。李巡註爾雅云：一曰月支，二曰穢貊，三曰匈奴，四曰單于，五曰白屋。諸儒之說略有異同。然平當所謂四海之衆，但言四海之内之人耳。宜博求能浚川疏河者。」上從之。

待詔賈讓奏言：「治河有上、中、下策。古者立國居民，疆理土地，必遺川澤之分，度水勢所不及。師古曰：遺，留也。度，計也。言川澤水所流聚之處，皆留而置之，不以爲居邑而妄墾殖，必計水之所不及，然後居而田之也。分，音扶問翻。度，音大各翻。大川無防，小水得入，陂障卑下，以爲汙澤，師古曰：停水曰汙；音一胡翻。使秋水多得其所休息，左右游波寬緩而不迫。夫土之有川，猶人之有口也，治土而防其川，猶止兒啼而塞其口，豈不遽止，然其死可立而待也。塞，悉則翻。師古曰：遽，速也，音其庶翻。故曰：『善爲川者決之使道，善爲民者宣之使言。』國語召公諫厲王監謗之辭。師古曰：道，讀曰導。導，通引也。蓋隄防之作，近起戰國，雍防百川，各以自利。師古曰：雍，讀曰壅。齊與趙、魏以河爲竟，竟，讀曰境。趙、魏瀕山，師古曰：瀕山，猶言以山爲邊界也。瀕，音頻，又音賓。余謂趙、魏之地，一邊接山，則地勢高，非邊界也。齊地卑下，齊地瀕海，故卑下也。作隄去河二十五里，河水東抵齊隄則西泛趙、魏；趙、魏亦爲隄去河二十五里，雖非其正，水尚有所遊盪。時至而去，則塡淤肥美，淤，依據翻。民耕田之；或久無害，稍築宮【嚴：「宮」改「室」。】宅，遂成聚落；大水時至，漂沒，則更起隄防以自救，稍去其城郭，排水澤而居之，湛溺自其宜也。師古曰：湛，讀曰沈，音持林翻。今隄防，陿者去水數百步，陿，與狹同。遠者數里，於故大隄之內復有數重，復，扶又翻。重，直龍翻。民居其間，此皆前世所排也。河從河內黎陽至魏郡昭陽，東西互有石隄，激水使還，百餘里間，河再西三東，迫阸如此，不得安息。地理志，黎陽縣屬魏郡。晉灼曰：黎山在其南，河水經其東，其山上碑云：縣取山之名，取水之陽，以爲名。按溝洫志具載讓奏曰：河從河內北至黎陽，爲石隄，激使抵東郡平剛；又爲石隄，使西北抵黎陽觀下；又爲石隄，使東北抵東郡津北；又爲石隄，使西北抵魏郡昭陽；又爲石隄，激使東北。

今行上策，徙冀州之民當水衝者，決黎陽遮害亭，遮害亭，在淇口東十八里，有金隄，隄高一丈；

自淇口東地稍高，至遮害亭西五丈。水經註曰：舊有宿胥口，河水於此北入。放河使北入海；河西薄大山，東薄金隄，勢不能遠，泛濫朞月自定。薄，伯各翻。難者將曰：『若如此，敗壞城郭、田廬、冢墓以萬數，百姓怨恨。』難，乃旦翻。壞，音怪。敗，補邁翻。昔大禹治水，山陵當路者毀之，故鑿龍門，闢伊闕，析底柱，破碣石，墮斷天地之性；師古曰：闢，開也。析，分也。墮，毀也，音火規翻。斷，丁管翻。此乃人功所造，何足言也！人功所造，謂城郭、田廬、冢墓也。今瀕河十郡，治隄歲費且萬萬；河南、河內、東郡、陳留、魏郡、平原、千乘、信都、清河、勃海，凡十郡。及其大決，所殘無數。如出數年治河之費以業所徙之民，遵古聖之法，定山川之位，謂依禹迹也。使神人各處其所而不相奸；神，謂川瀆之神。人，謂居人也。處，昌呂翻。師古曰：奸，音干。且大漢方制萬里，豈其與水爭咫尺之地哉！此功一立，河定民安，千載無患，故謂之上策。載，子亥翻。

若乃多穿漕渠於冀州地，使民得以溉田，分殺水怒，殺，所介翻；減也。雖非聖人法，然亦救敗術也。可從淇口以東爲石隄，地理志：淇水出河內共縣北山，東至黎陽入河。水經註曰：魏、晉之枋頭，古淇口也。共，音恭。多張水門。恐議者疑河大川難禁制，滎陽漕渠足以卜之。如淳曰：今礫谿口是也。言作水門流水，流不爲害也。師古曰：礫谿，谿名，即水經所云濟水東過礫谿者。冀州渠首盡，當仰此水門，仰，牛向翻。諸渠皆往往股引取之；如淳曰：肢，支別也。據如說，股當作肢。旱則開東方下水門，溉冀州；水則開西方高門，分河流，民田適治，河隄亦成。此誠富國安民、興利除害，支數百歲，故謂之中策。若乃繕完故隄，增卑倍薄，勞費無已，數逢其害，此最下策也！」讓所畫治河三策，自漢至今，未有能行之者。大率古人論事，畫爲三策者，其上策多孟浪駭俗而難行，其中策則平實合宜而可用，其下策則常人所知也。數，所角翻。

21 孔光何武奏：「迭毀之次當以時定，自元帝時貢禹建毀廟之議。韋玄成、匡衡皆踵其說，以爲太祖以下五廟，其親廟四，親盡而迭毀。迄于成帝，終莫能定。今二府復奏。請與羣臣雜議。」於是光祿勳彭宣等五十三人皆以爲「孝武皇帝雖有功烈，親盡宜毀。」太僕王舜、中壘校尉劉歆議曰：「禮，天子七廟。七者其正法數，可常數者也。禮記曰：天子七廟，三昭三穆，與太祖廟而七。宗不在此數中，宗變也。師古曰：言非常數，故云變也。苟有功德則宗之，不可預爲設數。臣愚以爲孝武皇帝功烈如彼，孝宣皇帝崇立之如此，不宜毀！」立世宗廟，見二十四卷宣帝本始元年。上覽其議，制曰：「太僕舜、中壘校尉歆議可。」

22 何武後母在蜀郡，武，蜀郡郫縣人。遣吏歸迎；會成帝崩，吏恐道路有盜賊，後母留止。止，不行也。左右或譏武事親不篤，師古曰：左右，謂天子側近之臣。帝亦欲改易大臣，冬，十月，策免武，以列侯歸國。癸酉，以師丹爲大司空。丹見上多所匡改成帝之政，乃上書言：「古者諒闇不言，聽於冢宰；師古曰：論語云：子張曰：「書云：高宗諒闇，三年不言。」孔子曰：「何必高宗，古之人皆然。君薨，百官總己以聽於冢宰，三年。」諒，信也。闇，默然也。鄭玄曰：周之六官，皆總屬於冢宰。冢宰於百官，無所不主。爾雅曰：冢，大也。冢宰，太宰也。乃上，時掌翻。三年無改於父之道。師古曰：論語稱孔子曰：「父在觀其志，父沒觀其行，三年無改於父之道，可謂孝矣。」前大行屍柩在堂，而官爵臣等以及親屬，赫然皆貴寵，封舅爲陽安侯，皇后尊號未定，豫封父爲孔鄉侯；出侍中王邑、射聲校尉王邯等。王邑、王邯，太皇太后親屬也。邯，戶甘翻。詔書比下，變動政事，卒暴無漸。師古曰：比，頻也。比，毗至翻。卒，讀曰猝；下倉卒同。臣縱不能明陳大義，復曾不能牢讓爵位，師古曰：牢，堅也。復，扶又翻。曾，才登翻。相隨空受封侯，增益陛下之過。間者郡國多地動水出，流殺人民，日月不明，五星失行，此皆舉錯失中，號令不定，法度失理，陰陽溷濁之應也。錯，音千故翻。師古曰：溷，音胡頓翻。

臣伏惟人情無子，年雖六七十，猶博取而廣求。師古曰：取，讀曰娶。孝成皇帝深見天命，燭知至德，師古曰：燭，照也。至德，指謂哀帝。以壯年克己，己者，有我之私。克，去也。立陛下爲嗣。先帝暴棄天下，暴者，言無疾而崩。而陛下繼體，四海安寧，百姓不懼，此先帝聖德，當合天人之功也。臣聞『天威不違顏咫尺』，左傳齊桓公對宰孔之言。師古曰：言常若在前，宜自肅懼也。願陛下深思先帝所以建立陛下之意，且克己躬行，以觀羣下之從化。天下者，陛下之家也，肺附何患不富貴，不宜倉卒若是，其不久長矣。」丹書數十上，上，時掌翻。多切直之言。

傅太后從弟子遷在左右，尤傾邪，從，才用翻。上惡之，惡，烏路翻。免官，遣歸故郡。傅氏，本河內溫人。傅太后怒；上不得已，復留遷。復，扶又翻；下同。丞相光與大司空丹奏言：「詔書前後相反，天下疑惑，無所取信。臣請歸遷故郡，以銷姦黨。」卒不得遣。卒，子恤翻；終也。復爲侍中。其逼於傅太后，皆此類也。哀帝之時，傅氏固爲驕横，然史家所記如此等語，意其出於王氏愛憎之口。

23 議郎耿育上書冤訟陳湯成帝永始二年，陳湯徙邊。冤訟，訟其冤也。曰：「甘延壽、陳湯，爲聖漢揚鉤深致遠之威，言湯等深入康居，遠誅郅支，雖其竄伏荒外，能揚威而鉤致之也。爲，于僞翻。雪國家累年之恥，討絕域不羈之君，不羈，言不可羈屬也。係萬里難制之虜，豈有比哉！先帝嘉之，仍下明詔，宣著其功，改年垂曆，師古曰：謂改年爲竟寧也；不以此事，蓋當其年，上書者附著耳。余按元紀，詔曰：「匈奴郅支單于背叛禮義，既伏其辜，呼韓邪單于修朝保塞，邊垂長無兵革之事，其改元爲竟寧。」則改年亦以此事，非附著也。傳之無窮。應是，南郡獻白虎，白虎，西方之獸，主威武，故以爲湯等之應。邊垂無警備。會先帝寢疾，然猶垂意不忘，數使尚書責問丞相，趣立其功；數，所角翻。趣使丞相、御史立議以序其功也。師古曰：趣，讀曰促。獨丞相匡衡排而不予，予，讀曰與。封延壽、湯數百戶，事見二十九卷元帝竟寧元年。此功臣戰士所以失望也。孝成皇帝承建業之基，乘征伐之威，兵革不動，國家無事，而大臣傾邪，欲專主威，排妒有功，妒，與妬同。使湯塊然被見拘囚，師古曰：塊然，獨處之意，如土塊也。塊，音口內翻。被，皮義翻。不能自明，卒以無罪老棄，敦煌正當西域通道，通道，通行之路也。卒，子恤翻。敦，徒門翻。令威名折衝之臣，旋踵及身，謂罪及其身也。復爲郅支遺虜所笑，誠可悲也！復，扶又翻；下同。至今奉使外蠻者，未嘗不陳郅支之誅以揚漢國之盛。夫援人之功以懼敵，師古曰：援，引也；音爰。棄人之身以快讒，豈不痛哉！且安不忘危，盛必慮衰，今國家素無文帝累年節儉富饒之畜，又無武帝薦延畜，讀與蓄同。如淳曰：薦延，使羣臣薦士而延納之。梟俊禽敵之臣，獨有一陳湯耳！師古曰：梟，謂斬其首而縣之也。俊，謂敵之魁率，郅支是也。春秋左氏傳曰：得俊曰克。仲馮曰：梟俊禽敵之臣，宜與薦延通爲一句，則與上文相配，而下言「獨有一陳湯耳」自不妨。梟善鬬，故云梟俊，猶云梟將也。梟，堅堯翻。假使異世不及陛下，尚望國家追錄其功，封表其墓，以勸後進也。湯幸得身當聖世，功曾未久，曾，才登翻。反聽邪臣鞭逐斥遠，遠，于願翻。使亡逃分竄，死無處所。師古曰：分，謂散離也。舜典曰：分北三苗。遠覽之士，莫不計度，以爲湯功累世不可及，而湯過人情所有，師古曰：言湯所犯之罪過，人情共有不能免者，非特詭異，深可誅責也。度，徒洛翻。湯尚如此，雖復破絕筋骨，暴露形骸，猶復制於脣舌，爲嫉妒之臣所係虜耳。言湯功如此之偉，猶不免於罪徒，繼今者雖復捐身爲國，終制於吏議，陷於係虜之罪也。復，扶又翻。此臣所以爲國家尤戚戚也。」爲，于僞翻。書奏，天子還湯，卒於長安。卒，子恤翻。

孝哀皇帝上 諱欣，定陶恭王康之子也，成帝立以爲嗣。荀悅曰：諱「欣」之字曰「喜」。應劭曰：謚法，恭仁短折曰哀。

建平元年（乙卯、前六）

1 春，正月，隕石于北地十六。

2 赦天下。

3 司隸校尉解光奏言：「臣聞許美人及故中宮史曹宮史，女史也。中宮，皇后宮也。趙皇后傳：宮屬中宮，爲學事史，通詩，授皇后。皆御幸孝成皇帝，產子；子隱不見。見，賢遍翻。臣遣吏驗問，皆得其狀：元延元年，宮有身；其十月，宮乳掖庭牛官令舍。師古曰：乳，產也，音而具翻；下皆類此。中黄門田客續漢志：中黄門，比百石，掌給事禁中，以宦者爲之。持詔記與掖庭獄丞籍武，令收置暴室獄。掖庭令，屬少府，有左·右丞、暴室丞各一人，皆宦者爲之。暴室丞，主中婦人疾病者，就此室；其皇后、貴人有罪，亦就此室。籍姓，晉大夫籍氏之後，其先有孫伯黶，司晉之典籍，以爲大政，故曰籍氏。『毋問兒男、女，誰兒也！』宮曰：『善臧我兒胞。臧，古藏字通。師古曰：胞，謂胎之衣也；音苞。丞知是何等兒也！』師古曰：意言是天子兒耳。後三日，客持詔記與武，問：『兒死未？』武對：『未死。』客曰：『上與昭儀大怒，趙昭儀也。柰何不殺！』武叩頭啼曰：『不殺兒，自知當死；殺之，亦死！』不殺，則爲違詔命，故知當死。殺之，則後人以害皇子之罪加之，故知亦死。卽因客奏封事曰：『陛下未有繼嗣，子無貴賤，唯留意！』奏入，客復持詔記取兒，付中黃門王舜。舜受詔，內兒殿中，爲擇乳母，復，扶又翻。爲，于僞翻。告『善養兒，且有賞，毋令漏泄！』舜擇官婢張棄爲乳母。官婢，蓋以罪沒入掖庭，男爲官奴，女爲官婢。鄭玄曰：古者從坐男女沒入縣官爲奴，其少才知以爲奚。今之侍史官婢，或謂之奚官女。後三日，客復持詔記并藥以飲宮。師古曰：飲，音於禁翻。宮曰：『果也欲姊弟擅天下！我兒，男也，額上有壯髮，類孝元皇帝。師古曰：壯髮當額前侵下而生，今俗呼爲圭頭者是也。額，鄂格翻。今兒安在？危殺之矣！師古曰：危，險也，猶今人言險不殺耳。柰何令長信得聞之？』師古曰：長信，謂太后。遂飲藥死。棄所養兒，師古曰：棄，謂張棄也。十一日，宮長李南以詔書取兒去，晉灼曰：漢儀注，有女長御，比侍中，宮長豈此邪？余謂宮長者，蓋老於宮中諸女御，因稱之爲宮長；猶三署諸郎，謂久次者爲郎署長也。前持詔記，此以詔書書之，與記有以異乎？曰：有。詔記，手記也，後世謂之手記。光武所謂「詔書、手記不可數得」。手記出於上手；詔書則下爲之，以璽爲信。長，知兩翻。不知所置。師古曰：終竟不知置何所也。

許美人元延二年懷子，十一月乳。乳，如注翻；娩乳也。昭儀謂帝曰：『常紿我言從中宮來。卽從中宮來，許美人兒何從生中！許氏竟當復立邪！』晉灼曰：昭儀前要帝不得立許美人以爲皇后，而今有子中，許氏竟當復立爲皇后邪！此前約之言也。師古曰：此說非也。言美人在內中，何從得兒而生也。故言何從生中次。此下乃始言約耳。懟，以手自擣，師古曰：懟，怨怒也。擣，築也。懟，音直類翻。以頭擊壁戶柱，從牀上自投地，啼泣不肯食，曰：『今當安置我，我欲歸耳！』帝曰：『今故告之，反怒爲，師古曰：故以許美人生子告汝，何爲反怒。殊不可曉也！』殊，異甚也。帝亦不食。昭儀曰：『陛下自知是，不食何爲！陛下嘗自言：「約不負女！」師古曰：女，讀曰汝。今美人有子，竟負約，謂何？』帝曰：『約以趙氏故不立許氏，使天下無出趙氏上者，毋憂也！』後詔使中黃門靳嚴從許美人取兒去，盛以葦篋，靳，居焮翻。盛，時征翻。葦，葭類也；織以爲篋也。置飾室簾南去。飾室，室之以金玉爲飾者，昭陽舍是也。師古曰：簾，戶簾也，音廉。帝與昭儀坐，使御者于客子解篋緘，未已，御者，侍者也。師古曰：緘，束篋之繩，音古咸翻。帝使客子及御者皆出，自閉戶，獨與昭儀在。須臾開戶，嘑客子嘑，古呼字。使緘封篋，及詔記令中黃門吳恭持以與籍武曰：『告武，篋中有死兒，埋屏處，屏處，有遮蔽處，人所不見者。屏，必郢翻。勿令人知！』武穿獄樓垣下爲坎，埋其中。獄，掖庭獄也。

其他飲藥傷墮者無數事，皆在四月丙辰赦令前。考異曰：趙后傳作「丙辰」。按哀帝紀，「四月丙午即位，赦天下」。蓋傳誤也。或者即位十日後赦也。臣謹按：永光三年，男子忠等發長陵傅夫人冢，事更大赦，更，工衡翻。孝元皇帝下詔曰：『此朕所不當得赦也！』窮治，盡伏辜。天下以爲當。當，丁浪翻。趙昭儀傾亂聖朝，親滅繼嗣，家屬當伏天誅。而同產親屬皆在尊貴之位，迫近帷幄，近，其靳翻。天下寒心，請事窮竟！謂窮治其獄而竟其情。丞相以下議正法，令外朝大議以正其罪。帝於是免新成侯趙欽、欽兄子咸陽侯訢皆爲庶人，訢，臨之子也。將家屬徙遼西郡。

議郎耿育上疏言：「臣聞繼嗣失統，廢適立庶，師古曰：適，讀曰嫡；下同。聖人法禁，古今至戒。然太伯見歷知適，師古曰：歷，謂王季，卽文王之父也。知適，謂知其當爲適嗣也。適，丁歷翻。逡循固讓，委身吳、粵，謂太伯逃之吳、粵以避季歷。權變所設，不計常法，致位王季，以崇聖嗣，聖嗣，謂文王。卒有天下，師古曰：卒，終；卒，子恤翻。子孫承業，七八百載，載，子亥翻，年也。爾雅曰：唐、虞曰載，取物終更始。功冠三王，冠，古玩翻。道德最備，是以尊號追及太王。太王，古公亶父也。武王克商有天下，追王太王、王季。故世必有非常之變，然後乃有非常之謀。孝成皇帝自知繼嗣不以時立，念雖末有皇子，萬歲之後未能持國，師古曰：末，晚暮也。萬歲，言晏駕也。余謂人之生也，以死爲諱，故常人以死後爲百年之後，天子曰千秋萬歲後。權柄之重，制於女主，女主驕盛則耆欲無極，如武帝爲鉤弋夫人慮者是也。師古曰：耆，讀曰嗜。少主幼弱則大臣不使，師古曰：不使，不可使從命也。世無周公抱負之輔，恐危社稷，傾亂天下。知陛下有賢聖通明之德，仁孝子愛之恩，懷獨見之明，內斷於身，斷，丁亂翻。故廢後宮就館之漸，絕微嗣禍亂之根，師古曰：微嗣者，謂幼主也。乃欲致位陛下以安宗廟。愚臣既不能深援安危，定金匱之計，師古曰：愚臣，謂解光等也。金匱，言長久之法，可藏於金匱石室者。援，音爰。又不知推演聖德，師古曰：演，廣也，音弋善翻。述先帝之志，乃反覆校省內，暴露私燕，師古曰：私燕，謂成帝閒燕之私也。覆，音方目翻。余謂私燕，衽席之私，所謂專房燕，卽此燕也。誣汙先帝傾惑之過，汙，烏故翻。成結寵妾妒媢之誅，媢，莫報翻。甚失賢聖遠見之明，逆負先帝憂國之意！夫論大德不拘俗，立大功不合衆，用衞鞅語意。此乃孝成皇帝至思所以萬萬於衆臣，陛下聖德盛茂所以符合於皇天也，豈當世庸庸斗筲之臣所能及哉！筲，竹器也，容斗二升，音所交翻。且褒廣將順君父之美，匡救銷滅既往之過，古今通義也。事不當時固爭，防禍於未然，各隨指阿從以求容媚；晏駕之後，尊號已定，萬事已訖，乃探追不及之事，訐揚幽昧之過，此臣所深痛也！耿育之言是也。春秋爲尊者諱，義正如此。探，吐南翻。師古曰：訐，音居謁翻。願下有司議，下，遐稼翻。卽如臣言，宜宣布天下，使咸曉知先帝聖意所起。不然，空使謗議上及山陵，下流後世，遠聞百蠻，聞，音問。近布海內，甚非先帝託後之意也。蓋孝者，【章：十四行本「者」作「子」；乙十一行本同；孔本同。】善述父之志，善成人之事，唯陛下省察！」省，悉井翻。帝亦以爲太子頗得趙太后力，事見上卷成帝元延四年。遂不竟其事。傅太后恩趙太后，師古曰：恩，謂以厚恩接遇之。一曰：恩，謂銜其立哀帝爲嗣之恩也。余謂一說是。趙太后亦歸心，故太皇太后及王氏皆怨之。

4 丁酉，光祿大夫傅喜爲大司馬，封高武侯。爲趙后自殺張本。恩澤侯表：高武侯，國於南陽杜衍縣。考異曰：公卿表：「綏和二年，十一月，庚午，師丹爲大司馬，四月，徙。建平元年，四月，丁酉，傅喜爲大司馬。」喜傳云：「明年正月，徙師丹爲大司空，而拜喜爲大司馬。」荀紀亦在正月。按長曆此年四月癸亥朔，無丁酉，今從喜傳、漢紀。

5 秋，九月，甲辰，隕石于虞二。地理志，虞縣，屬梁國。

6 郎中令泠褒、師古曰：泠，音零。古者樂工謂之泠人，因以爲氏。周有泠州鳩。原父曰：按此時無郎中令。余謂「令」字衍。黃門郎段猶等復奏言：「定陶共皇太后、共皇后皆不宜復引定陶藩國之名，以冠大號；復，扶又翻。共，讀曰恭。冠，古玩翻。車馬、衣服宜皆稱皇之意，師古曰：皇者，至尊之號，其服御宜皆副稱之也。稱，音尺孕翻。置吏二千石以下，各供厥職；師古曰：謂詹事、太僕、少府等衆官也。又宜爲共皇立廟京師。」爲，于僞翻；下故爲同。上復下其議，復，扶又翻。下，遐稼翻。羣下多順指言：「母以子貴，宜立尊號以厚孝道。」唯丞相光、大司馬喜、大司空丹以爲不可。丹曰：「聖王制禮，取法於天地。尊卑者，所以正天地之位，不可亂也。易繫辭曰：天尊地卑，君臣定矣。卑高以陳，貴賤位矣。又履卦大象曰：上天下澤，履，君子以辯上下、定民志。履者，禮也。今定陶共皇太后、共皇后以『定陶共』爲號者，母從子，妻從夫之義也。共皇太后之號，爲母從子。共皇后之號，爲妻從夫。欲立官置吏，車服與太皇太后並，非所以明『尊無二上』之義也。定陶共皇號謚已前定，義不得復改。復，扶又翻。禮：『父爲士，子爲天子，祭以天子，其尸服以士服』，子無爵父之義，尊父母也。引禮記喪服小記之言。古者祭祀必有尸，服以生時之服，事亡如事存也。鄭玄曰：祭以天子，養以子道也。尸服士服，父本無爵，不敢以己爵加之，嫌於卑之。爲人後者爲之子，故爲所後服斬衰三年，斬衰，用麤布，其下斬之不緶。衰，音七雷翻。而降其父母期，明尊本祖而重正統也。本祖，所後之祖。孝成皇帝聖恩深遠，故爲共王立後，事見上卷成帝綏和元年。奉承祭祀，令共皇長爲一國太祖，前稱共王，後稱共皇，隨其時之所稱而稱之也。諸侯之國，以始封之君爲國太祖。萬世不毁，恩義已備。陛下既繼體先帝，持重大宗，承宗廟、天地、社稷之祀，義不可復奉定陶共皇，祭入其廟。復，扶又翻；下同。今欲立廟於京師，使臣下祭之，是無主也。又，親盡當毁，禮，太祖以下親廟四，親盡而迭毁。匡衡曰：孝莫大於嚴父，故父之所尊，子不敢不承；父之所異，子不敢同。禮，公子不得爲母信。爲後，則於子祭，於孫止。李奇曰：不得信，尊其父也。公子去其所而爲大宗後，尚得私祭其母；爲孫則止，不得祭公子母也，明繼祖不復顧其私祖母。此皆親盡當毁之義也。師古曰：信，讀曰申。空去一國太祖不墮之祀而就無主當毁不正之禮，共皇立廟於定陶，則爲一國太祖之廟，萬世不毁。立廟於京師，則其祭莫適爲主；又親盡當毁，而於禮又爲不正也。墮，讀曰隳。非所以尊厚共皇也！」丹由是寖不合上意。

會有上書言：「古者以龜、貝爲貨，今以錢易之，貝，博蓋翻，海介蟲也；居陸名贆，在水名蜬。古者貨貝而寶龜，周有泉，至秦廢貝而行錢。其後王莽以龜貝爲貨，蓋祖此說也。埤雅：獸爲友，貝二爲朋。貝中肉如科斗而有首尾，貝之字從目從八，言貝，目之所背也。鹽鐵論曰：教與俗改，敝與世易，夏后氏以玄貝，殷人以紫石。孔穎達曰：爾雅：貝，居陸猋，在水蜬，大者魧，小者鰿。今之細貝亦有紫色者，出日南。玄貝，胎貝黑色者。餘蚳，黃白文。餘泉，白黃文，白質黃文也。詩成貝錦，則紫貝也。紫貝，以紫爲質，黑爲文點也。蚆博而頯，中廣，兩頭銳。蜠大而儉。鰿小而惰，惰狹而長。贆，音標。蜬，音含。貺，音況。鰿，音積。貾，音治。蚆，音葩。頯，匡軌翻。蜠，音囷。民以故貧，宜可改幣。」上以問丹，丹對言可改。章下有司議，下，遐稼翻；下同。皆以爲行錢以來久，難卒變易。師古曰：卒，讀曰猝。丹老人，忘其前語，年老神識衰減則健忘。忘，音巫放翻。復從公卿議。又丹使吏書奏，吏私寫其草；丁、傅子弟聞之，使人上書告「丹上封事，上，時掌翻。行道人偏持其書。」上以問將軍、中朝臣，朝，直遙翻。皆對曰：「忠臣不顯諫。大臣奏事，不宜漏泄，宜下廷尉治。」下，遐稼翻。事下廷尉，劾丹大不敬，承丁、傅風旨也。劾，戶槪翻。事未決，給事中、博士申咸、炔欽上書蘇林曰：炔，音桂，姓也。言：「丹經、行無比，行，下孟翻。師古曰：比，音必寐翻。余謂讀如字，義自通。自近世大臣能若丹者少。發憤懣，奏封事，懣，音滿，又莫困翻。不及深思遠慮，使主簿書，漢三公府皆有主薄，錄省衆事。簿，文籍也，以版書之。漏泄之過不在丹，以此貶黜，恐不厭衆心。」師古曰：厭，音一贍翻。上貶咸、欽秩各二等；博士秩比六百石，貶二等，則比四百石。遂策免丹曰：「朕惟君位尊任重，懷諼迷國，師古曰：諼，詐也；音虛爰翻。進退違命，反覆異言，甚爲君恥之！爲，于僞翻；下爲賢同。以君嘗託傅位，謂嘗傅上於東宮也。未忍考于理，理，理官也；謂廷尉也。言未召致廷尉而考問之也。其上大司空、高樂侯印綬，罷歸！」上，時掌翻；下同。

尚書令唐林上疏曰：「竊見免大司空丹策書，泰深痛切。君子作文，爲賢者諱。春秋之義，爲賢者諱。丹，經爲世儒宗，言經學爲當世儒者所宗也。德爲國黃耇，師古曰：黃耇，老人之稱也。黃，謂白髮落盡，更生黃者也。耇，老人面色不淨如垢也。親傅聖躬，位在三公；所坐者微，海內未見其大過。事既以往，丹傳「以」作「已」。免爵太重；京師識者咸以爲宜復丹爵邑，使奉朝請。朝，直遙翻。師古曰：識者，謂有識之人也。請，音材性翻。成帝尊禮張禹，使奉朝請，後遂以爲官名。沈約曰：奉朝會請召而已。請，讀如字。唯陛下裁覽衆心，有以尉復師傅之臣！」尉，與慰同，安也。復，報也。上從林言，下詔，賜丹爵關內侯。自蕭望之以讒間免官，賜爵關內侯，其後周堪等皆用此比，雖曰以恩師傅，其實倚閣之，使之優閒耳。

上用杜業之言，召見朱博，起家復爲光祿大夫；朱博免官，見上卷成帝綏和元年。按杜業傳：帝初即位，業上書言王氏世權日久，薛宣、張禹惑亂朝廷，而薦朱博。見，賢遍翻。遷京兆尹。冬，十月，壬午，以博爲大司空。

7 中山王箕子，幼有眚病，箕子，中山王興之子。孟康曰：災眚之眚，謂妖病也。服虔曰：身盡青也。蘇林曰：名爲肝厥，發時，脣口手足十指甲皆青。師古曰：下云「禱祠解舍」，孟說是也。眚，音所領翻；字不作「青」。服〔蘇〕說誤矣。祖母馮太后自養視，數禱祠解。數，所角翻。師古曰：解，音懈。余按韻書，解音懈者，釋除也，禱祠以除災也。但顏註上云「禱祠解舍」，則以解爲廨舍之廨，其說拘矣。賈公彥曰：求福曰禱，禱禮輕；得求曰祠，祠禮重。上遣中郎謁者張由將醫治之。續漢志：常侍謁者，主殿上時節威儀，比六百石；給事謁者，四百石；灌謁者郎中，比三百石，掌賓贊受事及上章報問。中郎謁者，蓋即灌謁者郎中也。治，直之翻；下同。由素有狂易病，師古曰：狂易者，狂而變易常性也。病發，怒去，西歸長安。尚書簿責擅去狀，師古曰：簿責，以文簿一一責問也。由恐，因誣言中山太后祝詛上及傅太后。中山太后，馮太后也，即元帝馮昭儀。祝，職救翻。詛，莊助翻。傅太后與馮太后並事元帝，追怨之，因是遣御史丁玄按驗；數十日，無所得。更使中謁者令史立治之；師古曰：官爲中謁者令，姓史，名立。續漢志：中宮謁者令，主報中章，宦者爲之。更，工衡翻。立受傅太后指，冀得封侯，治馮太后女弟習及弟婦君之，據馮昭儀傳，君之，寡弟婦也。死者數十人，誣奏云：「祝詛，謀弒上，立中山王。」責問馮太后，無服辭。立曰：「熊之上殿何其勇，今何怯也！」當熊事，見二十九卷元帝建昭元年。之上，時掌翻。太后還謂左右：「此乃中語，【章：十四行本「語」下有「前世事」三字；乙十一行本同；孔本同；退齋校同。】師古曰：中語，謂宮中之言語也。吏何用知之？欲陷我效也！」師古曰：效，徵驗也。乃飲藥自殺。宜鄉侯參、君之、習及夫、子按馮昭儀傳，習夫及子也。當相坐者，或自殺，或伏法，伏法，謂受刑而死。凡死者十七人。衆莫不憐之。

司隸孫寶奏請覆治馮氏獄，傅太后大怒曰：「帝置司隸，主使察我！馮氏反事明白，故欲擿抉以揚我惡，師古曰：剔抉，謂挑發之也。擿，音他歷翻。抉，音一決翻。挑，音他聊翻。我當坐之！」上乃順指，下寶獄。下，遐稼翻。尚書僕射唐林爭之，上以林朋黨比周，比，毗至翻。左遷敦煌魚澤障候。師古曰：敦煌效穀縣，本魚澤障也。大司馬傅喜、光祿大夫龔勝固爭，上爲言太后，出寶，復官。爲，于僞翻。張由以先告，賜爵關內侯；史立遷中太僕。張由、史立以此受賞，豈知乃以此賈禍邪！

容肇祖標點顧頡剛聶崇岐覆校

資治通鑑卷第三十四

翰林學士朝散大夫右諫議大夫知制誥兼侍講同提舉萬壽觀公事兼判集賢院上護軍河内郡開國侯食邑一千三百戶賜紫金魚袋臣司馬光　奉敕編集

後學天台胡三省　音註

漢紀二十六 起柔兆執徐（丙辰），盡著雍敦牂（戊午），凡三年。

孝哀皇帝中

建平二年（丙辰、前五）

1 春，正月，有星孛于牽牛。晉天文志：牽牛六星，天之關梁，主犧牲事。孛，蒲内翻。

2 丁、傅宗族驕奢，皆嫉傅喜之恭儉。又，傅太后欲求稱尊號，與成帝母齊尊；喜與孔光、師丹共執以爲不可。上重違大臣正議，師古曰：重，難也。又内迫傅太后，依違者連歲。如淳曰：依違，不決事之言也。余謂上二語，卽依違之意。傅太后大怒，上不得已，先免師丹以感動喜；師丹免見上卷上年。喜終不順。朱博與孔鄉侯傅晏連結，共謀成尊號事，數燕見，數，所角翻。見，賢遍翻。奏封事，毀短喜及孔光。毀短者，譖毀而言其短也。丁丑，上遂策免喜，以侯就第。

御史大夫官既罷，成帝綏和元年，罷御史大夫，置大司空，事見三十二卷。議者多以爲古今異制，漢自天子之號下至佐史，皆不同於古，漢官至斗食，佐史而止。言漢承秦號爲皇帝，下至百官稱號，皆不與古同。而獨改三公，職事難分明，無益於治亂。治，直吏翻。於是朱博奏言：「故事：選郡國守相高第爲中二千石，守，式又翻。相，息亮翻。選中二千石爲御史大夫，任職者爲丞相；言御史大夫能任其職，則進而爲相。位次有序，所以尊聖德，重國相也。今中二千石未更御史大夫而爲丞相，師古曰：更，經也，音工衡翻。權輕，非所以重國政也。臣愚以爲大司空官可罷，復置御史大夫，遵奉舊制。臣願盡力以御史大夫爲百僚率！」上從之。夏，四月，戊午，更拜博爲御史大夫。又以丁太后兄陽安侯明爲大司馬、衛將軍，置官屬；大司馬冠號如故事。復綏和以前之制也。冠，古玩翻。

3 傅太后又自詔丞相、御史大夫曰：「高武侯喜附下罔上，與故大司空丹同心背畔，放命圮族，應劭曰：謂放棄教令，圮其族類。背，蒲妹翻。圮，皮美翻。不宜奉朝請，朝，直遙翻。請，才性翻，又如字。其遣就國！」

4 丞相孔光，自先帝時議繼嗣，有持異之隙，又重忤傅太后指；持異事見三十二卷成帝綏和元年。重忤傅太后指，謂不使居北宮，奏傅遷，持稱尊號之議也。師古曰：重，音直用翻。忤，五故翻。由是傅氏在位者與朱博爲表裏，共毀譖光。表，外也。裏，內也。傅氏譖之於內，朱博毀之於外也。乙亥，策免光爲庶人。師古曰：漢舊儀云：丞相有他過，使者奉策書，卽時步出府，乘棧車歸田里。以御史大夫朱博爲丞相，封陽鄉侯；恩澤侯表：陽鄉侯，國於山陽湖陵。考異曰：公卿表：「四月乙未，孔光免，朱博爲丞相。」又曰：「四月，戊午，博爲御史大夫；乙亥，遷。」五行志：「五月，乙亥朔，博爲丞相。」荀紀：「乙亥，孔光免。」按長曆，是月丁巳朔，無乙未；十九日乙亥，非朔也。表、志皆有誤。少府趙玄爲御史大夫。成帝綏和元年，趙玄自太子太傅左遷，今復進用，皆丁、傅之意也。臨延登受策，師古曰：延入而登殿也。漢舊儀云：丞相、御史大夫初拜，皇帝延登親詔也。有大聲如鍾鳴，殿中郎吏陛者皆聞焉。師古曰：陛者，謂執兵列於陛側。

上以問黃門侍郎蜀郡揚雄續漢志：給事黃門侍郎，六百石，掌侍從左右，給事中，關通中外及諸王朝見於殿上，引王就坐。揚雄解嘲所謂「官不過侍郎，擢纔給事黃門」者也。揚雄自謂其先出自有周伯僑者，食采於晉之楊，因氏焉。不知伯僑，周何別也。及李尋。尋對曰：「此洪範所謂鼓妖者也。師法，以爲人君不聰，爲衆所惑，空名得進，則有聲無形，不知所從生。洪範五行傳曰：聽之不聽，是謂不謀，時則有鼓妖。君嚴猛而閉下，臣戰栗而塞耳，則妄聞之氣發於音聲，故有鼓妖。妖，於驕翻。其傳曰：『歲、月、日之中，則正卿受之。』今以四月日加辰、巳有異，是爲中焉。以一歲三分之，則四月已爲歲之中。以一日三分之，則辰、巳已爲日之中。正卿，謂執政大臣也。宜退丞相、御史，以應天變。然雖不退，不出期年，其人自蒙其咎。」師古曰：期年，十二月也。蒙，猶被也。期，音基。揚雄亦以爲「鼓妖，聽失之象也。朱博爲人強毅，多權謀，宜將不宜相，將，卽亮翻。相，息亮翻。恐有凶惡亟疾之怒。」師古曰：亟，急也；音居力翻。上不聽。

朱博既爲丞相，上遂用其議，下詔曰：「定陶共皇之號，不宜復稱定陶；復，扶又翻。尊共皇太后曰帝太太后，稱永信宮；共皇后曰帝太后，稱中安宮；爲共皇立寢廟於京師，爲，于僞翻。比宣帝父悼皇考制度。」宣帝既立八年，有司言：禮，父爲士，子爲天子，祭以天子。悼園宜稱皇考，立廟，因園爲寢，以時薦享焉。然悼園在廣明成鄉，長安東郭之外也。定陶共王葬定陶而立廟京師，則非因園爲寢矣。於是四太后各置少府、太僕，秩皆中二千石。傅太后、丁太后、趙太后與太皇太后爲四太后。傅太后既尊後，尤驕，與太皇太后語，至謂之「嫗」。嫗，威遇翻。時丁、傅以一二年間暴興尤盛，爲公卿列侯者甚衆；然帝不甚假以權勢，不如王氏在成帝世也。

5 丞相博、御史大夫玄奏言：「前高昌侯宏，首建尊號之議，而爲關內侯師丹所劾奏，免爲庶人。事見上卷綏和二年。劾，戶概翻。時天下【嚴：「下」改「子」。】衰粗，委政於丹，師古曰：言新有成帝之喪，斬衰粗服，故天子不親政事也。衰，音倉回翻。丹不深惟褒廣尊號之義，惟，思也。而妄稱說，抑貶尊號，虧損孝道，不忠莫大焉！陛下仁聖，昭然定尊號，宏以忠孝復封高昌侯；丹惡逆暴著，雖蒙赦令，不宜有爵邑，請免爲庶人。」奏可。

又奏：「新都侯莽前爲大司馬，不廣尊尊之義，抑貶尊號，虧損孝道，事亦見上卷綏和二年。當伏顯戮。幸蒙赦令，不宜有爵土，請免爲庶人。」上曰：「以莽與【章：乙十一行本「與」下有「太」

字；孔本同。】皇太后有屬，勿免，遣就國。」及平阿侯仁臧匿趙昭儀親屬，皆遣就國。仁，譚之子也。臧，古藏字通。

天下多冤王氏者！爲下元壽二年王莽復柄國張本。諫大夫楊宣上封事言：「孝成皇帝深惟宗廟之重，稱述陛下至德以承天序，天序，謂帝王正統相傳之次，天所命也。上，時掌翻。聖策深遠，恩德至厚。惟念先帝之意，豈不欲以陛下自代，奉承東宮哉！師古曰：言供養太后。太皇太后春秋七十，數更憂傷，謂先罹元帝之喪而又哭成帝也。數，所角翻。更，工衡翻。敕令親屬引領以避丁、傅，師古曰：引領，自引道領而退也。行道之人爲之隕涕，爲，于僞翻。況於陛下！登高遠望，獨不慚於延陵乎！」言王氏斥逐而丁、傅貴寵，若登高而望成帝陵寢，寧不有慚於付託乎！帝深感其言，復封成都侯商中子邑爲成都侯。綏和二年，商子況以罪奪侯；今以邑紹封。中，讀曰仲。

6 朱博又奏言：「漢家故事，置部刺史，秩卑而賞厚，漢，刺史秩六百石耳；居部九歲，舉爲守相，秩二千石；其有異材功效著者輒登擢。咸勸功樂進。師古曰：勸功，自勸勉而立功也。樂，音洛。前罷刺史，更置州牧，事見三十二卷成帝綏和元年。更，工衡翻。秩眞二千石，位次九卿；九卿缺，以高第補；其中材則苟自守而已，恐功效陵夷，師古曰：陵夷，謂漸廢替。姦軌不禁。臣請罷州牧，置刺史如故。」上從之。

7 六月，庚申，帝太后丁氏崩，詔歸葬定陶共皇之園，從夫也。共皇葬於其國。賢曰：在今曹州濟陰縣北。共，讀曰恭。發陳留、濟陰近郡國五萬人穿復土。近郡國，謂郡國之近定陶者。前書音義曰：穿復土，謂穿壙填塞事也。言下棺訖，復以土爲墳，故曰復土。近，其靳翻。

8 初，成帝時，齊人甘忠可詐造天官曆、包元太平經十二卷，言漢家逢天地之大終，當更受命於天；以教渤海夏賀良等。夏，戶雅翻。中壘校尉劉向奏忠可假鬼神，罔上惑衆；忠可詐稱「天帝使眞人赤精子下教我」，故向奏之。下獄，治服；服其挾詐也。下，遐稼翻。未斷，病死。斷，丁亂翻。賀良等復私以相教。復，扶又翻；下同。上卽位，司隸校尉解光、騎都尉李尋白賀良等，皆待詔黃門。應劭曰：諸以材技徵召，未有正官，故曰待詔。董巴曰：黃門，禁門黃闥。數召見，數，所角翻。見，賢遍翻。陳說「漢曆中衰，當更受命。成帝不應天命，故絕嗣。今陛下久疾，變異屢數，師古曰：數，音所角翻。天所以譴告人也；宜急改元易號，乃得延年益壽，皇子生，災異息矣。得道不得行，師古曰：言知道而不能行。咎殃且無不有，洪水將出，災火且起，滌盪民人。」上久寢疾，班固曰：上卽位痿痹，末年浸劇。冀其有益，遂從賀良等議，詔大赦天下，以建平二年爲太初元年，號曰「陳聖劉太平皇帝」，李斐曰：陳，道也；言得神道聖者劉也。如淳曰：陳，舜後。王莽，陳之後。謬語陳當立而不知。韋昭曰：敷陳聖劉之德也。師古曰：如、韋二說是也。余謂韋說不詭於正，如說則流於巫。顏以爲二說皆是，將安從乎！漏刻以百二十爲度。師古曰：舊漏，晝夜共百刻，今增其二十。

9 秋，七月，以渭城西北原上永陵亭部爲初陵，勿徙郡國民。

10上既改號月餘，寢疾自若。夏賀良等復欲妄變政事，大臣爭以爲不可許。賀良等奏言：「大臣皆不知天命，宜退丞相、御史，以解光、李尋輔政。」上以其言無驗，八月，詔曰：「待詔賀良等建言改元易號，增益漏刻，可以永安國家；朕信道不篤，過聽其言，師古曰：過，誤也。冀爲百姓獲福，卒無嘉應。爲，于僞翻。卒，子恤翻。夫過而不改，是謂過矣！論語載孔子之言。六月甲子詔書，非赦令，皆蠲除之。如淳曰：悔前赦令不蒙其福，故收令還之。臣瓚曰：改元易號，大赦天下，以求延祚而不蒙福，哀帝悔之，故更下制書，諸非赦事皆除之。謂改制易號，今皆復故也。師古曰：如說非也，瓚說是矣。唯赦令不改，餘皆除之。賀良等反道惑衆，姦態當窮竟。」皆下獄，伏誅。下，遐稼翻。尋及解光減死一等，徙敦煌郡。此漢法所謂減死徙邊也。減死者，罪至死而特爲末減也。減死罪一等，爲城旦、舂。

11上以寢疾，盡復前世所嘗興諸神祠凡七百餘所，成帝建始初，匡衡、張譚奏罷諸神祠不應禮者，今盡復之。一歲三萬七千祠云。神祠既多，而有歲五祠者，有歲四祠者，故其數若是之多。

12傅太后怨傅喜不已，使孔鄉侯【章：乙十一行本「侯」有「晏」字；孔本同；張校同。】風丞相朱博令奏免喜侯。師古曰：風，讀曰諷。博與御史大夫趙玄議之，玄言：「事已前決，謂前已決遣就國，罪無重科也。得無不宜？」師古曰：得無，猶言無乃也。博曰：「已許孔鄉侯矣。匹夫相要，尚相得死，要，一遙翻。得死，謂得其死力；一曰：得其相爲死也。何況至尊！至尊，謂傅太后。博唯有死耳！」大臣以道事君，而博以死奉私屬，貪權藉勢之心爲之也。玄卽許可。博惡獨斥奏喜，惡，烏故翻。以故大司空氾鄉侯何武前亦坐過免就國，事見上卷綏和二年。事與喜相似，卽幷奏：「喜、武前在位，皆無益於治，治，直吏翻。雖已退免，爵土之封，非所當也；皆請免爲庶人。」上知傅太后素嘗怨喜，疑博、玄承指，卽召玄詣尚書問狀，玄辭服。丞相、御史同奏，而獨召問玄者，以博強毅多權詐，難遽得其情，而玄易以窮詰也。有詔：「左將軍彭宣與中朝者雜問」，宣等奏劾「博、玄、晏皆不道，不敬，劾，戶概翻。請召詣廷尉詔獄」。上減玄死罪三等，削晏戶四分之一；減死罪三等，爲隸臣妾。晏封五千戶，削其千二百五十。假謁者節召丞相詣廷尉，博自殺，國除。

13 九月，以光祿勳平當爲御史大夫；冬，十月，甲寅，遷爲丞相；以冬月故，且賜爵關內侯。如淳曰：漢儀注，御史大夫爲丞相，更春乃封，故先賜爵關內侯也。李奇曰：以冬月非封侯時，故且先賜爵關內侯也。師古曰：李說是也。以京兆尹平陵王喜爲御史大夫。按表、傳，「喜」當作「嘉」，詳見下年。及審是。〔衍〕

14 上欲令丁、傅處爪牙官，處，昌呂翻。是歲，策免左將軍淮陽彭宣，以關內侯歸家，而以光祿勳丁望代爲左將軍。上策宣曰：「前有司數奏言：諸侯國人不得宿衛；將軍不宜典兵馬，處大位。朕惟將軍任漢將之重，而子又前娶淮陽王女，婚姻不絕，非國之制，其上左將軍印綬。」余按彭宣以連姻藩國而免官，丁、傅以戚黨而見用，卒之奪劉氏者，非藩國，乃外戚也。丁、傅於國有大故之時，拱手授柄於王氏，而彭宣乃能辭三公位於王莽專權之初，任官惟賢材，烏得拘小嫌乎！

15 烏孫卑爰疐侵盜匈奴西界，單于遣兵擊之，殺數百人，略千餘人，敺牛畜去。卑爰疐恐，遣子趨逯爲質匈奴，疐，竹二翻。師古曰：敺，與驅同。逯，音錄。質，音致；下同。單于受，以狀聞。漢遣使者責讓單于，告令還歸卑爰疐質子；責以匈奴、烏孫並爲漢臣，單于不當擅受卑爰疐質子。單于受詔遣歸。

三年（丁卯，前四）

1 春，正月，立廣德夷王弟廣漢爲廣平王。廣德夷王雲客，成帝鴻嘉二年封；又二年，薨，無後。今立廣漢以奉中山靖王嗣。謚法：安心好靜曰夷；克殺秉政曰夷。

2 帝太太后【章：乙十一行本「帝」上有「癸卯」二字；孔本同；退齋校同。】所居桂宮正殿火。考異曰：五行志云：「桂宮鴻寧殿災。」荀紀云：「桂宮正殿火。」今從哀紀。

3 上使使者召丞相平當，欲封之；當病篤，不應。不應召也。室家或謂當：「不可強起受侯印爲子孫邪？」室家，當之妻子也。謂受侯印而死，得以封爵遺子孫也。強，其兩翻。爲，于僞翻；下同。當曰：「吾居大位，已負素餐責矣；起受侯印，還臥而死，死有餘罪。今不起者，所以爲子孫也！」遂上書乞骸骨，上不許。三月，己酉，當薨。

4 有星孛于河鼓。天文志：河鼓，在牽牛北；大星，上將；左、右星，左、右將。孛，蒲內翻。

5夏，四月，丁酉，王嘉爲丞相，河南太守王崇爲御史大夫。守，式又翻。崇，京兆尹駿之子也。嘉以時政苛急，郡國守相數有變動，數，所角翻。乃上疏曰：「臣聞聖王之功在於得人，孔子曰：『材難，不其然與！』師古曰：論語載孔子之言也。材難，言有賢材者難得也。與，讀曰歟。余謂材難二語，古語也；孔子引之，謂其言之是也。故『繼世立諸侯，象賢也。』禮記郊特牲之文。師古曰：象其先父祖之賢耳，非必皆賢也。雖不能盡賢，天子爲擇臣，立命卿以輔之。記王制：大國三卿，皆命於天子；次國三卿，二卿命於天子，一卿命於其君；小國二卿，皆命於其君。春秋之時，如晉之六卿，以中軍帥爲正卿，亦其君先命之而後聞於天子耳。齊之高、國，魯之三桓，皆世卿也。漢之王國傅、相、中尉命於天子，猶古之命卿也。居是國也，累世尊重，然後士民之衆附焉，是以教化行而治功立。治，直吏翻。今之郡守重於古諸侯，周初班爵五等，公、侯地方百里，伯七十里，子、男五十里。其後齊、晉、秦、楚，以兼幷而地始廣大耳。漢郡守方制千里，連城以十數，是重於古諸侯也。守，式又翻；下同。往者致選賢材，致，極也。賢材難得，拔擢可用者，或起於囚徒。昔魏尚坐事繫，文帝感馮唐之言，遣使持節赦其罪，拜爲雲中太守；匈奴忌之。事見十四卷文帝十四年。武帝擢韓安國於徒中，拜爲梁內史，骨肉以安。按韓安國傳：安國坐法抵罪。會梁內史缺，漢使使者拜安國爲梁內史，起徒中爲二千石。此景帝時事也。「武帝」，當作「景帝」。師古曰：骨肉以安，言梁孝王免罪也。張敞爲京兆尹，有罪當免，黠吏知而犯敞，黠，下八翻。敞收殺之，其家自冤，自言其冤也。使者覆獄，劾敞賊殺人，上逮捕不下，上奏請逮捕敞，而天子不下其奏也。上，時掌翻。下，遐嫁翻。會免；亡命十數日，宣帝徵敞拜爲冀州刺史，卒獲其用。事見二十七卷宣帝甘露元年。卒，子恤翻。前世非私此三人，貪其材器有益於公家也。孝文時，吏居官者或長子孫，【章：乙十一行本「孫」下有「以官爲氏」四字；孔本同；張校同；退齋校同。】長，知兩翻；下同。倉氏、庫氏則倉庫吏之後也；其二千石長吏亦安官樂職，樂，音洛。然後上下相望，莫有苟且之意。其後稍稍變易，公卿以下傳相促急，又數改更政事，傳，知戀翻。數，所角翻。更，工衡翻。司隸、部刺史舉劾苛細，發揚陰私，司隸部三輔、三河、弘農，其餘部刺史分部諸郡國。劾，戶槩翻。吏或居官數月而退，送故迎新，交錯道路。中材苟容求全，師古曰：不敢操持羣下也。下材懷危內顧，師古曰：常恐獲罪，每爲私計也。壹切營私者多。二千石益輕賤，吏民慢易之，或持其微過，增加成罪，言於司隸、刺史，或上書告之；衆庶知其易危，師古曰：言易可傾危。易，以豉翻。小失意則有離畔之心。前山陽亡徒蘇令等縱橫，事見三十一卷成帝永始三年。師古曰：橫，音胡孟翻。吏士臨難，難，乃旦翻。莫肯伏節死義，以守、相威權素奪也。師古曰：守，郡守也；相，諸侯相也。素奪，謂不先假之威權也。孝成皇帝悔之，下詔書，二千石不爲故縱，孟康曰：不以故縱爲罪，所以優之也。遣使者賜金，尉厚其意，誠以爲國家有急，取辦於二千石；二千石尊重難危，乃能使下。孝宣皇帝愛其善治民之吏，有章劾事留中，會赦壹解。師古曰：不卽下治其事，恐爲擾重，故每留中；或經赦，令壹切皆解散也。余謂善治民之吏，宣帝愛其材，或有章劾，留中不下，會赦，則其事得釋。治，直之翻。劾，户概翻。故事：尚書希下章，爲煩擾百姓，證驗繫治，或死獄中，章文必有『敢告之』字乃下。師古曰：所以丁寧告者之辭，絕其相誣也。余謂此乃防其誣告耳。下，遐稼翻。爲，于僞翻。唯陛下留神於擇賢，記善忘過，容忍臣子，勿責以備。師古曰：不求備於一人也。余謂責備者，求全也。二千石、部刺史、三輔縣令有材任職者，人情不能不有過差，宜可闊略，師古曰：當寬恕其小罪也。令盡力者有所勸。此方今急務，國家之利也。前蘇令發，欲遣大夫使逐問狀，使之逐盜而問其狀也。時見大夫無可使者，師古曰：謂見在大夫皆不堪爲使。見，賢遍翻。召盩厔令尹逢，拜爲諫大夫遣之。盩厔，音舟窒。今諸大夫有材能者甚少，宜豫畜養可成就者，則士赴難不愛其死；臨事倉卒乃求，非所以明朝廷也。」人材當聚於朝廷；事會之來，無可用者，倉猝求之，適所以明朝廷之無人耳。少，詩沼翻。畜，許六翻。難，乃旦翻。卒，讀曰猝。嘉因薦儒者公孫光、滿昌風俗通：荆蠻有瞞氏，音舛變爲「滿」。國語：路，潞、泉、余、滿，皆赤狄，隗姓。及能吏蕭咸、薛脩，皆故二千石有名稱者，天子納而用之。按嘉此疏，誠中當時之病。然爲相者在於朝夕納誨，隨事矯正，天下不能窺其際，而自臻於治平，不在著見於奏疏，以騰口說也。自宣帝之後，爲相者始加詳於奏疏，而考其治迹，愈不逮前，相業固不在乎此也。稱，尺證翻。

6 六月，立魯頃王子部鄉侯閔爲王。魯共王曾孫頃王封，傳國於其子文王晙；晙薨，無後；今立閔紹封。「部鄉」，據紀、表及傳當作「郚鄉」。師古曰：郚，音吾，又音魚。晙，音子緣翻。地理志，東海郡有郚鄉侯國。

7上以寢疾未定，定，猶安也。冬，十一月，壬子，令太皇太后下詔復甘泉泰畤、汾陰后土祠，罷南、北郊。成帝崩，皇太后詔罷甘泉、汾陰祠，復南、北郊。畤，音止。上亦不能親至甘泉、河東，遣有司行事而禮祠焉。

8無鹽危山土自起覆草，如馳道狀；無鹽縣，屬東平國。危山，山名。言土自起，覆草成路，如人力開掘，作馳道狀也。又，瓠山石轉立。晉灼曰：漢書作「報山」。山脅石一枚，轉側起立，高九尺六寸，旁行一丈，廣四尺也。師古曰：報山，山名也。古作「瓠」字，爲其形似瓠耳。晉說是也。東平王雲及后謁自之石所祭；治石象瓠山立石，束倍草，并祠之。雲，元帝子東平王宇之子也。謁，后名也。蘇林曰：於宮中作山象。師古曰：倍草，黄倍草也。倍，音步賄翻。原父曰：「立石」屬上句。治，直之翻。河內息夫躬、息夫，複姓。姓譜：嬀姓之國爲息氏，公子邊受爵爲大夫；又有息夫氏出焉。長安孫寵相與謀共告之，曰：「此取封侯之計也！」乃與中郎右師譚張晏曰：右師，姓；譚，名。余謂右師，以官爲氏。共因中常侍宋弘上變事，告焉。上，時掌翻。是時上被疾，多所惡，事下有司，逮王后謁下獄驗治；服「祠祭詛祝上，爲雲求爲天子，被，皮義翻。下，遐稼翻。詛，莊助翻。祝，職救翻。爲雲，于僞翻。以爲石立，宣帝起之表也。」事見二十三卷昭帝元鳳三年。有司請誅王，有詔，廢徙房陵。雲自殺，謁及舅伍宏及成帝舅安成共侯夫人放，皆棄市。安成共侯王崇，時已死矣，故稱帝舅及謚，以別下御史大夫王崇也。伍宏以醫伎得幸，出入禁門，蓋放薦之，故幷得禍。共，音恭。事連御史大夫王崇，左遷大司農。擢寵爲南陽太守，譚潁川都尉，弘、躬皆光祿大夫、左曹、給事中。

四年（戊午、前三）

1 春，正月，大旱。

2 關東民無故驚走，持稾或棷一枚，如淳曰：棷，麻幹也。師古曰：稾，禾稈也，音工老翻。棷，音鄒又音側九翻。轉相付與，曰「行西王母籌」，師古曰：西王母，元后壽考之象。行籌，又言執國家籌策，行於天下。道中相過逢，多至千數；或被髮徒跣，或夜折關，或踰牆入，或乘車騎奔馳，以置驛傳行，被，皮義翻。折，而設翻。傳，知戀翻。經郡國二十六至京師，不可禁止。民又聚會里巷阡陌，設博具，師古曰：博戲之具。歌舞祠西王母，至秋乃止。五行志曰：此異乃王太后、莽之應也。

3 上欲封傅太后從父弟侍中、光祿大夫商，從，才用翻。尚書僕射平陵鄭崇諫曰：「孝成皇帝封親舅五侯，天爲赤黃，晝昏，日中有黑氣。事見三十卷成帝建始元年。爲，于僞翻。孔鄉侯，皇后父，高武侯以三公封，尚有因緣。孔鄉侯，傅晏；高武侯，傅喜。言皇后父及三公封侯，尚有漢家舊比可因緣也。今無故復欲封商，壞亂制度，復，扶又翻。壞，音怪。逆天人之心，非傅氏之福也！臣願以身命當國咎！」崇因持詔書案起。李奇曰：持當受詔書案起也。師古曰：李說非也。案者，卽寫詔之文。余按更始時，常侍奏事，韓夫人起，抵破書案。則案非文案之案也。李說是。傅太后大怒曰：「何有爲天子乃反爲一臣所顓制邪！」二月，癸卯，上遂下詔封商爲汝昌侯。恩澤侯表，汝昌侯，國於東郡須昌之陽穀。考異曰：哀紀及恩澤侯表皆云「商以今年二月封」，而孫寶傳云：「制詔丞相、大司空」。按建平二年已罷大司空官，疑傳誤。

4 駙馬都尉、侍中雲陽董賢得幸於上，出則參乘，入御左右，乘，繩證翻；御，侍也。賞賜累鉅萬，貴震朝廷。常與上臥起；嘗晝寢，偏藉上袖，師古曰：藉，謂身臥其上也。上欲起，賢未覺，師古曰：覺，寤之寤也。覺，音工効翻。不欲動賢，乃斷袖而起。斷，丁管翻。又詔賢妻得通引籍殿中，止賢廬。師古曰：廬，謂殿中所宿止處。又召賢女弟以爲昭儀，位次皇后。昭儀及賢與妻旦夕上下，並侍左右。上，時掌翻。以賢父恭爲少府，賜爵關內侯。詔將作大匠爲賢起大第北闕下，重殿，洞門，師古曰：重殿，謂有前後殿；洞門，謂闕門相當也：皆僭天子之制度者也。爲，于僞翻。重，直龍翻。土木之功，窮極技巧。技，渠綺翻。賜武庫禁兵、上方珍寶。禁中謂之上方。其選物上弟盡在董氏，選物，物之選其尤者。上第，於衆物之中等第居上也。弟，與第同。而乘輿所服乃其副也。乘，繩證翻。及至東園祕器、珠襦、玉匣，【章：乙一十行本「匣」作「柙」。】師古曰：東園，署名，屬少府。漢舊儀云：東園祕器，作棺，梓素木，長三丈，崇廣四尺。珠襦，以珠爲襦，如鎧狀，連縫之，以黃金爲縷；腰以下，玉爲柙，長尺，廣二寸半，爲甲至足，亦縫以黃金縷。豫以賜賢，無不備具。又令將作爲賢起冢塋義陵旁，義陵，帝壽陵也。塋，余傾翻，墓域。內爲便房，剛柏題湊，服虔曰：便房，藏中便坐也。蘇林曰：以柏木黃心致累棺外，曰黃腸。木頭皆內向，故曰題湊。師古曰：便房，小曲室也。外爲徼道，周垣數里，徼道，徼循之道。師古曰：徼，謂遮繞也，音工釣翻。垣，牆也。門闕罘罳甚盛。罘，音浮。罳，音思。

鄭崇以賢貴寵過度諫上，由是重得罪，師古曰：重，音直用翻。數以職事見責；數，所角翻。發疾頸癰，欲乞骸骨，不敢。尚書令趙昌佞讇，讇，古諂字。素害崇；知見疏，因奏「崇與宗族通，疑有姦，請治。」治，直之翻；下同。上責崇曰：「君門如市人，師古曰：言請求者多，交通賓客。何以欲禁切主上？」崇對曰：「臣門如市，臣心如水。師古曰：言至清也。願得考覆！」上怒，下崇獄。下，遐稼翻。司隸孫寶上書曰：成帝元延四年，省司隸校尉。綏和二年，上復置，但曰司隸，冠進賢冠，屬大司空。「按尚書令昌奏僕射崇獄，覆治，榜掠將死，卒無一辭，師古曰：榜掠，謂笞擊而考問之也。榜，音彭。掠，音亮。卒，音子恤翻。道路稱冤。疑昌與崇內有纖介，師古曰：言有細故宿嫌也。浸潤相陷。自禁門樞機近臣，蒙受冤譖，虧損國家，爲謗不小。臣請治昌以解衆心。」書奏，上下詔曰：「司隸寶附下罔上，以春月作詆欺，遂其姦心，蓋國之賊也。免寶爲庶人。」崇竟死獄中。

5 三月，諸【章：乙十一行本「諸」上有「丁卯」二字；孔本同。】吏、散騎、光祿勳賈延爲御史大夫。延爲光祿勳而加諸吏、散騎也。百官表：諸吏得舉法；散騎，騎旁乘輿車。師古曰：騎而散從，無常職也。散，悉亶翻。

6 上欲侯董賢而未有緣，侍中傅嘉勸上定息夫躬、孫寵告東平本章，去宋弘，更言因董賢以聞，更定告章，刊去宋弘名而入董賢名。師古曰：定，謂改治其章也。去，羌呂翻。更，工衡翻。欲以其功侯之，皆先賜爵關內侯。頃之，上欲封賢等而心憚王嘉，乃先使孔鄉侯晏持詔書示丞相、御史。於是嘉與御史大夫賈延上封事言：「竊見董賢等三人始賜爵，衆庶匈匈，咸曰賢貴，其餘并蒙恩；師古曰：言董賢以貴寵故妄得封，而躬、寵等遂蒙恩。至今流言未解。陛下仁恩於賢等不已，宜暴賢等本奏語言，師古曰：暴，謂章露也。延問公卿、大夫、博士、議郎，考合古今，明正其義，然後乃加爵土；不然，恐大失衆心，海內引領而議。引領，猶言引頸也。項背曰領。暴評其事，必有言當封者，在陛下所從；天下雖不說，師古曰：說，讀曰悅。咎有所分，不獨在陛下。前定陵侯淳于長初封，其事亦議，事見三十一卷成帝永始二年。大司農谷永以長當封；衆人歸咎於永，先帝不獨蒙其譏。臣嘉，臣延，材駑不稱，稱，尺證翻。死有餘責，知順指不迕，師古曰：迕，逆也，音五故翻。可得容身須臾；所以不敢者，思報厚恩也。」上不得已，且爲之止。爲，于僞翻；下同。

7夏，六月，尊帝太太后爲皇太太后。傅太后也。

8秋，八月，辛卯，上下詔切責公卿曰：「昔楚有子玉得臣，晉文公爲之側席而坐；晉文公與楚戰，勝於城濮，文公猶有憂色，曰：「得臣猶在，憂未歇也。」記曰：有憂者側席而坐。近事，汲黯折淮南之謀。事見十九卷武帝元狩元年。今東平王雲等至有圖弒天子逆亂之謀者，是公卿股肱莫能悉心、務聰明以銷厭未萌故也。師古曰：悉，盡也。務聰明者，廣視聽也。厭，音一涉翻。賴宗廟之靈，侍中、駙馬都尉賢等發覺以聞，咸伏厥辜。書不云乎：『用德章厥善。』師古曰：尚書盤庚之辭也。其封賢爲高安侯，恩澤侯表，高安侯，國於朱扶。而朱扶之地無所考。南陽太守寵爲方陽侯，恩澤侯表，方陽侯，國於沛郡龍亢。左曹、光祿大夫躬爲宜陵侯，恩澤侯表，宜陵侯，國於南陽杜衍。賜右師譚爵關內侯。」又封傅太后同母弟鄭惲子業爲陽信侯。恩澤侯表，陽信侯，國於南陽新野。惲，於粉翻。息夫躬既親近，數進見言事，近，其靳翻。數，所角翻。見，賢遍翻。議論無所避，上疏歷詆公卿大臣。衆畏其口，見之仄目。

9 上使中黃門續漢志：中黃門比百石，掌給事禁中。發武庫兵，前後十輩，送董賢及上乳母王阿舍。執金吾毋將隆奏言：「武庫兵器，天下公用。國家武備，繕治造作，皆度大司農錢。毋將，複姓。治，直之翻。蘇林曰：用度皆出大司農。大司農錢，自乘輿不以給共養；共養勞賜，一出少府。乘，繩證翻。師古曰：共，音居用翻。養，音弋尙翻。勞，郎到翻。蓋不以本臧給末用，不以民力共浮費，臧，古藏字通，音徂浪翻。師古曰：共，讀曰供；下同。別公私，示正路也。別，彼列翻。古者諸侯、方伯得顓征伐，乃賜斧鉞，禮記曰：諸侯賜斧鉞，然後征。王制：八州八伯，謂之方伯，各統其州之國。漢家邊吏職任距寇，亦賜武庫兵，皆任事然後蒙之。任，音壬。春秋之誼，家不臧甲，春秋公羊傳載孔子墮三都之言。臧，與藏通；讀從平聲。所以抑臣威，損私力也。今賢等便僻弄臣，便，頻連翻。

私恩微妾，而以天下公用給其私門，契國威器，共其家備，李奇曰：契，缺也。晉灼曰：契，取也。師古曰：李說是也；音詰結翻。民力分於弄臣，武兵設於微妾，建立非宜，以廣驕僭，非所以示四方也。孔子曰：『奚取於三家之堂！』師古曰：論語云：三家者以雍徹。孔子曰：「相維辟公，天子穆穆，奚取於三家之堂！」言以雍徹食乃天子之禮，何爲在三家之堂也。三家，謂魯叔孫、仲孫、季孫也。余謂隆引孔子之言，以謂武庫兵器不當以共臣妾之家，猶歌雍不當在三家之堂也。臣請收還武庫。」上不說。說，讀曰悅。

頃之，傅太后使謁者賤買執金吾官婢八人，隆奏言：「買賤，請更平直。」漢書作「賈賤」。賈，讀曰價；下同。上於是制詔丞相、御史：「隆位九卿，既無以匡朝廷之不逮，而反奏請與永信宮爭貴賤之賈，傅太后稱永信宮。傷化失俗。以隆前有安國之言，左遷爲沛郡都尉。」初，成帝末，隆爲諫大夫，嘗奏封事言：「古者選諸侯入爲公卿，以褒功德，如衛武公、鄭武公、莊公是也。宜徵定陶王使在國邸，以填萬方。」師古曰：填，讀曰鎮；音竹刃翻。故上思其言而宥之。

諫大夫渤海鮑宣上書曰：姓譜：鮑，本自夏禹之裔，因封爲鮑氏。齊之鮑氏，世爲上卿。「竊見孝成皇帝時，外親持權，人人牽引所私以充塞朝廷，塞，悉則翻。妨賢人路，濁亂天下，奢泰亡度，亡，古無字通。窮困百姓，是以日食且十，彗星四起。日食十，註已見三十二卷元延二年。建始元年，星孛于營室，元延元年，星孛于營室，元延元年，星孛于東井，後又晨出東方，十三日，又夕見西方，是四起也。彗，祥歲翻，延芮翻，又徐醉翻。危亡之徵，陛下所親見也；今奈何反覆劇於前乎！「覆」，當作「復」；劇，增也，甚也。

今民有七亡：師古曰：亡，謂失其作業也。陰陽不和，水旱爲災，一亡也；縣官重責更賦租稅，二亡也；師古曰：更，謂爲更卒也，音工衡翻。貪吏並公，受取不已，三亡也；師古曰：並，依也，音步浪翻。豪強大姓，蠶食亡厭，四亡也；亡厭，上古無字通；下音於鹽翻。苛吏繇役，失農桑時，五亡也；繇，古傜字通。部落鼓鳴，男女遮列，六亡也；師古曰：言聞桴鼓之聲，以爲有盜賊，皆當遮列而追捕。盜賊劫略，取民財物，七亡也。七亡尚可，又有七死：酷吏毆殺，一死也；師古曰：毆，擊也，音一口翻。治獄深刻，二死也；治，直之翻。冤陷亡辜，三死也；亡，古無字通；下同。盜賊橫發，四死也；師古曰：橫，音戶孟翻。怨讎相殘，五死也；歲惡饑餓，六死也；時氣疾疫，七死也。天有六氣，陰、陽、風、雨、晦、明也。分爲四時，序爲五節，過則爲災而生疾疫，亦非時之氣所爲也。民有七亡而無一得，欲望國安，誠難；民有七死而無一生，欲望刑措，誠難。此非公卿、守相貪殘成化之所致邪！

羣臣幸得居尊官，食重祿，豈有肯加惻隱於細民，助陛下流教化者邪！師古曰：惻隱，皆痛也。志但在營私家，稱賓客，爲姦利而已。師古曰：務稱賓客所求也。稱，尺證翻。以苟容曲從爲賢，以拱默尸祿爲智，拱默，拱手而默然不言也。師古曰：尸，主也；不憂其職，但主食祿而已。謂如臣宣等爲愚。陛下擢臣巖穴，誠冀有益豪毛，豈徒使臣美食大官、重高門之地哉！晉灼曰：高門，殿名也。師古曰：在未央宮中。余謂宣蓋言徒知養賢爲朝廷之重，而不計其有益於時與否。天下，乃皇天之天下也。陛下上爲皇天子，下爲黎庶父母，爲天牧養元元，爲天之爲，于僞翻。視之當如一，合尸鳩之詩。師古曰：尸鳩，曹國風之篇也。其詩曰：尸鳩在桑，其子七兮，淑人君子，其儀一兮。言尸鳩養其子七，平均如一，善人君子布德施惠亦當然也。毛氏曰：尸鳩，秸鞠也。尸鳩之養其子，朝從上下，暮從下上，平均如一。秸，音居八翻，又音吉。今貧民菜食不厭，衣又穿空，師古曰：厭，飽足也。空，孔也。穿空，言破敝也。父子、夫婦不能相保，誠可爲酸鼻。陛下不救，將安所歸命乎！奈何獨養外親與幸臣董賢，多賞賜，以大萬數，使奴從、賓客，漿酒藿肉，劉德曰：視酒如漿，視肉如藿也。師古曰：藿，豆葉也，貧人茹之。從，才用翻。蒼頭廬兒，皆用致富，孟康曰：黎民、黔首，黔、黎，皆黑也；下民陰類，故以黑爲號。漢名奴爲蒼頭，非純黑，以別於良人也。諸給事殿中者所居爲廬，蒼頭侍從，因呼爲廬兒。臣瓚曰：漢儀注，官奴給書計，從侍中已下爲蒼頭青幘。非天意也！

及汝昌侯傅商，亡功而封。古亡、無字通；下同。夫官爵非陛下之官爵，乃天下之官爵也。陛下取非其官，官非其人，師古曰：此官不當加於此人，此人不當受此官也。而望天說民服，豈不難哉！說，讀曰悅。方陽侯孫寵，宜陵侯息夫躬，辯足以移衆，強可用獨立，姦人之雄，惑世尤劇者也，宜以時罷退；及外親幼童未通經術者，皆宜令休，就師傅。急徵故大司馬傅喜，使領外親；故大司空何武、師丹，故丞相孔光，故左將軍彭宣，經皆更博士，言經學有師法也。更，工衡翻。位皆歷三公；龔勝爲司直，郡國皆慎選舉；司直，掌佐丞相舉不法。勝守正不阿，郡國懼爲所舉奏，故皆慎於選舉。可大委任也。陛下前以小不忍退武等，師古曰：少有不快於心，不能忍也。海內失望。陛下尚能容亡功德者甚衆，曾不能忍武等邪！治天下者，當用天下之心爲心，治，直之翻。不得自專快意而已也。」宣語雖刻切，上以宣名儒，優容之。

11 匈奴單于上書願朝五年。朝，直遙翻；下同。時帝被疾，被，皮義翻。或言：「匈奴從上游來厭人；服虔曰：游，猶流也。河水從西北來，故曰上游也。師古曰：上游，亦總謂地形耳，不必係於河水也。厭，音一涉翻。厭，勝也。自黃龍、竟寧時，單于朝中國，輒有大故。」師古曰：大故，謂國之大喪。上由是難之，以問公卿，亦以爲虛費府帑，師古曰：府，物所聚也。帑，藏金帛之所也。帑，音他莽翻；又音奴。可且勿許。單于使辭去，未發，已辭而未行也。使，疏吏翻。黃門郎揚雄上書諫曰：「臣聞六經之治，貴於未亂；兵家之勝，貴於未戰；書周官曰：制治于未亂。兵法曰：戰不必勝，不苟接刃。師古曰：已亂而後治之，戰鬬而後獲勝，則不足貴。治，直吏翻。二者皆微，師古曰：微，謂精妙也。然而大事之本，不可不察也。今單于上書求朝，國家不許而辭之，臣愚以爲漢與匈奴從此隙矣。言嫌隙從此而開也。匈奴本五帝所不能臣，三王所不能制，其不可使隙明甚。臣不敢遠稱，請引秦以來明之：

以秦始皇之強，蒙恬之威，然不敢窺西河，乃築長城以界之。蒙恬斥逐匈奴，以北河爲竟，漢朔方郡地是也。若西河，則漢武威、張掖、敦煌、酒泉地是也。秦不能取，築長城，起臨洮以界之。會漢初興，以高祖之威靈，三十萬衆困於平城，事見十一卷高帝七年。時奇譎之士、石畫之臣甚衆，鄧展曰：石，大也。師古曰：石，言堅固如石也。畫，計策也，音獲。卒其所以脫者，世莫得而言也。師古曰：卒，終也。莫得而言，謂自免之計，其事醜惡，故不傳。卒，子恤翻。又高后時，匈奴悖慢，大臣權書遺之，然後得解。事見十二卷惠帝三年。杜佑曰：以權道爲書，順辭以答。遺，于季翻。及孝文時，匈奴侵暴北邊，候騎至雍甘泉，京師大駭，發三將軍屯棘門、細柳、霸上以備之，數月乃罷。事見十五卷文帝後六年。雍，於用翻。孝武卽位，設馬邑之權，欲誘匈奴，徒費財勞師，一虜不可得見，況單于之面乎！事見十七卷武帝元光二年。言欲見匈奴一人且不可得，況使單于面來獻見乎！其後深惟社稷之計，規恢萬載之策，載，子亥翻。乃大興師數十萬，使衞青、霍去病操兵，前後十餘年，於是浮西河，絕大幕，破寘顏，襲王庭，窮極其地，追奔逐北，封狼居胥山，禪於姑衍，以臨瀚海，虜名王、貴人以百數；自是之後，匈奴震怖，益求和親，然而未肯稱臣也。事並見武帝紀。操，千高翻。寘，音塡。怖，普布翻。

且夫前世豈樂傾無量之費，役無罪之人，快心狼望之北哉？師古曰：狼望，匈奴中地名。余謂邊人謂舉燧爲狼煙。狼望，謂狼煙候望之地。樂，音洛。以爲不壹勞者不久逸，不暫費者不永寧，是以忍百萬之師以摧餓虎之喙，師古曰：喙，口也。摧百萬之師於獸口也。喙，許穢翻。余謂順文而爲說，其義自通。唐諱虎，故師古改曰獸。運府庫之財塡盧山之壑而不悔也。師古曰：盧山，匈奴中山也。余按衛青薨，起冢象盧山。青唯絕幕至窴顏山耳，或者窴顏山卽盧山歟？孟康曰：盧山，單于南庭也。至本始之初，匈奴有桀心，師古曰：桀，堅也；言其起立不順。欲掠烏孫，侵公主，乃發五將之師十五萬騎以擊之，時鮮有所獲，徒奮揚威武，明漢兵若雷風耳！雖空行空反，尚誅兩將軍，事見二十四卷宣帝本始三年。鮮，息踐翻。兵若雷風，言師速而疾，風驅霆行，一過而不留也。故北狄不服，中國未得高枕安寢也。枕，職任翻。逮至元康、神爵之間，大化神明，鴻恩溥洽，而匈奴內亂，五單于爭立，日逐、呼韓邪攜國歸死，扶伏稱臣，事並見宣帝紀。歸死者，歸死命於漢也。扶伏，猶言匍匐也。師古曰：伏，音蒲北翻。然尚羈縻之，計不顓制。師古曰：顓，與專同。專制，謂以爲臣妾也。自此之後，欲朝者不距，朝，直遙翻。不欲者不強。師古曰：強，音其兩翻。何者？外國天性忿鷙，形容魁健，負力怙氣，難化以善，易肆以惡，師古曰：鷙，音竹二翻。鷙，狠也。魁，大也。負，恃也。余謂肆，習也，言易習於爲惡也。其強難詘，詘，與屈同。其和難得。故未服之時，勞師遠攻，傾國殫貨，伏尸流血，破堅拔敵，如彼之難也；既服之後，慰薦撫循，交接賂遺，威儀俯仰，如此之備也。往時嘗屠大宛之城，事見二十一卷武帝太初三年。宛，於元翻。蹈烏桓之壘，事見二十三卷昭帝元鳳三年。探姑繒之壁，事見二十三卷昭帝始元四年。探，吐南翻。藉蕩姐之場，劉德曰：蕩姐，羌屬。師古曰：藉，猶蹈也。姐，音紫。余據元帝永光三年，隴西羌彡姐反，豈是邪？艾朝鮮之旃，事見二十一卷武帝元封三年。師古曰：艾，讀曰刈。刈，絕也。朝，音潮。拔兩越之旗，見二十卷武帝元鼎六年。近不過旬月之役，遠不離二時之勞，師古曰：離，歷也。三月爲一時。固已犂其庭，師古曰：犂，耕也。掃其閭，郡縣而置之，雲徹席卷，後無餘災。如雲之徹，如席之卷，天清地淨，無纖毫之塵翳也。唯北狄爲不然，眞中國之堅敵也，三垂比之懸矣；師古曰：懸，絕也。前世重之茲甚，師古曰：茲，益也。余謂茲，此也。茲甚，此爲甚也。未易可輕也。易，以豉翻。

今單于歸義，懷款誠之心，欲離其庭，陳見于前，離，力智翻。此乃上世之遺策，神靈之所想望，國家雖費，不得已者也。柰何距以來厭之辭，謂或言從上游來厭人也。疏以無日之期，止其來朝，辭以他日，而無一定之期，則匈奴與漢疏。消往昔之恩，開將來之隙！夫疑而隙之，使有恨心，負前言，緣往辭，歸怨於漢，師古曰：言單于因緣往昔和好之辭以怨漢也。余謂負，恃也。負前言者，恃前者有和好之言也。因以自絕，終無北面之心，威之不可，諭之不能，焉得不爲大憂乎！焉，於虔翻。夫明者視於無形，聰者聽於無聲，誠先於未然，先，悉薦翻。卽兵革不用而憂患不生。不然，壹有隙之後，雖智者勞心於內，辯者轂擊於外，師古曰：轂擊，言使車交馳，其轂相擊也。轂，戶谷翻。猶不若未然之時也。且往者圖西域，制車師，置城郭都護三十六國，事並見武帝、宣帝紀。豈【章：乙十一行本「豈」上有「費歲以大萬計者」七字；孔本同；張校同；退齋校同。】爲康居、烏孫能踰白龍堆而寇西邊哉？爲，于僞翻；下同。乃以制匈奴也。夫百年勞之，一日失之，費十而愛一，謂向者不憚十分之費以制匈奴，今來朝之費十分之一耳，乃愛惜之。臣竊爲國不安也。爲，于僞翻。唯陛下少留意於未亂、未戰，少，詩沼翻。以遏邊萌之禍！」萌，與氓同，謂邊民也。書奏，天子寤焉，召還匈奴使者，更報單于書而許之。更，工衡翻，改也。賜雄帛五十匹，黃金十斤。單于未發，會病，復遣使願朝明年；復，扶又翻。上許之。

12 董賢貴幸日盛，丁、傅害其寵，孔鄉侯晏與息夫躬謀欲求居位輔政。會單于以病未朝，躬因是而上奏，上，時掌翻。以爲：「單于當以十一月入塞，後以病爲解，師古曰：自解說云病。疑有他變。烏孫兩昆彌弱，卑爰疐強盛，東結單于，遣子往侍，事見上建平二年。疐，竹二翻。恐其合勢以并烏孫；烏孫并，則匈奴盛而西域危矣。可令降胡詐爲卑爰疐使者來上書，欲因天子威告單于歸臣侍子，因下其章，降，戶江翻。下，遐稼翻。令匈奴客聞焉；則是所謂『上兵伐謀，匈奴客，謂匈奴使者也。服虔曰：謀者，舉兵伐解之也。師古曰：此說非也，言知敵有謀者則以事而應之，沮其所爲，不用兵革，所以爲貴耳。上兵伐謀，其次伐交，孫武子之言。其次伐交』者也。」師古曰：知敵有外交連結相援者，則間而誤之，令其解散也。

書奏，上引見躬，見，賢遍翻；下屢見之見同。召公卿、將軍大議。左將軍公孫祿以爲：「中國常以威信懷伏夷狄，躬欲逆詐，逆詐者，敵之詐謀未見，欲迎測其情也。進不信之謀，不可許。且匈奴賴先帝之德，保塞稱藩；今單于以疾病不任奉朝賀，遣使自陳，不失臣子之禮。任，音壬。臣祿自保沒身不見匈奴爲邊竟憂也！」竟，讀曰境。躬掎祿曰：師古曰：掎，從後引之也。謂引躡其言也；音居綺翻。「臣爲國家計，爲，于僞翻。冀先謀將然，師古曰：謂彼欲有其事，則爲謀策以壞之。豫圖未形，師古曰：圖，謀也。未有形兆而圖之。爲萬世慮。而祿欲以其犬馬齒保目所見。臣與祿異議，未可同日語也！」上曰：「善！」乃罷羣臣，獨與躬議。

躬因建言：「災異屢見，恐必有非常之變，可遣大將軍行邊兵，敕武備，師古曰：行，音下孟翻。敕，整也。斬一郡守以立威，震四夷，守，手又翻。因以厭應變異。」師古曰：厭，音一涉翻。上然之，以問丞相嘉，對曰：「臣聞動民以行不以言，行，下孟翻。應天以實不以文，下民微細，猶不可詐，況於上天神明而可欺哉！天之見異，師古曰：見，謂顯示也。所以敕戒人君，欲令覺悟反正，推誠行善，民心說而天意得矣！說，讀曰悅。辯士見一端，或妄以意傅著星曆，師古曰：傅，讀曰附。著，音治略翻。虛造匈奴、【章：乙十一行本「奴」下有「烏孫」二字；孔本同。】西羌之難，難，乃旦翻。謀動干戈，設爲權變，非應天之道也。守相有罪，相，息亮翻。車馳詣闕，交臂就死，恐懼如此，而談說者欲動安之危，師古曰：之，往也。言搖動安全之計，往就危殆也。辯口快耳，其實未可從。夫議政者，苦其讇諛、傾險、辯惠、深刻也。讇，古諂字。昔秦繆公不從百里奚、蹇叔之言，以敗其師，其悔過自責，疾詿誤之臣，思黃髮之言，名垂於後世。秦穆公欲襲鄭，蹇叔、百里奚諫，不聽，遂出師；晉襄公要而敗諸殽。還歸，作秦誓以悔過，其辭曰：惟古之謀人，則曰未就予忌；惟今之謀人，姑將以爲親。雖則云然，尚猷詢茲黃髮，則罔所愆。又曰：惟截截善諞言，俾君子易辭，我皇多有之，昧昧我思之。敗，補邁翻。諓，戸卦翻。願陛下觀覽古戒，反覆參考，無以先入之語爲主！」師古曰：謂躬爲此計先入於帝耳。上不聽。爲董賢沮躬策、躬遂得罪張本。

容肇祖標點顧頡剛聶崇岐覆校

資治通鑑卷第三十五

翰林學士朝散大夫右諫議大夫知制誥兼侍講同提舉萬壽觀公事
兼判集賢院上護軍河內郡開國侯食邑一千三百戶賜紫金魚袋臣　司馬光　奉敕編集
後　學　天　台　胡三省　音　註

漢紀二十七起屠維協洽（己未），盡玄黓閹茂（壬戌），凡四年。

孝哀皇帝下

元壽元年（己未、前二）

1 春，正月，辛丑朔，考異曰：荀紀云「辛卯朔」，誤。詔將軍、中二千石舉明習兵法者各一人，因就拜孔鄉侯傅晏爲大司馬、衞將軍，陽安侯丁明爲大司馬、票騎將軍。用息夫躬之言也。票，頻妙翻。

2 是日，日有食之。上詔公卿大夫悉心陳過失；又令舉賢良方正能直言者各一人。大赦天下。

丞相嘉奏封事曰：「孝元皇帝奉承大業，温恭少欲，少，詩沼翻；下同。都內錢四十萬萬。

百官表：大司農有都內令丞。嘗幸上林，後宮馮貴人從臨獸圈，猛獸驚出，貴人前當之，卽二十九卷建昭元年事也。圈，求遠翻。元帝嘉美其義，賜錢五萬。師古曰：言此事雖嘉其義而賞亦不多。掖庭見親，有加賞賜，屬其人勿衆謝。師古曰：掖庭宮人有親戚來見而帝賜之者，屬其家勿使於衆人中謝也。見，賢遍翻；下見錢同。屬，音之欲翻。余謂有見親幸者，加之賞賜，則屬其人勿於衆中謝也。示平惡偏，惡，烏路翻。重失人心，賞賜節約。是時外戚貲千萬者少耳，故少府、水衡見錢多也。少府掌禁錢。水衡都尉有鍾官辨銅令、丞，掌鑄錢。師古曰：見在之錢也。雖遭初元、永光凶年饑饉，加以西羌之變，永光二年，隴西羌反。外奉師旅，內振貧民，終無傾危之憂，以府臧內充實也。臧，讀曰藏，音徂浪翻。孝成皇帝時，諫臣多言燕出之害，師古曰：燕出，謂微行也。及女寵專愛，耽於酒色，損德傷年，其言甚切，然終不怨怒也。寵臣淳于長、張放、史育，育數貶退，家貲不滿千萬，放斥逐就國，事見三十三卷成帝綏和二年。數，所角翻。長榜死於獄，事見三十二卷綏和元年。榜，音彭。不以私愛害公義，故雖多內譏，朝廷安平，師古曰：言雖有好內之譏而不害政也。傳業陛下。

陛下在國之時，好詩、書，好，呼到翻。上儉節，徵來，所過道上稱誦德美，此天下所以回心也。師古曰：望爲治也。余謂回心者，回其戴成帝之心而戴哀帝也。初卽位，易帷帳，去錦繡，去，羌呂翻。乘輿席緣綈繒而已。乘，繩證翻。緣，俞絹翻。師古曰：綈，厚繒也，音徒奚翻。繒，慈陵翻。共皇寢廟比當作，共，音恭。比，近也，音毗至翻。憂閔元元，惟用度不足，師古曰：惟，思也。以義割恩，輒且止息，今始作治。治，直之翻；下同。而駙馬都尉董賢亦起官寺上林中，又爲賢治大第，開門鄉北闕，爲，于僞翻。鄉，讀曰嚮；下獨鄉同。引王渠灌園池，蘇林曰：王渠，官渠也；猶今御渠也。晉灼曰：渠名也，在城東覆盎門外。師古曰：晉說是。使者護作，賞賜吏卒，甚於治宗廟。師古曰：護，監視也。賢母病，長安廚給祠具，師古曰：長安有廚官，主爲官食。道中過者皆飲食。如淳曰：禱於道中，故行人皆得飲食。余謂若據文理，則飲，音於禁翻；食，讀曰飤。爲賢治器，器成，奏御乃行，或物好，特賜其工；自貢獻宗廟、三宮，猶不至此。師古曰：三宮，天子、太后、皇后也。原父曰：是時太皇太后稱長信宮，傅太后稱永信宮，而丁姬稱中安宮，故以三宮爲言。余按此時丁姬死矣，三宮蓋謂長信、永信及趙太后宮也。賢家有賓婚及見親，諸官並共，師古曰：見親，親戚相見也。並共，言百官各以所掌事及財物就供之。共，讀曰供。賜及倉頭、奴婢人十萬錢。使者護視，發取市物，百賈震動，師古曰：賈，謂販賣之人也。言百賈者，非一之稱也。賈，音古。道路讙譁，讙，許元翻。羣臣惶惑。詔書罷苑，而以賜賢二千餘頃，均田之制從此墮壞。孟康曰：自公卿以下至于吏民，名曰均田，皆有頃數，於品制中令均等。今賜賢二千餘頃，則壞其制也。師古曰：墮，音火規翻。均田，見三十三卷綏和二年。奢僭放縱，變亂陰陽，災異衆多，百姓訛言，持籌相驚，師古曰：言行西王母籌也。天惑其意，不能自止。陛下素仁智慎事，今而有此大譏。

孔子曰：『危而不持，顛而不扶，則將安用彼相矣！』師古曰：論語：季氏將伐顓臾，冉有、季路見於孔子。孔子以此言責之，以其不匡諫也。相，息亮翻。臣嘉幸得備位，竊內悲傷不能通愚忠之信；身死有益於國，不敢自惜。唯陛下慎己之所獨鄉，察衆人之所共疑！往者【章：甲十六行本「者」下有「寵臣」二字；乙十一行本同；張校同。】鄧通、韓嫣，驕貴失度，逸豫無厭，小人不勝情欲，卒陷罪辜，亂國亡軀，不終其祿，鄧通幸於文帝，賜以蜀嚴道銅山。景帝立，人告通盜出徼外鑄錢，沒入其家，卒以餓死。韓嫣幸於武帝，出入永巷不禁，以姦聞，賜死。嫣，音偃。厭，於鹽翻。勝，音升。卒，子恤翻。所謂『愛之適足以害之』者也！宜深覽前世，以節賢寵，全安其命。」上由是於嘉浸不說。爲嘉死不以罪張本。說，讀曰悅。

前涼州刺史杜鄴以方正對策曰：「臣聞陽尊陰卑，天之道也。是以男雖賤，各爲其家陽；女雖貴，猶爲其國陰。故禮明三從之義，師古曰：謂婦人在家從父，既嫁從夫，夫死從子。雖有文母之德，必繫於子。師古曰：文母，文王之妃太姒也。仲馮曰：文母，文王之母也，所謂繫於子也，何預太姒！余謂劉說是。詩曰：思齊太任，文王之母。昔鄭伯隨姜氏之欲，終有叔段篡國之禍；左傳：鄭武姜生莊公及共叔段，惡莊公而愛段，爲之請京，使居之。祭仲諫曰：「國之害也。」公曰：「姜氏欲之，焉辟害！」段繕甲兵，具卒乘，將襲鄭，莊公克之。周襄王內迫惠后之難，而遭居鄭之危。史記：周惠王二子，長襄王，次叔帶。惠后愛叔帶，襄王既立，叔帶召狄人，狄人伐周，王御士將禦之。王曰：「先后其謂我何！」乃出居于鄭。難，乃旦翻。漢興，呂太后權私親屬，幾危社稷。事見高后紀。幾，居依翻。竊見陛下約儉正身，欲與天下更始，更，工衡翻。然嘉瑞未應，而日食、地震。案春秋災異，以指象爲言語。師古曰：謂天不言，但以景象指意告諭人。日食，明陽爲陰所臨。日者，陽宗。陰盛陽微，日爲所揜而食，是爲陰所臨也。坤以法地，爲土，爲母，以安靜爲德；震，不陰之效也。師古曰：言地當安靜，而今乃震，是爲不遵陰道也。占象甚明，臣敢不直言其事！昔曾子問從令之義，孔子曰：『是何言與！』師古曰：曾子問：「從父之令，可謂孝乎？」孔子非之。事見孝經。與，讀曰歟。善閔子騫守禮不苟從親，所行無非理【張：「理」作「禮」。】者，故無可間也。師古曰：論語稱孔子曰：「孝哉閔子騫，人不間於其父母兄弟之言！」是也。間，音居莧翻。今諸外家昆弟，無賢不肖，並侍帷幄，布在列位，師古曰：不問賢與不肖，皆親近在位。或典兵衞，或將軍屯，將，卽亮翻。寵意幷於一家，積貴之勢，世所希見、所希聞也。至乃並置大司馬、將軍之官，皇甫雖盛，三桓雖隆，魯爲作三軍，無以甚此！言周以皇甫爲卿士，魯三桓強盛，作三軍而三分公室，比丁、傅無以甚也。爲，于僞翻。當拜之日，晻然日食。師古曰：晻，音烏感翻。不在前後，臨事而發者，明陛下謙遜無專，承指非一，所言輒聽，所欲輒隨，師古曰：謂皆迫於太后也。有罪惡者不坐辜罰，無功能者畢受官爵，流漸積猥，過在於是，猥，還也，言有罪惡者不誅，無功能者並進，其流漸至積還也。欲令昭昭以覺聖朝。朝，直遙翻。昔詩人所刺，春秋所譏，指象如此，殆不在他。由後視前，忿邑非之，師古曰：由，從也。邑，於邑也。逮身所行，不自鏡見，則以爲可，計之過者。師古曰：逮，及也。鏡，鑒照也。自以所行爲可，是計策之誤者。願陛下加致精誠，思承始初，事稽諸古，以厭下心，師古曰：每事皆考於古者。厭，滿也，音一贍翻。則黎庶羣生無不說喜，說，讀曰悅。上帝百神收還威怒，禎祥福祿，何嫌不報！」師古曰：嫌，疑也。

上又徵孔光詣公車，問以日食事，拜爲光祿大夫，秩中二千石，給事中，位次丞相。

初，王莽既就國，建平二年，莽就國。杜門自守。其中子獲殺奴，中，讀曰仲。莽切責獲，令自殺。在國三歲，吏民上書冤訟莽者百數。師古曰：言其合管朝政，不當就國也。上，時掌翻。至是，賢良周護、宋崇等對策，復深訟莽功德；復，扶又翻。上於是徵莽及平阿侯仁還京師，侍太后。侍太皇太后也。

3 董賢因日食之變以沮傅晏、息夫躬之策，沮，在呂翻。辛卯，【章：甲十六行本「卯」作「亥」；乙十一行本同；退齋校同。】上收晏印綬，罷就第。

4 丁巳，皇太太后傅氏崩，合葬渭陵，稱孝元傅皇后。史記正義曰：漢帝后同陵則爲合葬，不合陵也；諸陵皆如此。傅氏以側室而合葬，稱孝元傅皇后，太皇太后在上，此心爲何如邪！宜其啓王莽而授之以柄也。

5 丞相、御史奏息夫躬、孫寵等罪過，上乃免躬、寵官，遣就國；又罷侍中、諸曹、黃門郎數十人。丁、傅之親黨也。

鮑宣上書曰：「陛下父事天，母事地，子養黎民；即位以來，父虧明，母震動，子訛言相驚恐。今日食於三始，如淳曰：正月一日爲歲之朝、月之朝、日之朝。朝，猶始也。誠可畏懼。小民正朔日尚恐毀敗器物，敗，補邁翻。何況於日虧乎！陛下深內自責，避正殿，舉直言，求過失，罷退外親及旁仄素餐之人，徵拜孔光爲光祿大夫，發覺孫寵、息夫躬過惡，免官遣就國，衆庶歙然，莫不說喜。師古曰：歙，音翕。天人同心，人心說則天意解矣。說，讀曰悅。乃二月丙戌，白虹干日，虹，日旁氣也。白，兵象。干，犯也。連陰不雨，此天下【張：「下」作「有」。】憂結未解，民有怨望未塞者也。塞，悉則翻。侍中、駙馬都尉董賢，本無葭莩之親，但以令色、諛言自進，令，善也。諛，諂也。孔安國曰：令色，無質。巧言，無實。賞賜無度，竭盡府臧，臧，讀曰藏；音徂浪翻。幷合三第，尚以爲小，復壞暴室。師古曰：時以三第總爲一第，賜賢，猶嫌陋小，復取暴室之地以增益之也。復，扶又翻；下同。賢父、子坐使天子使者，言其驕慢也。將作治第，將作大匠，掌治宮室，使爲之治第。治，直之翻。行夜吏卒皆得賞賜，師古曰：爲賢第上持時行夜者。行，音下孟翻。上冢有會，輒太官爲供。爲之供具也。爲，于僞翻；下同。海內貢獻，當養一君，今反盡之賢家，豈天意與民意邪！天不可久負，暴殄天物以私嬖倖，是爲負天。厚之如此，反所以害之也！誠欲哀賢，宜爲謝過天地，解讎海內，免遣就國，收乘輿器物還之縣官，此所謂謝過解讎也。爲，于僞翻。乘，繩證翻。可【章：甲十六行本「可」上有「如此」二字；乙十一行本同；孔本同；張校同。】以父子終其性命；不者，海內之所仇，未有得久安者也。孫寵、息夫躬不宜居國，可皆免，以視天下。師古曰：視，讀曰示。復徵何武、師丹、彭宣、傅喜，曠然使民易視，以應天心，建立大政，興太平之端。」上感大異，納宣言，徵何武、彭宣；拜鮑宣爲司隸。

6 上託傅太后遺詔，令太皇太后下丞相、御史，益封董賢二千戶，賢先封千戶。下，遐稼翻。賜孔鄉侯、汝昌侯、陽新侯國。三人者，先雖封侯，未有國邑；今賜之國邑也。陽新侯，卽陽信侯鄭業。漢書傅昭儀傳作「陽信」，王嘉傳及恩澤侯表作「陽新」。王嘉封還詔書，後世給、舍封駁本此。師古曰：還，謂卻上之於天子也。因奏封事諫曰：「臣聞爵祿、土地，天之有也。書云：『天命有德，五服五章哉！』師古曰：虞書臯陶謨之辭也。言皇天命有德者以居列位，天子、諸侯、卿、大夫、士，尊卑之服，采章各異也。王者代天爵人，尤宜慎之。裂地而封，不得其宜，則衆庶不服，感動陰陽，其害疾自深。師古曰：言此氣損害，故令天子身有疾也。今聖體久不平，此臣嘉所內懼也。高安侯賢，佞幸之臣，陛下傾爵位以貴之，單貨財以富之，師古曰：單，盡也。損至尊以寵之，師古曰：言上意傾惑，爲下所窺也。余謂帝爲賢治第，擬於宮闕，乘輿器物充牣其家，此所謂損至尊以寵之也。主威已黜，府臧已竭，唯恐不足。財皆民力所爲，孝文【章：甲十六行本「文」下有「皇帝」二字；乙十一行本同；孔本同；張校同。】欲起露臺，重百金之費，克己不作。事見文帝紀。今賢散公賦以施私惠，一家至受千金，往古以來，貴臣未嘗有此，流聞四方，皆同怨之。里諺曰：『千人所指，無病而死。』臣常爲之寒心。爲，于僞翻。今太皇太后以永信太后遺詔詔丞相、御史，益賢戶，賜三侯國，臣嘉竊惑。山崩、地動、日食於三朝，皆陰侵陽之戒也。前賢已再封，謂賢先封關內侯，繼封高安侯也。晏、商再易邑，商先嗣爵崇祖侯，後改封汝昌侯。晏無所考。按表，晏先以皇后父封三千戶，又益二千戶，食邑於夏丘。業緣私横求，横，戶孟翻。恩已過厚，求索自恣，不知厭足，甚傷尊尊之義，封三侯者，所以尊傅太后。今求濫恩，不知厭足，則傷尊尊之義矣。索，山客翻。厭，於鹽翻。不可以示天下，爲害痛矣！痛，甚也。臣驕侵罔，師古曰：罔，謂誣蔽也。陰陽失節，氣感相動，害及身體。陛下寑疾久不平，繼嗣未立，宜思正萬事，順天人之心，以求福祐，乃【章：甲十六行本「乃」作「柰」；乙十一行本同；孔本同；張校同。】何輕身肆意，師古曰：肆，放也。不念高祖之勤苦，垂立制度，欲傳之於無窮哉！臣謹封上詔書，不敢露見；上，時掌翻。見，賢遍翻。非愛死而不自法，謂不以違拒詔指之法自劾也。恐天下聞之，故不敢自劾。」言自劾則天下知其事也。劾，戶概翻。

初，廷尉梁相治東平王雲獄時，冬月未盡二旬，而相心疑雲冤獄，有飾辭，師古曰：假飾之辭，非其實也。治，直之翻。奏欲傳之長安，師古曰：傳，謂移其獄事也。傳，知戀翻。更下公卿覆治。下，遐稼翻；下同。尚書令鞫譚、僕射宗伯鳳以爲可許。師古曰：鞫及宗伯，皆姓也。宗伯，以官爲氏。鞫，音居六翻。天子以爲相等皆見上體不平，外內顧望，操持兩心，師古曰：操，音千高翻。幸雲踰冬，無討賊疾惡主讎之意，謂僥幸雲獄踰冬，則雲可以減死也。免相等皆爲庶人。後數月，大赦，嘉薦「相等皆有材行，行，下孟翻。聖王有計功除過，臣竊爲朝廷惜此三人。」按公卿表，建平元年，大司農梁相爲廷尉；二年，貶爲東海都尉。三年，左馮翊方賞爲廷尉；四年，徙。本紀，東平王雲有罪自殺，在建平四年；大赦天下，在今年正月。若以表爲證，則當治東平時，廷尉乃方賞，非梁相。表言相貶，不言免爲庶人。又今年大赦，上距建平三年十二月治東平獄時，已一朞有餘，是大赦亦不在後數月也。通鑑書王嘉薦梁相等三人，全取漢書王嘉傳；然傳與紀、表歲月自相牴牾。繫年之書，可謂難矣！爲，于僞翻；下同。書奏，上不能平。師古曰：心怒也。後二十餘日，嘉封還益董賢戶事，上乃發怒，召嘉詣尚書，責問以「相等前坐不忠，罪惡著聞，君時輒已自劾；今又稱譽，云『爲朝廷惜之』，何也？」劾，戶概翻。譽，音余。嘉免冠謝罪。

事下將軍朝者，朝者，當時見入朝之臣也。朝，直遙翻。光祿大夫孔光等劾「嘉迷國罔上，不道，請謁者召嘉詣廷尉詔獄。」議郎龔等以爲「嘉言事前後相違，宜奪爵土，免爲庶人。」永信少府猛等以爲「嘉罪名雖應法，謂法當下吏也。大臣括髮關械，裸躬就笞，師古曰：括，結也。關，貫也。裸，露也。非所以重國，褒宗廟也。」上不聽，【章：甲十六行本「聽」下有「三月」二字；乙十一行本同；孔本同；張校同。】詔「假謁者節，召丞相詣廷尉詔獄。」

使者既到，府掾、史涕泣，共和藥進嘉，掾，俞絹翻。和，戶臥翻。嘉不肯服。主簿曰：「將相不對理陳冤，相踵以爲故事，自周勃繫獄，賈誼以爲言，文帝自此待大臣有節，將相有罪皆自殺，不受刑。然景帝時周亞夫、武帝時公孫賀、劉屈氂猶下獄死。相踵爲故事，言其概也。理，獄也。對理，對獄也。言大臣之體，縱有冤，不對獄而自陳也。師古曰：踵，猶躡也。君侯宜引決！」師古曰：令自殺也。使者危坐府門上，師古曰：以逼促嘉也。主簿復前進藥。嘉引藥杯以擊地，謂官屬曰：官屬，謂掾、史、主簿等。「丞相幸得備位三公，奉職負國，當伏刑都市，以示萬衆。丞相豈兒女子邪！何謂咀藥而死！」師古曰：咀，嚼也，音材汝翻。嘉遂裝，出見使者，再拜受詔；裝出者，朝服而出。乘吏小車，去蓋，不冠，去，羌呂翻。隨使者詣廷尉。廷尉收嘉丞相、新甫侯印綬，恩澤侯表：新甫侯，國於南陽新野。縛嘉載致都船詔獄。百官表：執金吾屬官，有中壘、寺互、武庫、都船四令、丞。如淳曰：漢儀注有寺互、都船獄。上聞嘉生自詣吏，大怒，上欲嘉自裁，而嘉詣獄，故大怒。使將軍以下與五二千石雜治。漢治大臣獄，率使五二千石，今又使將軍同治之，怒之甚也。晉灼曰：大臣獄重，故使秩二千石者五人雜治之。吏詰問嘉，詰，去吉翻。嘉對曰：「案事者思得實。竊見相等前治東平王獄，不以雲爲不當死，欲關公卿，示重慎，關，會也。古者獄成命三公、六卿參聽之，示明謹於用刑也。誠不見其外內顧望、阿附爲雲驗，驗，徵驗也。爲，于僞翻；下同。復幸得蒙大赦。復，扶又翻。相等皆良善吏，臣竊爲國惜賢，不私此三人。」獄吏曰：「苟如此，則君何以爲罪，猶當有以負國，不空入獄矣？」吏欲文致以負國之罪，故云然。吏稍侵辱嘉，嘉喟然仰天歎曰：喟，丘愧翻；歎息之聲。「幸得充備宰相，不能進賢、退不肖，以是負國，死有餘責。」吏責其負國，故以此對。吏問賢、不肖主名。嘉曰：「賢故丞相孔光、故大司空何武，不能進；惡高安侯董賢父、子【章：甲十六行本「子」下有「佞邪」二字；乙十一行本同；孔本同；張校同。】亂朝，而不能退。惡，烏路翻。朝，直遙翻。罪當死，死無所恨！」嘉繫獄二十餘日，不食，歐血而死。

已而上覽其對，思嘉言，會御史大夫賈延免，夏，五月，乙卯，以孔光爲御史大夫。秋，七月，丙午，以光爲丞相，復故國博山侯；又以汜鄉侯何武爲御史大夫。上乃知孔光前免非其罪，以過近臣毀短光者，光免事見上卷建平二年。過，督過也；咎之也。曰：「傅嘉前爲侍中，毀譖仁賢，誣愬大臣，令俊艾者久失其位，師古曰：艾，讀曰乂。其免嘉爲庶人，歸故郡。」傅氏本河內溫人。

7 八月，何武徙爲前將軍。辛卯，光祿大夫彭宣爲御史大夫。

8 司隸鮑宣坐摧辱丞相，拒閉使者，無人臣禮，減死髡鉗。丞相孔光四時行園陵，官屬行馳道中。宣使吏鉤止丞相掾、史，沒入其車馬，摧辱丞相。事下御史中丞。侍御史至司隸官，欲捕從事，閉門不肯內，坐以拒閉使者罪。

9 大司馬丁明素重王嘉，以其死而憐之；九月，乙卯，册免明，使就第。

10 冬，十一月，壬午，以故定陶太傅、光祿大夫韋賞爲大司馬、車騎將軍。己丑，賞卒。成帝省王國太傅，更曰傅。此猶曰太傅者，習於舊稱，未能頓從新稱也。賞，韋賢之孫，弘之子也。

11 十二月，庚子，以侍中、駙馬都尉董賢爲大司馬、衞將軍，册曰：「建爾于公，以爲漢輔！往悉爾心，匡正庶事，允執其中！」是時賢年二十二，雖爲三公，常給事中，領尚書事，給事禁中而領尚書事也。百官因賢奏事。審食其以丞相而侍禁中，呂后嬖之也。董賢以三公侍禁中，哀帝嬖之也。論道經邦之任安在哉！以父衛尉恭不宜在卿位，徙爲光祿大夫，秩中二千石；弟寬信代賢爲駙馬都尉。董氏親屬皆侍中、諸曹，奉朝請，寵在丁、傅之右矣。朝，直遙翻。請，才性翻，又如字。

初，丞相孔光爲御史大夫，賢父恭爲御史，事光；及賢爲大司馬，與光並爲三公。上故令賢私過光。令私往見之，觀其所以接之者何如也。光雅恭謹，雅，素也。知上欲尊寵賢。及聞賢當來也，光警戒衣冠出門待，望見賢車乃卻入，賢至中門，光入閤，既下車，乃出，拜謁、送迎甚謹，不敢以賓客鈞敵之禮。此非恭而無禮者邪！光能卑事董賢，則必能曲徇王莽矣。上聞之，喜，立拜光兩兄子爲諫大夫、光有三兄，福、捷、喜。未知兩兄子爲誰。常侍。爲諫大夫而加常侍官也。賢自是權與人主侔矣。師古曰：侔，等也。

是時，成帝外家王氏衰廢，唯平阿侯譚子去疾爲侍中，去，羌呂翻。弟閎爲中常侍。閎妻父中郎將蕭咸，前將軍望之之子也，賢父恭慕之，欲爲子寬信求咸女爲婦，爲，于僞翻。使閎言之。咸惶恐不敢當，私謂閎曰：「董公爲大司馬，册文言『允執其中』，此乃堯禪舜之文，論語：堯曰：「咨，爾舜，天之曆數在爾躬；允執其中，四海困窮，天祿永終！」舜亦以命禹。道統之傳，此乎出也。非三公故事，言考之漢家故事，册三公者未嘗有此語也。長老見者莫不心懼。長，知兩翻。此豈家人子所能堪邪！」師古曰：家人，猶言庶人也。蓋咸自謂。閎性有知略，知，讀曰智。聞咸言，亦悟；乃還報恭，深達咸自謙薄之意。恭歎曰：「我家何用負天下，而爲人所畏如是！」意不說。說，讀曰悅；下同。後上置酒麒麟殿，師古曰：在未央宮中。賢父子、親屬宴飲，侍中、中常侍皆在側，上有酒所，師古曰：言酒在體中。從容視賢從，千容翻。笑曰：「吾欲法堯禪舜，何如？」王閎進曰：「天下乃高皇帝天下，非陛下【章：甲十六行本「下」下有「之」字；乙十一行本同；孔本同。】有也！陛下承宗廟，當傳子孫於亡窮，統業至重，天子亡戲言！」周成王剪桐葉爲珪，與小弱弟戲曰：「以封汝。」周公入賀。王曰：「戲也。」周公曰：「王者不可戲！」乃封小弱弟於唐。古亡、無通。上默然不說，左右皆恐。於是遣閎出歸郎署。三署郎各有署舍；遣出，不得侍禁中也。考異曰：董賢傳但云「遣閎出不得復侍宴」。自「歸郎署」以下，皆漢紀所載也。荀紀無漢書外事，不知此語荀悅何從得之。又云：「閎歸郎署二十日，長樂宮深爲閎謝。又御史大夫彭宣上封事，言國安危繼嗣事，上覺寤，召閎。」按太皇太后居長信宮；云長樂宮，誤也。余按漢書註，長信宮以長樂宮中長信殿爲稱，亦可言長樂宮也。

久之，太皇太后爲閎謝，復召閎還。爲，于僞翻。復，扶又翻；下同。閎遂上書諫曰：「臣聞王者立三公，法三光，三光，日、月、星也。上，時掌翻。居之者當得賢人。易曰：『鼎折足，覆公餗，』喻三公非其人也。易鼎之九四曰：鼎折足，覆公餗。餗，音送鹿翻。虞云：八珍之具也。馬云：鍵也。鍵，音之然翻。鄭云：菜也。折，而設翻。昔孝文皇帝幸鄧通，不過中大夫，武帝幸韓嫣，賞賜而已，皆不在大位。武帝幸韓嫣，賞賜儗鄧通，位不過上大夫，以罪賜死。嫣，於虔翻。今大司馬、衞將軍董賢，無功於漢朝，又無肺腑之連，復無名迹高行以矯世，行，戶孟翻。昇擢數年，列備鼎足，典衞禁兵，無功封爵，父子、兄弟橫蒙拔擢，賞賜空竭帑藏，橫，戶孟翻。帑，它朗翻。藏，徂浪翻。萬民讙譁，偶言道路，誠不當天心也！昔褒神蚖變化爲人，實生褒姒，亂周國，國語曰：夏之衰也，有二龍降于夏庭，言曰：「予褒之二君也。」夏后請其漦而藏之，歷殷、周莫敢發也。至厲王之末，發而觀之，漦流於庭，不可除也。王使婦人不帷而譟之，其神化爲玄蚖，入于王府；府之童妾既齓而遭之，既笄而孕，懼而棄之。鬻檿弧者收以奔褒，是爲褒姒。褒人有獄，以入於幽王。王嬖之，生伯服，遂黜申后而立褒姒，廢太子而立伯服，以亂周國。蚖，音元，又吾官翻。漦，似甾翻。檿，於琰翻。恐陛下有過失之譏，賢有小人不知進退之禍，非所以垂法後世也！」上雖不從閎言，多其年少志強，少，詩照翻；下同。亦不罪也。

二年（庚申、前一）

1春，正月，匈奴單于及烏孫大昆彌伊秩靡皆來朝，朝，直遙翻。漢以爲榮。是時西域凡五十國，三十六國，分爲五十餘國。自譯長至將、相、侯、王皆佩漢印綬，凡三百七十六人；譯長之官，西域諸國皆有之，所以通其國之語言於中國。長，知兩翻。而康居、大月氏、安息、罽賓、烏弋之屬，烏弋山離國去長安萬二千二百里，不屬都護，東與罽賓、西與犂靬、條支接。氏，音支。罽，音計。皆以絕遠，不在數中，其來貢獻，則相與報，不督錄總領也。正謂不屬都護也。自黃龍以來，單于每入朝，其賞賜錦繡、繒絮輒加厚於前，以慰接之。單于宴見，見，賢遍翻。羣臣在前，單于怪董賢年少，以問譯。師古曰：譯，傳語之人也。上令譯報曰：「大司馬年少，以大賢居位。」單于乃起，拜賀漢得賢臣。是時上以太歲厭勝所在，是年太歲在申。師古曰：厭，音一涉翻。舍單于上林苑蒲陶宮，蒲陶，本出大宛。武帝伐大宛，采蒲陶種植之離宮，宮由此得名。師古曰：舍，止宿。告之以加敬於單于；單于知之，不悅。

2 夏，四月，壬辰晦，日有食之。

3 五月，甲子，正三公官分職。成帝綏和二年，置三公官。哀帝建平二年，罷。今復正三公官名。分職，謂大司馬掌兵事，大司徒掌人民事，大司空掌水土事。分，扶問翻。大司馬、衞將軍董賢爲大司馬；丞相孔光爲大司徒；彭【章：甲十六行本「彭」上有「御史大夫」四字；乙十一行本同；孔本同；張校同。】宣爲大司空，封長平侯。恩澤侯表：長平侯，國於濟南。

4 六月，戊午，帝崩于未央宮。臣瓚曰：帝年二十卽位；卽位六年，壽二十五。師古曰：卽位明年乃改元，壽二十六。

帝睹孝成之世祿去王室，謂政在王氏也。及卽位，屢誅大臣，謂殺朱博、王嘉等。欲強主威以則武、宣。師古曰：則，法也。然而寵信讒諂，謂趙昌、董賢、息夫躬等。憎疾忠直，謂師丹、傅喜、鄭崇等。漢業由是遂衰。

太皇太后聞帝崩，卽日駕之未央宮，之，往也。收取璽綬。璽，斯氏翻。綬，音受。太后召大司馬賢，引見東箱，見，賢遍翻。問以喪事調度；師古曰：調，選發也。度，計料也。調，徒弔翻。賢內憂，不能對，免冠謝。太后曰：「新都侯莽，前以大司馬奉送先帝大行，謂成帝之喪也。曉習故事，吾令莽佐君。」賢頓首：「幸甚！」太后遣使者馳召莽，詔尚書，諸發兵符節、百官奏事、中黃門、期門兵皆屬莽。中黃門，守禁門黃闥者也。期門兵，守衞殿門者也。莽以太后指，使尚書劾賢，帝病不親醫藥，劾，戶概翻。禁止賢不得入宮殿司馬中；據漢書趙充國傳：子卬，入莫府司馬中亂屯兵。如淳註曰：司馬中，律所謂營軍司馬中也。余謂此宮殿司馬中，蓋宮殿屯衞司馬中也。賢不知所爲，詣闕免冠徒跣謝。己未，莽使謁者以太后詔卽闕下册賢師古曰：卽，就也。曰：「賢年少，未更事理，少，詩照翻。師古曰：更，歷也，音工衡翻。爲大司馬，不合衆心，其收大司馬印綬，罷歸第！」卽日，賢與妻皆自殺；家惶恐，夜葬。莽疑其詐死；有司奏請發賢棺，至獄診視，師古曰：謂發冢取其棺柩也。診，驗也；音軫。因埋獄中。太皇太后詔「公卿舉可大司馬者」。莽故大司馬，辭位避丁、傅，衆庶稱以爲賢，事見三十三卷綏和二年。又太皇太后近親，自大司徒孔光以下，舉朝皆舉莽。朝，直遥翻。獨前將軍何武、左將軍公孫祿二人相與謀，以爲「往時惠、昭之世，外戚呂、霍、上官持權，幾危社稷；幾，居希翻。今孝成、孝哀比世無嗣，比，頻寐翻。方當選立近親【張：「親」下脫「輔」字。】幼主，不宜令外戚大臣持權；外戚大臣，謂王莽也。親疏相錯，親，謂外戚。疏，謂異姓之爲將軍、公卿者。師古曰：錯，間雜也。爲國計便。」爲國之計，唯此爲便。於是武舉公孫祿可大司馬，而祿亦舉武。庚申，太皇太后自用莽爲大司馬、領尚書事。

太皇太后與莽議立嗣。安陽侯王舜，莽之從弟，其人修飭，師古曰：飭，讀與敕同。敕，整也。從，才用翻。太皇太后所信愛也，莽白以舜爲車騎將軍。秋，七月，遣舜與大鴻臚左咸使持節迎中山王箕子以爲嗣。使持節者，奉使而持節也；魏、晉以下遂以爲官稱。臚，陵如翻。嗣，祥吏翻。

莽又白太皇太后，詔有司以皇太后【章：甲十六行本「后」下有「前」字；乙十一行本同；孔本同。】與女弟昭儀專寵錮寢，錮，塞也。杜塞後宮侍寢之路，不使進御也。殘滅繼嗣，詳見上卷建平元年。貶爲孝成皇后，徙居北宮；又以定陶共王太后與孔鄉侯晏同心合謀，背恩忘本，專恣不軌，背，蒲妹翻。徙孝哀皇后退就桂宮，傅氏、丁氏皆免官爵歸故郡，莽以積年閒退之久，一旦得權，無所不至。傅氏，河內人。丁氏，山陽人。傅晏將妻子徙合浦。獨下詔褒揚傅喜曰：「高武侯喜，姿性端愨，師古曰：愨，謹也，音口角翻。論議忠直，雖與故定陶太后有屬，終不順指從邪，介然守節，以故斥逐就國。喜就國見上卷建平二年。傳不云乎：『歲寒然後知松柏之後凋也。』師古曰：論語載孔子之言，以喻有節操之人也。其還喜長安，位特進，奉朝請。」喜雖外見褒賞，孤立憂懼；後復遣就國，以壽終。復，扶又翻。莽又貶傅太后號爲定陶共王母，丁太后號曰丁姬。莽又奏董賢父子驕恣奢僭，請收沒入財物縣官，諸以賢爲官者皆免；父恭、弟寬信與家屬徙合浦，母別歸故郡鉅鹿。長安中小民讙譁，鄉其第哭，幾獲盜之。師古曰：陽往哭之，實欲竊盜也。讙，音許爰翻。鄉，讀曰嚮。幾，讀曰冀。縣官斥賣董氏財，凡四十三萬萬。賢所厚吏沛朱詡自劾去大司馬府，劾，戶概翻。買棺衣，收賢屍葬之；莽聞之，以他罪擊殺詡。莽以大司徒孔光名儒，相三主，成、哀及平帝爲三主。太后所敬，天下信之，於是盛尊事光，引光女壻甄邯爲侍中、奉車都尉。甄，之人翻，姓也。陳留風俗傳曰：舜陶甄河濱，其後爲氏。邯，戶甘翻。諸素所不說者，說，讀曰悅。莽皆傅致其罪，師古曰：傅，讀曰附。附益而引致之，令入罪。爲請奏草，令邯持與光，以太后指風光，師古曰：草，謂文書之稾草也。風，讀曰諷。光素畏慎，不敢不上之；上，時掌翻。莽白太后，輒可其奏。於是劾奏何武、公孫祿互相稱舉，皆免官，武就國。又奏董宏子高昌侯武父爲佞邪，奪爵。宏爲佞邪，謂請立丁姬爲帝太后也。又奏南郡太守毋將隆前爲冀州牧，治中山馮太后獄，冤陷無辜，關內侯張由誣告骨肉，中太僕史立、泰山太守丁玄陷人入大辟，事並見三十三卷建平元年。辟，毗亦翻。河內太守趙昌譖害鄭崇，事見上卷建平四年。幸逢赦令，皆不宜處位在中土，處，昌呂翻。免爲庶人，徙合浦。中山之獄，本立、玄自典考之，但與隆連名奏事；莽少時慕與隆交，隆不甚附，故因事擠之。少，詩照翻。擠，子計翻，又牋西翻；排也。

紅陽侯立，太后親弟，雖不居位，莽以諸父內敬憚之，畏立從容言太后，令己不得肆意，復令光奏立罪惡：從，千容翻。復，扶又翻；下同。「前知定陵侯長犯大逆罪，【章：甲十六行本「罪」

下有「多受其賂」四字；乙十一行本同；孔本同；張校同；退齋校同。】爲言誤朝；事見三十二卷成帝綏和元年。爲，于僞翻。誤朝，誤朝廷也。朝，直遥翻。後白以官婢楊寄私子爲皇子，衆言曰：『呂氏少帝復出，』謂呂后名他人子爲惠帝子也，事見十三卷。紛紛爲天下所疑，難以示來世，成襁褓之功；謂難成輔立幼主之功。請遣立就國。」太后不聽。莽曰：「今漢家衰，比世無嗣，比，毗至翻。太后獨代幼主統政，誠可畏懼。力用公正先天下，尚恐不從；師古曰：力，勉力。先，悉薦翻。今以私恩逆大臣議，如此，羣下傾邪，亂從此起。宜可且遣就國，安後復徵召之。」師古曰：安，猶徐也。余謂安，定也。安後，猶言事定後也。太后不得已，遣立就國。莽之所以脅持上下，皆此類也。

於是附順莽者拔擢，忤恨者誅滅，忤，五故翻。以王舜、王邑爲腹心，甄豐、甄邯主擊斷，斷，丁亂翻。平晏領機事，晏，當之子也。劉秀典文章，孫建爲爪牙。豐子尋、秀子棻、師古曰：棻，音扶云翻。涿郡崔發、姓譜：齊丁公之子，食采於崔，因以爲氏。南陽陳崇皆以材能幸於莽。莽色厲而言方，師古曰：外示凜厲之色，而假爲方直之言。欲有所爲，微見風采，師古曰：見，音胡電翻。黨與承其指意而顯奏之；莽稽首涕泣，固推讓，稽，音啓。推，吐雷翻。上以惑太后，下用示信於衆庶焉。

5 八月，莽復白太皇太后，廢孝成皇后、孝哀皇后爲庶人，就其園。就孝成、孝哀寢廟園也。復，扶又翻。是日，皆自殺。考異曰：漢春秋「八月，甲寅」，未知胡旦所據。

6大司空彭宣以王莽專權，乃上書言：「三公鼎足承君；一足不任，則覆亂美實。師古曰：美實，謂鼎中之實也。易鼎卦九四爻辭曰：鼎折足，覆公餗。餗，食也。故宣引以爲言。任，音壬。臣資性淺薄，年齒老眊，師古曰：眊，與耄同。鄭玄曰：耄，惛忘也。數伏疾病，數，所角翻。昏亂遺忘，忘，巫放翻。願上大司空、長平侯印綬，上，時掌翻。乞骸骨歸鄉里，竢寘溝壑。」竢，古俟字。寘，與塡同。莽白太后策免宣，使就國。莽恨宣求退，故不賜黃金、安車、駟馬。宣居國數年，薨。

班固贊曰：薛廣德保縣車之榮，平當逡巡有恥，彭宣見險而止，異乎苟患失之者矣！薛廣德縣車，在元帝永光元年。平當不肯受封，在建平三年。通鑑因彭宣事以班贊繫之於此。縣，讀曰懸。

7戊午，右將軍王崇爲大司空，光祿勳東海馬宮爲右將軍，按班書，馬宮本姓馬矢氏，宮仕學，稱馬氏。左曹、中郎將甄豐爲光祿勳。以中郎將加左曹官。

8九月，辛酉，中山王卽皇帝位，貢父曰：辛酉，去哀帝崩六十四日。大赦天下。

平帝年九歲，太皇太后臨朝，大司馬莽秉政，百官總己以聽於莽。援古者天子諒陰百官總己以聽於冢宰之制，以盜權也。師古曰：聚束曰總；音摠。朱熹曰：謂各總攝己職。莽權日盛，孔光憂懼，不知所出，上書乞骸骨；莽白太后，帝幼少，宜置師傅，徙光爲帝太傅，位四輔，記曰：虞、夏、商、周有師、保，有疑、丞，設四輔及三公。莽倣之以位置孔光，變更官名自此始矣。給事中，領宿衞、供養，行内師古曰：行内，行在所之内中，猶言禁中也。署門戶，省服御食物。師古曰：省，視也。余謂行内署門戶當爲一句，此宿衛事也，省服御食物，則供養事也，文理甚明。師古誤斷其句，因曲爲之說耳。行，下孟翻。省，悉井翻。以馬宮爲大司徒，甄豐爲右將軍。

9冬，十月，壬寅，葬孝哀皇帝於義陵。臣瓚曰：自崩至葬凡百五日。義陵在扶風，去長安四十六里。考異曰：哀紀云：「九月，壬寅，葬義陵。」按長曆，是月辛酉朔，無壬寅；壬寅乃十月十二日。又臣瓚註曰：「自崩至葬凡一百五日。」按帝以六月戊午崩，然則葬在十月審矣，蓋本紀月誤也。

孝平皇帝上

荀悅曰：諱「衎」之字曰「樂」。應劭曰：謚法：布綱治紀曰平。余按帝本名箕子，元始二年始更名衎。

元始元年（辛酉、一）

1春，正月，王莽風益州，令塞外蠻夷自稱越裳氏重譯獻白雉一、黑雉二。越裳註已見二十八卷元帝初元二年。參考諸家之說，越裳之地不在益州塞外。莽自以輔幼主，欲以致遠人功德比周公惑衆，故爲此耳。師古曰：越裳，南方遠國也。譯，謂傳言也。道路絕遠，風俗殊隔，故累譯而後乃通。風，讀曰諷。莽白太后下詔，以白雉薦宗廟。於是羣臣盛陳莽功德，「致周成白雉之瑞；周公及身在而託號於周，時羣臣言，聖王之法，臣有大功則生有美號，因引周公事爲徵。莽宜賜號曰安漢公，益戶疇爵邑。」張晏曰：漢律，非始封，十減二。疇者，等也；言不復減。賢曰：疇，等也；言功臣子孫襲封與先人等。余謂此言莽進號爲公，宜益其邑戶，使與爵等也。太后詔尚書具其事。莽上書言：「臣與孔光、王舜、甄豐、甄邯共定策；今願獨條光等功賞，寢置臣莽，勿隨輩列。」進，息也。寢，舍也。甄邯白太后下詔曰：「『無偏無黨，王道蕩蕩。』師古曰：尚書洪範之言也。蕩蕩，廣平之貌也；故引之。君有安宗廟之功，不可以骨肉故蔽隱不揚，君其勿辭！」莽復上書固讓數四，復，扶又翻；下同。稱疾不起；左右白太后，「宜勿奪莽意，但條孔光等，」莽乃肯起。二月，丙辰，太后下詔：「以太傅、博山侯光爲太師，車騎將軍、安陽侯舜爲太保，皆益封萬戶；考異曰：平紀作正月事，而王子侯表、公卿表皆云「二月，丙辰」，今從之。余按考異所謂王子侯云二月丙辰封者，謂宣帝耳孫信等也。由今考之，不能無疑。註見下。左將軍、光祿勳豐爲少傅，封廣陽侯；恩澤侯表：廣陽侯，國於南陽。皆授四輔之職。侍中、奉車都尉邯封承陽侯。」恩澤侯表：承陽侯，國於汝南。師古曰：承，音烝。四人既受賞，莽尙未起。羣臣復上言：「莽雖克讓，朝所宜章，言朝廷所當章顯也。朝，直遙翻。以時加賞，明重元功，無使百僚元元失望！」太后乃下詔：「以大司馬、新都侯莽爲太傅，幹四輔之事，號曰安漢公，益封二萬八千戶。」於是莽爲惶恐，不得已而起，受太傅、安漢公號，讓還益封事，云：「願須百姓家給，師古曰：給，足也。家給，家家自足。然後加賞。」羣臣復爭，太后詔曰：「公自期百姓家給，是以聽之，其令公奉賜皆倍故。奉，讀曰俸，所食之俸也。賜，歲時常賜，著諸令者也。師古曰：倍故，數多於故各一倍也。百姓家給人足，大司徒、大司空以聞。」言待家給人足，二府以其事聞也。

莽復讓不受，而建言褒賞宗室羣臣，立故東平王雲太子開明爲王；哀帝建平二年，雲死，國除，今復立其子。又以故東平思王孫成都爲中山王，奉孝王後；東平思王，宣帝子宇也；帝入奉大宗，故立成都以奉孝王後。封宣帝耳孫信等三十六人皆爲列侯；晉灼曰：耳，音仍。考異曰：平紀：「元始元年，封孝宣曾孫信等三十六人。」莽傳在五年。按王子侯表皆以元年二月丙辰封，莽傳誤也。余按王子侯表，陶鄉侯恢等十五人皆以二月丙辰封，不及三十六人之數，又無信名。按恢等皆宣帝曾孫也。太僕王惲等二十五人皆賜爵關內侯。惲等以前議定陶傅太后尊號，守經法，不阿指從邪賜爵。惲，於粉翻。又令諸侯王公、列侯、關內侯無子而有孫若同產子者，皆得以爲嗣；同產子，同母兄弟之子。宗室屬未盡而以罪絕者，復其屬；謂袒免以上親，以罪絕屬籍者，復其屬籍。免，音問。天下吏比二千石以上年老致仕者，參分故祿，以一與之，終其身。師古曰：參，三也。下及庶民鰥寡，恩澤之政，無所不施。

莽既媚說吏民，又欲專斷；說，讀曰悅。斷，丁亂翻。知太后老，厭政，乃風公卿奏言：「往者吏以功次遷至二千石，功者，以勞績遷。次者，以資序遷。州【章：甲十六行本「州」上有「及」字；乙十一行本同；孔本同；張校同。】部所舉茂材異等吏，州部，即部刺史也。率多不稱，稱，尺證翻。宜皆見安漢公。又，太后春秋高，不宜親省小事，」省，悉井翻。令太后下詔曰：「自今以來，唯封爵乃以聞，他事安漢公、四輔平決。州牧、二千石及茂材吏初除奏事者，輒引入，至近署對安漢公，考故官，問新職，以知其稱否。」考故官者，考其前任有勞績與否也。問新職者，問其新任當如何施設也。稱，尺證翻。於是莽人人延問，密致恩意，厚加贈送，其不合指，顯奏免之，權與人主侔矣。

2 置羲和官，秩二千石。羲和初置，自爲一官。莽既篡，改大司農曰羲和。

3 夏，五月，丁巳朔，日有食之。大赦天下。公卿以下舉敦厚能直言者各一人。

4 王莽恐帝外家衞氏奪其權，帝，中山衞姬所生也。白太后：「前哀帝立，背恩義，背，蒲妹翻；下同。自貴外家丁、傅，撓亂國家，師古曰：撓，擾也；音火高翻。幾危社稷。幾，居希翻。今帝以幼年復奉大宗爲成帝後，宜明一統之義，謂既奉大宗，則以子繼父，一以正統相承，義不得顧私親。以戒前事，爲後代法。」六月，遣甄豐奉璽綬，卽拜帝母衞姬爲中山孝王后。賜帝舅衞寶、寶弟玄爵關內侯。賜帝女弟三人號曰君，謁臣號修義君，皮爲承禮君，鬲子爲尊德君。師古曰：鬲，音歷。皆留中山，不得至京師。

扶風功曹申屠剛以直言對策曰：「臣聞成王幼少，周公攝政，聽言下賢，均權布寵，動順天地，舉措不失；然近則召公不說，遠則四國流言。賢曰：尚書曰：周公爲師，相成王，爲左右，召公不悅。言周公既還政成王，宜自退，今復爲相，故不悅也。四國，謂管、蔡、商、奄也。成王幼小，周公攝政，四國流言曰：公將不利於孺子。說，讀曰悅。今聖主始免襁褓，卽位以來，至親分離，外戚杜隔，恩不得通。且漢家之制，雖任英賢，猶援姻戚，親疏相錯，杜塞間隙，援，于元翻。塞，悉則翻。間，古莧翻。誠所以安宗廟，重社稷也。宜亟遣使者徵中山太后，置之別宮，令時朝見，朝，直遙翻。見，賢遍翻。又召馮、衛二族，裁與亢職，賢曰：亢，散也。使得執戟親奉宿衞，以抑患禍之端，上安社稷，下全保傅。」此保傅，謂四輔也。莽令太后下詔曰：「剛所言僻經妄說，違背大義！」背，布內翻。罷歸田里。

5 丙午，封魯頃公之八世孫公子寬爲襃魯侯，魯頃公讎，秦孝文王元年爲楚所滅。恩澤侯表：襃魯侯，食邑於南陽郡。奉周公祀；封襃成君孔霸曾孫均爲襃成侯，恩澤侯表：襃成侯，食邑於山陽瑕丘。奉孔子祀。

6 詔「天下女徒已論，歸家，出雇山錢，月三百。如淳曰：已論，罪已定也。令甲，女子犯罪，作女徒六月，雇山遣歸。說以爲當於山伐木，聽使入錢雇功直，故謂之雇山。應劭曰：舊刑：鬼薪，取薪於山，以給宗廟。今使女徒出錢雇薪，故曰雇山也。師古曰：如說近之。謂女徒論罪已定，並放歸家，不親役之，但令出錢月三百以雇人也。爲此恩者，所以行太皇太后之德，施惠於婦人。復貞婦，鄉一人。師古曰：復，方目翻。鄉一人，取其尤最者。大司農部丞十三人，人部一州，勸農桑。」武帝時，桑弘羊置大司農部丞數十人，分部郡國，主均輸鹽鐵。今以十三人部十三州。

7 秋，九月，赦天下徒。

二年（壬戌、二）

1 春，黃支國獻犀牛。黃支在南海中，去京師三萬里。應劭曰：黃支國，在日南之南。王莽欲燿威德，故厚遺其王，遺，于季翻。令遣使貢獻。

2 越巂郡上黃龍游江中，上，時掌翻。太師光、大司徒宮等咸稱「莽功德比周公，宜告祠宗廟。」大司農孫寶曰：「周公上聖，召公大賢，尚猶有不相說，說，讀曰悅。著於經典，兩不相損。今風雨未時，百姓不足，每有一事，羣臣同聲，師古曰：言雷同阿附，妄說福祥。得無非其美者？」謂所美非美也。時大臣皆失色。甄邯卽時承制罷議者。會寶遣吏迎母，母道病，留弟家，獨遺妻子。司直陳崇劾奏寶，事下三公卽訊。師古曰：就問之也。劾，戶概翻。下，遐稼翻。寶對曰：「年七十，誖眊，恩衰共養，營妻子，如章。」師古曰：誖，惑也。眊，與耄同。自言老耄，心志亂惑，供養之恩衰，具如所奏之章也。誖，音布內翻。共，讀曰供，音居用翻。寶坐免，終於家。

3 帝更名衎。衎，空旱翻，又墟岸翻。

4 三月，癸酉，大司空王崇謝病免，以避王莽。

5 夏，四月，丁酉，左將軍甄豐爲大司空，右將軍孫建爲左將軍，光祿勳甄邯爲右將軍。

6 立代孝王玄孫之子如意爲廣宗王，江都易王孫盱台侯宮爲廣川王，廣川惠王曾孫倫爲廣德王。代孝王參孫義，改封清河；傳國至孫年，宣帝地節四年以罪廢；今封如意以奉孝王後。江都易王非傳國子建，武帝元狩二年謀反，自殺；今立宮以奉易王後。廣川惠王越，宣帝地節四年，以其孫文紹封；傳子海陽，甘露四年以罪廢；今立倫以奉惠王後。此皆王莽爲政以繼絕世惑衆。盱台，音吁怡。紹封漢興以來大功臣之後周共等皆爲列侯及關內侯，共，絳侯周勃玄孫。師古曰：共，讀曰恭。凡百一十七人。

7 郡國大旱、蝗，青州尤甚，青州部平原、千乘、濟南、齊、北海、東萊等郡，甾川、膠東、高密等王國。民流亡。王莽白太后：宜衣繒練，師古曰：繒練，謂帛無文者。衣，於既翻。頗損膳，以示天下。莽因上書願出錢百萬，獻田三十頃，付大司農助給貧民。於是公卿皆慕效焉，凡獻田宅者二百三十人，以口賦貧民。師古曰：計口而給其田宅。又起五里於長安城中，如淳曰：民居之里。宅二百區，以居貧民。莽帥羣臣奏太后帥，讀曰率。言：「幸賴陛下德澤，間者風雨時，甘露降，神芝生，蓂莢、朱草、嘉禾，休徵同時並至。師古曰：休，美也。徵，證也。願陛下遵帝王之常服，復太官之法膳，使臣子各得盡驩心，備共養！」共，居用翻。養，羊尚翻。莽又令太后下詔，不許。每有水旱，莽輒素食，師古曰：素食，即菜食，無肉。左右以白太后。太后遣使者詔莽曰：「聞公菜食，憂民深矣。今秋幸孰，孰，古熟字通。公以時食肉，愛身爲國！」爲，于僞翻。

8 六月，隕石于鉅鹿二。

9 光祿大夫楚國龔勝、太中大夫琅邪邴漢邴，姓也；與丙同。以王莽專政，皆乞骸骨。莽令太后策詔之曰：「朕愍以官職之事煩大夫，大夫其脩身守道，以終高年。」皆加優禮而遣之。

10 梅福知王莽必篡漢祚，一朝棄妻子去，不知所之。其後，人有見福於會稽者，變姓名爲吳市門卒云。會稽郡，時治吳縣。會，工外翻。

11 秋，九月，戊申晦，日有食之，赦天下徒。

12 遣執金吾候陳茂晉灼曰：百官表：執金吾屬官有兩丞、候、司馬。諭說江湖賊成重等二百餘人說，輸芮翻。皆自出，送家在所收事。如淳曰：賊雖自出，得還其家而已，不得復除，尙當役作之也。師古曰：如說非也，言身既自出，又各送其家人詣本屬縣邑從賦役耳。貢父曰：賊二百餘人皆異縣人，既自出，故送家在所收事也。余謂劉說是。重徙雲陽，服虔曰：重，成重也；作賊長帥，故徙之也。賜公田宅。

13 王莽欲悅太后以威德至盛，異於前，乃風單于令遣王昭君女須卜居次云入侍太后，所以賞賜之甚厚。

14 車師後王國有新道通玉門關，車師後王國治務塗谷，去長安八千九百五十里。往來差近，戊己校尉徐普欲開之。車師後王姑句師古曰：句，音鉤。以當道供給使者，心不便也。普欲分明其界，然後奏之，召姑句使證之；不肯，繫之。其妻股紫陬師古曰：陬，音子侯翻。謂姑句曰：「前車師前王爲都護司馬所殺，此言日前事也。車師前王治交河城，去長安八千一百五十里。今久繫必死，不如降匈奴！」即馳突出高昌壁，入匈奴。拓拔魏時，闞爽始立國於高昌，蓋因漢高昌壁爲名。杜佑曰：高昌郡，蓋因其地高敞，人物昌盛立名。或云：昔漢武帝遣兵西討，師旅頓弊者因住焉，有漢時高昌壘故也。又去胡來王唐兜婼羌國王，號去胡來王，去陽關千八百里，去長安六千三百里。師古曰：言去胡戎來附漢也。婼，孟康音兒。師古曰：音而遮翻。與赤水羌數相寇，羌之居赤水者，大種也，與婼羌比近。唐有黑党項，居赤水西。數，所角翻。不勝，告急都護，都護但欽不以時救助。但欽，人姓名。姓書，但，平音；或上。唐兜困急，怨欽，東守玉門關；玉門關不內，卽將妻子、人民千餘人亡降匈奴；降，戶江翻；下同。單于受置左谷蠡地，左谷蠡王所居地也。谷，音鹿。蠡，盧奚翻。遣使上書言狀曰：「臣謹已受。」詔遣中郎將韓隆等使匈奴，責讓單于；單于叩頭謝罪，執二虜還付使者。二虜，姑句及唐兜也。詔使中郎將王萌待於西域惡都奴界上。服虔曰：惡都奴，西域之谷名也。單于遣使送，因請其罪；爲二虜請於漢，求釋其背叛之罪也。使者以聞。莽不聽，詔會西域諸國王，陳軍斬姑句、唐兜以示之；欲以懲後，使不敢叛。乃造設四條，師古曰：更新爲此制也。中國人亡入匈奴者，烏孫亡降匈奴者，西域諸國佩中國印綬降匈奴者，烏桓降匈奴者，皆不得受。遣中郎將王駿、王昌、副校尉甄阜、王尋使匈奴，班四條與單于，雜函封，師古曰：與璽書同一函而封之。付單于，令奉行；因收故宣帝所爲約束封函還。宣帝與匈奴約，長城以南漢有之，長城以北匈奴有之，有降者不得受。今莽以約束未明，故頒四條而收舊所爲約束。時莽奏令中國不得有二名，公羊春秋傳譏二名，故莽效之。因使使者以風單于，宜上書慕化，爲一名，漢必加厚賞。單于從之，上書言：「幸得備藩臣，竊樂太平聖制。臣故名囊知牙斯，今謹更名曰知。」莽大說，樂，音洛。更，工衡翻。說，讀曰悅。白太后，遣使者答諭，厚賞賜焉。

15 莽欲以女配帝爲皇后以固其權，奏言：「皇帝卽位三年，長秋宮未建，師古曰：秋者，收成之時；長者，恆久之義；故以爲皇后宮名。掖庭媵未充。媵，以證翻；從嫁之女也。古者諸侯一國嫁女，九國媵之。乃者國家之難，本從無嗣，配取不正，請考論五經，定取后禮，難，乃旦翻。師古曰：取，皆讀曰娶。正十二女之義，以廣繼嗣，古者天子一娶九女。公羊傳曰：諸侯一聘九女，則周之天子固有十二女之禮。莽之進女也十一媵，蓋通后爲十二女也。博采二王後及周公、孔子世、列侯在長安者適子女。」二王後，殷、周之後。周公、孔子世，周、孔之後世，嫡相承者。師古曰：適，讀曰嫡。嫡，謂妻所生也。事下有司，上衆女名，下，遐稼翻。上，時掌翻；下同。王氏女多在選中者，莽恐其與己女爭，卽上言：「身無德，子材下，不宜與衆女並采。」太后以爲至誠，乃下詔曰：「王氏女，朕之外家，其勿采。」庶民、諸生、郎吏以上守闕上書者日千餘人，公卿大夫或詣廷中，或伏省戶下，咸言：「安漢公盛勳堂堂若此，今當立后，獨奈何廢公女，天下安所歸命！願得公女爲天下母！」莽遣長史以下分部曉止公卿及諸生，師古曰：分，音扶問翻。曉止，開諭之使止也。而上書者愈甚。太后不得已，聽公卿采莽女。莽復自白：「宜博選衆女。」公卿爭曰：「不宜采諸女以貳正統。」師古曰：言皇后之位當在莽女也。莽乃白：「願見女。」

資治通鑑卷第三十六

翰林學士朝散大夫右諫議大夫知制誥兼侍講同提舉萬壽觀公事兼判集賢院上護軍河内郡開國侯食邑一千三百户賜紫金魚袋臣司馬光奉敕編集
後學天台胡三省音註

漢紀二十八起昭陽大淵獻（癸亥），盡著雍執徐（戊辰），凡六年。

孝平皇帝下

元始三年（癸亥、三）

1春，太后遣長樂少府夏侯藩、宗正劉宏、尚書令平晏納采見女。婚有五禮，納采、問名、納吉、納徵、請期。陸德明曰：采，音七在翻，擇也。師古曰：謂采擇其可者。還，奏言：「公女漸漬德化，漸，音沾。有窈窕之容，窈窕，幽閒也。王肅曰：善心曰窈，善容曰窕。宜承天序，奉祭祀。」太師光、大司徒宮、大司空豐、左將軍孫建、執金吾尹賞、行太常事、太中大夫劉秀及太卜、太史令服皮弁、素積，百官表：太常有太卜、太史等令。師古曰：皮弁，以鹿皮爲冠，形如人手之弁合也。素積，謂素裳也。朱衣而素裳。積，謂襞績，若今之襈爲也。襈，音雛戀翻。賢曰：素積者，積以爲裳也，言要中辟積也。賈公彦曰：皮弁之服，十五升白布衣，積素以爲裳。以禮雜卜筮，皆曰：「兆遇金水王相，卦遇父母得位，兆，卜也。卦，筮也。孟康曰：金、水相生也。張晏曰：金王則水相也。遇父母則泰卦，乾下坤上，天下於地，是配享之卦。師古曰：王，音于放翻。原父曰：但言父母得位，安知是泰卦乎！相，息亮翻。所謂康強之占，逢吉之符也。」洪範曰：汝則從、龜從、筮從、卿士從、庶民從，是之謂大同，身其康強，子孫其逢吉。又以太牢策告宗廟。有司奏：「故事：聘皇后，黄金二萬斤，爲錢二萬萬；」莽深辭讓，受六千三百萬，而以其四千三百萬分予十一媵家及九族貧者。九族，上自高祖，下至玄孫之親。按漢書王莽傳：「故事聘皇后黄金二萬斤，爲錢二萬萬。莽深辭讓，受四千萬，而以其三千三百萬予十一媵家。羣臣復言：「今皇后受聘，踰羣妾亡幾。」有詔，復益二千三百萬，爲三千萬。莽復以其千萬分予九族貧者。又按杜佑通典：聘后黄金二萬斤，漢呂后爲惠帝聘魯元公主故事也。予，讀曰與。

2 夏，安漢公奏車服制度，吏民養生、送終、嫁娶、奴婢、田宅、器械之品，立官稷，元始元年，莽號安漢公。至是始書以冠事，表其所從來者漸矣。通鑑凡書權臣例始此。如淳曰：郊祀志：已有官社，未有官稷，遂立官稷於官社之後。臣瓚曰：漢初，除秦社稷，立漢社稷；其後又立官社，配以夏禹，而不立官稷。師古曰：淳、瓚二說皆未盡也。初立官稷於官社之後，是爲一處。今更創置建於別所，不相從也。及郡國、縣邑、鄉聚皆置學官。張晏曰：聚，邑落名也。師古曰：聚，音才喻翻。

3 大司徒司直陳崇使張敞孫竦草奏，師古曰：草，謂創立其文。盛稱安漢公功德，以爲：「宜恢公國令如周公，成王以周公有勳勞於天下，封以曲阜地方七百里。建立公子令如伯禽，魯頌閟宮之詩曰：王曰叔父，建爾元子，俾侯於魯。所賜之品亦皆如之，魯公之封於魯也，賜以附庸，殷民六族，大路，大旂，封父之繁弱，夏后氏之璜，祝、宗、卜、史，備物典策，官司彝器，白牡之牲，郊望之禮。諸子之封皆如六子。」周公六子，封於凡、蔣、邢、茅、胙、祭。師古曰：六子，伯禽之弟也。祭，側界翻。太后以示羣公。羣公方議其事，會呂寬事起。

初，莽長子宇非莽隔絕衞氏，隔絕事見上卷元年。長，知兩翻。恐久後受禍，卽私與衞寶通書，教衞后上書謝恩，上，時掌翻；下同。因陳丁、傅舊惡，冀得至京師。莽白太皇太后，詔有司褒賞中山孝王后，益湯沐邑七千戶。衞后日夜啼泣，思見帝面，而但益戶邑；宇復教令上書求至京師。復，扶又翻。莽不聽。宇與師吳章及婦兄呂寬議其故，章以【章：甲十六行本「以」下有「爲」字；乙十一行本同。】莽不可諫而好鬼神，好，呼到翻。可爲變怪以驚懼之，章因推類說令歸政衞氏。推類者，因變怪而推言事類如洪範五行傳，以說莽也。說，輸芮翻。宇卽使寬夜持血灑莽第，門吏發覺之；莽執宇送獄，飲藥死。宇妻焉懷子，師古曰：焉，其名。繫獄，須產子已，殺之。師古曰：須，待也。已，訖也。甄邯等白太后，下詔曰：「公居周公之位，輔成王之主，而行管、蔡之誅，不以親親害尊尊，朕甚嘉之！」莽盡滅衞氏支屬，唯衞后在。吳章要斬，磔尸東市門。要，與腰同。磔，陟格翻，裂也，張也。

初，章爲當世名儒，章治尚書經，爲博士。教授尤盛，弟子千餘人。莽以爲惡人黨，皆當禁錮不得仕宦，門人盡更名他師。師古曰：更以他人爲師，諱不言是章弟子。更，工衡翻。平陵云敞時爲大司徒掾，姓譜：邳，出自祝融之後，爲邳國；後去邑爲云。自劾吳章弟子，劾，戶槩翻。收抱章尸歸，棺斂葬之，師古曰：棺，音工喚翻。斂，音力贍翻。京師稱焉。

莽於是因呂寬之獄，遂窮治黨與，連引素所惡者悉誅之。治，直之翻；下同。惡，烏路翻。元帝女弟敬武長公主素附丁、傅，長，知兩翻。及莽專政，復非議莽；復，扶又翻。紅陽侯王立，莽之尊屬；立，莽叔父也。平阿侯王仁，素剛直；仁，譚子也。莽皆以太皇太后詔，遣使迫守，令自殺。使，疏吏翻；下同。令，力丁翻。莽白太后，主暴病薨；主，言敬武公主。太后欲臨其喪，莽固爭而止。甄豐遣使者乘傳案治衛氏黨與，傳，知戀翻。郡國豪桀及漢忠直臣不附莽，【章：甲十六行本「莽」下有「者」字；乙十一行本同；孔本同。】皆誣以罪法而殺之。何武、鮑宣及王商子樂昌侯安、涿郡王商，相成帝者也。辛慶忌三子護羌校尉通、函谷都尉遵、水衡都尉茂、南郡太守辛伯皆坐死。何武不舉莽爲大司馬。鮑宣素有強項名。王商與王鳳不協，爲所擠陷，忿毒而死；其子安不附王氏；辛慶忌本王鳳所成，莽見其三子皆能，欲親厚之；辛茂自以名臣子孫，兄弟並顯列，不宜附莽，又不甚詘事甄豐、甄邯；伯亦辛氏之族：故并及禍。凡死者數百人，海內震焉。北海逢萌謂友人曰：「三綱絕矣，莽殺其叔父，又自殺其冢嫡，是滅其天性也；殺其君之祖姑，又盡除忠直之臣，是無君也；故曰三綱絕矣。逢，皮江翻。不去，禍將及人！」即解冠掛東都城門，萌時學於長安。賢曰：漢宮殿名：東都門，今名青門。註又見昭紀。歸，將家屬浮海，客於遼東。

莽召明禮少府宗伯鳳宗伯，姓也。鳳，名也。鳳明於禮，官爲少府。少，詩照翻。入說爲人後之誼，白令公卿、將軍、侍中、朝臣並聽，說爲人後者義不得顧私親。師古曰：白令皆聽之。朝，直遙翻。欲以內厲天子而外塞百姓之議。厲，諷厲也。厲者，磨錯垢故以就新，取此義也。師古曰：塞，止也。塞，悉則翻。先是，秺侯金日磾子賞、都成侯金安上子常皆以無子國絕，先，悉薦翻。秺，音妒。磾，丁奚翻。莽以【章：甲十六行本「以」下有「日磾」二字；乙十一行本同；孔本同；張校同。】曾孫當及安上孫京兆尹欽紹其封。當，日磾曾孫也。欽謂「當宜爲其父、祖立廟，晉灼曰：當是賞弟建之孫。此言當自爲其父及祖父建立廟也。爲，于僞翻。而使大夫主賞祭也。」【章：甲十六行本無「也」字；乙十一行本同；孔本「也」作「事」；張校同。】如淳曰：以賞故國君，使大夫掌其祭事。臣瓚曰：當是支庶，上繼大宗，不得顧其私親也。而欽令尊其父、祖以續日磾，不復爲賞後，而令大夫主掌祭事。師古曰：瓚說是。甄邯時在旁，廷叱欽，因劾奏「欽誣祖不孝，大不敬；」下獄，自殺。劾，戶槩翻；下，遐稼翻。邯以綱紀國體，無所阿私，忠孝尤著，益封千戶。更封安上曾孫湯爲都成侯。湯受封日，不敢還歸家，以明爲人後之誼。

4 是歲，尚書令潁川鍾元爲大理。哀帝元壽二年，復改廷尉爲大理。潁川太守陵陽嚴詡地理志，陵陽縣屬丹陽郡。本以孝行爲官，行，下孟翻。謂掾、史爲師友，掾，俞絹翻。有過輒閉閤自責，終不大言。郡中亂。史言世降俗薄，徒善不足以爲政。王莽遣使徵詡，官屬數百人爲設祖道，爲，于僞翻。詡據地哭。掾、史曰：「明府吉徵，不宜若此！」詡曰：「吾哀潁川士，身豈有憂哉！我以柔弱徵，必選剛猛代；代到，將有僵仆者，師古曰：僵，偃也。仆，頓也。僵，音薑。仆，音赴。故相弔耳！」詡至，拜爲美俗使者；文穎曰：宣美風化使者。徙隴西太守【章：甲十六行本「守」下有「平陵」二字；乙十一行本同；孔本同；張校同。】何並爲潁川太守。並到郡，捕鍾元弟威及陽翟輕俠趙季、李款，皆殺之；郡中震栗。地理志，陽翟縣屬潁川郡。翟，音直格翻。

四年（甲子、四）

1春，正月，郊祀高祖以配天，宗祀孝文以配上帝。師古曰：郊祀，祀於郊也。宗，尊也，祀於明堂也。上帝，太微五帝也；一曰：昊天上帝也。王肅曰：上帝，天也。馬融曰：上帝，泰一之神，在紫微宮，天之最尊者。杜佑曰：元氣廣大則稱昊天；人之所尊莫過於帝，託之於天，故稱上帝。

2改殷紹嘉公曰宋公，周承休公曰鄭公。成帝綏和元年，封殷紹嘉公，進周承休侯爵爲公，爲二王後。

3詔：「婦女非身犯法，及男子年八十以上、七歲已下，家非坐不道、詔所名捕，張晏曰：名捕，謂下詔所特捕也。他皆無得繫；其當驗者卽驗問。師古曰：就其所居而問。定著令！」

4二月，丁未，遣大司徒宮、大司空豐等奉乘輿法駕迎皇后於安漢公第，授皇后璽紱，乘，繩證翻。續漢志：皇后綬，與乘輿同，四采黃、赤、縹、紺，長丈九尺九寸，五百首。璽，蓋亦玉璽也。師古曰：紱，所以繫璽，音弗。考異曰：王莽傳云「四月，丁未」，平紀云「二月，丁未，立皇后王氏」，下云「夏，皇后見于高廟」。外戚傳云明年春，迎皇后於安漢公第。然則言四月者誤也。入未央宮。大赦天下。

5 遣太僕王惲等八人各置副，假節，副，副使也。惲等持節，其副則假之以節。惲，於粉翻。分行天下，行，下孟翻。覽觀風俗。

6 夏，太保舜等及吏民上書者八千餘人，咸請「如陳崇言，加賞於安漢公。」章下有司，下，遐稼翻；下同。有司請「益封公以召陵、新息二縣及黃郵聚、新野田；新息、召陵二縣，屬汝南郡。續漢志，南陽郡新野縣有東鄉，故新都，王莽所封也；又有黃郵聚。聚，才諭翻。采伊尹、周公稱號，加公爲宰衡，伊尹曰阿衡，周公位冢宰。稱，尺證翻。位上公，三公言事稱『敢言之』；賜公太夫人號曰功顯君；莽母也。封公子男二人安爲褒新侯，臨爲賞都侯；莽封新都侯，析其國名二字，加「褒」、「賞」，以封其二子。加后聘三千七百萬，合爲一萬萬，以明大禮；太后臨前殿親封拜，安漢公拜前，二子拜後，如周公故事。」成王之侯伯禽於魯也，周公拜前，魯公拜後。莽稽首辭讓，稽，音啓。出奏封事：「願獨受母號，還安、臨印韍及號位戶邑。」韍，卽紱；音弗。事下，下，遐稼翻。太師光等皆曰：「賞未足以直功；師古曰：直，當也。謙約退讓，公之常節，終不可聽。忠臣之節亦宜自屈，而伸主上之義。宜遣大司徒、大司空持節承制詔公亟入視事；詔尚書勿復受公之讓奏。」復，扶又翻；下同。奏可。莽乃起視事，止減召陵、黃郵、新野之田而已。

莽復以所益納徵錢千萬遺太后左右奉共養者。遺，于季翻；下同。白虎通曰：納徵用玄纁。

共，居用翻。養，弋向翻。莽雖專權，然所以誑耀媚事太后，下至旁側長御，方故萬端，賂遺以千萬數。白尊太后姊、妹號皆爲君，食湯沐邑。姊君挾爲廣恩君，君力爲廣惠君，君弟爲廣施君。以故左右日夜共譽莽。譽，音余。莽又知太后婦人，厭居深宮中，莽欲虞樂以市其權，樂，音洛。乃令太后四時車駕巡狩四郊，張晏曰：市權者，以遊觀之樂易其權，若市賈然。師古曰：虞，與娛同。邑外謂之郊，近二十里也。仲馮曰：言郊，不必二十里也。存見孤、寡、貞婦，所至屬縣，輒施恩惠，賜民錢帛、牛酒，歲以爲常。太后旁弄兒病，在外舍，服虔曰：官婢、侍史生兒，取以作弄兒也。莽自親候之。其欲得太后意如此。

太保舜奏言：「天下聞公不受千乘之土，古者諸公之國，地方百里，出兵車千乘。辭萬金之幣，謂聘后之幣也。莫不鄉化。鄉，讀曰嚮。蜀郡男子路建等輟訟，慚怍而退，雖文王卻虞、芮何以加！師古曰：卻，退也。虞、芮，二國名也，並在河之東。二國之君爭田不平，聞文王之德，乃往斷焉；入周之竟，則耕者讓畔，行者讓路，乃相謂曰：「我小人也，不可以履君子之庭！」遂相讓，以其所爭爲閒田而退。怍，才各翻。宜報告天下。」【章：甲十六行本「下」下有「奏可」二字；乙十一行本同；孔本同；張校同。】於是孔光愈恐，固稱疾辭位。太后詔：「太師毋朝，朝，直遙翻。十日一入省中，置几杖，賜餐十七物，然後歸；官屬按職如故。」師古曰：食具有十七種物，言十日一入朝，受此寵禮，他日則常在家自養；而其屬官依常各行職務。

7 莽奏起明堂、辟雍、靈臺，應劭曰：明堂所以正四時，出教化。明堂上圓下方，八窗四達，布政之宮，在國之陽。上八窗法八風，四達法四時，九室法九州，十二重法十二月，三十六戶法三十六雨，七十二牖法七十二風。黃帝曰合宮，有虞曰總章，殷曰陽館，周曰明堂。辟雍者，象璧，圜之以水，象教化流行。大戴禮：明堂，以茅蓋，上圓下方。天子曰靈臺，諸侯曰觀臺，以望氣，書雲物。爲學者築舍萬區，爲，于僞翻。制度甚盛。立樂經；益博士員，經各五人。徵天下通一藝、教授十一人以上，及有逸禮、古書、天文、圖讖、張衡曰：圖讖虛妄，非聖人之法。劉向父子領校祕書，閱定九流，亦無讖錄；成、哀之後，乃始聞之。鍾律、月令、兵法、史篇文字，孟康曰：史籀所作十五篇古文書也。師古曰：周宣王太史史籀所作大篆書也。籀，直救翻。通知其意者，皆詣公車。網羅天下異能之士，前後至者千數，皆令記說廷中，將令正乖謬，壹異說云。令各造廷中而記其說也。

又徵能治河者以百數，治，直之翻。其大略異者，長水校尉平陵關並姓譜：關，夏大夫關龍逢之後。風俗通：關令尹喜之後。言：「河決率常於平原、東郡左右，其地形下而土疏惡。疏，音疎。聞禹治河時，本空此地，以爲水猥盛則放溢，少稍自索，少，詩沼翻。師古曰：猥，多也。索，盡也，音先各翻。雖時易處，猶不能離此。離，力智翻。上古難識。近察秦、漢以來，河決曹、衞之域，漢之濟陰、定陶，故曹國也。東郡及魏郡黎陽，古衞地也。其南北不過百八十里。可空此地，勿以爲官亭、民室而已。」御史臨淮韓牧以爲：「可略於禹貢九河處穿之，縱不能爲九，但爲四、五，宜有益。」大司空掾王横言：「河入勃海地，高於韓牧所欲穿處。往者天常連雨，東北風，海水溢，西南出，寖數百里，九河之地已爲海所漸矣。師古曰：漸，寖也，讀如本字，又音子廉翻。禹之行河水，本隨西山下東北去。師古曰：行，謂通流也。周譜云：『定王五年，河徙，』如淳曰：譜，音補，世統譜諜也。則今所行非禹之所穿也。又秦攻魏，決河灌其都，事見七卷秦始皇二十二年。決處遂大，不可復補。復，扶又翻。宜卻徙完平處更開空，空，音孔。師古曰：空，猶穿。使緣西山足，乘高地而東北入海，乃無水災。」西山，謂黎陽以西諸山。司空掾沛國桓譚典其議，爲甄豐言：爲，于僞翻；下同。「凡此數者，必有一是；宜詳考驗，皆可豫見。計定然後舉事，費不過數億萬，亦可以事諸浮食無產業民。師古曰：事，謂役使也。空居與行役，同當衣食，衣食縣官而爲之作，乃兩便，師古曰：言無產業之人，端居無爲及發行力役，俱須衣食耳。今縣官給其衣食而使修治河水，是爲公私兩便也。可以上繼禹功，下除民疾。」時莽但崇空語，無施行者。

8 羣臣奏言：「昔周公攝政七年，制度乃定。今安漢公輔政四年，營作二旬，大功畢成，宜升宰衡位在諸侯王上。」詔曰：「可。」仍令議九錫之法。應劭曰：九錫：一曰車馬，二曰衣服，三曰樂器，四曰朱戶，五曰納陛，六曰虎賁百人，七曰鈇鉞，八曰弓矢，九曰秬鬯。此皆天子制度，尊之，故事事錫與，但數少耳。張晏曰：九錫，經本無文；周禮以爲九命，春秋說有之。臣瓚曰：九錫備物，霸者之盛禮，齊桓、晉文猶不能備。鄭玄曰：按九錫之名，古無有也。王制：三公一命衮；若有加，則賜也不過九命。孔穎達曰：鄭意以爲九命之外，別加九賜。案禮緯含文嘉，上列九錫之差，下云四方所瞻之成，侯子所望。宋均註云：九賜者，乃四方所共見，公侯伯子男所希望。孔引含文嘉所謂九錫，與應劭同，獨樂器曰樂則耳。宋均註云：進退有節，行步有度，賜之車馬以代其步。言成文章，行成法則，賜之衣服以表其德。長於教訓，內懷至仁，賜之樂則以化其民。居處修理，房內不渫，賜之朱戶以明其別。動作有禮，賜之納陛以安其體。勇猛勁疾，執義堅強，賜之虎賁以備非常。亢揚威武，志在宿衞，賜之斧鉞使得專殺。內懷仁德，執義不傾，賜之弓矢使得專征。孝慈父母，賜之秬鬯以事先祖。

9 莽奏尊孝宣廟爲中宗，孝元廟爲高宗；又奏毀孝宣皇考廟勿脩；宣帝元康元年尊悼園曰皇考。罷南陵、雲陵爲縣。南陵，文帝母薄太后陵。雲陵，昭帝母趙太后陵。奏可。

10 莽自以北化匈奴，東致海外，南懷黃支，莽自奏曰：越裳氏重譯獻白雉；黃支自三萬里貢生犀；東夷王渡大海，奉國珍；匈奴單于順制作，去二名。唯西方未有加，乃遣中郎將平憲等多持金幣誘塞外羌，使獻地願內屬。憲等奏言：「羌豪良願等種可萬二千人，願爲內臣，種，章勇翻。獻鮮水海、允谷、鹽池，地理志，金城郡臨羌縣西北至塞外，有西海、鹽池。闞駰云：西有卑禾羌海，卽獻王莽地爲西海郡者也。酈道元曰：世謂之青海，東去西平二百五十里。平地美草，皆與漢民；自居險阻處爲藩蔽。問良願降意，降，戶江翻。對曰：『太皇太后聖明，安漢公至仁，天下太平，五穀成孰，或禾長丈餘，長，直亮翻。或一粟三米，或不種自生，或繭不蠶自成；甘露從天下，醴泉自地出；鳳皇來儀，神爵降集。從四歲以來，謂自莽輔政以來也。羌人無所疾苦，故思樂內屬。』宜以時處業，處，謂度地以處之。業，謂使各有作業也。樂，音洛。處，昌呂翻。置屬國領護。」事下莽，莽復奏：下，遐稼翻。「今已有東海、南海、北海郡，請受良願等所獻地爲西海郡。分天下爲十二州，應古制。」奏可。冬，置西海郡。考異曰：王莽傳，置西海郡在明年秋；今從平紀。又增法五十條，犯者徙之西海。徙者以千萬數，民始怨矣。

11 梁王立坐與衞氏交通，廢，徙南鄭；自殺。衞氏，帝外家也。

12 分京師置前煇光、後丞烈二郡。前煇光蓋領長安以南諸縣，後丞烈蓋領長安以北諸縣也。更公卿、大夫、八十一元士官名、位次及十二州名、分界。更，工衡翻。郡國所屬，罷置改易，天下多事，吏不能紀矣。

五年（乙丑、五）

1 春，正月，祫祭明堂；應劭曰：禮，五年而再殷祭，壹禘壹祫。祫祭者，毀廟之主皆合食於太祖。師古曰：祫，音合。諸侯王二十八人，列侯百二十人，宗室子九百餘人，徵助祭。禮畢，皆益戶、賜爵及金帛、增秩、補吏各有差。已封者益戶，未有爵者賜爵，已有爵者賜金帛，已有秩者增秩，未有官者補吏。

2 安漢公又奏復長安南、北郊。三十餘年間，天地之祠凡五徙焉。成帝建始元年罷甘泉泰畤、汾陰后土祠，作長安南、北郊；永始三年，復甘泉、汾陰；成帝崩，皇太后詔復長安南、北郊；哀帝建平三年，復甘泉、汾陰；今又復南、北郊：是五徙也。

3 詔曰：「宗室子自漢元至今十餘萬人，其令郡國各置宗師以糾之，漢元，漢初也。師古曰：糾，謂禁察也。致教訓焉。」

4 夏，四月，乙未，博山簡烈侯孔光薨，贈賜、葬送甚盛，車萬餘兩。兩，音亮。以馬宮爲太師。

5 吏民以莽不受新野田而上書者前後四十八萬七千五百七十二人，及諸侯王公、列侯、宗室見者見，賢遍翻。皆叩頭言：「宜亟加賞於安漢公。」於是莽上書言：「諸臣民所上章下議者，事【章：乙十一行本「事」作「願」；孔本同。甲十六行本「事」作「以」。】皆寢勿上，上，時掌翻。下，遐稼翻。使臣莽得盡力畢制禮作樂；事成，願賜骸骨歸家，避賢者路。」言久處大位，妨賢者進用之路。避位，所以避賢者路也。甄邯等白太后，詔曰：「公每見輒流涕叩頭言，願不受賞；賞即加，不敢當位。方制作未定，事須公而決，故且聽公制作；畢成，羣公以聞，究于前議。師古曰：究，竟也。其九錫禮儀亟奏！」

五月，策命安漢公莽以九錫，莽稽首再拜，受綠韍，袞冕，衣裳，師古曰：此韍，謂蔽膝也。或謂韍韠。韍，音弗；韠，音畢。瑒琫、瑒珌，孟康曰：瑒，玉名也。佩刀之飾，上曰琫，下曰珌。詩云，鞞琫有珌是也。毛傳曰：鞞，容刀鞞也。琫，上飾；珌，下飾。天子玉琫而珧珌；諸侯璗琫而璆珌。陸云：鞞，刀室也。琫，佩刀削上飾；珌，佩刀下飾。爾雅云：黃金謂之璗。說文云：璗，金之美與玉同色者也。師古曰：瑒，音蕩。琫，音布孔翻。珌，音必。句履，孟康曰：今齊祀履頭飾也，出履三寸。師古曰：其形岐頭。句，音巨俱翻。鸞路，乘馬，師古曰：鸞路，車之施鸞者也。四馬曰乘，音食證翻。龍旂九旒，周禮：交龍爲旂。爾雅：有鈴曰旂。旒，旂之末垂也。皮弁、素積，戎路、乘馬，師古曰：戎路，戎車也。彤弓矢、盧弓矢，師古曰：彤，赤色。盧，黑色。左建朱鉞，右建金戚，師古曰：鉞、戚，皆斧屬。甲、胄一具，胄，兜鍪。秬鬯二卣，秬鬯，香酒也。周禮春官鬯人註云：釀秬爲酒；秬如黑黍，一稃二米。陸佃埤雅曰：說文：鬯以秬釀，鬱草芬芳，攸服以降神也。舊說：芬芳條暢，故謂之鬯；禮以鬱合鬯，言鬱於中而鬯於外也。又曰：先鄭、小毛以爲鬯，香草也，築而煮之爲鬯。秬者，百穀之華，鬯者，百草之英，故先王煮以合鬯。卣，中樽也。秬，音巨。卣，音攸，又音羊久翻。圭瓚二，九命青玉珪二，師古曰：圭瓚，以圭爲勺末。上公九命，青者春色，東方生而長育萬物也。朱戶，納陛，朱戶以居，納陛以登。孟康曰：納，內也，謂鑿殿基際爲陛，不使露也。師古曰：孟說是也。尊者不欲露而升陛，故納之於霤下也。署宗官、祝官、卜官、史官，放周公也。成王之命周公，祝、宗、卜、史。杜預曰：太祝、宗人、太卜、太史，凡四官。虎賁三百人。孔安國曰：虎賁，勇士稱也。若虎賁戰，言其猛也。賁，音奔。

6 王惲等八人使行風俗還，惲，於粉翻。行，下孟翻；下同。言天下風俗齊同，詐爲郡國造歌謠、頌功德，凡三萬言。閏月，丁酉，詔以羲和劉秀等四人使治明堂、辟雍，治，直之翻。令漢與文王靈臺、周公作洛同符。詩曰：經始靈臺，經之營之，庶民攻之，不日成之。周公營成周，曰：其作大邑，其自時配皇天中乂。太僕王惲等八人使行風俗，宣明德化，萬國齊同，皆封爲列侯。四人者，劉秀，紅休侯；平晏，防鄉侯；孔永，寧鄉侯；孫遷，定鄉侯。八人者，王惲，常鄉侯；閻遷，望鄉侯；陳崇，南鄉侯；李翕，邑鄉侯；郝黨，亭鄉侯；謝殷，章鄉侯；逯普，蒙鄉侯；陳鳳，盧鄉侯。考異曰：恩澤侯表，劉歆等十一侯皆云丁酉，獨平晏云丁丑。按十二人同功俱封，是年閏五月甲午朔，無丁丑，表誤。

時廣平相班穉獨不上嘉瑞及歌謠；班穉時相廣平王。漢武帝征和二年，於廣平置平干國。宣帝五鳳二年，復曰廣平。上，時掌翻；下同。琅邪太守公孫閎言災害於公府。甄豐遣屬馳至兩郡，續漢志：大司空掾、屬二十九人，掾比三百石，屬比二百石。杜佑曰：正曰掾，副曰屬。諷吏民，師古曰：遺言祥應而隱除災害。而劾「閎空造不祥，穉絕嘉應，嫉害聖政，皆不道。」劾，戶槩翻。穉，班倢伃弟也。倢伃，音接予。太后曰：「不宣德美，宜與言災害者異罰。且班穉後宮賢家，我所哀也。」師古曰：班倢伃有賢德，故哀閔其家。閎獨下獄，誅。下，遐稼翻。穉懼，上書陳恩謝罪，陳恩者，自陳述世受國恩。願歸相印，入補延陵園郎；園郎，掌守園寢門戶。太后許焉。

7 莽又奏爲市無二賈，師古曰：言純質也。賈，讀曰價。官無獄訟，邑無盜賊，野無飢民，道不拾遺，男女異路之制；犯者象刑。師古曰：白虎通云：象者，其衣服象五刑也。犯墨者蒙。犯劓者以赭著其衣。犯髕者以墨蒙其髕，象而畫之。犯宮者扉。犯大辟者布衣無領。扉，草屨也。髕，音頻忍翻。扉，音扶味翻。

8 莽復奏言：「共王母、丁姬，前不臣妾，師古曰：言不遵臣妾之道。復，扶又翻。共，音恭。冢高與元帝山齊，賈公彥曰：爾雅「山頂，冢」，則山冢之冢；封土爲丘壠曰冢，則冢墓之冢。冢，知隴翻。懷帝太后、皇太太后璽綬以葬。師古曰：懷，謂挾之以自隨也。璽，斯氏翻。綬，音受。請發共王母及丁姬冢，取其璽綬；徙共王母歸定陶，葬共王冢次。」太后以爲既已之事，不須復發。復，扶又翻。莽固爭之，太后詔因故棺改葬之。莽奏：「共王母及丁姬棺皆名梓宮，珠玉之衣，謂之梓宮者，以香梓爲之，言猶生時所居宮室也。珠玉之衣，珠襦玉匣也。非藩妾服。請更以木棺代，更，工衡翻；下同。去珠玉衣；去，羌呂翻。葬丁姬媵妾之次。」奏可。公卿在位皆阿莽指，入錢帛，遣子弟及諸生、四夷凡十餘萬人，操持作具，作具，畚鍤之類。操，七刀翻。助將作掘平共王母、丁姬故冢，二旬間，皆平。莽又周棘其處，以爲世戒云。師古曰：以棘周繞也。又隳壞共皇廟，諸造議者泠褒、段猶【章：甲十六行本「猶」下有「等」字；乙十一行本同；孔本同。】皆徙合浦。褒、猶奏見三十三卷哀帝建平元年。考異曰：師丹傳云：「復免高昌侯宏爲庶人。」按功臣表：建平四年，董宏已死；元壽二年，子武坐父爲佞邪免，不得至今。丹傳誤也。

徵師丹詣公車，賜爵關內侯，食故邑。數月，更封丹爲義陽侯；丹，建平元年罷歸故邑，高樂侯戶邑也。恩澤侯表：義陽侯，國於南陽新野。考異曰：恩澤侯表：「丹，元始三年，二月，癸巳，更爲義陽侯。」胡旦因此幷發傅太后陵、徙泠褒等事俱著之三年。按外戚傳云：「元始五年，莽發共王母及丁姬冢，改葬之。」馬宮傳：「莽發傅太后陵，追誅前議者；宮慙懼，乃乞骸骨。」公卿表：宮以今年八月壬午免。然則褒等徙合浦及丹封侯，皆在今年明矣。按長曆，二月丙申朔，無癸巳。日月必有誤者。月餘，薨。

初，哀帝時，馬宮爲光祿勳，與丞相、御史雜議傅太后謚曰孝元傅皇后。及莽追誅前議者，宮爲莽所厚，獨不及。宮内慙懼，上書言：「臣前議定陶共王母謚，希指雷同，詭經僻說，師古曰：詭，違也。以惑誤主上，爲臣不忠。幸蒙洒心自新，師古曰：洒，音先禮翻。誠無顔復望闕庭，無心復居官府，無宜復食國邑。宮封扶德侯，邑於琅邪贛榆。復，扶又翻。願上太師、大司徒、扶德侯印綬，避賢者路。」上，時掌翻；下同。八月，壬午，莽以太后詔賜宮策曰：「四輔之職，爲國維綱；三公之任，鼎足承君；不有鮮明固守，無以居位。鮮明，猶言精明也。君言至誠，不敢文過，朕甚多之。師古曰：多，猶重也。不奪君之爵邑，其上太師、大司徒印綬使者，上印綬於使者也。以侯就第。」

9莽以皇后有子孫瑞，通子午道，張晏曰：時年十四，始有婦人之道也。子，水；午，火也。水以天一爲牡，火以地二爲牝，故火爲水妃，今通子午以協之。案男八月生齒，八歲毁齒，二八十六陽道通，八八六十四陽道絶。女七月生齒，七歲毁齒，二七十四陰道通，七七四十九陰道絶。從杜陵直絶南山，徑漢中。師古曰：子，北方也。午，南方也。言通南北道相當，故謂之子午耳。今京城直南山有谷通梁、漢道者名子午谷，又宜州西界、慶州東界有山名子午嶺，計南北直相當，此則北山是子，南山是午，共爲子午道。仲馮曰：史文自以從杜陵徑漢中爲子午道耳，顔說非史意也。三秦記：長安正南山名秦嶺，谷名子午，一名樊川，一名御宿。

10泉陵侯劉慶上書師古曰：衆陵節侯賢，長沙定王子。本始四年，戴侯貞定嗣；二十二年薨。黄龍元年、頃侯慶嗣，此則是也。莽傳及翟義傳並云「泉陵」。地理志，泉陵縣屬零陵郡，而表作「衆陵」，表爲誤也。言：「周成王幼小，【章：甲十六行本「小」作「少」；「少」下有「稱孺子」三字；乙十一行本同；孔本同；張校同。】周公居攝。今帝富於春秋，宜令安漢公行天子事，如周公。」羣臣皆曰：「宜如慶言。」

11 時帝春秋益壯，以衛后故，怨不悅。謂衛后不得至京師，其族皆死徙，故不悅。冬，十二月，莽因臘日上椒酒，上，時掌翻。置毒酒中；帝有疾。莽作策，請命於泰畤，願以身代，藏策金縢，置于前殿，敕諸公勿敢言。師古曰：詐依周公爲武王請命作金縢也。書曰：周公納策金縢之匱中。孔安國曰：爲請命之書，藏之於匱，緘之以金，不欲人開之。孔穎達曰：縢，是縛約之名。丙午，帝崩于未央宮。臣瓚曰：帝年九歲即位；即位五年，壽十四。大赦天下。莽令天下吏六百石以上皆服喪三年。奏尊孝成廟曰統宗；孝平廟曰元宗。斂孝平，加元服，斂，力贍翻。葬康陵。臣瓚曰：康陵，在長安北六十里。

班固贊曰：孝平之世，政自莽出，褒善顯功，以自尊盛。觀其文辭，方外百蠻，無思不服，休徵嘉應，頌聲並作；至於變異見於上，見，賢遍翻。民怨於下，莽亦不能文也。如淳曰：不可復文飾也。

12 以長樂少府平晏爲大司徒。

13 太后與羣臣議立嗣。時元帝世絕，而宣帝曾孫有見王五人，王之見在者五人，淮陽王縯、中山王成都、楚王紆、信都王景、東平王開明也。見，賢遍翻。列侯四十八人。廣戚侯顯、陽興侯寄、陵陽侯嘉、高樂侯修、平邑侯閔、平纂侯況、合昌侯輔、伊鄉侯開、就鄉侯不害、膠鄉侯武、宜鄉侯恢、昌城侯豐、樂安侯禹、陶鄉侯恢、釐鄉侯褒、昌鄉侯且、新鄉侯鯉、郚鄉侯光、新城侯武、宜陵侯封、堂鄉侯護、成陵侯由、成陽侯衆、復昌侯休、安陸侯平、梧安侯譽、朝鄉侯充、扶鄉侯普、方城侯宣、當陽侯益、廣城侯疌、春城侯允、呂鄉侯尙、李鄉侯殷、宛鄉侯隆、壽泉侯承、杏山侯遵、嚴鄉侯信、武平侯璜、陵鄉侯曾、武安侯㥅、富陽侯萌、西陽侯偃、桃鄉侯立、栗鄉侯玄成、金鄉侯不害、平通侯且、西安侯漢、湖鄉侯開、重鄉侯少柏，凡五十人。而廣戚侯顯，孺子之父，栗鄉侯玄成，先已免侯，止四十八人耳。師古曰：疌，音竹二翻。㥅，音受。莽惡其長大，惡，烏路翻。長，知兩翻；下同。曰：「兄弟不得相爲後。」乃悉徵宣帝玄孫，選立之。

是月，前煇光謝囂奏武功長孟通浚井得白石，武功縣本屬扶風，莽分屬前煇光。師古曰：浚，抒治之也。囂，音許驕翻。浚，音峻。抒，音直呂翻。上圓下方，有丹書著石，師古曰：著，音直略翻。文曰：「告安漢公莽爲皇帝。」符命之起，自此始矣。莽使羣公以白太后，太后曰：「此誣罔天下，不可施行！」太保舜謂太后曰：「事已如此，無可柰何；沮之，力不能止。沮，慈呂翻。又莽非敢有他，但欲稱攝以重其權，塡服天下耳！」師古曰：塡，音竹刃翻。太后心不以爲可，然力不能制，乃聽許。舜等卽共令太后下詔曰：「孝平皇帝短命而崩，已使有司徵孝宣皇帝玄孫二十三人，差度宜者，師古曰：差度，謂擇也。度，音大各翻。以嗣孝平皇帝之後。玄孫年在襁褓，不得至德君子，孰能安之！安漢公莽，輔政三世，與周公異世同符。今前煇光囂、武功長通上言丹石之符，朕深思厥意，云『爲皇帝』者，乃攝行皇帝之事也。其令安漢公居攝踐祚，如周公故事，祚，位也。具禮儀奏！」於是羣臣奏言：「太后聖德昭然，深見天意，詔令安漢公居攝。臣請安漢公踐祚，服天子韍冕，背斧依立於戶牖之間，背，蒲妹翻。鄭氏曰：斧依，爲斧文屏風。師古曰：依，讀曰扆，音於豈翻。南面朝羣臣，聽政事；朝，直遙翻；下同。車服出入警蹕，民臣稱臣妾，皆如天子之制。郊祀天地，宗祀明堂，共祀宗廟，享祭羣神，贊曰『假皇帝』，師古曰：贊者，謂祭祀之辭。共，音恭。余謂此贊固主於祭祀，若朝會亦有贊者，所謂贊拜、贊謁是也。民臣謂之『攝皇帝』，自稱曰『予』。平決朝事，朝，直遙翻。常以皇帝之詔稱『制』。以奉順皇天之心，輔翼漢室，保安孝平皇帝之幼嗣，遂寄託之義，寄託，謂寄以天下，託以孤幼也。師古曰：遂，成也。隆治平之化。治，直吏翻。其朝見太皇太后、帝皇后皆復臣節。見，賢遍翻。帝皇后，謂平帝后也。復，如字，反也，還也。自施政教於【章：甲十六行本「於」下有「其」字；乙十一行本同；孔本同。】宮家國采，宮者，謂以安漢公第爲宮也。家者，謂其家也。國者，謂其所封新都國也。采，謂以武功縣爲采地，名曰漢光邑也。師古曰：采，官也，以官受地，故謂之采。采，音七在翻，又音七代翻。如諸侯禮儀故事。」太后詔曰：「可。」

王莽上字巨君，孝元皇后之弟子也。莽父曼，祖禁。禁，武帝繡衣御史賀之子也。

居攝元年（丙寅、六）莽既攝政，遂改元爲居攝。

1春，正月，王莽祀上帝於南郊，又行迎春、大射、養老之禮。上無天子，通鑑不得不以王莽繫年。不書假皇帝而直書王莽者，不與其攝也。及其既簒也書莽，不與其簒也。呂后、武后書「太后」，其義亦然。

2三月，己丑，立宣帝玄孫嬰爲皇太子，號曰孺子。亦因周公輔成王，二叔流言曰，「公將不利於孺子」，而爲此號。嬰，廣戚侯顯之子也。楚孝王子勳封廣戚侯，顯則勳之子也。地理志，沛郡有廣戚侯國。年二歲，託以卜相最吉，立之。相，息亮翻。尊皇后曰皇太后。

3以王舜爲太傅、左輔，甄豐爲太阿、右拂，師古曰：拂，讀曰弼。甄邯爲太保、後承；又置四少，秩皆二千石。四少，少師、少傅、少阿、少保也。少，詩照翻。

4四月，安衆侯劉崇師古曰：安衆康侯丹，長沙定王子；崇卽丹玄孫之子也，見王子侯表。地理志，安衆，侯國，屬南陽郡，故宛西鄉也。與相張紹謀曰：「安漢公莽必危劉氏，天下非之，莫敢先舉，此乃宗室之恥也。吾帥宗族爲先，海內必和。」帥，讀曰率。和，戶臥翻。紹等從者百餘人遂進攻宛；宛，南陽郡治所。宛，於元翻。不得入而敗。

紹從弟竦與崇族父嘉詣闕自歸；莽赦弗罪。從，才用翻。竦因爲嘉作奏，爲，于僞翻。稱莽德美，罪狀劉崇：「願爲宗室倡始，師古曰：倡，音先向翻。父子兄弟負籠荷鍤，師古曰：籠，所以盛土。鍤，鍫也。荷，下可翻；又音何。馳之南陽，豬崇宮室，令如古制；古者畔逆之國，既伏其罪，則豬其宮室以爲汙池。師古曰：豬，謂畜水也。及崇社宜如亳社，以賜諸侯，用永監戒！」武王勝殷，分亳社以班諸侯，四牆其社，覆上棧下，使不得通陰陽之氣，所以著亡國之戒也。於是莽大說，說，讀曰悅。封嘉爲率禮侯，嘉子七人皆賜爵關內侯；後又封竦爲淑德侯。長安爲之語曰：「欲求封，過張伯松。師古曰：伯松，張竦之字。力戰鬭，不如巧爲奏。」自後謀反【章：甲十六行本「反」下有「者」字；乙十一行本同；孔本同；張校同。】皆汙池云。師古曰：汙，下也，音烏。

羣臣復白：「劉崇等謀逆者，以莽權輕也；復，扶又翻。宜尊重以塡海內。」塡，竹刃翻。五月，甲辰，太后詔莽朝見太后稱「假皇帝」。朝，直遙翻。見，賢遍翻。

5 冬，十月，丙辰朔，日有食之。

6 十二月，羣臣奏請以安漢公廬爲攝省，府爲攝殿，第爲攝宮。奏可。廬，殿中止宿之舍。府，治事之所。第，所居也。

7 是歲，西羌龐恬、傅幡等師古曰：幡，音敷元翻。怨莽奪其地，反攻西海太守程永；永奔走。莽誅永，遣護羌校尉竇況擊之。

二年（丁卯、七）

1 春，竇況等擊破西羌。

2 五月，更造貨：更，工衡翻。錯刀，一直五千；契刀，一直五百；大錢，一直五十；食貨志：錯刀，以黃金錯，其文曰「一刀直五千」。契刀，其環如大錢，身形如刀，長二寸，文曰「契刀五百」。大錢徑寸二分，重十二銖，文曰「大錢五十」。張晏曰：案今所見契刀、錯刀，形質如大錢，而肉好輪厚，異於此。大錢形如大刀環矣。契刀，身形圓，不長二寸也；其文左曰「契」，右曰「刀」，無「五百」字也。錯刀，則刻之作字也；以黄金填其文，上曰「一」，下曰「刀」。二刀泉，甚不與志相應也。似札單差錯、文字磨滅故耳。師古曰：張説非也。王莽錢刀，今並尚在，形質及文與志相合，無差錯也。索隱曰：錢，本名泉，以貨之流布如泉。布者，言貨流布。刀，以其利於人也。與五銖錢並行，民多盜鑄者。禁列侯以下不得挾黄金，輸御府受直；百官表：少府有御府令、丞。師古曰：御府，主天子衣服。然卒不與直。卒，子恤翻。

3 東郡太守翟義，方進之子也，翟，直格翻。與姊子上蔡陳豐謀曰：地理志，上蔡縣屬汝南郡。「新都侯攝天子位，號令天下，故擇宗室幼稚者以爲孺子，故意爲之曰故。稚，直利翻。依託周公輔成王之義，且以觀望，師古曰：言漸試天下人心。必代漢家，其漸可見。方今宗室衰弱，外無强蕃，天下傾首服從，莫能亢扞國難。亢，口浪翻；禦也。扞，戶幹翻。難，乃旦翻。吾幸得備宰相子，身守大郡，父子受漢厚恩，義當爲國討賊，以安社稷；爲，于僞翻。欲舉兵西，誅不當攝者，選宗室子孫輔而立之。設令時命不成，死國埋名，師古曰：埋名，謂身埋而名立。猶可以不慙於先帝。今欲發之，汝肯從我乎？」豐年十八，勇壯，許諾。義遂與東郡都尉劉宇、嚴鄉侯劉信、信弟武平侯劉璜結謀，信、璜皆東平煬王雲子。嚴鄉、武平二國，蓋皆在東郡。璜，胡光翻。以九月都試日斬觀令，地理志，觀縣屬東郡，本曰畔觀。應劭曰：夏有觀扈；世祖改爲衛公國，以封周後。師古曰：觀，音工喚翻。因勒其車騎、材官士，募郡中勇敢，部署將帥。信子匡時爲東平王，乃并東平兵，立信爲天子；義自號大司馬、柱天大將軍；移檄郡國，言「莽鴆殺孝平皇帝，攝天子位，欲絕漢室。今天子已立，共行天罰！」師古曰：共，讀曰恭。郡國皆震。比至山陽，衆十餘萬。比，必寐翻。

莽聞之，惶懼不能食。太皇太后謂左右曰：「人心不相遠也。師古曰：言所見者同。我雖婦人，亦知莽必以此自危。」莽乃拜其黨、親孫建、劉宏、竇況，莽之黨也。王邑、王駿、王況、王昌，莽之親也。輕車將軍、成武侯孫建爲奮武將軍，光祿勳、成都侯王邑爲虎牙將軍，明義侯王駿爲強弩將軍，春王城門校尉王況爲震威將軍，師古曰：春王，長安城東出北頭第一門也，本名宣平門，莽改名焉。余按漢城門校尉掌十二城門。觀此，則莽改官名，十二城門各置城門校尉。宗伯、忠孝侯劉宏爲奮衝將軍，平帝元始四年，莽更名宗正爲宗伯。中少府、建威侯王昌爲中堅將軍，莽更少府曰共工。此中少府，蓋長樂少府也；以職在宮中，故曰中少府。中郎將、震羌侯竇況爲奮威將軍，凡七人，自擇除關西人爲校尉、軍吏，將關東甲卒，發奔命以擊義焉。校，戶教翻。將，卽亮翻。復以太僕武讓爲積弩將軍，屯函谷關；復，扶又翻；下同。將作大匠蒙鄉侯逯並爲橫壄將軍，屯武關；師古曰：逯，姓也；並，名也。逯，音錄；又音鹿；今東郡有逯姓，二音並得書。本「逯」字，或作「逮」，今河朔有逮姓，自呼音徒戴翻，其義兩通。羲和、紅休侯劉秀爲揚武將軍，屯宛。宛，於元翻。

三輔聞翟義起，自茂陵以西至汧地理志，汧縣屬右扶風，音口堅翻。賢曰：汧故城在隴州汧源縣南。二十三縣，盜賊並發。槐里男子趙朋、霍鴻等自稱將軍，攻燒官寺，殺右輔都尉及斄令，地理志，右輔都尉治郿，郿與斄縣皆屬扶風。斄，周后稷所封邑也。師古曰：斄，與邰同，音胎。相與謀曰：「諸將精兵悉東，京師空，可攻長安！」衆稍多至十餘萬，火見未央宮前殿。見，賢遍翻。莽復拜衞尉王級爲虎賁將軍，賁，音奔。大鴻臚、望鄉侯閻遷爲折衝將軍，西擊朋等。以常鄉侯王惲爲車騎將軍，屯平樂館；樂，音洛。騎都尉王晏爲建威將軍，屯城北；城門校尉趙恢爲城門將軍；皆勒兵自備。以太保、後承、承陽侯甄邯爲大將軍，承陽之承，音烝。受鉞高廟，領天下兵，左杖節，右把鉞，屯城外。王舜、甄豐晝夜循行殿中。行，下孟翻。

莽日抱孺子禱郊廟，會羣臣，稱曰：「昔成王幼，周公攝政，而管、蔡挾祿父以畔。師古曰：祿父，紂子也。父，讀曰甫。今翟義亦挾劉信而作亂。自古大聖猶懼此，況臣莽之斗筲！」師古曰：斗筲，諭材器小也。羣臣皆曰：「不遭此變，不章聖德！」冬，十月，甲子，莽依周書作大誥師古曰：武王崩，周公相成王，而三監及淮夷叛，周公作大誥。莽自比周公，故依倣其事。曰：「粵其聞日，孟康曰：翟義反書上聞日也。師古曰：粵，發語辭。宗室之儁有四百人，孟康曰：諸劉見在者。民獻儀九萬夫，孟康曰：民之表儀，謂賢者也。予敬以終於此謀繼嗣圖功。」師古曰：我用此宗室之儁及獻儀者，共圖謀國事，終成其功。遣大夫桓譚等班行諭告天下，以當反位孺子之意。

諸將東至陳留菑，孟康曰：菑，故戴國，在梁，後屬陳留，今曰考城。陳留風俗傳曰：菑縣，秦之穀縣也，遭漢兵起，邑多菑年，故改曰菑縣。章帝東巡過縣，詔曰：陳留菑縣，其名不善，其改曰考城。與翟義會戰，破之，斬劉璜首。莽大喜，復下詔先封車騎都尉孫賢等五十五人皆爲列侯，即軍中拜授。因大赦天下。於是吏士精鋭遂攻圍義於圉城，十二月，大破之。義與劉信棄軍亡，至固始界中，捕得義，尸磔陳都市；卒不得信。地理志，圉、固始、陳，三縣皆屬淮陽國。賢曰：圉故城在今汴州雍丘縣東南。卒，子恤翻。

始初元年（戊辰、八）是年十一月，莽始改元始初。

1春，地震。大赦天下。

2王邑等還京師，西與王級等合擊趙朋、霍鴻。二月，朋等殄滅，諸縣息平。還師振旅，莽乃置酒白虎殿，勞賜將帥。勞，力到翻。詔陳崇治校軍功，第其高下，治，直之翻。校，古效翻。依周制爵五等，以封功臣爲侯、伯、子、男，凡三百九十五人，曰「皆以奮怒，東指西擊，羌寇、蠻盜，反虜、逆賊，不得旋踵，應時殄滅，天下咸服」之功封云。其當賜爵關内侯者，更名曰附城，又數百人。項安世家說曰：王莽封諸侯，置附城，漢人蓋以城解墉也。古文庸，即墉字，後人加土以別之。不成國者謂之附城，猶今言支郡爲屬城也。余按王制，不能五十里者不達於天子，附於諸侯，曰附庸。鄭註曰：小城曰附庸。附庸者，以國事附於大國。正義曰：庸，城也，謂小國之城不能自通，以其國事附於大國，故曰附庸。項說本諸此。更，工衡翻。莽發翟義父方進及先祖冢在汝南者，燒其棺柩；柩，音舊。夷滅三族，誅及種嗣，種，章勇翻。嗣，祥吏翻。至皆同阬，以棘五毒并葬之。如淳曰：五毒，野葛、狼毒之屬。翟方進，本汝南上蔡人。又取義及趙朋、霍鴻黨衆之尸，聚之通路之旁，濮陽、無鹽、圉、槐里、盩厔凡五所，濮陽、無鹽、圉，義黨之尸也。槐里、盩厔，朋、鴻黨之尸也。盩厔，音舟窒。建表木於其上，師古曰：表者，所以標明也。書曰：「反虜逆賊鱷鯢。」師古曰：鱷鯢，大魚爲害者也；以此比敵人之勇桀者。崔豹古今註：鯨，大者長千里，小者數丈，一生數萬子，常以五六月就岸生子，至七八月導從其子還大海中，鼓浪成雷，噴沫成雨，水族驚畏，一皆逃匿，莫敢當。其雌曰鯢，大者亦長千里。蓋鯨鯢有力，能驅食小魚，故以喻夫強暴而淩弱者。而導從數萬子，跋扈大海中，亦有渠魁之義。鱷，古鯨字，音其京翻。鯢，五奚翻。義等既敗，莽於是自謂威德日盛，【章：甲十六行本「盛」下有「大獲天人之助」六字；乙十一行本同；孔本同；張校同；退齋校同。】遂謀卽眞之事矣。

3 羣臣復奏：進攝皇帝子安、臨爵爲公；復，扶又翻；下同。封兄子光爲衍功侯。光，莽兄永之子。是時莽還歸新都國；莽既居攝，故還歸新都國。羣臣復白以封莽孫宗爲新都侯。宗，宇子也。

4 九月，莽母功顯君死。莽自以居攝踐阼，奉漢大宗之後，爲功顯君緦縗弁而加麻環絰，如天子弔諸侯服。周禮，王爲諸侯緦縗弁而加環絰，同姓則麻，異姓則葛。師古曰：於弁上加環絰也。謂之環者，言其輕細如環之形。記曰：緦麻十五升去其半，有事其縷，無事其布，曰緦。賈公彥曰：凡五服之絰，皆兩股絞之。言環絰，則與絞絰有異矣。謂以麻爲體，又以一股麻爲糾而橫纏之，如環然，故謂之環絰。繚，倉回翻。凡壹弔再會；而令新都侯宗爲主，服喪三年云。

5 司威陳崇莽置司威，以司察百官。奏：莽兄子衍功侯光私報執金吾竇況，令殺人；私報者，私屬之也。霍顯曰：少夫幸報我以事。況爲收繫，致其法。爲，于僞翻。莽大怒，切責光。光母曰：「汝自視孰與長孫、中孫！」長孫、中孫者，宇及獲之字也。獲死見上卷哀帝元壽元年。宇死見上平帝元始三年。師古曰：中，讀曰仲。遂母子自殺，及況皆死。初，莽以事母、養嫂、撫兄子爲名，事見三十一卷成帝永始元年。及後悖虐，復以示公義焉。服虔曰：不舍光罪爲公義。仲馮曰：莽不服母喪，亦以示公義。悖，蒲內翻，又蒲沒翻。令光子嘉嗣爵爲侯。

6 是歲，廣饒侯劉京言齊郡新井，地理志，齊郡有廣饒縣。車騎將軍千人扈雲言巴郡石牛，師古曰：千人，官名，屬車騎將軍。扈，其姓；雲，其名。余按百官表，千人在候、司馬之下。太保屬臧鴻言扶風雍石；漢公府有掾有屬。姓譜：魯孝公之子彄，食采於臧，子孫以爲氏。雍縣屬扶風。雍，音於用翻。莽皆迎受。十一月，甲子，莽奏太后曰：「陛下遇漢十二世三七之阸，三七二百一十年，漢元至是歲二百一十四年。承天威命，詔臣莽居攝。廣饒侯劉京上書言：『七月中，齊郡臨淄縣昌興亭長辛當一暮數夢，曰：「吾，天公使也。使，疏吏翻。天公使我告亭長：【章：甲十六行本「長」下有「曰」字；

乙十一行本同；孔本同。】『攝皇帝當爲眞。』卽不信我，此亭中當有新井。」亭長晨起視亭中，誠有新井，師古曰：誠，實也。入地且百尺。』十一月，壬子，直建冬至，師古曰：壬子之日冬至，而其日當建。巴郡石牛，戊午，雍石文，皆到于未央宮之前殿。臣與太保安陽侯舜等視，天風起，塵冥，風止，得銅符帛圖於石前，文曰：『天告帝符，獻者封侯。』騎都尉崔發等視說。師古曰：視其文而說其意也。孔子曰：『畏天命，畏大人，畏聖人之言。』師古曰：論語所載孔子之言。臣莽敢不承用！臣請共事神祇、宗廟，師古曰：共，讀曰恭。奏言太皇太后、孝平皇后，皆稱『假皇帝』；其號令天下，天下奏言事，毋言『攝』；以居攝三年爲始初元年；考異曰：莽傳作「初始」。荀紀及韋莊美嘉號錄、宋庠紀年通譜皆作「始初」。今從之。漏刻以百二十爲度；用應天命。臣莽夙夜養育隆就孺子，師古曰：隆，長也。成就之，使其長大也。令與周之成王比德，宣明太皇太后威德於萬方，期於富而教之。孺子加元服，復子明辟，如周公故事。」書洛誥：周公拜手稽首曰：朕復子明辟。孔安國註曰：周公盡禮致敬，言我復還明君之政於子。子，成王也。年二十成人，故必歸政。奏可。衆庶知其奉符命，指意羣公【章：甲十六行本「公」作「臣」；乙十一行本同。】博議別奏，以示卽眞之漸矣。

7 期門郎張充等六人謀共劫莽，立楚王。楚王紆，宣帝之曾孫。發覺，誅死。

8 梓潼人哀章師古曰：梓潼，廣漢之縣也。潼，音童。哀姓，章名。姓譜曰：哀姓，以諡爲氏。余按古人以哀爲諡非一，孔子弟子傳有公晳哀，烈士傳有羊角哀，獨不可以爲出於其後乎！學問長安，素無行，好爲大言，行，下孟翻。好，呼到翻。見莽居攝，卽作銅匱，爲兩檢，檢，居掩翻。毛晃曰：檢，書檢，印窠封題也。署其一曰「天帝行璽金匱圖」，其一署曰「赤帝璽某傳予皇【張：「皇」作「黃」。】帝金策書」。予，讀曰與。某者，高皇帝名也。書言王莽爲眞天子，皇太后如天命。圖書皆書莽大臣八人，又取令名王興、王盛，章因自竄姓名，師古曰：竄，謂厠著也。凡十一人，皆署官爵，爲輔佐。章聞齊井、石牛事下，下，遐稼翻。卽日昏時，衣黃衣，時衣，於既翻。持匱至高廟，以付僕射。高廟有令、有僕射。僕射以聞。戊辰，莽至高廟拜受金匱神禪，師古曰：言有神命，使漢禪位於莽也。御王冠，王者之冠也。謁太后，還坐未央宮前殿，下書曰：「予以不德，託于皇初祖考黃帝之後，皇始祖考虞帝之苗裔，詳見下卷。而太皇太后之末屬。皇天上帝隆顯大佑，成命統序，符契、圖文、金匱策書，神明詔告，屬予以天下兆民。師古曰：屬，委付也，音之欲翻。赤帝漢氏高皇帝之靈，承天命，傳【章：甲十六行本「傳」下有「國」字；乙十一行本同；孔本同。】金策之書，予甚祗畏，敢不欽受！以戊辰直定，師古曰：以建除之次，其日當定。御王冠，卽眞天子位，定有天下之號曰新。因新都國以定號也。其改正朔，易服色，變犧牲，殊徽幟，異器制。師古曰：徽幟，通謂旌旗之屬也。幟，音式志翻。以十二月朔癸酉爲始建國元年正月之朔；以雞鳴爲時。以十二月爲正，以丑時爲十二時之始也。服色配德上黃，犧牲應正用白，以土繼火，故尚黃。萬物紐牙於丑，其色白，故應正用白。

使節之旄幡皆純黃，其署曰『新使五威節』，以承皇天上帝威命也。」使，疏吏翻。

莽將即眞，先奉諸符瑞以白太后，太后大驚。是時以孺子未立，璽臧長樂宮。璽，即傳國璽。臧，古藏字通。及莽即位，請璽，太后不肯授莽。莽使安陽侯舜諭指。舜素謹敕，太后雅愛信之。舜既見太后，太后知其爲莽求璽，爲，于僞翻。怒罵之曰：「而屬父子宗族，師古曰：而，汝也。蒙漢家力，富貴累世，既無以報，受人孤寄，乘便利時奪取其國，師古曰：孤寄，言以孤寄托之。不復顧恩義。人如此者，狗豬不食其餘，師古曰：言惡賤。天下豈有而兄弟邪！言天下無此等人，謂其全無人心也。一曰：言天下將共誅之，不復有兄弟存也。且若自以金匱符命爲新皇帝，師古曰：若，亦汝也。變更正朔、服制，更，工衡翻。亦當自更作璽，傳之萬世，何用此亡國不祥璽爲，而欲求之！我漢家老寡婦，旦暮且死，欲與此璽俱葬，終不可得！」太后因涕泣而言，旁側長御以下皆垂涕。長御，太后旁側常侍者。舜亦悲不能自止，良久，乃仰謂太后：「臣等已無可言者。師古曰：言不可諫止。莽必欲得傳國璽，太后寧能終不與邪！」太后聞舜語切，恐莽欲脅之，乃出漢傳國璽投之地，以授舜曰：「我老已死，知【章：甲十六行本「知」作「如」；乙十一行本同。】而兄弟今族滅也！」舜既得傳國璽，奏之；莽大說，乃爲太后置酒未央宮漸臺，說，讀曰悅。爲，于僞翻。師古曰：未央殿西南有蒼池，池中有漸臺。黃圖曰：漸，浸也。言爲池水所漸。漸，讀曰沾。大縱衆樂。

莽又欲改太后漢家舊號，易其璽綬，恐不見聽；而莽疏屬王諫欲諂莽，上書言：「皇天廢去漢而命立新室，去，羌呂翻。太皇太后不宜稱尊號，當隨漢廢，以奉天命。」莽以其書白太后，太后曰：「此言是也！」師古曰：恚忿之辭也。莽因曰：「此誖德之臣也，師古曰：誖，乖也；音布內翻。罪當誅！」於是冠軍張永獻符命銅璧文，冠軍，屬南陽郡。服虔曰：銅璧，如璧形，以銅爲之。冠，古玩翻。言太皇太后當爲新室文母太皇太后；莽乃下詔從之。於是鴆殺王諫而封張永爲貢符子。

班彪贊曰：三代以來，王公失世，稀不以女寵。及王莽之興，由孝元后歷漢四世爲天下母，饗國六十餘載，羣小【章：甲十六行本「小」作「弟」；乙十一行本同；退齋校同；張校同，云無註本亦作「小」。】世權，更持國柄；載，子亥翻。更，工衡翻。五將、十侯，師古曰：五將者，鳳、音、商、根、莽皆爲大司馬。十侯者，陽平頃侯禁、禁子敬侯鳳、安成侯崇、平阿侯譚、成都侯商、紅陽侯立、曲陽侯根、高平侯逢時、安陽侯音、新都侯莽也。一曰：鳳嗣禁爲侯，不當重數，而十人者，淳于長卽其一也。卒成新都。卒，子恤翻。位號已移於天下，而元后卷卷猶握一璽，師古曰：卷，音其圓翻。惓惓，忠謹之意。余謂此云卷卷，猶眷戀也。不欲以授莽，婦人之仁，悲夫！

容肇祖標點顧頡剛聶崇岐覆校

資治通鑑卷第三十七

翰林學士朝散大夫右諫議大夫知制誥兼侍講同提舉萬壽觀公事
兼判集賢院上護軍河內郡開國侯食邑一千三百户賜紫金魚袋臣　司馬光　奉敕編集

後　學　天　台　胡三省　音　註

漢紀二十九起屠維大荒落（己巳），盡閼逢閹茂（甲戌），凡六年。

王莽中

始建國元年（己巳、九）

1春，正月，朔，去年十二月莽改元，以十二月爲歲首。通鑑不書，不與其改正朔也。莽帥公侯卿士奉皇太后璽韍帥，讀曰率。璽，斯氏翻。師古曰：韍，謂璽之組；音弗。上太皇太后，順符命，去漢號焉。上，時掌翻。去，羌呂翻。

初，莽娶故丞相王訢孫宜春侯咸女爲妻，師古曰：王訢爲丞相，初封宜春侯，傳爵至孫咸。恩澤侯表：宜春侯，國於汝南。立以爲皇后；生四男，宇、獲前誅死，安頗荒忽，師古曰：荒，音呼廣翻。乃以臨爲皇太子，安爲新嘉辟。師古曰：辟，君也。謂之辟者，取爲國君之義。辟，音璧。封宇子六人皆爲公。千爲功隆公，壽爲功明公，吉爲功成公，宗爲功崇公，世爲功昭公，利爲功著公。大赦天下。

莽乃策命孺子爲定安公，封以萬户，地方百里；立漢祖宗之廟於其國，與周後並行其正朔、服色；此皆空言耳。以孝平皇后爲定安太后。讀策畢，莽親執孺子手，流涕歔欷師古曰：歔，音虛。欷，音許氣翻，又音希。曰：「昔周公攝位，終得復子明辟；今予獨迫皇天威命，不得如意！」哀嘆良久。中傅將孺子下殿，北面而稱臣。漢諸侯王國，有太傅、中傅：太傅秩二千石，中傅則在宮中傅王者耳。賢曰：前書音義曰：中傅，宦者也。百僚陪位，莫不感動。

又按金匱封拜輔臣：哀章所獻金匱圖、金策書也。以太傅、左輔王舜爲太師，封安新公；大司徒平晏爲太傅，就新公；少阿、羲和劉秀爲國師，嘉新公；廣漢梓潼哀章爲國將，美新公；梓潼縣，時屬廣漢郡。將，即亮翻；下同。是爲四輔，位上公。太保、後承甄邯爲大司馬，承新公；丕進侯王尋爲大司徒，章新公；步兵將軍王邑爲大司空，隆新公；是爲三公。太阿、右拂、大司空甄豐爲更始將軍，廣新公；京兆王興爲衞將軍，奉新公；輕車將軍孫建爲立國將軍，成新公；京兆王盛爲前將軍，崇新公；是爲四將。凡十一公。王興者，故城門令史；城門令史，事城門校尉，掌文書。王盛者，賣餅；釋名：餅，併也，溲麥使合并也。蒸餅、湯餅之屬，隨形而名之。莽按符命求得此姓名十餘人，兩人容貌應卜相，相，息亮翻。徑從布衣登用，以示神焉。

是日，封拜卿大夫、侍中、尚書官凡數百人，諸劉爲郡守者皆徙爲諫大夫。改明光宮爲定安館，定安太后居之；以大鴻臚府爲定安公第；皆置門衛使者監領。臚，陵如翻。監，工銜翻。敕阿乳母不得與嬰語，常在四壁中，孟康曰：令定安公居四壁中，不得有所見。漢官典職曰：省中皆胡粉壁，紫素界之，畫古烈士。釋名曰：壁，辟也，辟禦風寒也。至於長大，不能名六畜；長，知兩翻。六畜，牛、馬、羊、犬、豕、雞也。養之曰畜；用之曰牲。畜，音許救翻。後莽以女孫宇子妻之。莽長男宇之子，則女孫也。妻，七細翻。

莽策命羣司各以其職，如典誥之文。置大司馬司允、大司徒司直、大司空司若，位皆孤卿。師古曰：允，信也。若，順也。余按古之三孤位六卿，爵秩同六卿曰孤卿。更名大司農曰羲和，後更爲納言；更，工衡翻；下同。大理曰作士；太常曰秩宗；大鴻臚曰典樂；少府曰共工；師古曰：共，音恭。水衡都尉曰予虞；皆放唐、虞建官也。與三公司卿分屬三公。司卿，卽司允、司直、司若。置二十七大夫，八十一元士，分主中都官諸職。又更光祿勳等名爲六監，皆上卿。光祿勳曰司中，太僕曰太御，衞尉曰太衞，執金吾曰奮武，中尉曰軍正。又置大贅官，主乘輿服御物；後又典兵。改郡太守曰大尹，都尉曰大尉，縣令、長曰宰；守，式又翻。長，知兩翻。長樂宮曰常樂室，樂，音洛。長安曰常安；其餘百官、宮室、郡縣盡易其名，不可勝紀。勝，音升。

封王氏齊縗之屬爲侯，齊，音咨。縗裳而緶其下。縗，倉回翻。大功爲伯，小功爲子，緦麻爲男；其女皆爲任。師古曰：任，充也。男服之義，男亦任也；音壬。男以「睦」，女以「隆」爲號焉。師古曰：睦、隆，皆其受封邑之號，取嘉名也。

又曰：「漢氏諸侯或稱王，至於四夷亦如之，違於古典，繆於一統。王大一統。王者，有天下之號也。諸侯及四夷稱之，非古也。繆，戾也。其定諸侯王之號皆稱公，及四夷僭號稱王者皆更爲侯。」於是漢諸侯王三【章：十二行本「三」作「二」；乙十一行本同；孔本同；退齋校同。】十二人皆降爲公，王子侯者百八十一人皆降爲子，其後皆奪爵焉。考異曰：諸侯王表，皆云「莽篡位，貶爲公。明年，廢。」王子侯表但云「絕」，或云「免」，皆在今年。按明年立國將軍建奏諸劉爲諸侯者以戶多少就五等之差，亦不云奪爵也。後漢城陽王祉傳云：「劉氏侯者皆降爲子，後奪爵。」不知奪在幾年。

2莽又封黃帝、少昊、顓頊、帝嚳、堯、舜、夏、商、周及皋陶、伊尹之後皆爲公、侯，使各奉其祭祀。姚恂爲初睦侯，奉黃帝後。梁護爲脩遠伯，奉少昊後。皇孫功隆公千，奉帝嚳後。劉歆爲初烈伯，奉顓頊後。國師劉歆子疊爲伊休侯，奉堯後。嬀昌爲始睦侯，奉虞帝後。山遵爲褒謀侯，奉皋陶後。伊玄爲褒衡子，奉伊尹後。周後衛公姬黨更封爲章平公。殷後宋公孔弘更封爲章昭侯。夏後遼西如豐封爲章功侯。

3莽因漢承平之業，府庫百官之富，百蠻賓服，天下晏然，莽一朝有之，其心意未滿，未滿，未饜足也。陿小漢家制度，欲更爲疏闊。欲變改制度以從古也。陿，與狹同。更，工衡翻。乃自謂黃帝、虞舜之後，至齊王建孫濟北王安失國，齊人謂之王家，因以爲氏；故以黃帝爲初祖，虞帝爲始祖。追尊陳胡公爲【章：十二行本「爲」作「曰」；乙十一行本同；孔本同。】陳胡王，田敬仲爲田敬王，【章：十二行本「爲田」二字作「曰齊」二字；乙十一行本同；孔本同。】濟北王安爲【章：十二行本「爲」作「曰」；乙十一行本同；孔本同。】濟北愍王。以黃帝之後分爲有虞氏，有虞之後封於陳，田敬仲自陳奔齊，爲田氏，田安之後爲王家故也。濟，子禮翻。立祖廟五，親廟四。天下姚、嬀、陳、田、王五姓皆爲宗室，世世復，無所與。復，方目翻。與，讀曰豫；下其復同。封陳崇、田豐爲侯，以奉胡王、敬王後。

天下牧、守皆以前有翟義、趙朋等作亂，事見上卷居攝元年。守，式又翻；下同。領州郡，懷忠孝，封牧爲男，守爲附城。

以漢高廟爲文祖廟。師古曰：欲法舜受終于文祖。漢氏園寢廟在京師者，勿罷，祠薦如故。諸劉勿解其復，復，方目翻。各終厥身；州牧數存問，數，所角翻。勿令有侵冤。

4 莽以劉之爲字「卯、金、刀」也，詔正月剛卯、金刀之利皆不得行，服虔曰：剛卯，以正月卯日作，佩之，長三寸，廣一寸，四方，或用玉，或用金，或用桃，著革帶佩之。今有玉在者，銘其一面曰：「正月剛卯。」金刀，莽所鑄之錢也。晉灼曰：剛卯，長一寸，廣五分，四方，當中央從穿作孔，以采絲茸，其底如冠纓頭蕤，刻其上面作兩行書，文曰：「正月剛卯既央，靈殳四方，青赤白黃，四色是當。帝令祝融，以教夔、龍，庶疫剛癉，莫我敢當！」其一銘曰：「疾日嚴卯，帝令夔化，順爾固伏，化茲靈殳，既正既直，既觚既方，庶疫剛癉，莫我敢當！」師古曰：今往往有土中得玉剛卯者，案大小及文，服說是也。莽以劉字上有「卯」，下有「金」，旁有「刀」，故禁剛卯及金刀也。余按劉字上本從「丣」，莽以「丣」字近「卯」，故云爾。乃罷錯刀、契刀孔穎達曰：古文有刀，刀有二種：一是契刀，一是錯刀。契刀直五百；錯刀直一千。契刀無鏤而錯刀用金鏤之。刀形如錢而邊作刀字形也，故世猶呼錢爲錢刀。

及五銖錢，更作小錢，更，工衡翻。徑六分，重一銖，文曰「小錢直一」，與前「大錢五十」者爲二品，並行。欲防民盜鑄，乃禁不得挾銅、炭。

5夏，四月，徐鄉侯劉快結黨數千人起兵於其國。師古曰：快，膠東恭王子也。而王子侯表作「炔」，從「火」，與此不同。疑表誤也。快兄殷，故漢膠東王，時爲扶崇公。快舉兵攻即墨，即墨，膠東國都。殷，膠東康王寄玄孫之子也。殷閉城門，自繫獄。吏民距快；快敗走，至長廣死。地理志，長廣縣，屬琅邪郡。莽赦殷，益其國滿萬戶，地方百里。

6莽曰：「古者一夫田百畝，什一而稅，孟子曰：周人百畝而徹。此言周制也。則國給民富而頌聲作。秦壞聖制，廢井田，見二卷周顯王十九年。壞，音怪。是以兼幷起，貪鄙生，強者規田以千數，弱者曾無立錐之居。又置奴婢之市，與牛馬同蘭，師古曰：蘭，謂遮蘭之，若牛馬蘭圈也。制於民臣，顓斷其命，繆於『天地之性人爲貴』之義。孝經：孔子曰：天地之性人爲貴。斷，丁亂翻。減【章：十二行本「減」上有「漢氏」二字；乙十一行本同；孔本同；張校同；退齋校同。】輕田租，三十而稅一，常有更賦，罷癃咸出；師古曰：更，音工衡翻。罷，讀曰疲。癃，音隆。晉灼曰：雖老病者皆復出口算。而豪民侵陵，分田劫假。師古曰：分田，謂貧者無田而取富人田耕種，共分其所收也。假，亦謂貧人賃富人之田也。劫者，富人劫奪其稅，侵欺之也。厥名三十稅一，實什稅五也。故富者犬馬餘菽粟，驕而爲邪；貧者不厭糟糠，窮而爲姦；俱陷于辜，刑用不錯。師古曰：錯，置也；音千故翻。今更名天下田曰『王田』，奴婢曰『私屬』，更，工衡翻；下同。皆不得賣買。其男口不盈八而田過一井者，分餘田予九族、鄰里、鄉黨。予，讀曰與。故無田、今當受田者，如制度。敢有非井田聖制、無法惑衆者，投諸四裔，以禦魑魅，師古曰：魑，山神也。魅，老物精也。魑，音螭。魅，音媚。如皇始祖考虞帝故事！」舜投四凶於四裔，以禦魑魅。

7 秋，遣五威將王奇等十二人五威將，分左、右、前、後、中帥，衣冠、車服、駕馬各如其方面色數。將，卽亮翻。帥，所類翻；下同。班符命四十二篇於天下：德祥五事，符命二十五，福應十二。五威將奉符命，齎印綬，王侯以下及吏官名更者，師古曰：更，改也。外及匈奴、西域、徼外蠻夷，徼，吉弔翻；下同。皆卽授新室印綬，因收故漢印綬。大赦天下。

五威將乘乾文車，鄭氏曰：畫天文於車也。駕坤六馬，鄭氏曰：坤，爲牝馬。六，地數。背負鷩鳥之毛，服飾甚偉。師古曰：鷩鳥，雉屬，卽鵕鸃也；今俗呼云山雞，非也。鷩，音鼈。每一將各置五帥，將持節，帥持幢。帥，所類翻。幢，傳江翻，旛也。其東出者至玄菟、樂浪、高句驪、夫餘；菟，音塗。樂浪，音洛琅。陸德明曰：句，俱付翻，又音駒。驪，力支翻。師古曰：夫，音扶。范曄曰：武帝滅朝鮮，開高句驪爲縣，使屬玄菟；其人有五部，在遼東之東千里。夫餘在玄菟北千里，東明之後也。高句驪，朱蒙之後，以高爲氏。南出者隃徼外，歷益州，改句町王爲侯；徼外，邊徼之外。益州，武帝所置益州郡也。昭帝時，姑繒、葉榆夷反，句町侯亡波擊反者有功，立爲王。隃，與踰同。徼，工釣翻。句町，音劬挺。西出【章：十二行本「出」下均有

「者」字；乙十一行本同；孔本同。】**至西域，盡改其王爲侯；北出至匈奴庭，授單于印，改漢印文，去璽言**【章：十二行本「言」作「曰」；乙十一行本同。】**章。**印，符也，信也，亦因也，封物相因付。漢官儀曰：諸侯王，黃金橐駝鈕，文曰璽。列侯，黃金龜鈕，文曰章。御史大夫，金印；中二千石，銀印，龜鈕，文曰章。千石至四百石皆銅印，文曰印。爲莽以更印綬撓亂四夷張本。去，羌呂翻。璽，斯氏翻。

8 **冬，雷，桐華。**

9 **以統睦侯陳崇爲司命，主司察上公以下。又以說符侯崔發等爲中城、四關將軍，主十二城門及繞霤、羊頭、肴黽、汧隴之固，**中城將軍，主十二城門。四關將軍，分主繞霤、羊頭、肴黽、汧隴四處。三輔黃圖：長安城東出南頭第一門曰霸城門，莽改曰仁壽門；第二門曰清明門，莽曰宣德門；東出北頭第一門曰宣平門，莽曰春王門；南出東頭第一門曰覆盎城門，莽曰更清門；第二門曰安門，莽曰光禮門；第三門曰便門，莽曰信平門；西出南頭第一門曰章城門，莽曰萬秋門；第二門曰直城門，莽曰正道門；第三門曰雍門，莽曰章儀門；北出東頭第一門曰洛門；第二門曰廚城門，莽曰建子城門；第三門曰橫門。服虔曰：繞霤，隘險之道。師古曰：謂之繞霤者，言四面阸塞，其道屈曲，谿谷之水回繞而霤也；其處卽今之商州界七盤、十二繞是也。霤，音力救翻。羊頭，山名，在上黨長子縣。肴，肴山也；黽，黽池也：皆在陝縣之東也。汧，扶風汧縣，有吳山、汧水之阻。隴，謂隴坻也。汧、隴相連。黽，彌兗翻。汧，口堅翻。坻，丁禮翻。**皆以五威冠其號。**冠，古玩翻。

10 **又遣諫大夫五十人分鑄錢於郡國。**

11 **是歲，眞定、常山大雨雹。**雨，于具翻。

二年（庚午、一〇）

1春，二月，赦天下。

2五威將帥七十二人還奏事，漢諸侯王爲公者悉上璽綬爲民，上，時掌翻。無違命者。獨故廣陽王嘉以獻符命，廣陽王嘉，燕王旦之玄孫。魯王閔以獻神書，中山王成都以獻書言莽德，皆封列侯。

班固論曰：昔周封國八百，同姓五十有餘，所以親親賢賢，關諸盛衰，深根固本，爲不可拔者也。故盛則周、召相其治，致刑錯；相，息亮翻。治，直吏翻。錯，千故翻。衰則五伯扶其弱，與共守；師古曰：伯，讀曰霸。此五霸，謂齊桓、宋襄、秦穆、晉文、吳子夫差也。天下謂之共主，如淳曰：雖至微弱，猶共以之爲主。強大弗之敢傾。師古曰：言諸侯雖強大，不敢傾滅周也。歷載八百餘年，數極德盡，降爲庶人，用天年終。謂赧王也。秦訕笑三代，竊自號爲皇帝，而子弟爲匹夫，內無骨肉本根之輔，外無尺土藩翼之衞；陳、吳奮其白梃，應劭曰：白梃，大杖也。孟子曰：可使制梃以撻秦、楚，是也。師古曰：梃，音徒鼎翻。劉、項隨而斃之。故曰，周過其曆，秦不及期，國勢然也。應劭曰：武王克商，卜世三十，卜年七百；今乃三十六世，八百六十七年，此謂過其曆者也。秦以諡法少，恐後世相襲，自稱始皇帝，子曰二世，欲以一迄萬；今至子而亡，此之謂不及期也。

漢興之初，懲戒亡秦孤立之敗，於是尊王子弟，王，于況翻。大啓九國。自鴈門以東盡遼陽，爲燕、代；師古曰：遼陽，遼水之陽也。常山以南，太行左轉，渡河、濟，漸于海，爲齊、趙；師古曰：太行，山名也。左轉，亦謂自太行而東也。漸，入也，一曰：浸也。濟，子禮翻。漸，音子廉翻，亦讀如字。穀、泗以往，奄有龜、蒙，爲梁、楚；晉灼曰：水經云：泗水出魯國卞縣。臣瓚曰：穀，在彭城，泗之下流爲穀水。師古曰：奄，覆也。龜、蒙，二山名。東帶江、湖，薄會稽，爲荆、吳；文穎曰：即今吳也。高祖六年爲荆國，十六年更名吳。師古曰：荆、吳同是一國。薄，伯各翻。會，工外翻。北界淮瀕，略廬、衡，爲淮南；師古曰：瀕，水厓也。廬、衡，二山名。波漢之陽，亙九嶷，爲長沙。鄭氏曰：波，音陂澤之陂。孟康曰：亙，竟也；音古贈翻。師古曰：波漢之陽者，循漢水而往也。水北曰陽。波，音彼皮翻，又音彼義翻。九嶷，山名，有九峯，在零陵營道。嶷，音疑。諸侯比境，周匝三垂，外接胡、越。師古曰：比，謂相次也。三垂，謂東、北、南也。比，音頻寐翻，接連也。天子自有三河、東郡、潁川、南陽，自江陵以西至巴、蜀，北自雲中至隴西，與京師、內史，凡十五郡；公主、列侯頗邑其中。師古曰：十五郡中，又往往有列侯、公主之邑。而藩國大者夸州兼郡，連城數十，宮室、百官同制京師，可謂矯枉過其正矣。師古曰：夸，音跨。枉，曲也。正曲曰矯，言矯秦孤立之敗而大封子弟，過於強盛，以至失其中也。雖然，高祖創業，日不暇給，孝惠享國又淺，高后女主攝位，而海內晏如，亡狂狡之憂，卒折諸呂之難，亡，古無字通。卒，子恤翻。難，乃旦翻；下同。成太宗之業者，亦賴之於諸侯也。然諸侯原本以大末，流濫以致溢，小者淫荒越法，大者睽孤横逆以害身喪國，師古曰：睽孤，乖剌之意。睽，音工攜翻。横，户孟翻。喪，息浪翻。故文帝分齊、趙，事見十四卷文帝二年，又見十六年。景帝削吴、楚，事見十六卷景帝三年。武帝下推恩之令而藩國自析。事見十八卷武帝元朔二年。自此以來，齊分爲七，師古曰：謂齊、城陽、濟北、濟南、甾川、膠西、膠東也。趙分爲六，謂趙、平原、眞定、中山、廣川、河間也。梁分爲五，師古曰：謂梁、濟川、濟東、山陽、濟陰也。淮南分爲三。師古曰：謂淮南、衡山、廬江。皇子始立者，大國不過十餘城。長沙、燕、代雖有舊名，皆亡南北邊矣。如淳曰：長沙之南更置郡，燕、代以北更置緣邊郡，其所有饒利，兵馬、器械，三國皆失之也。亡，古無字通；下同。景遭七國之難，抑損諸侯，減黜其官。師古曰：謂改丞相曰相，省御史大夫、廷尉、少府、宗正、博士，損大夫、謁者、諸官長、丞員等也。武有衡山、淮南之謀，事見十九卷武帝元朔五年及元狩元年。作左官之律，服虔曰：仕於諸侯爲左官，絶不使得仕於王侯也。應劭曰：人道尚右，今舍天子而仕諸侯，故謂之左官也。師古曰：左官，猶言左道也，蓋僻左不正，應説是也。漢時依上古法，朝廷之列，以右爲尊，故謂降秩者爲左遷，仕諸侯者爲左官。設附益之法；張晏曰：律鄭氏説，封諸侯過限曰附益。或曰：阿媚王侯，有重法也。師古曰：附益者，蓋取孔子云「求也爲之聚斂而附益之」之義也，皆背正法而厚於私家也。諸侯惟得衣食稅租，不與政事。與，讀曰預。至於哀、平之際，皆繼體苗裔，親屬疏遠，師古曰：言非始封之君，皆其後裔也，故於天子益疏遠矣。生於帷牆之中，不爲士民所尊，勢與富室亡異。而本朝短祚，【章：十二行本「祚」作「世」；乙十一行本同；孔本同。】國統三絶。師古曰：謂成、哀、平皆早崩，又無繼嗣。亡，古無字通。是故王莽知漢中外殫微，師古曰：殫，盡也，音單。本末俱弱，無所忌憚，生其姦心，因母后之權，假伊、周之稱，顓作威福廟堂之上，不降階序而運天下。師古曰：序，謂東西廂。詐謀既成，遂據南面之尊，分遣五威之吏，馳傳天下，傳，知戀翻。班行符命；漢諸侯王厥角稽首，應劭曰：厥者，頓也。角者，額角也。稽首，首至地也。言王莽漸漬威福日久，亦值漢之單弱，王侯見莽篡弑，莫敢怨望，皆厥角稽首至地而上其璽綬也。晉灼曰：厥，猶豎也。叩頭則額角豎。師古曰：應說是也。奉上璽韍，惟恐在後，或乃稱美頌德以求容媚，豈不哀哉！

3 國師公劉秀言：「周有泉府之官，收不售，與欲得，師古曰：言賣不售者，官收取之；無而欲得者，官出與之。即易所謂『理財正辭，禁民爲非』者也。」易下繫辭曰：理財正辭，禁民爲非，曰義。莽乃下詔曰：「周禮有賒貸，師古曰：周禮泉府之職曰：凡賒者，祭祀無過旬日，喪紀無過三月。凡人之貸者，與其有司辨而授之，以國服爲之息。謂以祭祀、喪紀故，從官賒買物，不過旬日及三月而償之。其從官貸物者，以共其所屬吏，定價而後與之，各以其國服事之稅而輸息。謂若受園廛之田而貸萬錢者，一朞之月，出息五百。貸，音土戴翻。樂語有五均，鄧展曰：樂語，樂元語，河間獻王所傳，道五均事。臣瓚曰：其文云：「天子取諸侯之土，以立五均，則市無二價，四民常均，強者不得困弱，富者不得要貧，則公家有餘，恩及小民矣。」傳記各有筦焉。筦，古緩翻。今開賒貸、張五均、設諸筦者，所以齊衆庶，抑幷兼也。」遂於長安及洛陽、邯鄲、臨菑、宛、成都立五均司市、錢府官。司市常以四時仲月定物上中下之賈，邯鄲，音寒丹。宛，於元翻。師古曰：賈，讀曰價；下同。各爲其市平。民賣五穀、布帛、絲綿之物不售者，均官考檢厥實，用其本賈取之；物貴過平一錢，則以平賈賣與民；賤減平者，聽民自相與市。又民有乏絕欲賒貸者，錢府予之；予，讀曰與。每月百錢收息三錢。

又以周官稅民，凡田不耕爲不殖，出三夫之稅；城郭中宅不樹藝者爲不毛，師古曰：樹藝，謂種樹果木及菜蔬。出三夫之布；民浮游無事，出夫布一疋；其不能出布者宂作，縣官衣食之。師古曰：宂，散也，音人勇翻。衣，音於旣翻。食，讀曰飤。諸取金、銀、連、錫、鳥、獸、魚、鱉於山林、水澤孟康曰：連，錫之別名也。李奇曰：鉛錫。應劭曰：連，似銅。師古曰：孟、李二說皆非也。許愼曰：鏈，銅屬也；一曰：丱也。鏈，抽延翻，又陵延翻。及畜牧者，畜，許六翻。嬪婦桑蠶、織紝、紡績、補縫，師古曰：機縷曰紝，音人禁翻。工匠、醫、巫、卜、祝及他方技，商販、賈人，皆各自占所爲於其所之，技，渠綺翻。賈，音古。占，之贍翻；下同。之，往也。縣官除其本，計其利十分之，而以其一爲貢；敢不自占、自占不以實者，盡沒入所采取而作縣官一歲。

羲和魯匡復奏請榷酒酤，復，扶又翻。榷，古岳翻。酤，音故。莽從之。又禁民不得挾弩、鎧，犯者徙西海。

4 初，莽既班四條於匈奴，四條見三十五卷平帝元始二年。後護烏桓使者告烏桓民，毋得復與匈奴皮布稅。匈奴遣使者責稅，護烏桓使者，卽護烏桓校尉。范曄曰：烏桓自爲冒頓所破，常臣伏匈奴，歲輸牛馬羊皮；過時不具，輒沒其妻子。武帝遣霍去病擊破匈奴左地，因徙烏桓於上谷、漁陽、右北平、遼西、遼東五郡塞外；後置護烏桓校尉，秩二千石，擁節監領之。師古曰：故時常稅，是以求之。收烏桓酋豪，縛，倒懸之。酋豪兄弟怒，共殺匈奴使。酋，慈由翻。單于聞之，發左賢王兵入烏桓，攻擊之，頗殺人民，敺婦女弱小且千人去，置左地，敺，讀曰驅。告烏桓曰：「持馬畜皮布來贖之！」烏桓持財畜往贖，匈奴受，留不遣。師古曰：受其財畜而留人不遣。

及五威將【章：十二行本「將」下有「帥」字；乙十一行本同；孔本同；退齋校同。】王駿等六人至匈奴，六人，一將、五帥也。重遺單于金帛，遺，于季翻；下同。諭曉以受命代漢狀，因易單于故印。故印文曰「匈奴單于璽」；莽更曰「新匈奴單于章」。師古曰：新者，莽自係其國號。更，工衡翻。將率既至，率，讀與帥同，所類翻。授單于印紱，紱，音弗。詔令上故印綬。上，時掌翻；下同。綬，音受。單于再拜受詔。譯前，欲解取故印紱，譯，通中國之語於匈奴者也。單于舉掖授之。左姑夕侯蘇從旁謂單于曰：蘇者，姑夕侯之名。「未見新印文，宜且勿與。」單于止，不肯與。請使者坐穹廬，單于欲前爲壽。奉酒爲使者壽。五威將曰：「故印紱當以時上。」單于曰：「諾。」復舉掖授譯，復，扶又翻；下同。蘇復曰：「未見印文，且勿與。」單于曰：「印文何由變更！」更，工衡翻。遂解故印紱奉上將帥，受著新紱，著，陟略翻。不解視印。飲食至夜，乃罷。右帥陳饒謂諸將帥曰：「曏者姑夕侯疑印文，幾令單于不與人。幾，居希翻。如令視印，見其變改，必求故印，此非辭說所能距也。既得而復失之，辱命莫大焉！不如椎破故印以絕禍根。」將帥猶與，莫有應者。師古曰：與，讀曰豫。饒，燕士，果悍，師古曰：果，決也。悍，勇也。悍，音胡幹翻；又下罕翻。卽引斧椎壞之。壞，音怪；下同。明日，單于果遣右骨都侯當白將帥曰：「漢單于印言『璽』不言『章』，又無『漢』字；諸王已下乃有『漢』，言『章』。言諸王已下印文有「漢」字，最下文言「章」字。今去『璽』加『新』，言去「璽」字爲「章」字，又加「新」字也。去，羌呂翻。與臣下無別。言無所別異也。別，彼列翻。願得故印。」將帥示以故印，謂曰：「新室順天制作，故印隨將帥所自爲破壞。單于宜承天命，奉新室之制！」當還白，單于知已無可奈何，又多得賂遺，卽遣弟右賢王輿奉馬牛隨將帥入謝，因上書求故印。將帥還【章：十二行本「還」下有「到」字；乙十一行本同；孔本同；張校同。】左犂汗王咸所居地，見烏桓民多，以問咸；咸具言狀。具言前所以略烏桓民之狀。將帥曰：「前封四條，不得受烏桓降者。亟還之！」降，戶江翻。咸曰：「請密與單于相聞，得語，歸之。」謂得單于遺歸之語，然後歸之也。單于使咸報曰：「當從塞內還之邪，從塞外還之邪？」將帥不敢顓決，以聞。詔報：「從塞外還之。」莽悉封五威將爲子，帥爲男；獨陳饒以破璽之功，封威德子。饒，帥也，以功爲子。單于始用夏侯藩求地，有拒漢語，見三十二卷成帝綏和元年。後以求稅烏桓不得，因寇掠其人民，釁由是生，重以印文改易，故怨恨；重，直用翻。乃遣右大且渠蒲呼盧訾等十餘人且，子余翻。訾，子斯翻。將兵衆萬騎，以護送烏桓爲名，勒兵朔方塞下，師古曰：陽云護送烏桓人，實來爲寇。朔方太守以聞。莽以廣新公甄豐爲右伯，莽以符命分陝，立二伯，豐爲右伯，平晏爲左伯。當出西域。車師後王須置離聞之，憚於供給煩費，謀亡入匈奴；都護但欽召置離，斬之。但姓，欽名。置離兄輔國侯狐蘭支將置離衆二千餘人，亡降匈奴；車師國有輔國侯，猶相也；擊胡侯，猶將也。將，卽亮翻。降，戶江翻。單于受之，遣兵與狐蘭支共入寇，擊車師，殺後城長，後城，卽車師後王城也。長，知兩翻。傷都護司馬，及狐蘭兵復還入匈奴。匈奴兵旣殺傷漢吏，復與狐蘭支兵還入匈奴也。

時戊己校尉刁護病，姓譜：刁，齊大夫豎刁之後。余按豎刁，寺人，安得有後。史記貨殖傳有刁間。校，戶校翻。史陳良、終帶、司馬丞韓玄、右曲候任商史，校尉之史也。司馬丞，司馬之丞也。右曲候，軍分左右部，部下有曲，曲有候。相與謀曰：「西域諸國頗背叛，背，蒲妹翻。匈奴大【章：十二行本「大」上有「欲」字；乙十一行本同；孔本同。】侵，要死，可殺校尉，帥人衆降匈奴。」如淳曰：言匈奴來侵，會當死耳，可降匈奴也。師古曰：要，音一妙翻。言要之必死也。帥，讀曰率。遂殺護及其子男、昆弟，盡脅略戊己校尉吏士男女二千餘人入匈奴。單于號良、帶曰烏賁都尉。師古曰：賁，音奔。考異曰：匈奴傳云「烏桓都將軍」，西域傳云「烏賁都尉」，今從之。

5 冬，十一月，立國將軍孫建奏：「九月，辛巳，陳良、終帶自稱廢漢大將軍，亡入匈奴。廢漢，言漢氏已廢滅也。孫建之言云爾。又今月癸酉，不知何一男子遮臣建車前，自稱『漢氏劉子輿，成帝下妻子也。師古曰：下妻，猶言小妻。劉氏當復，趣空宮！』師古曰：復，音扶福翻。趣，讀曰促。收繫男子，卽常安姓武字仲。莽改長安曰常安。皆逆天違命，大逆無道。漢氏宗廟不當在常安城中，及諸劉當與漢俱廢。陛下至仁，久未定，前故安衆侯劉崇等更聚衆謀反，劉崇事見上卷居攝元年。更反，謂崇敗後劉信、劉快又起兵。師古曰：更，音工衡翻。今狂狡之虜復依託亡漢，復，扶又翻。至犯夷滅連未止者，此聖恩不蚤絕其萌芽故也。臣請漢氏諸廟在京師者皆罷；諸劉爲吏者皆【章：十二行本「皆」下有「罷」字；乙十一行本同；孔本同；張校同；退齋校同。】待除於家。」師古曰：罷黜其職，各使退歸，而言在家待遷除。莽曰：「可。」嘉新公、國師以符命爲予四輔，明德侯劉龔、率禮侯劉嘉等考異曰：燕王旦傳：「廣陽王嘉封扶美侯」，莽傳云「率禮侯劉嘉」，未知其改封或別一人也。今從莽傳。余按率禮侯劉嘉，安衆侯劉崇之族父也，事見上卷居攝元年。凡三十二人，皆知天命，或獻天符，或貢昌言，或捕告反虜，厥功茂焉。諸劉與三十二人同宗共祖者，勿罷，賜姓曰王。」唯國師公以女配莽子，故不賜姓。國師公秀女愔，配莽之子臨。

6定安公太后自劉氏之廢，常稱疾不朝會。朝，直遙翻。時年未二十，莽敬憚傷哀，欲嫁之，乃更號曰黃皇室主，師古曰：莽自謂土德，故云黃皇室主，若漢之稱公主。余謂室主，若言未嫁在室者也。更，工衡翻；下同。欲絕之於漢；令孫建世子盛飾，將醫往問疾。后大怒，鞭笞其傍侍御，因發病，不肯起。莽遂不復強也。漢孝平王后，周天元楊后，猶有婦人內夫家、外父母家之意。然夷考二后本末，天元楊后不逮孝平后也。復，扶又翻。強，其兩翻。

7十二月，雷。

8莽恃府庫之富，欲立威匈奴，乃更名匈奴單于曰「降奴服于」，降，戶江翻。下詔遣立國將軍孫建等率十二將分道並出：五威將軍苗訢、姓譜引風俗通曰：楚大夫伯棼之後，賁皇奔晉，食采於苗，因而氏焉。訢，音欣。虎賁將軍王況出五原；厭難將軍陳欽、震狄將軍王巡出雲中；師古曰：厭，音一涉翻。難，乃旦翻。振武將軍王嘉、平狄將軍王萌出代郡；相威將軍李棽、鎮遠將軍李翁出西河；相，息亮翻。師古曰：棽，音所林翻。誅貉將軍楊俊、討濊將軍嚴尤出漁陽；貉，音陌，莫百翻。濊，音穢。奮武將軍王駿、定胡將軍王晏出張掖；及偏裨以下百八十人，募天下囚徒、丁男、甲卒三十萬人，轉輸衣裘、兵器、糧食，自負海江、淮至北邊，使者馳傳督趣，以軍興法從事。言事誅斬也。傳，知戀翻。趣，讀曰促。先至者屯邊郡，須畢具乃同時出；窮追匈奴，內之丁令。師古曰：逐之，遣入丁零也。令，音零。分其國土人民以爲十五，立呼韓邪子孫十五人皆爲單于。

9 莽以錢幣訖不行，復下書曰：「寶貨皆重則小用不給，皆輕則僦載煩費；復，扶又翻；下同。師古曰：僦，送也，一曰：賃也，音子就翻。輕重大小各有差品，則用便而民樂。」樂，音洛。於是更作金、銀、龜、貝、錢、布之品，名曰寶貨。更，工衡翻。錢貨六品，小錢徑六分，重一銖，名曰小錢直一；次七分，三銖，曰幺錢一十；次八分，五銖，曰幼錢二十；次九分，七銖，曰中錢三十；次一寸，九銖，曰壯錢四十；因前大錢五十，爲六品。師古曰：幺，音一遙翻。金貨一品，黄金一斤，直錢萬，是爲一品。銀貨二品，朱提銀重八兩，爲一流，直一千五百八十；他銀一流，直千：是爲二品。師古曰：朱，音殊。提，音上支翻。龜貨四品，元龜，岠冉長尺二寸，直二千一百六十；公龜九寸，直五百；侯龜七寸以上，直三百；子龜五寸以上，直百：是爲四品。孟康曰：冉，龜甲緣也。岠，至也。度背兩邊緣，尺二寸也。元者，大也。貝貨五品，大貝，四寸八分以上，二枚爲一朋，直二百一十六；壯貝，三寸六分以上，一朋直五十；幺貝，二寸四分以上，一朋直三十；小貝，寸二分以上，一朋直十；不盈寸二分漏度，不得爲朋，率枚直錢三，是爲五品。貝，紫貝也。布貨十品，大布、次布、弟布、壯布、中布、差布、厚布、幼布、幺布、小布。小布長寸五分，重十五銖，文曰小布一百。自小布以上各相長一分，相重一銖，文各爲其布名，直各加一百。上至大布，長二寸四分，重一兩，而直千錢矣。師古曰：布亦錢耳；謂之布者，言其分布流行也。凡寶貨五物、六名、二十八品。鑄作錢布，皆用銅，殽以連、錫。百姓潰亂，「潰」，漢書作「憒」。【章：十二行本正作「憒」；孔本同。】其貨不行。莽知民愁，乃但行小錢直一與大錢五十，二品並行；龜、貝、布屬且寢。盜鑄錢者不可禁，乃重其法，一家鑄錢，五家坐之，沒入爲奴婢。吏民出入持錢，以副符傳，不持者廚傳勿舍，關津苛留。師古曰：舊法，行者持符傳，卽不稽留。今更令持錢，與符相副，乃得過也。廚，行道飲食處。傳，置驛之舍也。苛，問也。傳，音張戀翻。苛，音何。公卿皆持以入宮殿門，欲以重而行之。是時百姓便安漢五銖錢，以莽錢大小兩行，難知，又數變改，不信，數，所角翻。皆私以五銖錢市買；訛言大錢當罷，莫肯挾。莽患之，復下書：「諸挾五銖錢、言大錢當罷者，比非井田制，投四裔！」及坐賣買田宅、奴婢、鑄錢，自諸侯、卿大夫至于庶民，抵罪者不可勝數。勝，音升。於是農商失業，食貨俱廢，民人至涕泣於市道。

10 莽之謀篡也，吏民爭爲符命，皆得封侯。其不爲者相戲曰：「獨無天帝除書乎？」司命陳崇白莽曰：「此開姦臣作福之路而亂天命，宜絕其原。」莽亦厭之，遂使尚書大夫趙並驗治，莽分九卿，每一卿置三大夫。尚書大夫，蓋屬共工也。治，直之翻。非五威將帥所班，皆下獄。下，遐稼翻。

初，甄豐、劉秀、王舜爲莽腹心，唱導在位，褒揚功德；安漢、宰衡之號及封莽母、兩子、兄子，事並見上卷。皆豐等所共謀，而豐、舜、秀亦受其賜，並富貴矣，非復欲令莽居攝也。復，扶又翻；下同。居攝之萌，出於泉陵侯劉慶、前煇光謝囂、事見上卷元始五年。周申伯邑於謝，其後子孫以謝爲氏。長安令田終術。事不見於史。莽羽翼已成，意欲稱攝，豐等承順其意；莽輒復封舜、秀、豐等子孫以報之。豐等爵位已盛，心意既滿，又實畏漢宗室、天下豪桀；而疏遠欲進者並作符命，莽遂據以即眞，謂哀章等也。疏，與疎同。舜、秀内懼而已。豐素剛強，莽覺其不說，故託符命文，徙豐爲更始將軍，說，讀曰悅。更，工衡翻。與賣餅兒王盛同列；豐父子默默。時子尋爲侍中、京兆大尹、茂德侯，即作符命：新室當分陝，立二伯，以豐爲右伯，太傅平晏爲左伯，如周、召故事。師古曰：自陝以東，周公主之；自陝以西，召公主之。陝，即今陝州，是其地也。伯，長也。陝，音式冉翻。召，讀曰邵。莽即從之，拜豐爲右伯。當述職西出，未行，尋復作符命，言故漢氏平帝后黄皇室主爲尋之妻。莽以詐立，心疑大臣怨謗，欲震威以懼下，因是發怒曰：「黄皇室主天下母，此何謂也！」收捕尋。尋亡，豐自殺。尋隨方士入華山，華山，在華陰縣南。華，戶化翻。歲餘，捕得，辭連國師公秀子【章：十二行本「子」下有「侍中」二字；乙十一行本同；孔本同。】隆威侯棻、師古曰：棻，亦分字也；音扶云翻。棻弟右曹、長水校尉、伐虜侯泳、大司空邑弟左關將軍、掌威侯奇莽置左關將軍，主函谷。及秀門人侍中、騎都尉丁隆等，牽引公卿黨、親、列侯以下，死者數百人。乃流棻于幽州，放尋于三危，殛隆于羽山，師古曰：放舜之罰共工等也。皆驛車【章：十二行本「車」下有「載」字；乙十一行本同；孔本同。】傳致其屍【章：十二行本作「其屍傳致」；乙十一行本同；孔本同。】云。傳，知戀翻。

11 是歲，莽始興神仙事，以方士蘇樂言，起八風臺，臺成萬金；師古曰：費直萬金也。又種五粱禾於殿中，師古曰：五色禾也。谷永所云耕耘五德者也。晉灼曰：翼氏風角：五德，東方甲，南方丙，西方庚，北方壬，中央戊。種五色禾於此地而耕耘也。氾勝之曰：粱，是秫粟。先以寶玉漬種，煮鶴髓、瑇瑁、犀、玉二十餘物，取汁以漬種。種，章勇翻。計粟斛成一金。

三年（辛未、一一）

1 遣田禾將軍趙並發戍卒屯田五原、北假，以助軍糧。

2 莽遣中郎將藺苞、副校尉戴級將兵萬騎，多齎珍寶至雲中塞下，招誘呼韓邪【章：十二行本「邪」下有「單于」二字；乙十一行本同；孔本同。】諸子，欲以次拜爲十五單于。苞、級使譯出塞，誘呼左【章：十二行本「左」作「右」；乙十一行本同；孔本同；退齋校同。】犂汙王咸、咸子登、助三人至。誘，音酉。至則脅拜咸爲孝單于，助爲順單于，皆厚加賞賜；傳送助、登長安。傳，張戀翻。莽封苞爲宣威公，拜爲虎牙將軍；封級爲揚威公，拜爲虎賁將軍。單于聞之，怒曰：「先單于受漢宣帝恩，不可負也。先單于，謂呼韓邪單于。今天子非宣帝子孫，何以得立！」遣左骨都侯、右伊秩訾王呼盧訾及左賢王樂將兵入雲中益壽塞，大殺吏民。訾，子斯翻。是後，單于歷告左右部都尉、即左右大都尉也。諸邊王諸王庭近漢邊者。入塞寇盜，大輩萬餘，中輩數千，少者數百，殺鴈門、朔方太守、都尉，略吏民畜產，不可勝數，勝，音升。緣邊虛耗。

是時諸將在邊，以大衆未集，未敢出擊匈奴。討濊將軍嚴尤諫曰：濊，音穢。「臣聞匈奴爲害，所從來久矣，未聞上世有必征之者也。後世三家周、秦、漢征之，然皆未有得上策者也。周得中策，漢得下策，秦無策焉。當周宣王時，獫狁内侵，至于涇陽；地理志，安定郡有涇陽縣。賢曰：涇陽故城，在今原州平涼縣南。命將征之，盡境而還。其視戎狄之侵，譬猶蝱蝱，敺之而已，蝱，古蚊字。蝱，音盲。敺，與驅同。故天下稱明，是爲中策。漢武帝選將練兵，約齎輕糧，師古曰：約，少也。少齎衣裝。深入遠戍，雖有克獲之功，胡輒報之。兵連禍結三十餘年，中國罷耗，匈奴亦創艾，師古曰：罷，讀曰疲；耗，損也。創，音初向翻。艾，讀曰乂。而天下稱武，是爲下策。秦始皇不忍小恥而輕民力，築長城之固，延袤萬里，師古曰：袤，長也，音茂。轉輸之行，起於負海；疆境既完，中國内竭，以喪社稷，是爲無策。喪，息浪翻。今天下遭陽九之厄，比年饑饉，比，毗至翻。西北邊尤甚。發三十萬衆，具三百日糧，東援海、代，師古曰：援，音爰，引也。余謂「代」，當作「岱」，岱山也。南取江、淮，然後乃備。計其道里，一年尚未集合，兵先至者聚居暴露，師老械弊，勢不可用，此一難也。邊既空虛，不能奉軍糧，内調郡國，不相及屬，此二難也。師古曰：調，發也，音徒釣翻。屬，音之欲翻。計一人三百日食，用糒十八斛，糒，音備，乾飯也。非牛力不能勝；勝，音升。牛又自當齎食，加二十斛，重矣；胡地沙鹵，多乏水草，以往事揆之，軍出未滿百日，牛必物故且盡，餘糧尚多，人不能負，此三難也。胡地秋冬甚寒，春夏甚風，多齎釜鍑、薪炭，重不可勝，師古曰：鍑，釜之大口者也，音富。勝，音升。食糒飲水，以歷四時，糒，音備。師有疾疫之憂，是故前世伐胡不過百日，非不欲久，勢力不能，此四難也。輜重自隨，則輕銳者少，不得疾行，虜徐遁逃，勢不能及。幸而逢虜，又累輜重；謂幸而逢虜，得與之戰，又爲輜重所累也。重，直用翻。累，力瑞翻。如遇險阻，銜尾相隨，師古曰：銜，馬銜也。尾，馬尾也。言前後單行，不得並驅。虜要遮前後，危殆不測，此五難也。要，讀曰邀。大用民力，功不可必立，臣伏憂之！今既發兵，宜縱先至者，令臣尤等深入霆擊，且以創艾胡虜。」師古曰：請率見到之兵且以擊虜。艾，音乂。莽不聽尤言，轉兵穀如故，天下騷動。

咸既受莽孝單于之號，馳出塞歸庭，具以見脅狀白單于；單于更以爲於粟置支侯，匈奴賤官也。漢書，「粟」作「栗」。後助病死，莽以登代助爲順單于。

吏士屯邊者所在放縱，而內郡愁於徵發，民棄城郭，始流亡爲盜賊，并州、平州尤甚。并州部太原、上黨、上郡、西河、朔方、五原、雲中、定襄、鴈門等郡。余按此時未有平州；漢末公孫度自號平州牧，魏始分幽州置平州。「平」字誤也。莽令七公、六卿號皆兼稱將軍，七公，四輔及三公也。六卿，羲和、作士、秩宗、典樂、共工、予虞。遣著武將軍逯並等鎮名都，中郎將、繡衣執法各五十五人，分鎮緣邊大郡，督大姦猾擅弄兵者。皆乘便爲姦於外，撓亂州郡，師古曰：撓，音火高翻；其字從手，下同。貨賂爲市，侵漁百姓。莽下書切責之曰：「自今以來，敢犯此者，輒捕繫，以名聞！」然猶放縱自若。北邊自宣帝以來，數世不見煙火之警，謂匈奴款塞之後也。人民熾盛，牛馬布野；及莽撓亂匈奴，與之搆難，難，乃旦翻。邊民死亡係獲，數年之間，北邊虛空，野有暴骨矣。暴，步卜翻。

3 太師王舜自莽篡位後，病悸寖劇，死。師古曰：心動曰悸。寖，漸也。悸，音葵季翻。

4 莽爲太子置師、友各四人，秩以大夫。以故大司徒馬宮等爲師疑、傅丞、阿輔、保拂，是爲四師；馬宮爲師疑，宗伯鳳爲傅丞，袁聖爲阿輔，王嘉爲保拂也。師古曰：拂，讀曰弼。故尚書令唐林等爲胥附、奔走、先後、禦侮，是爲四友。唐林爲胥附，李充爲奔走，趙襄爲先後，廉丹爲禦侮。走，讀曰奏。先，悉薦翻。後，胡茂翻。又置師友、侍中、諫議、六經祭酒各一人，凡九祭酒，秩皆上卿。師友、侍中、諫議三祭酒，并六經六祭酒，爲九祭酒。

遣使者奉璽書、印綬、安車、駟馬迎龔勝，即拜爲師友祭酒。師古曰：就家迎之，因拜官。璽，斯氏翻。使者與郡太守、縣長吏、三老、官屬、行義、諸生千人以上入勝里致詔。龔勝，楚人，史逸其所居縣。百官表：縣令、丞、尉爲長吏。師古曰：行義，謂鄉邑有行義之人。諸生，學徒也。行，下孟翻。使者欲令勝起迎，久立門外。勝稱病篤，爲牀室中戶西、南牖下，師古曰：牖，窗也。於戶之西，室之南牖下也。東首加朝服拖紳。師古曰：拖，引也。臥著朝衣，故云加。引大帶於體也。論語稱孔子疾，君視之，東首加朝服拖紳，故放之也。首，守又翻。拖，音吐賀翻。使者付璽書，奉印綬，內安車、駟馬，進謂勝曰：「聖朝未嘗忘君，制作未定，待君爲政；思聞所欲施行，以安海內。」勝對曰：「素愚，加以年老被病，命在朝夕，隨使君上道，師古曰：示若尊敬使者，故謂之使君。被，皮義翻。必死道路，無益萬分！」使者要說，師古曰：要，音一遙翻。說，音式芮翻。至以印綬就加勝身；勝輒推不受。推，吐雷翻。使者上言：「方盛夏暑熱，勝病少氣，少，詩沼翻。可須秋涼乃發。」師古曰：須，待也。有詔許之。使者五日壹與太守俱問起居，爲勝兩子及門人高暉等言：爲，于僞翻。「朝廷虛心待君以茅土之封，雖疾病，宜移動至傳舍，傳，知戀翻。示有行意；必爲子孫遺大業。」大業，謂封邑也。暉等白使者語，勝自知不見聽，卽謂暉等：「吾受漢家厚恩，無以報；今年老矣，旦暮入地，誼豈以一身事二姓，下見故主哉！」勝因敕以棺斂喪事：敕，誡也。師古曰：棺，音工喚翻。斂，音力贍翻。「衣周於身，棺周於衣。勿隨俗動吾冢、種柏、作祠堂！」師古曰：若葬多設器備，則恐被掘，故云動吾冢也。亦不得種柏及作祠堂，皆不隨俗。貢父曰：勝意謂一葬之後，更不隨俗動冢土、種柏、作祠堂。語畢，遂不復開口飲食。復，扶又翻。積十四日死。死時，七十九矣。

是時清名之士，又有琅邪紀逡、齊薛方、太原郇越、郇相，師古曰：逡，音千旬翻。郇，音荀，又音胡頑翻。今郇、荀二姓並有之，俱稱周武王之後也。沛唐林、唐尊，皆以明經飭行顯名於世。師古曰：飭，謹也。行，下孟翻。紀逡、兩唐皆仕莽，封侯，貴重，歷公卿位。唐林數上疏諫正，有忠直節。唐尊衣敝、履空，師古曰：衣，音於既翻。著敝衣，躡空履也。空，穿也。被虛僞名。師古曰：被，音皮義翻。郇相爲莽太子四友，病死，莽太子遺使裞以衣衾，師古曰：贈喪衣服曰裞；音式芮翻；其字從衣。其子攀棺不聽，曰：「死父遺言：『師友之送，勿有所受！』今於皇太子得託友官，故不受也。」京師稱之。莽以安車迎薛方，方因使者辭謝曰：「堯、舜在上，下有巢、由。巢父、許由也。今明主方隆唐、虞之德，小臣欲守箕山之節。」張晏曰：許由隱於箕山，在陽城，有許由祠。使者以聞。莽說其言，說，讀曰悅。不強致。強，其兩翻。

初，隃麋郭欽爲南郡太守，師古曰：隃麋，扶風之縣也。隃，音踰。杜陵蔣詡爲兗州刺史，姓譜：周公之子封於蔣，後以爲氏。亦以廉直爲名。莽居攝，欽、詡皆以病免官，歸鄉里，臥不出戶，卒於家。哀、平之際，沛國陳咸以律令爲尚書。中興之後，沛方爲國。此由范史以後來所見書之也。陳咸，後漢陳寵之曾祖也。莽輔政，多改漢制，咸心非之；及何武、鮑宣死，事見上卷平帝元始三年。咸歎曰：「易稱『見幾而作，不俟終日。』易下繫之辭也。幾，居希翻。吾可以逝矣！」卽乞骸骨去職。及莽篡位，召咸爲掌寇大夫；掌寇大夫，當屬作士。咸謝病不肯應。時三子參、欽、豐皆在位，咸悉令解官歸鄉里，閉門不出入，猶用漢家祖臘。人問其故，咸曰：「我先人豈知王氏臘乎！」悉收斂其家律令、書文，壁藏之。按三十二卷成帝綏和元年，陳咸以淳于長事，廢歸故郡，以憂死。咸，沛郡相人也。此書沛國陳咸，本之後漢書陳寵傳。光武始改沛郡爲沛國，二陳咸雖同居沛，各是一人。又，齊栗融、北海禽慶、蘇章、禽，姓也。墨子弟子有禽滑釐，又有碎首禽息。山陽曹竟，皆儒生，去官，不仕於莽。

班固贊曰：春秋列國卿大夫及至漢興將相名臣，耽【章：十二行本「耽」上有「懷祿」二字；乙十一行本同；孔本同；張校同；退齋校同。】寵以失其世者多矣，師古曰：言不能去。是故清節之士，於是爲貴；然大率多能自治而不能治人。治，直之翻。王、貢之材，優於龔、鮑。守死善道，勝實蹈焉。師古曰：論語孔子曰：守死善道。今龔勝不受莽官，蹈斯迹也。貞而不諒，薛方近之。師古曰：論語孔子曰：君子貞而不諒。謂君子之人，正其道耳，言不必信也。薛方引避亂朝，詭引巢、許爲諭，近此義。近，其靳翻。郭欽、蔣詡，好遯不汙，絕紀、唐矣。師古曰：欽、詡不仕於莽，遯逃濁亂，不汙其節；殊於紀逡及兩唐。好，呼到翻。通鑑書龔勝之死，遂及一時人士，又書班固之論，其爲監也，不亦昭乎！

5 是歲，瀕河郡蝗生。

6 河決魏郡，泛清河以東數郡。先是，莽恐河決爲元城冢墓害；莽曾祖賀以下冢墓在魏郡元城。先，悉薦翻。及決東去，元城不憂水，故遂不堤塞。塞，悉則翻。

四年（壬申、一二）

1 春，二月，赦天下。

2 厭難將軍陳欽、震狄將軍王巡上言：「捕得虜生口驗問，言虜犯邊者皆孝單于咸子角所爲。」莽乃會諸夷，斬咸子登於長安市。

3大司馬甄邯死。甄，之人翻。邯，戶甘翻。

4莽至明堂，下書：「以洛陽爲東都，常安爲西都。邦畿連體，各有采、任。男食邑於畿內曰采；女食邑於畿內曰任。師古曰：采，采服也。任，男服也。州從禹貢爲九；爵從周氏爲五。禹貢冀、兗、青、徐、揚、豫、荊、雍、梁，凡九州。周爵公、侯、伯、子、男，凡五等。諸侯之員千有八百，八州，州二百一十國，并畿內凡千七百七十三國。言千八百國，舉成數也。附城之數亦如之，以俟有功。諸公一同，地方百里曰同。有衆萬戶；其餘以是爲差。今已受封者，公侯以下凡七百九十六人，附城千五百五【章：十二行本「五」作「一」；乙十一行本同；孔本同。】十一人；以圖簿未定，未授國邑，且令受奉都內，奉，讀曰俸。都內，積錢之府，屬大司農。月錢數千。」諸侯皆困乏，至有傭作者。

5莽性躁擾，不能無爲，躁，則到翻。每有所興造，動欲慕古，不度時宜，度，徒洛翻。制度又不定；吏緣爲姦，天下謷謷，陷刑者衆。師古曰：謷謷，衆口愁聲，音敖。莽知民愁怨，乃下詔：「諸食王田，皆得賣之，勿拘以法。犯私買賣庶人者，且一切勿治。」治，直之翻。然他政誖亂，刑罰深刻，賦斂重數，猶如故焉。誖，蒲內翻。數，所角翻。

6初，五威將帥出西南夷，改句町王爲侯，王邯怨怒不附。師古曰：邯，句町王之名也，音下甘翻。莽諷牂柯大尹周歆詐殺邯。牂柯，音臧哥。考異曰：西南夷傳作「周欽」。莽傳作「周歆」，今從之。邯弟承起兵殺歆，州郡擊之，不能服。莽又發高句驪兵擊匈奴；高句驪不欲行，郡強迫，皆亡出塞，因犯法爲寇。強，其兩翻。遼西大尹田譚追擊之，爲所殺。州郡歸咎於高句驪侯騶，嚴尤奏言：「貉人犯法，不從騶起；貉，與貊同，莫百翻。後漢書，句驪，一名貊耳。正有他心，宜令州郡且尉安之。師古曰：假令騶有惡心，亦當且慰安。今猥被以大罪，師古曰：猥，多也，厚也。被，加也，音皮義翻。余謂猥，積也，曲也。恐其遂畔，夫餘之屬必有和者。和，胡臥翻。匈奴未克，夫餘、濊貉復起，此大憂也。」後漢書：濊與句驪同種，言語法俗大抵相類，各有部界。復，扶又翻。莽不尉安，濊貉遂反；詔尤擊之。尤誘高句驪侯騶至而斬焉，傳首長安。騶，側尤翻。莽大說，更【章：十二行本「更」上有「下書」二字；乙十一行本同；孔本同；退齋校同。】名高句驪爲下句驪。說，讀曰悅。更，工衡翻；下同。於是貉人愈犯邊，東、北與西南夷皆亂。東，濊貊；北，匈奴也。莽志方盛，以爲四夷不足吞滅，專念稽古之事，復下書：「以此年二月東巡狩，具禮儀調度。」復，扶又翻；調，徒弔翻。既而以文母太后體不安，且止待後。

7 初，莽爲安漢公時，欲諂太皇太后，以斬郅支功奏尊元帝廟爲高宗，事見上卷元始四年。太后晏駕後，當以禮配食云。及莽改號太后爲新室文母，絕之於漢，不令得體元帝，墮壞孝元廟，師古曰：夫婦一體也。墮，毀也，音火規翻。壞，音怪。更爲文母太后起廟；獨置孝元廟故殿以爲文母篹食堂，置，捨也，留也。孟康曰：篹，音撰。晉灼曰：篹，具也。既成，名曰長壽宮，以太后在，故未謂之廟。莽置酒長壽宮，請太后。既至，見孝元廟廢徹塗地，太后驚泣曰：「此漢家宗廟，皆有神靈，與何治而壞之！師古曰：與，讀曰預。言此何罪於汝，無所干預，何爲毀壞之！壞，音怪。且使鬼神無知，又何用廟爲！如令有知，我乃人之妃妾，豈宜辱帝之堂以陳餽食哉！」釋名：吳人謂祭爲餽。私謂左右曰：「此人慢神多矣，能久得祐乎！」祐，福也。神，助也。飲酒不樂而罷。樂，音洛。自莽篡位後，知太后怨恨，求所以媚太后者無不爲，然愈不說。說，讀曰悅。莽更漢家黑貂著黃貂；孟康曰：侍中所著貂也，莽改漢制服黃。更，音工衡翻。著，音陟略翻。又改漢正朔、伏臘日。太后令其官屬黑貂；至漢家正、臘日，獨與其左右相對飲食。

五年（癸酉、一三）

1春，二月，文母皇太后崩，年八十四；葬渭陵，與元帝合，而溝絕之。如淳曰：葬於司馬門內，作溝絕之。新室世世獻祭其廟；元帝配食，坐於牀下。莽爲太后服喪三年。爲，于僞翻。

2烏孫大、小昆彌遣使貢獻。莽以烏孫國人多親附小昆彌，見匈奴諸邊並侵，意欲得烏孫心，乃遣使者引小昆彌使坐大昆彌使上。使，疏吏翻；下同。師友祭酒滿昌劾奏使者曰：「夷狄以中國有禮誼，故詘而服從。劾，戶槩翻。詘，與屈同。大昆彌，君也。今序臣使於君使之上，非所以有夷狄也。奉使大不敬！」莽怒，免昌官。師友祭酒，龔勝不肯就而滿昌爲之。鳳皇翻于千仞，烏鳶彈射不去，非虛言也。

3西域諸國以莽積失恩信，焉耆先叛，焉耆國，治員渠城，去長安七千三百里。殺都護但欽；西域遂瓦解。

4 十一月，彗星出，二十餘日，不見。彗，祥歲翻，旋芮翻，又徐醉翻。見，賢遍翻。

5 是歲，以【章：十二行本「以」下有「犯」字；乙十一行本同；孔本同。】挾銅炭者多，除其法。

6 匈奴烏珠留單于死，用事大臣右骨都侯須卜當，史記正義：匈奴須卜氏，掌獄訟。即王昭君女伊墨居次云之壻也。云常欲與中國和親，又素與伊【章：十二行本「伊」作「於」；乙十一行本同；退齋校同。】栗置支侯咸厚善，云於咸，咸季父也。見咸前後爲莽所拜，故遂立咸爲烏累若鞮單于。師古曰：累，音力追翻。烏累單于咸立，以弟輿爲右【章：十二行本「右」作「左」；乙十一行本同。】谷蠡王。谷，音鹿。蠡，鹿奚翻。烏珠留單于子蘇屠胡本爲左賢王，後更謂之護于，烏珠留單于以左賢王數死，不祥，更易命左賢王爲護于。欲傳以國。咸怨烏珠留單于貶己號，乃貶護于爲左屠耆王。

天鳳元年（甲戌、一四）

1 春，正月，赦天下。

2 莽下詔：「將以是歲四仲月徧行巡狩之禮，太官齎糒、乾肉，內者行張坐臥；乾，音干。內者令，時屬共工。續漢志：內者令，掌布張諸衣物。師古曰：張坐臥者，謂帷帳茵席也。所過毋得有所給。師古曰：言自齎食及帷帳，以行在路所經過，不須供費也。俟畢北巡狩之禮，即于土中居洛陽之都。」羣公奏言：「皇帝至孝，新遭文母之喪，顔色未復，飲食損少；今一歲四巡，道路萬里，春秋尊，非糒、乾肉之所能堪。且無巡狩，須闋大服，以安聖體。」師古曰：闋，盡也；音口決翻。莽從之，要期以天鳳七年巡狩；厥明年，即土之中，遣太傅平晏、大司空王邑之洛陽營相宅兆，相，息亮翻。宅，居也。壇域、塋界皆曰兆。圖起宗廟、社稷、郊兆云。

3 三月，壬申晦，日有食之。大赦天下。以災異策大司馬逯並就侯氏朝位，免官，以侯爵就朝位。朝，直遥翻。太傅平晏勿領尚書事。以利苗男訢爲大司馬。如淳曰：利苗，邑名。訢，音欣。莽即眞，尤備大臣，抑奪下權，朝臣有言其過失者，輒拔擢。孔仁、趙博、費興等以敢擊大臣，故見信任，洪氏隸釋曰：余家所收姓氏文字粗備；以諸書參攷，頗多牴牾不合。姓苑云：費氏，禹後，音父位翻。李利涉編古命氏云：費氏出自魯桓公少子季友，受邑於費。元和姓纂：費氏，亦音祕。姓林云：費氏，音蜚；夏禹之後。余嘗攷之，此字有兩姓，音讀不同，源流亦異。其一音蜚，嬴姓，出於伯益之後，史記所載費昌、費中、楚費無極、漢費將軍、費直、費長房、費禕之徒，是其後也。其一音祕，姬姓，出於魯季友，姓苑所載琅邪費氏，是其後也。然則姓苑、姓林、姓纂皆云夏禹之後，姓纂又云亦音祕，及謂琅琊費氏爲直之後，皆其差誤；而編古命氏以費將軍、費禕之徒出於魯季友，亦非也。師古曰：費，音扶味翻。擇名官而居之。國將哀章頗不清，莽爲選置和叔，師古曰：特爲置此官。余謂莽以國將主冬，故置和叔之官。將，即亮翻；下同。敕曰：「非但保國將閨門，當保親屬在西州者。」章，梓潼人，其親屬在西州。諸公皆輕賤，而章尤甚。言十一公皆爲莽所輕賤，而章尤甚也。

4 夏，四月，隕霜殺草木，海瀕尤甚。師古曰：邊海之地也。六月，黃霧四塞。塞，悉則翻。秋，七月，大風拔樹，飛北闕直城門屋瓦。直城門，長安城西出南頭第二門。雨雹，殺牛羊。雨，于具翻。

5 莽以周官、王制之文，置卒正、連率、大尹，職如太守；王制：三十國爲卒，卒有正。十國爲連，連有率。率，所類翻。守，式又翻。又置州牧、部監二十五人。分長安城旁六鄉，置帥各一人。分三輔爲六尉郡；師古曰：三輔黃圖云：渭城、安陵以西，北至栒邑、義渠十縣，屬京尉大夫府，居故長安寺；高陵以北十縣，屬師尉大夫府，居故廷尉府；新豐以東，至湖十縣，屬翊尉大夫府，居城東；霸陵、杜陵，東至藍田，西至武功，郁夷十縣，屬光尉大夫府，居城南；茂陵、槐里，至汧十縣，屬扶尉大夫府，居城西；長陵、池陽以北，至雲陽、祋祤十縣，屬烈尉大夫府，居城北。帥，所類翻。河內、河東、弘農、河南、潁川、南陽爲六隊郡。師古曰：隊，音遂。仲馮曰：河南，當爲滎陽，莽所分爲六隊之一也。下文自有河南大尹更爲保忠信卿。河東兆隊，河內後隊，弘農右隊，滎陽祈隊，潁川左隊，南陽前隊。更名河南大尹曰保忠信卿。更，工衡翻；下同。益河南屬縣滿三十，置六郊州長各一人，人主五縣。及他官名悉改。大郡至分爲五，合百二十有五郡。九州之內，縣二千二百有三。又倣古六服爲惟城、惟寧、惟翰、惟屏、惟垣、惟藩，各以其方爲稱，公作甸服，是爲惟城；諸在侯服，是爲惟寧；在采、任諸侯，是爲惟翰；在賓服，是爲惟屏；在揆文教、奮武衛，是爲惟垣；在九州之外，是爲惟藩。屏，必郢翻。稱，尺證翻。總爲萬國焉。其後，歲復變更，一郡至五易名，而還復其故。吏民不能紀，每下詔書，輒繫其故名云。按莽傳：詔曰：

「祈隊，故滎陽，」是也。

6匈奴右骨都侯須卜當、伊墨居次云勸單于和親，遣人之西虎猛制虜塞下，漢書作「西河虎猛制虜塞下」。師古曰：虎猛，縣名。制虜塞，在其界。此逸「河」字。之，往也。告塞吏云：「欲見和親侯。」和親侯者，王昭君兄子歙也。師古曰：歙，音翕。中部都尉以聞，漢邊郡置五部都尉，分治屬縣。莽遣歙、歙弟騎都尉、展德侯颯使匈奴，師古曰：颯，音立。賀單于初立，賜黃金、衣被、繒帛；紿言侍子登在，因購求陳良、終帶等。單于盡收陳良等二十七人，皆械檻付使者，遣廚唯姑夕王富等四十人送歙、颯。莽作焚如之刑，燒殺陳良等。應劭曰：易有焚如、死如、棄如之言，莽依此作刑名也。如淳曰：焚如、死如、棄如者，謂不孝子也。不畜於父母，不容於朋友，故燒殺棄之。莽依此作刑名也。

7緣邊大饑，人相食。諫大夫如普行邊兵還，言「軍士久屯寒苦，邊郡無以相贍。今單于新和，宜因是罷兵。」校尉韓威進曰：「以新室之威而吞胡虜，無異口中蚤蝨。臣願得勇敢之士五千人，不齎斗糧，飢食虜肉，渴飲其血，可以橫行！」莽壯其言，以威爲將軍。然采普言，徵還諸將在邊者，免陳欽等十八人，又罷四關鎮都尉諸屯兵。莽置四關，各有鎮都尉，領屯兵。

單于貪莽賂遺，遺，于季翻。故外不失漢故事，然內利寇掠；又使還，知子登前死，怨恨，使，疏吏翻。還，從宣翻；又如字。寇虜從左地入不絕。師古曰：入爲寇而虜掠。使者問單于，輒曰：「烏桓與匈奴無狀黠民共爲寇入塞，譬如中國有盜賊耳！黠，下八翻。咸初立持國，威信尚淺，盡力禁止，不敢有二心！」莽復發軍屯。復，扶又翻；下同。

8益州蠻夷愁擾，盡反，復殺益州大尹程降。【章：十二行本「降」作「隆」；乙十一行本同；孔本同。】武帝開滇國爲益州郡，屬益州；莽屬梁州。莽遣平蠻將軍馮茂發巴、蜀、犍爲吏士，賦斂取足於民，以擊之。犍，居言翻。斂，力贍翻。

9莽復申下金、銀、龜、貝之貨，頗增減其賈直，賈，讀曰價。而罷大、小錢，改作貨布、貨泉二品並行。貨布，長三寸五分，廣一寸；首長八分有奇，廣八分；其圜好，徑二分半；足枝長八分，閒廣二分；其文右曰「貨」，左曰「布」，重二十五銖，直貨泉二十五。貨泉，徑一寸，重五銖；文右曰「貨」，左曰「泉」；文直一。孔穎達曰：案食貨志，今世謂之「笇錢」，是也；邊猶爲貨泉之字。大泉，即今四文錢也，四邊並有文也。貨布之形，今世難識；世人耕地猶有得者，古時一箇準二十五錢也。余按古所謂泉布者，其藏曰泉，其行曰布，取名於水泉，其流行無不徧；無不徧則布之義也。王莽以爲貨二品，非古義。考異曰：食貨志，改作貨布在天鳳元年。莽傳在地皇元年，蓋以大錢盡之年；至地皇元年乃絕不行耳，非其年始作貨布也。又以大錢行久，罷之恐民挾不止，乃令民且獨行大錢；盡六年，毋得復挾大錢矣。每一易錢，民用破業而大陷刑。

資治通鑑卷第三十八

翰林學士朝散大夫右諫議大夫知制誥兼侍講同提舉萬壽觀公事
兼判集賢院上護軍河內郡開國侯食邑一千三百戶賜紫金魚袋臣 司馬光 奉敕編集
後學天台 胡三省 音註

漢紀三十 起旃蒙大淵獻（乙亥），盡玄黓敦牂（壬午），凡八年。

王莽下

天鳳二年（乙亥、一五）

1 春，二月，大赦天下。

2 民訛言黃龍墮死黃山宮中，晉灼曰：黃山宮在槐里。黃圖：黃山宮在興平縣西三十里。百姓奔走往觀者有萬數。莽惡之，師古曰：莽自謂黃德，故有此妖。惡，烏路翻。捕繫，問【章：十二行本「問」下有「語」字；乙十一行本同；孔本同；張校同。】所從起；不能得。

3 單于咸既和親，求其子登屍。莽欲遣使送致，恐咸怨恨，害使者，乃收前言當誅侍子者故將軍陳欽，以他罪殺之。誅侍子事見上卷始建國三年。使，疏吏翻。莽選辯士濟南王咸爲大使。

夏，五月，莽復遣和親侯歙與咸等送右廚唯姑夕王，因奉歸前所斬侍子登及諸貴人從者喪；濟，子禮翻。歙，許及翻。復，扶又翻。從，才用翻。喪，息浪翻。單于遣云、當子男大且渠奢等至塞迎之。且，子余翻。咸到單于庭，陳莽威德，莽亦多遺單于金珍，因諭說改其號，遺，于季翻。說，輸芮翻。號匈奴曰「恭奴」，單于曰「善于」，賜印綬，封骨都侯當爲後安公，當子男奢爲後安侯。單于貪莽金幣，故曲聽之；然寇盜如故。

4莽意以爲制定則天下自平，故銳思於地理，制禮，作樂，講合六經之說。思，相吏翻。公卿旦入暮出，論議連年不決，不暇省獄訟冤結，省，悉井翻。民之急務。縣宰缺者數年守兼，師古曰：不拜正官，權令人守兼。一切貪殘日甚。中郎將、繡衣執法在郡國者，並乘權勢，傳相舉奏。傳，知戀翻。又十一公士分布勸農桑，班時令，按諸章，應劭曰：士，掾也。余按漢公府各有掾屬，莽置十一公，改掾曰士。冠蓋相望，交錯道路，召會吏民，逮捕證左，左，音佐。郡縣賦斂，斂，力贍翻。遞相賕賂，白黑紛然，師古曰：白黑，謂清濁也；紛然，亂之意；言清濁不分也。余謂白黑，色之易別者，且紛然不能分，可謂繆亂之甚。守闕告訴者多。莽自見前顓權以得漢政，故務自攬衆事，有司受成苟免。師古曰：莽事事自決，成熟乃以付吏，吏苟免罪責而已。諸寶物名、帑藏、錢穀官皆宦者領之；帑，他朗翻。藏，徂浪翻。吏民上封事，宦官、左右開發，尚書不得知，舊上封事者，先由尚書，乃奏御；莽恐尚書壅蔽，令宦官左右發其封，自省之。上，時掌翻。其畏備臣下如此。又好變改制度，好，呼到翻。政令煩多，當奉行者，輒質問乃以從事，前後相乘，憒眊不渫。師古曰：乘，積也，登也。憒眊，不明也。渫，散也，徹也。憒，音工內翻。眊，音莫報翻。余謂前者省決未了而後者復來，謂之相乘。渫，音泄，清也。莽常御燈火至明，猶不能勝。勝，音升。尙書因是爲姦，寢事，上書者，尙書不以聞而竊寢其事。上書待報者連年不得去，拘繫郡縣者逢赦而後出，衞卒不交代者至三歲。穀糴常貴，邊兵二十餘萬人，仰衣食縣官；師古曰：仰，音牛向翻。五原、代郡尤被其毒，被，皮義翻。起爲盜賊，數千人爲輩，轉入旁郡。莽遣捕盜將軍孔仁將兵與郡縣合擊，歲餘乃定。

5 邯鄲以北大雨，水出，深者數丈，流殺數千人。邯鄲，音寒丹。

三年（丙子、一六）

1 春，二月，乙酉，地震，大雨雪；雨，于具翻。關東尤甚，深者一丈，竹柏或枯。竹柏冬青，或至於枯。言常寒之咎。大司空王邑上書，以地震乞骸骨。莽不許，曰：「夫地有動有震，震者有害，動者不害。春秋記地震，易繫坤動；動靜辟翕，萬物生焉。」師古曰：辟，音闢。闢，開也。易上繫之辭曰：夫坤，其動也闢，其靜也翕，是以廣生焉。故莽引之也。其好自誣飾，好，呼到翻。皆此類也。

2 先是，莽以制作未定，先，悉薦翻。上自公侯，下至小吏，皆不得俸祿。俸，扶用翻。夏，五月，莽下書曰：「予遭陽九之阸，傳曰：三統之元，有陰陽之九焉，天地之常數也。百六之會，國用不足，民人騷動，自公卿以下，一月之祿十緵布二匹，孟康曰：緵，八十縷也。師古曰：緵，音子公翻。

或帛一匹。帛，繒也。予每念之，未嘗不戚焉。今阸會已度，府帑雖未能充，帑，他朗翻。略頗稍給。其以六月朔庚寅始，賦吏祿皆如制度。」賦，布也，與也。四輔、公卿、大夫、士下至輿、僚，凡十五等。左傳曰：人有十等：王臣公，公臣大夫，大夫臣士，士臣皁，皁臣輿，輿臣隸，隸臣僚，僚臣僕，僕臣臺。今莽自四輔以下分爲十五等。僚祿一歲六十六斛，稍以差稱。【章：十二行本「稱」作「增」；乙十一行本同；孔本同。】稱，尺證翻。上至四輔而爲萬斛云。莽又曰：「古者歲豐穰則充其禮，師古曰：穰，音人掌翻，又音如羊翻。有災害則有所損，與百姓同憂喜也。其用上計時通計，上，時掌翻。天下幸無災害者，太官膳羞備其品矣；卽有災害，以什率多少而損膳焉。以十爲率，視災害所減多少而制分數。自十一公、六司、六卿以下，六司，卽前所置六監也。各分州郡、國邑保其災害，東嶽，太師、立國將軍，保東方三州、一部、二十五郡；南嶽，太傅、前將軍，保南方二州、一部、二十五郡；西嶽，國師、寧始將軍，保西方二州、二部、三十五郡；北嶽，國將、衞將軍，保北方二州、一部、二十五郡；大司馬，保納卿、言卿、仕卿、作卿、京尉、扶尉、兆隊、右隊、中部左洎前七部；大司徒，保樂卿、典卿、宗卿、秩卿、翼尉、光尉、左隊、前隊、中部、右部，有五郡；大司空，保予卿、虞卿、共卿、工卿、師尉、烈尉、祈隊、後隊、中部洎後十郡；及六司、六卿，皆隨所屬之公，保其災害。亦以十率多少而損其祿。郎、從官、中都官吏食祿都內之委者，從，才用翻。委，於僞翻。委，積也。以太官膳羞備損而爲節。冀上下同心，勸進農業，安元元焉。」莽之制度煩碎如此，課計不可理，吏終不得祿，各因官職爲姦，受取賕賂以自共給焉。師古曰：共，讀曰供。

3戊辰，長平館西岸崩，壅涇水不流，毀而北行。長平館，即長平觀，在涇水之南原。涇水東南流入渭，爲岸所壅，故毀而北行。羣臣上壽，以爲河圖所謂「以土填水」，師古曰：填，讀與鎮同。匈奴滅亡之祥也。莽乃遣并州牧宋弘、游擊都尉任萌等將兵擊匈奴，任，音壬。將，即亮翻。至邊止【章：十二行本「止」作「上」；乙十一行本同；孔本同；張校同；退齋校同。】屯。

4秋，七月，辛酉，霸城門災。黃圖：霸城門，長安城東出南頭第一門，亦曰青門。

5戊子晦，日有食之。大赦天下。

6平蠻將軍馮茂擊句町，句町，音劬挺。士卒疾疫死者什六七，賦斂民財什取五，斂，力贍翻；下同。益州虛耗而不克；徵還，下獄死。下，遐稼翻。冬，更遣寧始將軍廉丹與庸部牧史熊，孟康曰：莽改益州爲庸部。余按莽置州牧、部監，州自是州，部自是部。今史熊爲庸部牧，則又若州、部牧爲一。大發天水、隴西騎士，廣漢、巴、蜀、犍爲吏民十萬人、犍，居言翻。轉輸者合二十萬人擊之。始至，頗斬首數千；其後軍糧前後不相及，士卒飢疫。莽徵丹、熊，丹、熊願益調度，必克乃還，復大賦斂。調，徒弔翻。復，扶又翻。下同。斂，力贍翻。就都大尹馮英不肯給，莽於蜀郡廣都縣置就都大尹。上言：「自西南夷反叛以來，積且十年，郡縣距擊不已，上，時掌翻。續用馮茂，苟施一切之政；僰道以南，地理志，僰道縣，屬犍爲郡。僰，音蒲北翻。山險高深，茂多毆衆遠居，毆，與驅同。費以億計，吏士罹毒氣死者什七。今丹、熊懼於自詭，期會調發諸郡兵穀，復訾民取其什四，師古曰：發人貲財，十取其四也。貲，與貲同。空破梁州，功終不遂。莽改益州曰梁州。師古曰：遂，成也。爾雅註：梁州，以西方金氣剛強，強，梁也。宜罷兵屯田，明設購賞。」莽怒，免英官；後頗覺寤，曰：「英亦未可厚非。」復以英爲長沙連率。率，所類翻。越嶲蠻夷任貴亦殺太守枚根。【章：十二行本「根」下有「自立爲邛穀王」六字；乙十一行本同；孔本同；張校同；退齋校同。】嶲，音髓。任，音壬。師古曰：枚根者，太守之姓名。

7 翟義黨王孫慶捕得，莽使太醫、尚方與巧屠共刳剝之，師古曰：刳，剖也，音口胡翻。量度五臧，五臟，心、肺、肝、脾、腎也。周禮有九藏。註曰：正藏五，又有胃、旁胱、大腸、小腸。疏曰：正藏五者，肺、脾、心、肝、腎。又有胃、旁胱、大腸、小腸者，此乃六府中取此四者以益五藏，爲九藏也。六府：胃、小腸、大腸、旁胱、膽、三焦。以其受盛，故謂之爲府；亦有藏稱，故入九藏之數。然六府取此四者，按黄帝八十一難經說：胃爲水穀之府，小腸爲受盛之府，大腸爲行道之府，旁胱爲精液之府。氣之所生，下氣象天，故放寫而不實，實不滿，若然，則正府也，故入九藏。其餘，膽者清淨之府，三焦爲孤府，非正府，故不入九藏。師古曰：度，音大各翻。臧，讀曰臟。以竹筳導其脈，知所終始，云可以治病。師古曰：筳，竹挺也，音庭。按醫書，脈有三部、六經。心部在左手寸口，屬手少陰經，與小腸、手太陽經合。肝部在左手關上，屬足厥陰經，與膽、足少陽經合。腎部在左手尺中，屬足少陰經，與膀胱、足太陽經合。肺部在右手寸口，屬手太陰經，與大腸、手陽明經合。脾部在右手關上，屬足太陰經，與胃、足陽明經合。右腎在右手尺中，屬手厥陰心包經，與三焦、手少陽經合。手少陰之脈，起於心中，出屬心系，下膈，絡小腸；其支者從心系上俠咽系、目系，其直者復從心系卻上肺，出腋下，下循臑內後廉，行太陰，心主之，後下肘內廉，循臂內後廉，抵掌後兌骨之端，入掌內廉，循小指之內，出其端。手太陽之脈，起於小指之端，循手外側上腕，出踝中，直上，循臂骨下廉，出肩解，繞肩胛，交肩上，入缺盆，絡心，循咽，下膈，抵胃，屬小腸；其支別者，從缺盆循頸，上頰，至目，兌眥，卻入耳中；其支者，別頰上䪼，抵鼻，至目內眥。足厥陰之脈，起於大指聚毛之際，上循足跗上廉，去內踝一寸，上踝八寸，交出太陰之後，上膕內廉，循股，入陰毛中，環陰器，抵小腹，俠胃，屬肝，絡膽，上貫膈，布脇、肋，循喉嚨之後，上入頏顙，連目系，上出額，與督脈會於巔；其支從目系下頰裏，環脣內；其支復從肝貫膈，上注肺。足少陽之脈，起於目兌眥上，抵頭角下耳後，循頸行。手少陽之脈，前至肩上，卻交出少陽之後，入缺盆；其支別者從耳中出，走耳前，至目兌眥後；其支別者，自兌眥下大迎，合手少陽，於䪼下，交頰車，下頸，合缺盆，下胸中，貫膈，絡肝，屬膽，循脇裏，出氣街，繞髮際，橫入髀厭中；直者從缺盆下腋，循胸過季脇下，合髀厭中，以下循髀太陽出膝外廉下，外輔骨之前，直下抵絕骨之端，下出外踝之前，循足跗上，入小指、次指之間；其支者從跗上入大指，循歧骨出其端，還貫入爪甲，出三毛。足少陰之脈，起於小指之下，斜趣足心，出然谷之下，循內踝之後，別入跟中，上腨內，出膕內廉，上股內後廉，貫脊，屬腎，絡膀胱；其直者從腎上貫肝、膈，入肺中，循喉嚨，俠舌本；其支從肺出，絡心，注胸中。足太陽之脈，起於目內眥，上額，交巔上；其支別者，從巔至耳上角，其直行者，從巔入絡腦，還出，別下項，循肩髆內，俠脊，抵腰中，入循膂，絡腎，屬膀胱；其支別者，從腰中下貫臀，入膕中；其支別者，從髆左內右，別下貫胛，俠脊內，過髀樞，循髀外後廉，下合膕中，下貫腨內，出外踝之後，循京骨，至小指外端。手太陰之脈，起於中焦，下絡大腸，還循胃口，上膈，屬肺；從肺系橫出腋下，下循臑內，行少陰，心主之，前下肘中，循臂內上骨下廉，入寸口上魚，循魚際出大指之端；其支者從腕後直出次指內廉，出其端。手陽明之脈，起於大指、次指之端，循指上廉，出合谷、兩肩之間，上入兩筋之中，循臂上廉，入肘外廉，循臑內前廉，上肩，出髃肩之前廉，上出柱骨之會上，下入缺盆，絡肺，下膈，屬大腸；其支者從缺盆上頸，貫頰，下入齒縫中，還出，俠口，交人中左之右，右之左，上俠鼻孔。足太陰之脈，起於大指之端，循指內側白肉際，過竅骨後，上內踝前廉，上腨肉，循䯒骨後，交出厥陰之前，上循膝股內前廉，入腹，屬脾，絡胃，上膈，俠咽，連舌本，散舌下；其支復從胃別上膈，注心中。足陽明之脈，起於鼻交頞中，下循鼻外，入上齒中，還出，俠口，環脣，下交承漿，卻循頤後下廉，出大迎，承頰車，上耳前，過客主，入循髮際，至額顱；其支者，從人迎前，下人迎，循喉嚨，入缺盆，下膈，屬胃，絡脾；其直行者，從缺盆下乳內廉下，俠臍，入氣充中；其支者起胃下口，循腹裏，下至氣充而合，以下髀關，抵伏兔下，入膝臏中，下循䯒外廉，下足跗，入中指內間；其支者下膝三寸，而別以下入大指間，出其端。手厥陰之脈，起於胸中，出屬心包，下膈，歷絡三焦；其支者循胸出脇，下腋三寸，上抵腋下，下循臑內，行太陰、少陰之間，入肘內，行兩筋之間，入掌中，循中指，出其端。手少陰之脈，起於小指、次指之端，上出次指之間，循出表腕，出臂外兩骨之間，上貫肘，循臑內，上肩，交出足少陽之後，入缺盆，交膻中，散絡心包，下膈，偏屬三焦；其支者從膻中上出缺盆，上項，俠耳後，直出，上耳上角以屈，下頰至頔；其支者從耳後入耳中，卻出，至目兑眥。師古曰：云可以治病者，以知血脈之原，則盡攻療之道也。

8 是歲，遣大使五威將王駿、西域都護李崇、戊己校尉郭欽出西域；諸國皆郊迎，送兵穀。駿欲襲擊之，焉耆詐降而聚兵自備，降，戶江翻。駿等將莎車、龜茲兵七千餘人分爲數部，將，卽亮翻；下同。莎，素何翻。龜茲，音丘慈。命郭欽及佐帥何封別將居後。帥，所類翻。駿等入焉耆；焉耆伏兵要遮駿，及姑墨、封犂、危須國兵爲反間，姑墨國王治南城，去長安八千一百五十里。「封犂」。漢書作「尉犂」。要，一遙翻。間，古莧翻。還共襲駿，【章：十二行本「駿」下有「等」字；乙十一行本同；孔本同；張校同。】皆殺之。欽【章：十二行本「欽」下有「封」字；乙十一行本同；孔本同。】後至焉耆，焉耆兵未還，欽襲擊，殺其老弱，從車師還入塞。莽拜欽爲塡外將軍，師古曰：塡，音竹刃翻。封剿胡子；師古曰：剿，絕也，音子小翻。何封爲集胡男。李崇收餘士，還保龜茲。龜茲，音丘慈。及莽敗，崇沒，西域遂絕。

四年（丁丑、一七）

1夏，六月，莽更授諸侯王【章：十二行本無「王」字；乙十一行本同。】茅土於明堂；親設文石之平，陳菁茅四色之土，師古曰：尚書禹貢，包匭菁茅，儒者以爲菁，菜名也；茅，三脊茅也。而莽此言以菁茅爲一物，則是謂善茅爲菁茅也。土有五色，而此云四者，中央之土不以封也。春秋大傳曰：天子之國有泰社，東方青，南方赤，西方白，北方黑，上方黃。故將封於東方者取青土，封於南者取赤土，封於西者取白土，封於北者取黑土，各取其方土，裹以白茅，封以爲社，此始受封於天子者也。此之謂主土；主土者，立社以奉之也。菁，音精。告於岱宗、泰社、后土、先祖、先妣以班授之。莽好空言，好，呼到翻。慕古法，多封爵人；性實吝嗇，託以地理未定，故且先賦茅土，用慰喜封者。

2秋，八月，莽親之南郊，鑄作威斗，以五石銅爲之，李奇曰：以五色藥石及銅爲之。蘇林曰：以五色銅鑛冶之。師古曰：李說是也，若今作鍮石之爲。若北斗，長二尺五寸，長，直亮翻。欲以厭勝衆兵。師古曰：厭，音一葉翻。既成，令司命負之，莽出在前，入在御旁。

3 莽置羲和命士，以督五均、六筦。鹽，一也。酒，二也。鐵，三也。名山、大澤，四也。五均、賒貸，五也。鐵布、銅冶，六也。郡有數人，皆用富賈爲之，賈，音古。乘傳求利，傳，知戀翻。交錯天下；因與郡縣通姦，多張空簿，師古曰：簿，計簿也，音步戶翻。府藏不實，藏，徂浪翻。百姓愈病。是歲，莽復下詔申明六筦，下，遐稼翻。每一筦爲設科條防禁，爲，于僞翻。犯者罪至死。姦民猾吏並侵，衆庶各不安生，又一切調上公以下諸有奴婢者，調，徒釣翻。率一口出【章：十二行本「出」下有「錢」字；乙十一行本同；孔本同。】三千六百，天下愈愁。納言馮常以六筦諫，莽大怒，免常官。法令煩苛，民搖手觸禁，不得耕桑，繇役煩劇，師古曰：繇，讀曰傜。而枯旱、蝗蟲相因，獄訟不決。吏用苛暴立威，旁緣莽禁，師古曰：旁，依也，音步浪翻。侵刻小民，富者不能【章：十二行本無「能」字；乙十一行本同；孔本同；張校同。】自別，【章：十二行本「別」作「保」；乙十一行本同；孔本同；張校同。】別，彼列翻。貧者無以自存，於是並起爲盜賊，依阻山澤，吏不能禽而覆蔽之，浸淫日廣。覆，敷救翻。師古曰：浸淫，猶漸染也。余謂此以水爲諭，漸浸而至於淫溢也。臨淮瓜田儀【章：十二行本「儀」下有「等」字；乙十一行本同；孔本同；張校同。】依阻會稽長州；服虔曰：姓瓜田，名儀。師古曰：長州，即枚乘所云長州之苑。余謂今蘇州長洲縣即其地。會，工外翻。琅邪呂母聚黨數千人，殺海曲宰，入海中爲盜，莽改縣令長曰宰。初，呂母子爲縣吏，爲宰所冤殺；母散家財，以酤酒買弓弩，陰厚貧窮少年，得百餘人，遂攻海曲縣，殺其宰以祭子墓。地理志，海曲縣屬琅邪郡。賢曰：故城在密州莒縣東。其衆浸多，至萬數。荆州饑饉，民衆入野澤，掘鳧茈而食之，荆州部南陽、南郡、桂陽、武陵、零陵、江夏等郡。爾雅曰：芍，鳧茈。郭璞曰：生下田中，苗似龍鬚而細，根如指；根黑色，可食。茈，音才支翻。芍，音胡了翻。更相侵奪。更，工衡翻。新市人王匡、王鳳爲平理諍訟，地理志，新市縣屬江夏郡。爲，于僞翻。諍，與爭同。晉王沈釋時論，闒茸勇敢於饕諍，叶韻平聲。古字多假借用也。遂推爲渠帥，衆數百人。孔安國曰：渠，大也。帥，所類翻。於是諸亡命者南陽馬武、潁川王常、成丹等，皆往從之；共攻離鄉聚，臧於綠林山中，賢曰：離鄉聚，謂諸鄉聚離散。去城郭遠者，大曰鄉，小曰聚。前書曰：收合離鄉，置大城中，卽其義也。綠林山，在今荆州當陽縣東北。余按郡國志，新市侯國有離鄉聚、綠林山。則以離鄉爲聚名。聚，才喻翻。臧，古藏字。數月間至七八千人。又有南郡張霸、江夏羊牧等與王匡俱起，衆皆萬人。莽遣使者卽赦盜賊，卽，就也；就其相聚爲盜處而赦之也。還言：「盜賊解輒復合。復，扶又翻。問其故，皆曰：『愁法禁煩苛，不得舉手，力作所得，不足以給貢稅；閉門自守，又坐鄰伍鑄錢挾銅，姦吏因以愁民。』民窮，悉起爲盜賊。」莽大怒，免之。其或順指言「民驕黠當誅」黠，下八翻。及言「時運適然，且滅不久」，莽說，輒遷官。說，讀曰悅。

五年（戊寅、一八）

1春，正月，朔，北軍南門災。北軍壘門之南出者也。

2以大司馬司允費興爲荆州牧；見，問到部方略，引見而問其方略也。見，賢遍翻。興對曰：

「荆、揚之民，率依阻山澤，以漁采爲業。師古曰：漁，謂捕魚也。采，謂采取蔬菓之屬。間者國張六筦，稅山澤，妨奪民之利，連年久旱，百姓饑窮，故爲盜賊。興到部，欲令明曉告盜賊歸田里，假貸犂牛、種食，種，章勇翻。闊其租賦，師古曰：闊，寬也。冀可以解釋安集。」莽怒，免興官。

3天下吏以不得俸祿，俸，扶用翻。並爲姦利，郡尹、縣宰家累千金。莽乃考始建國二年胡虜猾夏以來諸軍吏及緣邊吏大夫以上爲姦利增產致富者，收其家所有財產五分之四以助邊急。助邊費之急也。公府士馳傳天下，傳，知戀翻。考覆貪饕，師古曰：饕，音土高翻。開吏告其將、將，卽亮翻。奴婢告其主，冀以禁姦，而姦愈甚。

4莽孫功崇公宗坐自畫容貌被服天子衣冠，刻三印，發覺，自殺。莽傳：功崇公國於穀城郡。三印，一曰「維祉冠，存己夏，處南山，臧薄冰」，二曰「肅聖寶繼」，三曰「德封昌圖」。畫，古畫通。被，皮義翻。宗姊妨爲衞將軍王興夫人，坐祝詛姑，祝，職救翻。詛，莊助翻。殺婢以絕口，與興皆自殺。

5是歲，揚雄卒。初，成帝之世，雄爲郎，給事黃門，與莽及劉秀並列；哀帝之初，又與董賢同官。莽、賢爲三公，權傾人主，所薦莫不拔擢，而雄三世不徙官。及莽篡位，雄以耆老久次，轉爲大夫。恬於勢利，師古曰：恬，安也。好古樂道，好，呼到翻。樂，音洛。欲以文章成名於後世，乃作太玄以綜天、地、人之道；桓譚曰：揚雄作玄書，以爲：玄者，天也，道也，言聖賢制法作事，皆引天道以爲本統，而因附屬萬類，王政、人事、法度。故伏羲氏謂之易，老子謂之道，孔子謂之元，揚雄謂之玄。玄經三篇，以紀天、地、人之道，立三體，有上、中、下，如禹貢之陳三品，三三而九，因以九九八十一，故爲八十一卦。以四爲數，數從一至四，重累變易，竟八十一而偏，不可增損，以三十五蓍揲之。玄經五千餘言，而傳十二篇。又見諸子各以其智舛馳，師古曰：舛，相背。大抵詆訾聖人，即爲怪迂、析辯詭辭以撓世事，師古曰：大抵，大歸也。詆，訾毀也。迂，遠也。析，分也。詭，異也。言諸子之書，大歸皆非毀周、孔之教，爲巧辯異辭以撓亂時政也。訾，音紫。迂，音于。撓，音火高翻。雖小辯，終破大道而惑衆，使溺於所聞而不自知其非也，故人時有問雄者，常用法應之，號曰法言。用心於內，不求於外，於時人皆忽之；師古曰：忽，謂輕也。唯劉秀及范逡敬焉，而桓譚以爲絕倫，師古曰：無比類。鉅鹿侯芭師事焉。服虔曰：芭，音葩。大司空王邑、納言嚴尤聞雄死，謂桓譚曰：「子常稱揚雄書，豈能傳於後世乎？」譚曰：「必傳，顧君與譚不及見也。凡人賤近而貴遠，親見揚子雲祿位容貌不能動人，揚雄字子雲。故輕其書。昔老聃著虛無之言兩篇，師古曰：謂道德經也。薄仁義，非禮學，然後好之者尙以爲過於五經，好，呼到翻。自漢文、景之君及司馬遷皆有是言。今揚子之書文義至深，而論不詭於聖人，師古曰：詭，違也。聖人，謂周公、孔子。則必度越諸子矣！」

6 琅邪樊崇起兵於莒，莒縣，班志屬城陽國，續漢志屬琅邪國。邪，音耶。衆百餘人，轉入太山。羣盜以崇勇猛，皆附之，一歲間至萬餘人。崇同郡人逄安、賢曰：逄，音龐。東海人徐宣、謝祿、楊音各起兵，合數萬人，復引從崇；復，扶又翻。共還攻莒，不能下，轉掠青、徐間。又有東海刁子都，「刁」，一作「力」。【章：作「刀」者刻誤。十二行本正作「刁」；乙十一行本同；熊校同。按下二卷胡均有說。】姓譜：力，黃帝佐力牧之後。漢有力子都。亦起兵鈔擊徐、兗。鈔，楚交翻。莽遣使者發郡國兵擊之，不能克。

7烏累單于死，累，力追翻。弟左賢王輿立，爲呼都而尸道皋若鞮單于。鞮，丁奚翻。輿既立，貪利賞賜，遣大且渠奢與伊墨居次云女弟之子醯櫝王且，子余翻。師古曰：櫝，音讀。俱奉獻至長安。莽遣和親侯歙與奢等俱至制虜塞下，與云及須卜當會；因以兵迫脅云、當，將至長安。云、當小男從塞下得脫，歸匈奴。當至長安，莽拜爲須卜單于，欲出大兵以輔立之，兵調度亦不合。調，徒弔翻。而匈奴愈怒，並入北邊爲寇。

六年（己卯、一九）

1春，莽見盜賊多，乃令太史推三萬六千歲曆紀，六歲一改元，布天下；下書自言「己當如黃帝仙升天」，欲以誑燿百姓，銷解盜賊。衆皆笑之。

2初獻新樂於明堂、太廟。新樂，莽所作也。

3更始將軍廉丹擊益州，不能克。丹蓋自寧始將軍遷更始將軍。更，工衡翻。益州夷棟蠶、若豆等起兵殺郡守；越嶲夷人大牟亦叛，殺略吏人。按後漢書，棟蠶、若豆，益州夷兩種也。大牟，越嶲姑復縣夷人。㒞，音髓。莽召丹還，更遣大司馬護軍郭興、庸部牧李曅擊蠻夷若豆等、更，工衡翻。太傅羲叔士孫喜清潔江湖之盜賊。莽以太傅主夏，故置羲叔官。士孫，複姓。姓譜：漢平陵士孫張爲博士，明梁丘易。而匈奴寇邊甚，莽乃大募天下丁男及死罪囚、吏民奴，名曰豬突、豨勇，以爲鋭卒。服虔曰：豬性觸突人，故以爲諭。師古曰：東方人名豕曰豨；一曰：豨，豕走也；音許豈翻。一切稅天下吏民，訾三十取一，訾，與貲同。縑帛皆輸長安。令公卿以下至郡縣黄綬皆保養軍馬，續漢志：四百石、三百石、二百石，黄綬。師古曰：保者，不許其死傷。多少各以秩爲差；吏盡復以與民。師古曰：轉令百姓養之。又博募有奇技術可以攻匈奴者，技，渠綺翻。將待以不次之位，言便宜者以萬數：或言能渡水不用舟楫，師古曰：楫，所以刺舟也。連馬接騎，濟百萬師；或言不持斗糧，服食藥物，三軍不飢；或言能飛，一日千里，可窺匈奴；莽輒試之，取大鳥翮爲兩翼，師古曰：羽本曰翮，音胡隔翻。頭與身皆著毛，著，側略翻。通引環紐，紐，女九翻。飛數百步墮。莽知其不可用，苟欲獲其名，皆拜爲理軍，賜以車馬，待發。

初，莽之欲誘迎須卜當也，大司馬嚴尤諫曰：「當在匈奴右部，兵不侵邊，單于動靜輒語中國，語，牛倨翻。此方面之大助也。于今迎當置長安槀街，一胡人耳，不如在匈奴有益。」莽不聽。既得當，欲遣尤與廉丹擊匈奴，皆賜姓徵氏，號二徵將軍，令誅單于輿而立當代之。出車城西橫廄，未發。尤素有智略，非莽攻伐四夷，數諫不從；數，所角翻。及當出，廷議，尤固言「匈奴可且以爲後，先憂山東盜賊。」莽大怒，策免尤。

4 大司空議曹史代郡范升漢公府諸曹，有掾、有史、有屬，皆公自辟置。奏記王邑曰：「升聞子以人不間於其父母爲孝，間，古莧翻。臣以下不非其君上爲忠。賢曰：論語，孔子曰：孝哉閔子騫，人不間於其父母之言！間，非也。言子騫之孝化其父母，言人無非之者。忠臣事君，有過卽諫，在下無有非其君者，是忠臣也。今衆人咸稱朝聖，朝，直遙翻；下同。皆曰公明；蓋明者無不見，聖者無不聞。今天下之事，昭昭於日月，震震於雷霆，而朝云不見，公云不聞，則元元焉所呼天！元元，民也；良善之民。師古曰：元元，善意也。焉，於虔翻。公以爲是而不言，則過小矣；知而從令，則過大矣；二者於公無可以免，宜乎天下歸怨於公矣。朝以遠者不服爲至念，升以近者不悅爲重憂。遠者不服，謂四夷也。近者不悅，謂人心不便於莽之法令也。今動與時戾，事與道反，馳騖覆車之轍，踵循敗事之後，後出益可怪，晚發愈可懼耳。方春歲首而動發遠役，藜藿不充，田荒不耕，穀價騰躍，斛至數千，吏民陷於湯火之中，非國家之民也。如此，則胡、貊守闕，青、徐之寇在於帷帳矣。謂京輔之民亦將爲變也。升有一言，可以解天下倒縣，縣，讀曰懸。免元元之急；不可書傳，願蒙引見，極陳所懷。」邑不聽。

5 翼平連率田況奏郡縣訾民不實，地理志：北海壽光縣，莽曰翼平。師古曰：言舉百姓訾財，不以實數。率，所類翻。訾，與貲同。【章：十二行本正作「貲」；孔本同。】莽復三十取一；以況忠言憂國，進爵爲伯，賜錢二百萬，衆庶皆詈之。青、徐民多棄鄉里流亡，老弱死道路，壯者入賊中。

6 夙夜連率韓博地理志：東萊不夜縣，莽曰夙夜。上言：「有奇士，長丈，大十圍，長，直亮翻。來至臣府，【章：十二行本「府」下有「曰」字；乙十一行本同；孔本同。】欲奮擊胡虜，自謂巨毋霸，出於蓬萊東南五城西北昭如海瀕，師古曰：昭如，海名。瀕，厓也。神仙家言，蓬萊有五城、十二樓。軺車不能載，軺，音遙；小車。三馬不能勝。勝，音升。即日以大車四馬，建虎旗，載霸詣闕。霸臥則枕鼓，以鐵箸食，枕，職任翻。箸，遲倨翻。此皇天所以輔新室也！願陛下作大甲、高車、賁·育之衣，遣大將一人與虎賁百人賁，音奔。迎之於道，京師門戶不容者，開高大之，以示百蠻，鎮安天下。」博意欲以風莽；以莽字巨君，諷言毋得篡盜而霸。風，讀曰諷。莽聞，惡之，惡，烏路翻。留霸在所新豐，師古曰：在所謂其見到之處。更其姓曰巨母氏，謂因文母太后而霸王符也。師古曰：莽字巨君，若言文母出此人，而使我致霸王。更，音古衡翻。徵博，下獄，下，遐嫁翻。以非所宜言，棄市。

7 關東饑旱連年，刁子都等黨衆寖多，至六七萬。

地皇元年（庚辰、二〇）

1 春，正月，乙未，赦天下；改元曰地皇，從三萬六千歲曆號也。

2 莽下書曰：「方出軍行師，敢有趨讙犯法者輒論斬，毋須時！」師古曰：趨讙，謂趨走而讙譁也。須，待也。讙，許元翻。於是春、夏斬人都市，百姓震懼，道路以目。韋昭曰：不敢發言，以目相眄而已。

3 莽見四方盜賊多，復欲厭之，復，扶又翻。師古曰：厭，音一葉翻。又下書曰：「予之皇初祖考黄帝定天下，將兵爲大將軍，內設大將，外置大司馬五人，大將軍至士吏凡七十三萬八千九百人，士千三百五十萬人。予受符命之文，稽前人，將條備焉。」於是置前、後、左、右、中大司馬之位，賜諸州牧至縣宰皆有大將軍、偏、裨、校尉之號焉。州牧爲大將軍；卒正、連率、大尹爲偏將軍；屬令、長爲裨將軍；縣宰爲校尉。乘傳使者經歷郡國，日且十輩，倉無見穀以給；師古曰：見，謂見在也。傳，知戀翻。見，賢遍翻。傳車馬不能足，賦取道中車馬，師古曰：於道中行者，卽執取之以充事也。取辦於民。

4 秋，七月，大風毁王路堂。莽改未央宮前殿曰王路堂。服虔曰：如言路寢也。路，大也。莽下書曰：「乃壬午餔時，有烈風雷雨發屋折木之變，餔，食也。餔時，食時也。或曰：餔，卽晡時；日加申爲晡。師古曰：烈風，烈暴之風。折，而設翻。予甚恐焉；伏念一旬，迷乃解矣。師古曰：先言烈風雷雨，後言迷乃解矣，蓋取舜烈風雷雨弗迷以爲言也。昔符命【章：十二行本「命」下有「文」字；乙十一行本同；孔本同；張校同；退齋校同。】立安爲新遷王，臨國洛陽，爲統義陽王，議者皆曰：『臨國洛陽爲統，謂據土中爲新室統也，宜爲皇太子。』自此後，臨久病，雖瘳不平。言疾雖有瘳，不能平復如其初也。臨有兄而稱太子，名不正。惟卽位以來，陰陽未和，穀稼鮮耗，師古曰：鮮，少也。耗，減也。

鮮，音先踐翻。蠻夷猾夏，寇賊姦宄，夏，戶雅翻。人民征營，無所錯手足。師古曰：征營，惶恐不自安之意也。錯，七故翻。深惟厥咎，在名不正焉。其立安爲新遷王，服虔曰：安，莽第三子也。遷，音仙。莽改汝南新蔡曰新遷。師古曰：遷，猶仙耳，不勞假借音。臨爲統義陽王。」

5 莽又下書曰：「寶黃廝赤。服虔曰：以黃爲寶，自用其行氣也。廝赤，廝役賤者皆衣赤，賤漢行也。廝，音斯。其令郎從官皆衣絳。」從，才用翻。衣，於既翻。

6 望氣爲數者多言有土功象；九月，甲申，莽起九廟於長安城南，九廟，祖廟五，親廟四。黃帝廟方四十丈，高十七丈，高，居傲翻。餘廟半之，制度甚盛。博徵天下工匠及吏民以義入錢穀助作者，駱驛道路；師古曰：駱驛，言不絕。窮極百工之巧；功費數百餘萬，卒徒死者萬數。

7 是月，大雨六十餘日。

8 鉅鹿男子馬適求等謀舉燕、趙兵以誅莽。師古曰：馬適，姓也。求，名也。大司空士王丹發覺，以聞。莽遣三公大夫逮治黨與，連及郡國豪桀數千人，皆誅死。封丹爲輔國侯。

9 莽以私鑄錢死及非沮寶貨投四裔，事見上卷始建國二年。沮，在呂翻。犯法者多，不可勝行；勝，音升。乃更輕其法，私鑄作泉布者與妻子沒入爲官奴婢，吏及比伍知而不舉告，與同罪；師古曰：比，音頻寐翻；又頻脂翻。非沮寶貨，民罰作一歲，吏免官。

10 太傅平晏死；以予虞唐尊爲太傅。尊曰：「國虛民貧，咎在奢泰。」乃身短衣小褏，乘牝馬、柴車，藉稾，以瓦器飲食，師古曰：柴車，即棧車。藉稾，去蒲蒻也。褎，古袖字。余按漢氏之盛，乘牸牝者禁不得會聚，至鄉閭阡陌皆然。朝市之間，從可知矣。尊爲上公而乘牝，亦以矯世也。又以歷遺公卿。遺，于季翻。出，見男女不異路者，尊自下車，以象刑赭幡汚染其衣。師古曰：赭幡，以赭汁漬巾幡。汚，烏故翻。莽聞而說之，說，讀曰悅。下詔申敕公卿：「思與厥齊；」師古曰：令與尊同此操行也。論語稱孔子曰：見賢思齊，故莽云然。封尊爲平化侯。

11汝南郅惲明天文曆數，以爲漢必再受命，上書說莽曰：惲，於粉翻。說，輸芮翻。「上天垂戒，欲悟陛下，令就臣位。取之以天，還之以天，可謂知命矣！」莽大怒，繫惲詔獄，踰冬，會赦得出。

二年（辛巳、二一）

1春，正月，莽妻死，謚曰孝睦皇后。初，莽妻以莽數殺其子，數，所角翻。莽殺子獲見三十四卷哀帝建平二年，通鑑書於三十五卷元壽元年；殺子宇見三十六卷平帝元始三年。涕泣失明；莽令太子臨居中養焉。養，余亮翻。莽妻旁侍者原碧，莽幸之，臨亦通焉；恐事泄，謀共殺莽。臨妻愔，國師公女，師古曰：愔，音一尋翻。能爲星，語臨宮中且有白衣會，晉書天文志：木與金合，爲白衣之會。土與金合，亦爲白衣之會。言宮中者，以所會之舍占而知之。語，牛倨翻。臨喜，以爲所謀且成；後貶爲統義陽王，出在外第，愈憂恐。會莽妻病困，臨予書曰：予，讀曰與。「上於子孫至嚴，前長孫、中孫年俱三十而死。宇，字長孫；獲，字中孫；獲先死，安得俱年三十乎！長，知兩翻。中，讀曰仲。今臣臨復適三十，誠恐一旦不保中室，則不知死命所在！」李奇曰：中室，臨之母也。晉灼曰：長樂宮中殿也。師古曰：二說皆非也。臨自言欲於室中自保全，不可得耳。復，扶又翻；下同。莽候妻疾，見其書，大怒，疑臨有惡意，不令得會喪。既葬，收原碧等考問，具服姦、謀殺狀。莽欲祕之，使殺案事使者司命從事，埋獄中，司命從事，司命之屬官也。家不知所在。賜臨藥；臨不肯飲，自刺死。刺，七亦翻。又詔國師公：「臨本不知星，事從愔起。」愔亦自殺。

2是月，新遷王安病死。初，莽爲侯就國時，哀帝初，莽就國；元壽元年，召還京師。幸侍者增秩、懷能，生子興、匡，皆留新都國，以其不明故也。師古曰：言侍者或與外人私通，所生子不可分明也。及安死，莽乃以王車遣使者迎興、匡，封興爲功脩公，匡爲功建公。

3卜者王況謂魏成大尹李焉曰：莽改魏郡曰魏成。「漢家當復興，李氏爲輔。」因爲焉作讖書，合十餘萬言。因爲，于僞翻。事發，莽皆殺之。

4莽遣太師羲仲景尚、莽以太師主春，其屬置羲仲官。更始將軍護軍王黨諸將軍皆置護軍。將兵擊青、徐賊，國師和仲曹放助郭興擊句町，莽以國師主秋，故置和仲。句町，音劬挺。皆不能克。軍師放縱，百姓重困。重，直用翻。

5莽又轉天下穀帛詣西河、五原、朔方、漁陽，每一郡以百萬數，欲以擊匈奴。須卜當病死，莽以庶女妻其子後安公奢，莽女捷，侍者開明所生也，以妻奢。李奇曰：奢，本爲侯，莽以女妻之，故進爵爲公。妻，七細翻。所以尊寵之甚厚，終欲爲出兵立之者。師古曰：言爲此計意不止。爲，于僞翻；下同。會莽敗，云、奢亦死。

6 秋，隕霜殺菽，關東大饑，蝗。

7 莽既輕私鑄錢之法，犯者愈衆，及伍人相坐，沒入爲官奴婢；其男子檻車，女子步，以鐵瑣琅當其頸，傳詣【章：十二行本「詣」下有「長安」二字；乙十一行本同；退齋校同。】鍾官以十萬數。師古曰：琅當，長瑣也。鍾官，主鑄錢之官也。到者易其夫婦。師古曰：改相配匹，不依其舊也。愁苦死者什六七。

8 上谷儲夏自請說瓜田儀降之；儲夏，人姓名。戰國時，齊有儲子。儀未出而死。莽求其尸葬之，爲起冢、祠室，謚曰瓜寧殤男。此殤，非未成人之殤，強死者也。楚辭所謂國殤者。

9 閏月，丙辰，大赦。

10 郎陽成脩獻符命，姓陽成，名脩，而官爲郎也。言繼立民母；又曰：「黃帝以百二十女致神仙。」漢儒言天子三夫人、九嬪、二十七世婦、八十一御妻，則亦百二十女。莽於是遣中散大夫、謁者各四十五人，百官志：中散大夫秩六百石。時屬司中。分行天下，行，下孟翻。博采鄉里所高有淑女者上名。上，時掌翻。

11莽惡漢高廟神靈，惡，烏路翻。遣虎賁武士入高廟，四【章：十二行本「四」上有「拔劍」二字；乙十一行本同；孔本同；張校同；退齋校同。】面提擊，師古曰：謂夢見譴責。提，擲也，音徒計翻。斧壞戶牖，師古曰：以斧斫壞之。壞，音怪。桃湯、赭鞭鞭灑屋壁，師古曰：桃湯灑之，赭鞭鞭之也。赭，赤也。令輕車校尉居其中。漢以虎賁校尉主輕車。此輕車校尉，莽所置也。

12是歲，南郡秦豐聚衆且萬人；平原女子遲昭平亦聚數千人在河阻中。姓譜：遲，姓也，樊遲之後，以王父字爲氏。一曰：古賢人遲任之後。莽召問羣臣禽賊方略，皆曰：「此天囚行尸，命在漏刻。」言其得罪於天，死在須臾；其猖狂爲盜，特尸行耳。故左將軍公孫祿徵來與議，師古曰：與，讀曰豫。祿曰：「太史令宗宣，宗姓，晉伯宗之後。伯宗本出於宋桓公。典星曆，候氣變，以凶爲吉，亂天文，誤朝廷；太傅平化侯尊，飾虛僞以媮名位，賊夫人之子；夫，音扶。國師嘉信公秀，「信」，當作「新」。顛倒五經，毀師法，令學士疑惑；明學男張邯、地理侯孫陽，造井田，使民棄土業；邯，下甘翻。羲和魯匡，設六筦以窮工商；說符侯崔發，阿諛取容，令下情不上通；宜誅此數子以慰天下！」又言：「匈奴不可攻，當與和親。臣恐新室憂不在匈奴而在封域之中也。」莽怒，使虎賁扶祿出，祿之言則直矣，然以漢舊臣而與莽朝之議，出處語默，於義得乎！事君若龔勝者可也。然頗采其言，左遷魯匡爲五原卒正，以百姓怨誹故也；六筦非匡所獨造，莽厭衆意而出之。師古曰：厭，滿也，音一黡翻。

初，四方皆以飢寒窮愁起爲盜賊，稍【章：十二行本重「稍」字；乙十一行本同；孔本同。】羣聚，常思歲熟得歸鄉里，衆雖萬數，不敢略有城邑，【章：十二行本「邑」下有「轉掠求食」四字；乙十一行本同；孔本同；張校同；退齋校同。】日闋而已；師古曰：闋，盡也；隨日而盡也。此言羣盜攻剽所得，日給口體而已。闋，空穴翻。諸長吏牧守皆自亂鬬中兵而死，師古曰：中，傷也，音竹仲翻。賊非敢欲殺之也，而莽終不諭其故。師古曰：不曉此意也。是歲，荆州牧發奔命二萬人討綠林賊；賊帥王匡等相率迎擊於雲杜，賢曰：雲杜，縣名，屬江夏郡，故城在今復州沔陽縣西北。杜佑曰：安州應城縣，漢雲杜縣地。大破牧軍，殺數千人，盡獲輜重。重，直用翻。牧欲北歸，馬【章：十二行本「馬」上有「賊」字；乙十一行本同；張校同；退齋校同。】武等復遮擊之，復，扶又翻。鉤牧車屏泥，屏泥，緹油飾之，在軾前。刺殺其驂乘，刺，七亦翻。乘，繩證翻。然終不敢殺牧。賊遂攻拔竟陵，賢曰：竟陵，縣名，屬江夏郡；故城在郢州長壽縣南。轉擊雲杜、安陸，賢曰：安陸縣，屬江夏郡；今安州縣。多略婦女，還入綠林中，至有五萬餘口，州郡不能制。又，大司馬士按章豫州，師古曰：有上章相告者，就而按治之。豫州部潁川、汝南、沛郡、梁國、魯國。爲賊所獲，賊送付縣。士還，上書具言狀。還，從宣翻；又如字。莽大怒，【章：十二行本「怒」下有「下獄」二字；乙十一行本同；孔本同。】以爲誣罔，因下書責七公曰：七公，謂四輔、三公。「夫吏者，理也。宣德明恩，以牧養民，仁之道也。抑強督姦，師古曰：督，謂察視也。捕誅盜賊，義之節也。今則不然。盜發不輒得，至成羣黨遮略乘傳宰士。傳，知戀翻。士得脫者又妄自言：『我責數賊：「何爲如是？」數，所具翻。賊曰：「以貧窮故耳。」賊護出我。』今俗人議者率多若此。惟貧困飢寒犯法爲非，大者羣盜，小者偸穴，師古曰：穴，謂穿牆爲盜也。不過二科；今乃結謀連黨以千百數，是逆亂之大者，豈飢寒之謂邪！七公其嚴敕卿大夫、卒正、連率、庶尹，謹牧養善民，急捕殄盜賊！有不同心并力疾惡黠賊，惡，烏路翻。黠，下八翻。而妄曰飢寒所爲，輒捕繫，請其罪！」請治其罪也。於是羣下愈恐，莫敢言賊情者，州郡又不得擅發兵，賊由是遂不制。言不可制也。

唯翼平連率田況素果敢，發民年十八以上四萬餘人，授以庫兵，與刻石爲約；樊崇等聞之，不敢入界。況自劾奏；劾，戶槩翻。莽讓況：「未賜虎符而擅發兵，此弄兵也，厥罪乏興。師古曰：擅發之罪，與乏軍興同科也。以況自詭必禽滅賊，故且勿治。」治，直之翻；下同。後況自請出界擊賊，所嚮皆破。莽以璽書令況領青、徐二州牧事，璽，斯氏翻。況上言：「盜賊始發，其原甚微，部吏、伍人所能禽也；部吏，部盜賊之吏，郡賊曹、縣游徼、鄉亭長之類是也。師古曰：伍人，同伍之人，若今伍保者也。咎在長吏不爲意，縣欺其郡，郡欺朝廷，實百言十，實千言百。朝廷忽略，不輒督責，遂至延蔓連州，師古曰：延，音弋戰翻。乃遣將帥，多使者，傳相監趣。傳，知戀翻。監，古銜翻。師古曰：趣，讀曰促。郡縣力事上官，應塞詰對，師古曰：力，勤也。塞，當也。塞，悉則翻。詰，去吉翻。共酒食，具資用，以救斷斬，師古曰：交懼斬死之刑也。共，讀曰供。斷，丁管翻，又丁亂翻。不暇復憂盜賊、治官事。復，扶又翻。治，直之翻。將帥又不能躬率吏士，戰則爲賊所破，吏氣浸傷，徒費百姓。前幸蒙赦令，賊欲解散，或反遮擊，恐入山谷，轉相告語；語，牛倨翻。故郡縣降賊皆更驚駭，恐見詐滅，因饑饉易動，降，戶江翻。易，以豉翻。旬日之間更十餘萬人，此盜賊所以多之故也。今洛陽以東，米石二千，竊見詔書欲遣太師、更始將軍；二人爪牙重臣，多從人衆，道上空竭，言牢稟不給也。少則無以威示遠方。宜急選牧、尹以下，明其賞罰，收合離鄉；小國無城郭者，小國，諸列侯國也。徙其老弱置大城中，積臧穀食，臧，讀曰藏。并力固守。賊來攻城，則不能下；所過無食，勢不得羣聚；如此，招之必降，擊之則滅。今空復多出將帥，復，扶又翻。郡縣苦之，反甚於賊。宜盡徵還乘傳諸使者傳，知戀翻。以休息郡縣；委任臣況以二州盜賊，必平定之。」莽畏惡況，畏惡其能也。惡，烏路翻。陰爲發代，爲，于僞翻。遣使者賜況璽書。使者至，見況，因令代監其兵，監，古銜翻。遣況西詣長安，拜爲師尉大夫。況去，齊地遂敗。

三年(壬午、二二)

1春，正月，九廟成，納神主。木主也。莽謁見，大駕乘六馬，以五采毛爲龍文衣，著角，長三尺。師古曰：以被馬上也。著，陟略翻。長，直亮翻。又造華蓋九重，古今註曰：華蓋，黃帝所作也。黃帝與蚩尤戰于涿鹿之野，常有雲氣，金枝玉葉，因而作華蓋。重，直龍翻。高八丈一尺，高，居傲翻。載以四輪車；輓者皆呼「登仙」，莽出，令在前。百官竊言：「此似輀車，輀，音而，喪車也。非仙物也。」

2 二月，樊崇等殺景尚。景尚，去年所遣。

3 關東人相食。

4 夏，四月，遣太師王匡、更始將軍廉丹東討衆賊。更，工衡翻。初，樊崇等衆既寖盛，乃相與爲約：「殺人者死，傷人者償創。」創，初良翻。其中最尊號三老，次從事，次卒史。師古曰：言不爲大號。余謂三老、從事、卒史皆郡縣史也。崇等起於民伍，所識止此耳。其後黨衆日盛，氣勢日張，則攻長安，立盆子，非其初不爲大號也。及聞太師、更始將討之，恐其衆與莽兵亂，乃皆朱其眉以相識別，別，彼列翻。由是號曰赤眉。匡、丹合將銳士十餘萬人，將，卽亮翻；下遣將同。所過放縱。東方爲之語曰：「寧逢赤眉，不逢太師！太師尚可，更始殺我！」卒如田況之言。卒，子恤翻。

5 莽又多遣大夫、謁者分教民煮草木爲酪，服虔曰：煮木實。或曰，如今餌朮之屬也。如淳曰：作杏酪之屬也。師古曰：如說是也。酪不可食，重爲煩費。師古曰：重，音直用翻。

6 綠林賊遇疾疫，死者且半，乃各分散引去。王常、成丹西入南郡，號「下江兵」；王鳳、王匡、馬武及其支黨朱鮪、張卬等北入南陽，號「新市兵」；郡國志，新市縣屬江夏郡。水經註：新市縣治杜城，屬竟陵郡。杜佑曰：漢新市縣故城，在郢州富水縣東北。皆自稱將軍。莽遣司命大將軍孔仁部豫州，納言大將軍嚴尤、秩宗大將軍陳茂擊荆州，莽賜司卿及六卿號皆大將軍。各從吏士百餘人，乘傳到部募士。傳，知戀翻。尤謂茂曰：「遣將不與兵符，必先請而後動，是猶紲韓盧而責之獲也。」師古曰：紲，繫也。韓盧，古韓國之名犬也。黑色曰盧。紲，音私列翻。

7 蝗從東方來，飛蔽天。

8 流民入關者數十萬人，乃置養贍官稟食之，師古曰：稟，給也，音彼甚翻。食，讀曰飤。使者監領，監，古銜翻。與小吏共盜其稟，師古曰：盜其稟者，盜所給之物。飢死者什七八。

先是，莽使中黃門王業領長安市買，先，悉薦翻。賤取於民；民甚患之。業以省費爲功，賜爵附城。莽聞城中饑饉，以問業。業曰：「皆流民也。」乃市所賣粱飯、肉羹，持入示莽曰：「居民食咸如此。」莽信之。

9 秋，七月，新市賊王匡等進攻隨；賢曰：隨縣，屬南陽郡；今隨州縣。平林人陳牧、廖湛復聚衆千餘人，號「平林兵」，以應之。姓譜：廖，周文王子伯廖之後。風俗通：古有廖叔安，左傳作「飂」，蓋其後也。水經註：章水南逕隨郡平林縣故城西，俗謂之將陂城，與新市接界。賢曰：廖，音力弔翻。平林，地名，在今隨州隨縣東北。復，扶又翻。

10 莽詔書讓廉丹曰：「倉廩盡矣，府庫空矣，可以怒矣，可以戰矣！將軍受國重任，不捐身於中野，無以報恩塞責！」塞，悉則翻。丹惶恐，夜，召其掾馮衍，以書示之。掾，俞絹翻。衍因說丹曰：「張良以五世相韓，椎秦始皇博浪之中。事見七卷秦始皇二十九年。說，輸芮翻。相，息亮翻。將軍之先，爲漢信臣；賢曰：廉褒，襄武人，宣帝時爲後將軍，卽丹之先。新室之興，英俊不附。今海內潰亂，人懷漢德，甚於周【章：十二行本「周」作「詩」；乙十一行本同；孔本同。】人思召公也；召公之教，明於南國，周人思之，爲賦甘棠。召，音邵。人所歌舞，天必從之。賢曰：詩小雅曰：雖無德與女，式歌且舞。言漢氏之德，人歌舞之也。書曰：人之所欲，天必從之。今方爲將軍計，莫若屯據大郡，鎮撫吏士，砥厲其節，納雄桀之士，詢忠智之謀，興社稷之利，除萬人之害，則福祿流於無窮，功烈著於不滅；何與軍覆於中原，身膏於草野，功敗名喪，恥及先祖哉！」師古曰：與，猶如也，喪，息浪翻。丹不聽。衍，左將軍奉世曾孫也。

冬，無鹽索盧恢等舉兵，反城附賊，師古曰：索盧，姓也。恢，名也。呂氏春秋：禽滑釐有門人索盧參。反城，據城以反也。一曰：反，音幡，今語賊猶曰幡城。索，音先各翻。余謂一說是。賢曰：無鹽縣，屬東平郡；故城在今鄆州須昌縣之東。廉丹、王匡攻拔之，斬首萬餘級。莽遣中郎將奉璽書勞丹、匡，勞，力到翻。進爵爲公；封吏士有功者十餘人。

赤眉別校董憲等衆數萬人在梁郡，校，戶教翻；下同。梁國，時除爲郡。王匡欲進擊之；廉丹以爲新拔城罷勞，罷，讀曰疲。當且休士養威。匡不聽，引兵獨進，丹隨之。合戰成昌，師古曰：成昌，地名也。余據後漢書，亦當在無鹽縣界。兵敗，匡走；丹使吏持其印、韍、節付匡韍，音弗。曰：「小兒可走，吾不可！」遂止，戰死。校尉汝雲、王隆等二十餘人別鬭，汝，姓也。左傳：晉大夫女齊。陸德明曰：女，音汝。聞之，皆曰：「廉公已死，吾誰爲生！」爲，于僞翻。馳奔賊，皆戰死。

國將哀章自請願平山東，將，即亮翻。莽遣章馳東與太師匡并力。又遣大將軍陽浚守敖倉，司徒王尋將十餘萬屯洛陽，鎮南宮；大司馬董忠養士習射中軍北壘，恐當作「北軍中壘」。大司空王邑兼三公之職。

11 初，【張：「初」下脫「景帝子」三字。】長沙定王發生春陵節侯買，買生戴侯熊渠，熊渠生考侯仁。仁以南方卑濕，徙封南陽之白水鄉，與宗族往家焉。賢曰：春陵，鄉名，本屬零陵泠道縣，在今永州唐興縣北；元帝時，徙南陽，仍號春陵，故城在今隨州棗陽縣東。杜佑曰：棗陽，後漢蔡陽縣；漢春陵故城在今縣東。仁卒，子敞嗣；值莽篡位，國除。節侯少子外爲鬱林太守，賢曰：鬱林郡，今郴州縣。余按唐郴州無鬱林縣，而唐之桂、柳、鬱、邕、象、藤、潯、南、尹、欒、融、賓等州，皆漢鬱林郡地。外生鉅鹿都尉回，賢曰：鉅鹿郡，今邢州縣。余按唐邢州固有鉅鹿縣，而唐邢、趙二州皆漢鉅鹿郡地。回生南頓令欽。賢曰：南頓縣，屬汝南郡；故城在今陳州項城縣西。括地志：陳州南頓縣，古頓子國；逼於陳，南徙，故曰南頓。欽娶湖陽樊重女，湖陽縣，屬南陽郡。宋白曰：湖陽縣，古蓼國地。生三男：縯，仲，秀，縯，音衍。兄弟早孤，養於叔父良。縯性剛毅，慷慨有大節，自莽篡漢，常憤憤，懷復社稷之慮，不事家人居業，傾身破產，交結天下雄俊。秀隆準日角，賢曰：隆，高也。許負云：鼻頭爲準。鄭玄尚書中侯註云：日角，謂庭中骨起狀如日。性勤稼穡；賢曰：種曰稼，斂曰穡。縯常非笑之，比於高祖兄仲。賢曰：仲，郃陽侯喜也，能爲產業。高祖爲太上皇壽曰：始大人常以臣不能治產業，不如仲力；今其業所就，孰與仲多？秀姊元爲新野鄧晨妻，秀嘗與晨俱過穰人蔡少公，少公頗學圖讖，言「劉秀當爲天子」；少，詩照翻。讖，楚譖翻。或曰：「是國師公劉秀乎？」秀戲曰：「何用知非僕邪！」坐者皆大笑。晨心獨喜。

宛人李守，好星曆、讖記，宛，於元翻。好，呼到翻。爲莽宗卿師，賢曰：平帝五年，王莽攝政，郡國置宗師以主宗室。蓋時尊之，故曰宗卿師也。余按莽置宗師，主漢宗室耳。此宗卿師，莽簒時所置也。嘗謂其子通曰：「劉氏當興，李氏爲輔。」及新市、平林兵起，南陽騷動，通從弟軼謂通曰：從，才用翻。軼，音逸，又徒結翻。「今四方擾亂，漢當復興。復，扶又翻，又如字。南陽宗室，獨劉伯升兄弟汎愛容衆，可與謀大事。」縯，字伯升。通笑曰：「吾意也！」會秀賣穀於宛，宛，於元翻。通遣軼往迎秀，與相見，因具言讖文事，與相約結，定計議。通欲以立秋材官都試騎士日，劫前隊大夫甄阜及屬正梁丘賜，莽改南陽曰前隊，置大夫職如太守，屬正職如都尉。師古曰：隊，音遂。甄，之人翻。因以號令大衆，使軼與秀歸舂陵舉兵以相應。於是縯召諸豪桀計議曰：「王莽暴虐，百姓分崩；今枯旱連年，兵革並起，此亦天亡之時，復高祖之業，定萬世之秋也！」言定天下傳之萬世，此其時也。衆皆然之。於是分遣親客於諸縣起兵，縯自發舂陵子弟。諸家子弟恐懼，皆亡匿，曰：「伯升殺我！」及見秀絳衣大冠，董巴輿服志曰：大冠者，武官冠之。東觀記：上時絳衣大冠、將軍服也。皆驚曰：「謹厚者亦復爲之！」乃稍自安。凡得子弟七八千人，部署賓客，自稱「柱天都部」。賢曰：柱天，若天之柱也。都部者，都統其衆也。秀時年二十八。李通未發，事覺，亡走；父守及家屬坐死者六十四人。

縯使族人嘉招說新市、平林兵，說，輸芮翻。與其帥王鳳、陳牧西擊長聚；帥，所類翻。聚，才喻翻；下同。進屠唐子鄉，賢曰：多所誅殺曰屠。唐子鄉有唐子山，在今唐州湖陽縣西南。又殺湖陽尉。軍中分財物不均，衆恚恨，欲反攻諸劉；恚，於避翻。劉秀斂宗人所得物，悉以與之，衆乃悅。進拔棘陽，賢曰：棘陽，縣名，屬南陽郡，在棘水之陽，古謝國也；故城在今唐州湖陽縣西北。棘，音紀力翻。李軼、鄧晨皆將賓客來會。將，即亮翻。

12 嚴尤、陳茂破下江兵；成丹、王常、張卬等收散卒入蔞谿，略鍾、龍間，賢曰：蔞，音力于翻。盛弘之荆州記曰：永陽縣北有石龍山，在今安州應山縣東北。又隨州隨縣東北有三鍾山。衆復振；復，扶又翻；下同。引軍與荆州牧戰于上唐，賢曰：上唐，鄉名，故城在今隨州棗陽縣東北。水經註：上唐本蔡陽縣之上唐鄉，春秋時唐國也。大破之。

13 十一月，有星孛于張。賢曰：張，南方宿。續漢志曰：張爲周地。晉書天文志：張六星，在天廟北。孛，蒲內翻。

14 劉縯欲進攻宛，至小長安聚，賢曰：續漢書：淯陽縣有小長安聚，故城在今鄧州南陽縣南。杜佑曰：南陽，漢宛縣；縣南三十七里有小長安。與甄阜、梁丘賜戰；時天密霧，漢軍大敗。秀單馬走，遇女弟伯姬，與共騎而奔；前行，復見姊元，趣令上馬，騎，奇寄翻。復，扶又翻；下同。趣，讀曰促。上，時掌翻。元以手揮曰：「行矣，不能相救，無爲兩沒也！」會追兵至，元及三女皆死，縯弟仲及宗從死者數十人。從，才用翻。

縯復收會兵衆，還保棘陽。阜、賜乘勝留輜重於藍鄉，賢曰：比陽縣有藍鄉。重，直用翻。引精兵十萬南渡潢淳，賢曰：酈道元水經註曰：諸水二湖流注，合爲黃水；又南經棘陽縣之潢淳聚，又謂之潢淳水。在今唐州湖陽縣。臨沘水，水經註：沘水出沘陽縣東北大胡山，南與澧水會，謂之派水；昔漢光武破甄阜、梁丘賜於沘水西，斬之於斯水也。杜佑曰：漢舞陽故城在唐州泌陽縣北；有泌水，在縣南，光武破阜、賜處。阻兩川間爲營，絕後橋，示無還心。新市、平林見漢兵數敗，數，所角翻。阜、賜軍大至，各欲解去，縯甚患之。會下江兵五千餘人至宜秋，賢曰：宜秋，聚名，在沘陽縣。余按續漢志，南陽平氏縣有宜秋聚。縯卽與秀及李通造其壁曰：造，七到翻。「願見下江一賢將，議大事。」衆推王常。縯見常，說以合從之利，賢曰：以利合曰從。說，輸芮翻；下同。從，子容翻。常大悟曰：「王莽殘虐，百姓思漢。今劉氏復興，復，扶又翻；下同。卽眞主也；誠思出身爲用，輔成大功。」縯曰：「如事成，豈敢獨饗之哉！」遂與常深相結而去。常還，具爲餘將成丹、張卬言之。常與縯會，餘二將在軍。爲，于僞翻。將，卽亮翻。丹、卬負其衆曰：「大丈夫旣起，當各自爲主，何故受人制乎！」常乃徐曉說其將帥曰：「王莽苛酷，積失百姓之心，民之謳吟思漢，非一日也，故使吾屬因此得起。夫民所怨者，天所去也；民所思者，天所與也。舉大事，必當下順民心，上合天意，功乃可成；若負強恃勇，觸情恣欲，雖得天下，必復失之。以秦、項之勢，尚至夷覆，況今布衣相聚草澤，以此行之，滅亡之道也。今南陽諸劉舉【章：十二行本「舉」下有「宗起」二字；乙十一行本同；孔本同；張校同；退齋校同。】兵，觀其來議者，皆有深計大慮，王公之才，與之并合，必成大功，此天所以祐吾屬也！」下江諸將雖屈強少識，屈強，梗戾貌。屈，音居勿翻。強，音其兩翻。少，詩沼翻。然素敬常，乃皆謝曰：「無王將軍，吾屬幾陷於不義！」幾，居希翻。卽引兵與漢軍、新市、平林合。於是諸部齊心同力，銳氣益壯。縯大饗軍士，設盟約，休卒三日，分爲六部；十二月，晦，潛師夜起，襲取藍鄉，盡獲其輜重。重，直用翻。

資治通鑑卷第三十九

翰林學士兼侍讀學士朝散大夫右諫議大夫知制誥判尚書都省兼提舉萬壽觀公事上護軍河内郡開國侯食邑一千三百户賜紫金魚袋臣　司馬光　奉敕編集
後　學　天　台　胡三省　音　註

漢紀三十一　起昭陽協洽（癸未），盡閼逢涒灘（甲申），凡二年。

淮陽王 諱玄，字聖公，光武族兄也。帝王世紀曰：春陵戴侯熊渠生蒼梧太守利；利生子張；子張生玄。後敗，降赤眉；光武詔封爲淮陽王。

更始元年（癸未、二三）更，工衡翻。是年二月，即位，改元。

1 春，正月，甲子朔，漢兵與下江兵共攻甄阜、梁丘賜，斬之，甄，之人翻。殺士卒二萬餘人。王莽納言將軍嚴尤、秩宗將軍陳茂引兵欲據宛，宛，於元翻。劉縯與戰於淯陽下，續漢志，淯陽縣屬南陽郡。賢曰：故城在今鄧州南陽縣南淯水之陽，因名。淯，音育。大破之，遂圍宛。先是，青、徐賊衆雖數十萬人，訖無文書、號令、旌旗、部曲；師古曰：文，謂文章。號，謂大位號也。一曰：號，謂號令也。先，悉薦翻。及漢兵起，皆稱將軍，攻城略地，移書稱說。稱說者，數莽之罪也。莽聞之，始懼。

春陵戴侯曾孫玄在平林兵中，號更始將軍。更，工衡翻。時漢兵已十餘萬，諸將議以兵多而無所統一，欲立劉氏以從人望。南陽豪桀及王常等皆欲立劉縯；而新市、平林將帥樂放縱，樂，音洛。憚縯威明，貪玄懦弱，先共定策立之，然後召縯示其議。縯曰：「諸將軍幸欲尊立宗室，甚厚！然今赤眉起青、徐，衆數十萬，聞南陽立宗室，恐赤眉復有所立，其後赤眉果立盆子。復，扶又翻。王莽未滅而宗室相攻，是疑天下而自損權，言宗室爭立，則天下莫知所從，是疑天下之心而自損其權也。非所以破莽也。春陵去宛三百里耳，遽自尊立，爲天下準的，使後人得承吾敝，非計之善者也。不如且稱王以號令，王勢亦足以斬諸將。若赤眉所立者賢，相率而往從之，必不奪吾爵位；若無所立，破莽，降赤眉，降，戶江翻。然後舉尊號，亦未晚也。」諸將多曰：「善！」張卬拔劍擊地考異曰：司馬彪續漢書「卬」作「印」，袁宏後漢紀作「斤」，皆誤。今從范曄後漢書。曰：「疑事無功，戰國策，肥義對趙武靈王之言。今日之議，不得有二！」衆皆從之。二月，辛巳朔，設壇場於淯水上沙中，水經註：淯水出弘農盧氏縣攻離山，東南過南陽西鄂縣西北，又東過宛縣南；諸將立聖公於斯水之上。玄即皇帝位，南面立，朝羣臣；朝，直遙翻。羞愧流汗，舉手不能言。於是大赦，改元，以族父良爲國三老，王匡爲定國上公，王鳳爲成國上公，朱鮪爲大司馬，劉縯爲大司徒，陳牧爲大司空，餘皆九卿將軍。匡、鳳皆位上公而加定國、成國美號也。九卿將軍，職爲九卿，各帶將軍之號，仍王莽之制也。由是豪桀失望，多不服。豪桀欲立縯而今立玄，故失望。

2王莽欲外示自安，乃染其須髮，立杜陵史諶女爲皇后；諶，時壬翻。置後宮，位號視公、卿、大夫、元士者凡百二十人。三夫人視三公，九嬪視九卿，二十七世婦視二十七大夫，八十一御妻視八十一元士。

3莽赦天下，詔：「王匡、哀章等討青、徐盜賊，嚴尤、陳茂等討前隊醜虜，明告以生活、丹青之信；師古曰：生活，謂來降者不殺之也。丹青之信，言明著也。復迷惑不解散，復，扶又翻。將遣大司空、隆新公將百萬之師剿絕之矣。」師古曰：剿，絕也，音子小翻。司空、隆新公，王邑。

4三月，王鳳與太常偏將軍劉秀等徇昆陽、定陵、郾，皆下之。賢曰：昆陽、定陵、郾，皆縣名，並屬潁川郡。昆陽故城，在今許州葉縣北二十五里。郾，今豫州郾城縣也。定陵，在今郾城西北。郾，音於建翻。余按舊唐書，高宗咸亨二年冬，校獵於許州葉縣昆水之陽。

5王莽聞嚴尤、陳茂敗，乃遣司空王邑馳傳，傳，知戀翻。與司徒王尋發兵平定山東；徵諸明兵法六十三家以備軍吏，以長人巨毋霸爲壘尉，鄭玄曰：軍壁曰壘。賢曰：壘尉，主壁壘之事。又驅諸猛獸虎、豹、犀、象之屬以助威武。邑至洛陽，州郡各選精兵，牧守自將，守，式又翻。將，即亮翻。定會者四十三【章：十二行本「三」作「二」；乙十一行本同；孔本同；退齋校同。】萬人，號百萬；餘在道者，旌旗、輜重，千里不絕。賢曰：周禮曰：析羽爲旌，熊虎爲旗。輜，車名。釋名曰：輜，廁也，謂軍糧什物雜廁載之；以其累重，故稱輜重。重，音直用翻。夏，五月，尋、邑南出潁川，與嚴尤、陳茂合。

諸將見尋、邑兵盛，皆反走，入昆陽，惶怖，憂念妻孥，賢曰：孥，子也，音奴。欲散歸諸城。劉秀曰：「今兵穀既少少，詩沼翻。而外寇強大，并力禦之，功庶可立；如欲分散，勢無俱全。且宛城未拔，賢曰：謂伯升圍宛未拔也。不能相救；昆陽卽拔，一日之間，諸部亦滅矣。今不同心膽，共舉功名，反欲守妻子財物邪！」諸將怒曰：「劉將軍何敢如是！」秀笑而起。會候騎還，言：「大兵且至城北，軍陳數百里，不見其後。」陳，讀曰陣。諸將素輕秀，及迫急，乃相謂曰：「更請劉將軍計之。」秀復爲圖畫成敗，復，扶又翻。爲，于僞翻。諸將皆曰：「諾。」時城中唯有八九千人，秀使王鳳與廷尉大將軍王常守昆陽，夜與五威將軍李軼等十三騎賢曰：王莽置五威將軍，其衣服依五方之色，以威天下。李軼初起，猶假以爲號。余謂如太常偏將軍、廷尉大將軍之類，亦猶莽之納言大將軍、秩宗大將軍，是卽前所云九卿將軍也。出城南門，於外收兵。

時莽兵到城下者且十萬，秀等幾不得出。幾，居希翻。尋、邑縱兵圍昆陽，嚴尤說邑曰：說，輸芮翻。「昆陽城小而堅，今假號者在宛，假號者，謂更始也。亟進大兵，彼必奔走；宛敗，昆陽自服。」邑曰：「吾昔圍翟義，坐不生得翟義事見三十六卷王莽居攝二年。賢曰：坐，才臥翻。以見責讓，今將百萬之衆，遇城而不能下，非所以示威也。當先屠此城，蹀血而進，師古曰：蹀，音大頰翻。蹀，謂履涉之也。前歌後舞，顧不快邪！」遂圍之數十重，列營百數，鉦鼓之聲聞數十里，重，直龍翻。閫，音問。或爲地道、衝輣撞城；賢曰：衝，橦車也；詩曰：臨衝閑閑。許愼曰：輣，樓車也。輣，音步耕翻。撞，丈江翻。積弩亂發，矢下如雨，城中負戶而汲。王鳳等乞降，不許。降，戶江翻。尋、邑自以爲功在漏刻，不以軍事爲憂。嚴尤曰：「兵法：『圍城爲之闕』，師古曰：此兵法之言也。闕，不合也。孫子曰：圍師必闕。曹操註云：司馬法云：圍其三面，闕其一面，所以示生路也。宜使得逸出以怖宛下。」怖，普布翻。邑又不聽。

6 棘陽守長岑彭姓譜：岑，古岑子國之後。呂氏春秋：周文王封異母弟耀之子渠爲岑子，其地梁國岑亭是也。彭，棘陽人，守本縣長。長，知兩翻。與前隊貳嚴說貳，副也。莽使說爲前隊大夫甄阜之副也。共守宛城，漢兵攻之數月，城中人相食，乃舉城降；更始入都之。諸將欲殺彭，劉縯曰：「彭，郡之大吏，執心固守，是其節也。今舉大事，當表義士，不如封之。」更始乃封彭爲歸德侯。賢曰：歸德，縣名，屬北地郡。宋白曰：慶州華池縣，本漢歸德縣地。又，通遠軍西北有歸德川。

7 劉秀至郾、定陵，悉發諸營兵；諸將貪惜財物，欲分兵守之。秀曰：「今若破敵，珍寶萬倍，大功可成；如爲所敗，敗，補邁翻。首領無餘，何財物之有！」乃悉發之。六月，己卯朔，秀與諸營俱進，自將步騎千餘爲前鋒，去大軍四五里而陳；陳，讀曰陣。尋、邑亦遣兵數千合戰，秀奔之，斬首數十級。賢曰：秦法：斬首一，賜爵一級；因謂斬首爲級。諸將喜曰：「劉將軍平生見小敵怯，今見大敵勇，甚可怪也！且復居前，請助將軍！」秀復進，尋、邑兵卻，諸部共乘之，斬首數百、千級。自數百級以至千級也。復，扶又翻。連勝，遂前，諸將膽氣益壯，無不一當百，秀乃與敢死者三千人從城西水上衝其中堅。賢曰：敢死，謂果敢而死者。凡軍事，中軍將軍至尊，以堅鋭自輔，故曰中堅也。余謂敢死者，敢於致死者也。尋、邑易之，易，以豉翻。自將萬餘人行陳，師古曰：巡行軍陳也。行，音下更翻。陳，讀曰陣；下同。敕諸營皆按部毋得動，獨迎與漢兵戰，不利，大軍不敢擅相救；尋、邑陳亂，漢兵乘鋭崩之，遂殺王尋。城中亦鼓譟而出，中外合勢，震呼動天地；呼，火故翻。莽兵大潰，走者相騰踐，伏尸百餘里。會大雷、風，屋瓦皆飛，雨下如注，滍川盛溢，水經曰：滍水出南陽魯陽縣西堯山，東南經昆陽城北，東入汝。滍，音直理翻。虎豹皆股戰，士卒赴水溺死者以萬數，賢曰：數過於萬，故以萬爲數。水爲不流。爲，于僞翻。王邑、嚴尤、陳茂輕騎乘死人渡水逃去，盡獲其軍實輜重，不可勝算，重，直用翻。勝，音升。舉之連月不盡，或燔燒其餘。士卒奔走，各還其郡，王邑獨與所將長安勇敢數千人還洛陽，關中聞之震恐。於是海內豪桀翕然響應，響應，若響之應聲也。皆殺其牧守，自稱將軍，用漢年號以待詔命；旬月之間，徧於天下。

8莽聞漢兵言莽鴆殺孝平皇帝，乃會公卿於王路堂，開所爲平帝請命金縢之策，事見三十六卷平帝元始六年。爲，于僞翻。泣以示羣臣。

9劉秀復徇潁川，攻父城不下，賢曰：父城，縣名，故城在今許州葉縣東北。汝州郟城縣亦有父城。復，扶又翻；下同。屯兵巾車鄉。賢曰：巾車，鄉名也，在父城界。潁川郡掾馮異監五縣，掾，俞絹翻。監，古銜翻。爲漢兵所獲。異曰：「異有老母在父城，願歸，據五城以效功報德！」秀許之。異歸，謂父城長苗萌曰：「諸將多暴橫，長，知兩翻。橫，戶孟翻。獨劉將軍所到不虜略，觀其言語舉止，非庸人也！」遂與萌率五縣以降。降，戶江翻。

10 新市、平林諸將以劉縯兄弟威名益盛，陰勸更始除之。秀謂縯曰：「事欲不善。」言更始欲相圖也。縯笑曰：「常如是耳。」更始大會諸將，取縯寶劍視之；繡衣御史申徒建隨獻玉玦；申徒，卽申屠。賢曰：玦，決也，令早決斷。更始不敢發。縯舅樊宏謂縯曰：「建得無有范增之意乎？」范增事見九卷高帝元年。縯不應。李軼初與縯兄弟善，後更諂事新貴；新貴，謂朱鮪等。秀戒縯曰：「此人不可復信！」復，扶又翻。縯不從。縯部將劉稷，勇冠三軍，冠，古玩翻。聞更始立，怒曰：「本起兵圖大事者，伯升兄弟也。今更始何爲者邪！」更始以稷爲抗威將軍，稷不肯拜；不肯拜受抗威之命也。更始乃與諸將陳兵數千人，先收稷，將誅之；縯固爭。李軼、朱鮪因勸更始幷執縯，卽日殺之；以族兄光祿勳賜爲大司徒。賜與更始同祖蒼梧太守利。秀聞之，自父城馳詣宛謝。賢曰：以伯升見害，心不自安，故謝。司徒官屬迎弔秀，縯之官屬也。秀不與交私語，遠嫌也。惟深引過而已，引過以歸己。未嘗自伐昆陽之功；又不敢爲縯服喪，爲，于僞翻。飲食言笑如平常。更始以是慙，拜秀爲破虜大將軍，封武信侯。

11 道士西門君惠謂王莽衛將軍王涉曰：「讖文劉氏當復興，復，扶又翻；下同。國師公姓名是也。」涉遂與國師公劉秀、大司馬董忠、司中大贅孫伋謀，以所部兵劫莽降漢，以全宗族。涉欲全王氏之族也。降，戶江翻。秋，七月，伋以其謀告莽，莽召忠詰責，因格殺之，使虎賁以斬馬劍剉忠，收其宗族，以醇醯、毒藥、白刃、叢棘幷一坎而埋之；秀、涉皆自殺。莽以其骨肉、舊臣，惡其內潰，故隱其誅。師古曰：王涉，骨肉；劉歆，舊臣。余按莽傳，涉，曲陽侯根子也。惡，烏路翻。莽以軍師外破，大臣內畔，左右亡所信，古亡、無字通。不能復遠念郡國，乃召王邑還，為大司馬，以大長秋張邯為大司徒，崔發為大司空，司中壽容苗訢為國師。邯，下甘翻。訢，音欣。莽憂懣不能食，懣，音悶，又音滿。但飲酒，啗鰒魚；師古曰：此鰒，海魚也，音雹。郭璞註三蒼曰：鰒，似蛤，偏著石。廣志曰：鰒，無鱗，有殼，一面附石，細孔雜雜，或七或九。本草曰：石決明，一名鰒魚。讀軍書倦，因馮几寐，師古曰：馮，讀曰憑。不復就枕矣。

12 成紀隗崔、隗義、成紀縣，屬天水郡。賢曰：故城在今秦州隴城縣西北。隗姓，出於赤狄。上邽楊廣、冀人周宗上邽縣，屬隴西郡。賢曰：故邽戎邑，今秦州縣。冀縣，屬天水郡；秦武公伐冀戎，因縣之。宋白曰：秦州治隴城縣，即故冀城。同起兵以應漢，【章：十二行本「漢」下有「衆數千人」四字；乙十一行本同；孔本同；張校同。】攻平襄，殺莽鎮戎大尹李育。賢曰：平襄，縣名，屬天水郡，故城在今秦州伏羌縣西北：王莽改天水郡曰鎮戎。崔兄子囂，素有名，好經書，好，呼到翻。崔等共推為上將軍；崔為白虎將軍，義爲左將軍。崔本自署右將軍，白虎居右，又起兵於西方，白虎主之，因改右將軍號白虎將軍。囂遣使聘平陵方望，以爲軍師。賢曰：平陵，昭帝陵，因以爲縣；故城在今咸陽縣西北。武王伐紂，以太公爲師尚父；田單守即墨，以一卒爲神師；韓信既破趙，師事李左車；皆軍師也。後遂以爲官稱。望說囂立高廟于邑東；平襄邑之東也。說，輸芮翻。己巳，祠高祖、太宗、世宗，囂等皆稱臣執事，殺馬同盟，以興輔劉宗；移檄郡國，數莽罪惡。數，所具翻。勒兵十萬，擊殺雍州牧陳慶、安定大尹王向。莽改漢涼州曰雍州。向，平阿侯王譚之子也。考異曰：王莽傳作「卒正王旬」，袁紀作「太守王向」，今從范書。分遣諸將徇隴西、武都、金城、武威、張掖、酒泉、敦煌，敦，徒門翻。皆下之。

13 初，茂陵公孫述爲清水長，賢曰：清水，縣名，屬天水郡；今秦州縣。有能名；遷導江卒正，治臨邛。賢曰：王莽改蜀郡曰導江。臨邛，今邛州縣。班志，臨邛縣屬蜀郡。邛，音渠容翻。漢兵起，南陽宗成、商人王岑起兵徇漢中以應漢，宗成，南陽人也。地理志，商縣，屬弘農郡。賢曰：今商州商雒縣也。殺王莽庸部牧宋遵，衆合數萬人。述遣使迎成等，成等至成都，地理志，成都縣，屬蜀郡。虜掠暴橫。橫，戶孟翻。述召郡中豪桀謂曰：「天下同苦新室，思劉氏久矣，故聞漢將軍到，馳迎道路。今百姓無辜而婦子係獲，此寇賊，非義兵也。」乃使人詐稱漢使者，假述輔漢將軍、蜀郡太守兼益州牧印綬；選精兵西擊成等，殺之，按臨邛在成都西南。述兵自臨邛迎擊宗成等，非西向也。此承范史之誤。幷其衆。

14 前鍾武侯劉望起兵汝南，按王子侯表：鍾武節侯度，長沙定王之孫，成帝元延二年，侯則紹封；其後不見。或者望其則之子歟？鍾武在義陽郡界。水經註：師水過義陽郡城，東逕鍾武故城南。考異曰：王莽傳作「劉聖」，今從范書劉玄傳。嚴尤、陳茂往歸之；八月，望即皇帝位，以尤爲大司馬，茂爲丞相。

15 王莽使太師王匡、國將哀章守洛陽。將，即亮翻。考異曰：袁紀作「褎章」，今從范書。更始遣定國上公王匡攻洛陽，西屏大將軍申屠建、丞相司直李松攻武關，李松，通之從弟。屏，必郢翻。三輔震動。析人鄧曄、于匡起兵南鄉以應漢，師古曰：析，南陽之縣。南鄉，析縣之鄉名也。宋白曰：鄧州內鄉縣，古之析邑。析，音先歷翻。攻武關都尉朱萌，萌降；降，戶江翻。進攻右隊大夫宋綱，殺之；莽改弘農郡曰右隊。西拔湖。師古曰：湖，弘農之縣也，本屬京兆。莽愈憂，不知所出。崔發言：「古者國有大災，則哭以厭之。師古曰：周禮春官之屬女巫之職曰：凡邦之大災，歌哭以請。哭者，所以告哀也。春秋左氏傳：宣十二年，楚子圍鄭，旬有七日，鄭人大臨，守陴者皆哭。故發引之以爲言也。厭，音一葉翻。宜告天以求救！」莽乃率羣臣至南郊，陳其符命本末，仰天大哭，氣盡，伏而叩頭。諸生、小民旦夕會哭，爲設餐粥；爲，于僞翻。師古曰：餐，音千安翻。甚悲哀者，除以爲郎，郎至五千餘人。

莽拜將軍九人，皆以虎爲號，將北軍精兵數萬人以東，內其妻子宮中以爲質。質，音致。時省中黃金尚六十餘萬斤，他財物稱是，稱，尺證翻。莽愈愛之，賜九虎士人四千錢；衆重怨，無鬭意。師古曰：重，音直用翻。九虎至華陰回谿，賢曰：回谿，今俗所謂回阬，在洛州永寧縣東北；其谿長四里，闊二丈，深二丈五尺。華，戶化翻。距隘自守。于匡、鄧曄擊之，六虎敗走；二虎詣闕歸死，莽使使責死者安在，皆自殺；其四虎亡。二虎自殺者，史熊、王況也。四虎亡者，史逸其名。三虎收散卒保渭口京師倉。三虎，郭欽、陳翬、成重也。師古曰：京師倉，在華陰灌北渭口也。

鄧曄開武關迎漢兵。李松將三千餘人至湖，與曄等共攻京師倉，未下。曄以弘農掾王憲爲校尉，掾，俞絹翻。將數百人北渡渭，入左馮翊界。李松遣偏將軍韓臣等徑西至新豐擊【章：十二行本「擊」下有「破」字；乙十一行本同；孔本同；張校同；退齋校同。】莽波水將軍，據竇融傳，莽拜融爲波水將軍。前書音義曰：波水，在長安南。追奔至長門宮。王憲北至頻陽，所過迎降。師古曰：所過之處，人皆來迎而降附也。諸縣大姓各起兵稱漢將軍，【章：十二行本無「軍」字；乙十一行本同；孔本同。】率衆隨憲。李松、鄧曄引軍至華陰，而長安旁兵四會城下；又聞天水隗氏方到，皆爭欲【章：十二行本「欲」下有「先」字；乙十一行本同；孔本同；張校同。】入城，貪立大功、鹵掠之利。言入城誅莽，既立大功，又得鹵掠，貪二者之利也。莽赦城中囚徒，皆授兵，殺豨，飲其血，與誓曰：「有不爲新室者，社鬼記之！」豨，許豈翻，又音希。爲，于僞翻。使更始將軍史諶將之。諶，氏壬翻。渡渭橋，皆散走；諶空還。衆兵發掘莽妻、子、父、祖冢，燒其棺椁及九廟、明堂、辟雍，火照城中。

九月，戊申朔，兵從宣平城門入。師古曰：長安城東出北頭第一門。張邯逢兵見殺；王邑、王林、王巡、䠠惲等分將兵距擊北闕下，䠠，師古曰：音帶，又音徒蓋翻。䠠姓，惲名。惲，於粉翻。會日暮，官府、邸第盡奔亡。己酉，城中少年朱弟、張魚等恐見鹵掠，趨讙並和，師古曰：衆羣行讙而自相和也。讙，許元翻。和，音乎臥翻。燒作室門，程大昌曰：作室者，未央宮西北織室、暴室之類，黃圖謂爲尚方工作之所者也。作室門，則工徒出入之門，蓋未央宮之便門也。斧敬法闥，師古曰：敬法，殿名也。闥，小門也。謂斧斫之也。呼曰：「反虜王莽，何不出降！」師古曰：呼，音火故翻。火及掖庭、承明，黃皇室主所居。黃皇室主曰：「何面目以見漢家！」自投火中而死。

莽避火宣室前殿，火輒隨之。莽紺袀服，師古曰：紺，深青而揚赤色也。袀，純也，純爲紺服也。袀，音均，又音弋旬翻。持虞帝匕首；虞帝安得有匕首，蓋莽自爲之以愚夫人。天文郎按式於前，師古曰：式，所以占時日。天文郎，今之用式者也。莽旋席隨斗柄而坐，曰：「天生德於予，漢兵其如予何！」莽引孔子之言以自況。庚戌，旦明，羣臣扶掖莽自前殿之漸臺，【章：十二行本「臺」下有「欲阻池水」四字；乙十一行本同；孔本同；張校同；退齋校同。】此未央宮之漸臺也。水經：未央漸臺在滄池中。建章漸臺在太液池中。程大昌曰：漸者，漬也，言臺在水中受其漸漬也。凡臺之環浸于水者，皆可名爲漸臺。漸，子廉翻。公卿從官尚千餘人隨之。從，才用翻。王邑晝夜戰，罷極，師古曰：罷，讀曰疲。士死傷略盡；馳入宮，間關至漸臺，師古曰：間關，猶言崎嶇，展轉也。見其子侍中睦解衣冠欲逃，邑叱之，令還，父子共守莽。軍人入殿中，聞莽在漸臺，衆共圍之數百重。重，直龍翻。臺上猶與相射，射，而亦翻。矢盡，短兵接；王邑父子、𨐨惲、王巡戰死，莽入室。下餔時，衆兵上臺，餔後，謂之下餔。按前書天文志：旦至食時，食時至日昳，日昳至餔，餔至下餔，下餔至日入。苗訢、唐尊、王盛等皆死。訢，音欣。商人杜吳殺莽，校尉東海公賓就斬莽首；師古曰：公賓姓，就名也。風俗通曰：魯大夫公賓庚之後。王莽五十一居攝，五十四卽眞，六十八誅死。軍人分莽身，節解臠分，爭相殺者數十人；公賓就持莽首詣王憲。憲自稱漢大將軍，城中兵數十萬皆屬焉；舍東宮，師古曰：舍，止宿也。妻莽後宮，乘其車服。癸丑，李松、鄧曄入長安，將軍趙萌、申屠建亦至；以王憲得璽綬不上，璽，斯氏翻。綬，音受。上，時掌翻。多挾宮女，建天子鼓旗，收斬之。傳莽首詣宛，縣於市；百姓共提擊之，縣，讀曰懸。提，音徒計翻。或切食其舌。

班固贊曰：王莽始起外戚，折節力行以要名譽，折，而設翻。要，一遙翻。及居位輔政，勤勞國家，直道而行，豈所謂『色取仁而行違』者邪！師古曰：論語載孔子答子張之言也。不仁之人假仁者之色，而行則違之。行，下孟翻。莽既不仁而有佞邪之材，又乘四父歷世之權，四父，謂王鳳、王音、王商、王根相繼秉政，皆莽諸父也。遭漢中微，國統三絕，成、哀、平皆絕。而太后壽考，爲之宗主，故得肆其姦慝以成篡盜之禍。推是言之，亦天時，非人力之致矣！及其竊位南面，顛覆之勢險於桀、紂，而莽晏然自以黃、虞復出也，黃帝、虞舜，莽祖之。復，扶又翻。乃始恣睢，奮其威詐，師古曰：睢，音呼季翻。毒流諸夏，亂延蠻貉，猶未足以逞其欲焉。是以四海之內，囂然喪其樂生之心，師古曰：囂然，衆口愁貌也，音五高翻。喪，息浪翻。中外憤怨，遠近俱發，城池不守，支體分裂，遂令天下城邑爲虛，虛，讀曰墟。害徧生民，自書傳所載亂臣賊子，考其禍敗，未有如莽之甚者也！昔秦燔詩、書以立私議，莽誦六藝以文姦言，師古曰：以六經之事文飾姦言。同歸殊塗，俱用滅亡，皆聖王之驅除云爾。蘇林曰：聖王，光武也，爲光武驅除也。師古曰：言驅逐蠲除以待聖人也。

16 定國上公王匡拔洛陽，生縛莽太師王匡、哀章，皆斬之。冬，十月，奮威大將軍劉信擊殺劉望於汝南，信，大司徒賜兄顯之子。并誅嚴尤、陳茂，郡縣皆降。降，戶江翻。

17 更始將都洛陽，以劉秀行司隸校尉，使前整脩宮府。司隸校尉察三輔、三河、弘農，故使整脩宮府。秀乃置僚屬，作文移，東觀記曰：文書移與屬縣也。從事司察，一如舊章。續漢書：司隸置從事史十二人，秩皆百石，主督促文書，察舉非法。時三輔吏士東迎更始，見諸將過，皆冠幘而服婦人衣，漢官儀曰：幘者，古之卑賤不冠者之所服也。方言曰：覆髻謂之幘，或謂之承露。劉昭志曰：秦雄諸侯，乃加武將首飾，爲絳袙以表貴賤；其後稍作顏題。漢興，續其顏，卻摞之，施巾，連題卻覆之，名之曰幘。幘者，賾也，頭首嚴賾也。至孝文，乃高顏題，崇其巾，爲屋，合後，施收上下；羣臣貴賤皆服之，文者長耳，武者短耳。莫不笑之；及見司隸僚屬，皆歡喜不自勝，勝，音升。老吏或垂涕曰：「不圖今日復見漢官威儀！」復，扶又翻；下同。由是識者皆屬心焉。皆屬，音之欲翻。

更始北都洛陽，分遣使者徇郡國，曰：「先降者復爵位！」降，戶江翻；下同。使者至上谷，漢上谷郡，治沮陽。上谷太守扶風耿況迎，上印綬；上，時掌翻。使者納之，一宿，無還意。功曹寇恂勒兵入見使者，請之，姓譜：蘇忿生爲周武王司寇，其後以官爲寇氏。百官志：郡功曹，主選署功勞，在諸曹之上。使者不與，曰：「天王使者，功曹欲脅之邪！」恂曰：「非敢脅使君，竊傷計之不詳也。今天下初定，使君建節銜命，郡國莫不延頸傾耳；今始至上谷而先墮大信，賢曰：墮，毀也，讀曰隳。將復何以號令他郡乎！」使者不應。恂叱左右以使者命召況；況至，恂進取印綬帶況。使者不得已，乃承制詔之，況受而歸。

宛人彭寵、吳漢亡命在漁陽，鄉人韓鴻爲更始使，徇北州，承制拜寵偏將軍，行漁陽太守事，爲彭寵據漁陽張本。以漢爲安樂令。賢曰：安樂，縣名，屬漁陽郡；故城在今幽州潞縣西北。樂，音洛。

更始遣使降赤眉。遣使者招諭之，使降而釋兵也；後以意推。降，戶江翻。樊崇等聞漢室復興，卽留其兵，將【章：十二行本「將」上有「自」字；孔本同；張校同。】渠帥二十餘人隨使者至洛陽，帥，所類翻。更始皆封爲列侯。崇等既未有國邑，而留衆稍有離叛者，乃復亡歸其營。崇等時營在濮陽。爲赤眉攻更始張本。

[18] 王莽廬江連率潁川李憲據郡自守，稱淮南王。率，所類翻。

[19] 故梁王立之子永詣洛陽；立死見三十六卷平帝元始四年。更始封爲梁王，都睢陽。爲永據梁、連羣盜張本。睢，音雖。

[20] 更始欲令親近大將徇河北，大司徒賜言：「諸家子獨有文叔可用。」諸家子，謂南陽諸宗子也。光武諱秀，字文叔。朱鮪等以爲不可，更始狐疑，賜深勸之；更始乃以劉秀行大司馬事，持節北渡河，鎮慰州郡。爲光武自河北定天下張本。

[21] 以大司徒賜爲丞相，令先入關脩宗廟、宮室。將都長安也。

[22] 大司馬秀至河北，所過郡縣，考察官吏，黜陟能否，平遣囚徒，除王莽苛政，賢曰：說文：苛，小草也；言政令繁細。復漢官名；吏民喜悅，爭持牛酒迎勞，勞，力到翻。秀皆不受。

南陽鄧禹杖策追秀，及於鄴。秀曰：「我得專封拜，生遠來，寧欲仕乎？」禹曰：「不願也。」秀曰：「卽如是，何欲爲？」禹曰：「但願明公威德加於四海，禹得效其尺寸，垂功名於竹帛耳！」漢初未有紙，以竹簡及縑素書，故言竹帛。秀笑，因留宿間語；賢曰：間，私也。禹進說曰：說，輸芮翻；下同。「今山東未安，赤眉、青犢之屬動以萬數。更始既是常才而不自聽斷，斷，丁亂翻。諸將皆庸人屈起，賢曰：屈，音求勿翻。志在財幣，爭用威力，朝夕自快而已，非有忠良明智、深慮遠圖，欲尊主安民者也。歷觀往古聖人之興，二科而已，天時與人事也。今以天時觀之，更始既立而災變方興；以人事觀之，帝王大業非凡夫所任，任，音壬。分崩離析，形勢可見。明公雖建藩輔之功，猶恐無所成立也。況明公素有盛德大功，爲天下所嚮服，軍政齊肅，賞罰明信。爲今之計，莫如延攬英雄，務悅民心，立高祖之業，救萬民之命，以公而慮，天下不足定也！」鄧禹爲中興元功，實本諸此。秀大悅，因令禹【章：十二行本「禹」下有「常」字；乙十一行本同；孔本同；張校同。】宿止於中，與定計議；每任使諸將，多訪於禹，皆當其才。

秀自兄縯之死，每獨居輒不御酒肉，御，進也。枕席有涕泣處，主簿馮異獨叩頭寬譬；馮異自父城歸光武，爲司隸主簿；及渡河，爲大司馬主簿。寬，釋也；譬，曉也；譬曉以寬釋其哀戚之情。秀止之曰：「卿勿妄言！」異因進說曰：「更始政亂，百姓無所依戴。夫人久飢渴，易爲充飽。孟子曰：飢者易爲食，渴者易爲飲。賢曰：猶言凋殘之後，易流德澤。易，以豉翻。今公專命方面，宜分遣官屬徇行郡縣，行，下孟翻。宣布惠澤。」秀納之。

騎都尉宋子耿純謁秀於邯鄲，先是李軼承制拜耿純爲騎都尉。賢曰：宋子縣，屬鉅鹿郡；故城在今趙州平棘縣北三十里。邯鄲縣，屬趙國；今洺州縣。退，見官屬將兵法度不與他將同，遂自結納。

23 故趙繆王子林賢曰：繆王，景帝七代孫，名元。前書曰：坐殺人，爲大鴻臚所奏，謚曰繆；音謬。說秀決列人河水以灌赤眉，續漢書：林言於秀曰：「赤眉可破。」秀問其故，對曰：「赤眉今在河東，河水從列人北流，如決河水灌之，可令爲魚。」列人縣，屬鉅鹿郡。賢曰：故城在今洺州肥鄉縣東北。秀不從；去之眞定。

賢曰：眞定，縣名，屬眞定國，今恆州縣也。林素任俠於趙、魏間，王莽時，長安中有自稱成帝子子輿者，莽殺之。如淳曰：相與信爲任，同是非爲俠；所謂權行州里，力折公侯者也。或曰：俠之爲言挾也，以權力夾輔人者也。子輿事見三十七卷王莽始建國二年。邯鄲卜者王郎緣是詐稱眞子輿，云「母故成帝謳者，嘗見黃氣從上下，遂任身；任，音壬。趙后欲害之，僞易他人子，以故得全。」林等信之，與趙國大豪李育、張參等謀共立郎。會民間傳赤眉將渡河，林等因此宣言「赤眉當立劉子輿」，以觀衆心，百姓多信之。十二月，林等率車騎數百晨入邯鄲城，止於王宮，賢曰：故趙王之宮也。邯鄲，音寒丹。立郎爲天子；分遣將帥徇下幽、冀，移檄州郡，趙國以北、遼東以西皆望風響應。

二年（甲申、二四）

1 春，正月，大司馬秀以王郎新盛，乃北徇薊。賢曰：薊，縣名，屬涿郡；今幽州縣也。薊，音計。

2 申屠建、李松自長安迎更始遷都；二月，更始發洛陽。初，三輔豪桀假號誅莽者，謂假漢將軍號也。人人皆望封侯；申屠建既斬王憲，又揚言「三輔兒大黠，黠，下八翻，桀黠也。共殺其主。」吏民惶恐，屬縣屯聚；建等不能下。更始至長安，乃下詔大赦，非王莽子，他皆除其罪，於是三輔悉平。

時長安唯未央宮被焚，其餘宮室、供帳、倉庫、官府皆按堵如故，市里不改於舊。更始居長樂宮，樂，音洛。升前殿，郎吏以次列庭中；更始羞怍，俛首刮席，不敢視。賢曰：怍，顏色變也。俛，俯也。刮，爬也；怍，才各翻。俛，音免。諸將後至者，更始問：「虜掠得幾何？」左右侍官皆宮省久吏，驚愕相視。給事天子左右者，謂之侍官。

李松與棘陽趙萌說更始宜悉王諸功臣；說，輸芮翻。王，于況翻。朱鮪爭之，以爲高祖約，非劉氏不王。鮪，于軌翻。更始乃先封諸宗室：祉爲定陶王，班志：定陶縣，屬濟陰郡。宋白曰：定陶故城在曹州東北三十七里。慶爲燕王，燕，於賢翻。歙爲元氏王，元氏縣，屬常山郡。闞駰曰：趙公子元之封邑，故曰元氏。嘉爲漢中王，祉，舂陵康侯敞之子，大宗也。慶，敞之弟。嘉，敞之弟子。歙，更始之叔父。歙，許及翻。賜爲宛王，宛縣，屬南陽郡。宋白曰：鄧州南陽縣，漢之宛縣。信爲汝陰王；班志，汝陰縣屬汝南郡，故胡國；唐潁州治所。然後立王匡爲泚陽王，「泚陽」，後漢書作「比陽」。比陽縣，屬南陽郡；唐屬唐州。王鳳爲宜城王，班志，宜城縣屬南郡，故鄢。宋爲大堤之地，立華山郡；後魏改宜城郡；唐爲縣，屬襄州。朱鮪爲膠東王，膠東，漢王國，都卽墨。賢曰：故城在今萊州膠水縣東南。王常爲鄧王，鄧縣，屬南陽郡，故鄧國；唐爲鄧城縣，屬襄州。申屠建爲平氏王，班志，平氏縣屬南陽郡，有桐柏山；唐爲桐柏縣，屬唐州。陳牧爲陰平王，賢曰：陰平縣，屬廣漢郡。宋白曰：唐文州曲水縣，漢陰平道也。衞尉大將軍張卬爲淮陽王，淮陽，本陳國；漢爲淮陽國。賢曰：淮陽故城，在今陳州宛丘縣東南。執金吾大將軍廖湛爲穰王，穰縣，屬南陽郡。師古曰：今鄧州穰縣是也。尚書胡殷爲隨王，隨縣，屬南陽郡，古隨國；唐爲隨州。柱天大將軍李通爲西平王，賢曰：西平縣，屬汝南郡；故城在今豫州郾城縣南。五威中郎將李軼爲舞陰王，舞陰縣，屬南陽郡。宋白曰：唐州泌陽縣，本漢舞陰縣地。舞陽故城在葉縣東十里。水衡大將軍成丹爲襄邑王，襄邑縣，屬陳留郡。國〔圈〕稱曰：襄邑，宋地，本承匡襄陵鄉也。宋襄公所葬，故曰襄陵。秦始皇以承匡卑濕，徙縣於襄陵，故曰襄邑。縣西十里有承匡故城。賢曰：今襄邑縣在宋州西。驃騎大將軍宗佻爲潁陰王，佻，他彫翻，又田聊翻。班志，潁陰縣，屬潁川郡。尹尊爲郾王。班志，郾縣，屬潁川郡。宋白曰：七國時，魏之下邑，今許州郾城縣是也。括地志：豫州褒信縣，本漢郾縣地。師古曰：郾，一戰翻。唯朱鮪辭不受；乃以鮪爲左大司馬，宛王賜爲前大司馬，使與李軼等鎮撫關東。又使李通鎮荊州，王常行南陽太守事。以李松爲丞相，趙萌爲右大司馬，共秉內任。內任，謂朝廷之內。

更始納趙萌女爲夫人，故委政於萌，日夜飲讌後庭；羣臣欲言事，輒醉不能見，時不得已，乃令侍中坐帷中與語。韓夫人尤嗜酒，每侍飲，見常侍奏事，中常侍，受外朝臣奏事而奏之天子。輒怒曰：「帝方對我飲，正用此時持事來邪！」起，抵破書案。賢曰：抵，擊也。趙萌專權，生殺自恣。郎吏有說萌放縱者，更始怒，拔劍斬之，自是無敢復言。復，扶又翻。以至羣小、膳夫皆濫授官爵，長安爲之語曰：「竈下養，中郎將。公羊傳曰：炊烹爲養，音弋亮翻。爛羊胃，騎都尉。爛羊頭，關內侯。」言以烹煮熟爛爲功也。軍師將軍李淑上書諫曰：「陛下定業，雖因下江、平林之勢，斯蓋臨時濟用，不可施之既安。唯名與器，聖人所重；孔子曰：唯名與器不可以假人。今加非其人，望其裨益萬分，猶緣木求魚，升山采珠。賢曰：言求之非所，不可得也。海內望此，有以窺度漢祚！」度，徒洛翻。更始怒，囚之。諸將在外者皆專行誅賞，各置牧守；州郡交錯，不知所從。由是關中離心，四海怨叛。

3 更始徵隗囂及其叔父崔、義等。囂將行，方望以更始成敗未可知，固止之；囂不聽，望以書辭謝而去。囂等至長安，更始以囂爲右將軍，崔、義皆卽舊號。就其舊號以授之。隗囂違方望之言而從更始，違馬援之言而叛光武，始則幾至殺身，後則終於滅族，擇木之難也。

4 耿況遣其子弇奉奏詣長安，弇時年二十一。弇，古含翻。行至宋子，會王郎起，弇從吏孫倉、衛包曰：「劉子輿，成帝正統；捨此不歸，遠行安之！」弇按劍曰：「子輿弊賊，卒爲降虜耳！從，才用翻。卒，終也，音子恤翻。我至長安，與國家陳上谷、漁陽兵馬，歸發突騎，賢曰：突騎，言能衝突軍陳。以轔烏合之衆，如摧枯折腐耳。賢曰轔，轢也，音力刃翻。觀公等不識去就，族滅不久也！」倉、包遂亡，降王郎。

弇聞大司馬秀在盧奴，賢曰：盧奴，縣名，屬中山國；故城在今定州安喜縣。水經註曰：縣有黑水故池。水黑曰盧，不流曰奴，因以爲名。乃馳北上謁；上，時掌翻；下異上同。秀留署長史，與俱北至薊。薊，故燕都；昭帝改燕爲廣陽國，亦治薊。王郎移檄購秀十萬戶，秀令功曹令史潁川王霸至市中募人擊王郎，漢舊註：公府令史，秩百石。霸時爲大司馬功曹令史。市人皆大笑，舉手邪揄之，霸慚懅而反。賢曰：說文曰：「歋瘉，手相笑也。歋，音弋支翻。瘉，音踰，或音由。此云邪揄，語輕重不同。」㦎，亦慙也，音遽。秀將南歸，耿弇曰：「今兵從南方來，不可南行。漁陽太守彭寵，公之邑人；彭寵，南陽宛人。上谷太守，即弇父也。發此兩郡控弦萬騎，邯鄲不足慮也。」秀官屬腹心皆不肯，曰：「死尚南首，奈何北行入囊中！」賢曰：漁陽、上谷北接塞垣，至彼路窮，如入囊中也。首，音式救翻。秀指弇曰：「是我北道主人也。」

會故廣陽王子接起兵薊中以應郎，賢曰：廣陽王名嘉，武帝五代孫。城內擾亂，言邯鄲使者方到，二千石以下皆出迎。於是秀趣駕而出，賢曰：趣，急也，音促。至南城門，門已閉；攻之，得出，遂晨夜南馳，不敢入城邑，舍食道傍。至蕪蔞亭，賢曰：蕪蔞，亭名，在今饒陽東北。蔞，音力于翻。時天寒烈，馮異上豆粥。至饒陽，賢曰：饒陽，縣名，屬安平國，在饒河之陽；故城在今瀛州饒陽縣東北。官屬皆乏食。秀乃自稱邯鄲使者，入傳舍，賢曰：傳舍，客館也。傳，音知戀翻；下同。傳吏方進食，從者飢，爭奪之。從，才用翻。傳吏疑其僞，乃椎鼓數十通，紿言「邯鄲將軍至」；賢曰：椎，直追翻。紿，言欺誑也，音殆。官屬皆失色。秀升車欲馳，既而懼不免，徐還坐，曰：「請邯鄲將軍入。」久，乃駕去。晨夜兼行，蒙犯霜雪，面皆破裂。

至下曲陽，賢曰：下曲陽，縣名，屬鉅鹿郡。常山郡有上曲陽，故此言下。劉昭曰：下曲陽有鼓聚，故翟鼓子國。宋白曰：鎮州鼓城縣，漢下曲陽縣地。傳聞王郎兵在後，從者皆恐。從，才用翻。至滹沱河，賢曰：山海經云：大戲之山，滹沱之水出焉。在今代州繁畤縣，東流經定州深澤縣東南，即光武所渡處；今俗猶謂之危渡口。臣賢按：滹沱河舊在饒陽南，至魏太祖曹操，因饒河故瀆決令北注新溝水，所以今在饒陽縣北。候吏還白「河水流澌，賢曰：澌，音斯，冰澌也。無船，不可濟」。秀使王霸往視之。霸恐驚衆，欲且前，阻水還，即詭曰：「冰堅可度。」官屬皆喜。秀笑曰：「候吏果妄語也！」遂前。比至河，比，必寐翻，及也。河冰亦合，乃令王霸護渡，賢曰：監護渡也。未畢數騎而冰解。至南宮，賢曰：南宮，縣名，屬信都國，今冀州縣也。遇大風雨，秀引車入道傍空舍，馮異抱薪，鄧禹爇火，賢曰：爇，音而悅翻。秀對竈燎衣，賢曰：燎，炙也。馮異復進麥飯。復，扶又翻。

進至下博城西，賢曰：下博縣，屬信都國；在博水之下，故曰下博；故城在今冀州下博縣南。惶惑不知所之。有白衣老父在道旁，賢曰：蓋神人也。今下博縣西有祠堂。指曰：「努力！信都郡爲長安城守，賢曰：信都郡，今冀州。爲，于僞翻。去此八十里。」秀即馳赴之。是時郡國皆已降王郎，獨信都太守南陽任光、和戎太守信都邳彤不肯從。東觀記曰：王莽分信都爲和戎，居下曲陽。邳彤傳作「和成」。成字爲是。風俗通：奚仲爲夏車正，封於邳，其後以爲氏。彤，余中翻。光自以孤城獨守，恐不能全，賢曰：獨守無援，故恐。聞秀至，大喜；吏民皆稱萬歲。邳彤亦自和戎來會，議者多言可因信都兵自送，西還長安。邳彤曰：「吏民歌吟思漢久矣，故更始舉尊號而天下響應，三輔清宮除道以迎之。今卜者王郎，假名因勢，驅集烏合之衆，遂振燕、趙之地，振，舉也。無有根本之固。明公奮二郡之兵以討之，二郡。信都、和成。何患不克！今釋此而歸，豈徒空失河北，必更驚動三輔，墮損威重，墮，讀曰隳。非計之得者也。若明公無復征伐之意，復，扶又翻。則雖信都之兵，猶難會也。何者？明公既西，則邯鄲勢成，民不肯捐父母、背成主而千里送公，謂光武西歸，則王郎之位號定，故曰成主。背，蒲妹翻。考異曰：范書邳彤傳：「邯鄲成民不肯背成主」，字皆作「城」。袁紀作「邯鄲和城，民不肯捐和城而千里送公」，漢春秋作「邯鄲之民不能捐父母、背成主」。按文意，「城」皆當作「成」。邯鄲成，謂邯鄲勢成也。成主，謂王郎爲已成之主也。其離散亡逃可必也！」秀乃止。

秀以二郡兵弱，欲入城頭子路、力子都軍中；爰曾起兵盧城頭，曾字子路，故號城頭子路。考異曰：范書作「力子都」。同編修劉攽曰：「力」當作「刁」，音彫。任光以爲不可。乃發傍縣，得精兵四千人，拜任光爲左大將軍，信都都尉李忠爲右大將軍，邳彤爲後大將軍，和戎太守如故，信都令萬脩爲偏將軍，萬，姓也。孟子弟子有萬章。皆封列侯。留南陽宗廣領信都太守事；使任光、李忠、萬脩將兵以從；從，才用翻；下使從同。邳彤將兵居前，任光乃多作檄文曰：「大司馬劉公將城頭子路、力子都兵百萬衆從東方來，擊諸反虜！」遣騎馳至鉅鹿界中。吏民得檄，傳相告語。傳，知戀翻。語，牛倨翻。秀投暮入堂陽界，賢曰：堂陽縣，屬鉅鹿郡，在堂水之陽；故城在今冀州鹿城縣南。多張騎火，彌滿澤中，堂陽卽降；又擊貰縣，降之。賢曰：貰縣，屬鉅鹿郡；音時夜翻；

師古音式制翻。城頭子路者，東平爰曾也，寇掠河、濟間，有衆二十餘萬，濟，子禮翻。力子都有衆六七萬，故秀欲依之。昌城人劉植聚兵數千人據昌城，迎秀；賢曰：昌城縣，屬信都郡；故城在今冀州西北。杜佑曰：故城在冀州信都縣北。水經註引應劭曰：在堂陽縣北三十里。秀以植爲驍騎將軍。耿純率宗族賓客二千餘人，老病者皆載木自隨，賢曰：左傳曰：又如是而嫁，將就木焉。木，謂棺也。老病者恐死，故載以從軍。迎秀於育；賢曰：育，縣名；故城在冀州。余考兩漢志無育縣，蓋「貰」字之誤。拜純爲前將軍。進攻下曲陽，降之。衆稍合，至數萬人，復北擊中山。賢曰：中山國，一名中人亭；故城在今定州唐縣東北。張曜中山記曰：城中有山，故曰中山也。復，扶又翻。耿純恐宗家懷異心，乃使從弟訢宿歸，燒廬舍以絕其反顧之望。

秀進拔盧奴，杜佑曰：定州安喜縣，漢盧奴也。所過發奔命兵，移檄邊郡共擊邯鄲；郡縣還復響應。復，扶又翻；下同。時眞定王楊起兵附王郎，衆十餘萬，秀遣劉植說楊，楊乃降。楊，常山憲王舜六世孫。舜，景帝子也。說，輸芮翻。秀因留眞定，納楊甥郭氏爲夫人以結之。進擊元氏、防子，皆下之。賢曰：元氏、防子屬常山郡；並今趙州縣也。防與房，古字通用。至鄗，擊斬王郎將李惲；鄗縣，屬常山郡。賢曰：今趙州高邑縣也。鄗，音呼各翻。惲，於粉翻。至柏人，復破郎將李育。賢曰：柏人，縣名，屬趙國；今邢州縣；故城在縣之西北。育還保城；攻之，不下。

南鄭人延岑起兵據漢中；延，姓；岑，名。漢中王嘉擊降之，有衆數十萬。校尉南陽賈復見更始政亂，乃說嘉曰：說，輸芮翻。「今天下未定，而大王安守所保，所保得無不可保乎？」所保，謂漢中也。嘉曰：「卿言大，非吾任也。大司馬在河北，必能相用。」乃爲書薦復及長史南陽陳俊於劉秀。復等見秀於柏人，秀以復爲破虜將軍，俊爲安集掾。劉玄傳：玄初從陳牧等爲其軍安集掾。賢曰：欲以安集軍衆，故權以爲官名。余謂光武用俊之意，不特安集軍衆，蓋爲民也。掾，俞絹翻。

秀舍中兒犯法，軍市令潁川祭遵格殺之，從軍者非一處人，故於軍中立市，使相貿易，置令以治之。姓譜：周公第五子祭伯，其後以爲氏。賢曰：祭，音側介翻。秀怒，命收遵。主簿陳副諫曰：「明公常欲衆軍整齊，今遵奉法不避，是教令所行也。」乃貰之，賢曰：貰，猶赦也。以爲刺姦將軍，王莽置左右刺姦，使督姦猾，光武因以爲將軍號。謂諸將曰：「當備祭遵！吾舍中兒犯法尚殺之，必不私諸卿也。」

6 初，王莽既殺鮑宣，事見三十六卷平帝元始三年。上黨都尉路平欲殺其子永；太守苟諫保護之，永由是得全。更始徵永爲尚書僕射，行大將軍事，將兵安集河東、并州，河東郡，本屬司隸。令永安集河東及并州所部諸郡。得自置偏裨。永至河東，擊青犢，大破之。以馮衍爲立漢將軍，屯太原，與上黨太守田邑等繕甲養士以扞衛并土。

7 或說大司馬秀以守柏人不如定鉅鹿，說，輸芮翻；下同。秀乃引兵東北拔廣阿。賢曰：廣阿，縣名，屬鉅鹿郡；故城在今趙州象城縣西北。杜佑曰：趙州昭慶縣，漢廣阿縣。秀披輿地圖，武帝時，羣臣請王皇子，御史奏輿地圖。索隱曰：謂地爲輿者，天地有覆載之德，故謂天爲蓋，謂地爲輿。故地圖稱輿地圖，疑自古有此名，非始漢也。指示鄧禹曰：「天下郡國如是，今始乃得其一；子前言以吾慮天下不足定，何也？」禹曰：「方今海內殽亂，人思明君，猶赤子之慕慈母。古之興者在德薄厚，不以大小也！」

8 薊中之亂，耿弇與劉秀相失，北走昌平，賢曰：昌平縣，屬上谷郡；今幽州縣；故城在縣東。就其父況，因說況擊邯鄲。說，輸芮翻；下同。時王郎遣將徇漁陽、上谷，急發其兵，北州疑惑，多欲從之。上谷功曹寇恂、門下掾閔業閔，姓也。魯有大夫閔馬父；孔子弟子有閔子騫。說況曰：「邯鄲拔起，賢曰：拔，猝也。難可信向。大司馬，劉伯升母弟，尊賢下士，可以歸之。」下，遐稼翻。況曰：「邯鄲方盛，力不能獨拒，如何？」對曰：「今上谷完實，控弦萬騎，可以詳擇去就。恂請東約漁陽，齊心合衆，邯鄲不足圖也！」況然之，遣恂東約彭寵，欲各發突騎二千匹、步兵千人詣大司馬秀。

安樂令吳漢、護軍蓋延、狐奴令王梁亦勸寵從秀，樂，音洛。蓋，古盍翻。狐奴縣，屬漁陽郡。寵以爲然；而官屬皆欲附王郎，寵不能奪。漢出止外亭，外亭，城門外之亭也。遇一儒生，召而食之，食，讀曰飤。問以所聞。生言：「大司馬劉公，所過爲郡縣所稱，邯鄲舉尊號者，實非劉氏。」漢大喜，卽詐爲秀書，移檄漁陽，使生齎以詣寵，令具以所聞說之。說，輸芮翻。會寇恂至，寵乃發步騎三千人，以吳漢行長史，與蓋延、王梁將之，南攻薊，殺王郎大將趙閎。

寇恂還，遂與上谷長史景丹及耿弇將兵俱南，與漁陽軍合，所過擊斬王郎大將、九卿、校尉以下，凡斬首三萬級，定涿郡、中山、鉅鹿、淸河、河間凡二十二縣。前及廣阿，聞城中車騎甚衆，丹等勒兵問曰：「此何兵？」曰：「大司馬劉公也。」諸將喜，卽進至城下。城下初傳言二郡兵爲邯鄲來，爲，于僞翻；下同。衆皆恐。劉秀自登西城樓勒兵問之；耿弇拜於城下，卽召入，具言發兵狀。秀乃悉召景丹等入，笑曰：「邯鄲將帥數言我發漁陽、上谷兵，數，所角翻；下同。吾聊應言『我亦發之』，賢曰：王郎將帥數云欲發二郡兵以拒光武，光武聊亦應云然，猶今兩軍相戲弄也。孔穎達曰：聊，且略之辭。何意二郡良爲吾來！考異曰：袁紀作「良牧爲吾來」，今從景丹傳。韻釋：良，首也，信也。方與士大夫共此功名耳。」乃以景丹、寇恂、耿弇、蓋延、吳漢、王梁皆爲偏將軍，使還領其兵，加耿況、彭寵大將軍；封況、寵、丹、延皆爲列侯。

吳漢爲人，質厚少文，造次不能以辭自達，少，詩沼翻。朱子曰：造次，急遽苟且之時。造，七到翻。然沈厚【章：十二行本「厚」作「勇」；乙十一行本同；孔本同；張校同。】有智略，沈，持林翻。鄧禹數薦之於秀，秀漸親重之。

更始遣尙書令謝躬率六將軍討王郎，不能下；秀至，與之合軍，東圍鉅鹿，月餘未下。

王郎遣將攻信都，大姓馬寵等開門內之。更始遣兵攻破信都，秀使李忠還，行太守事。王郎遣將倪宏、劉奉率數萬人救鉅鹿，秀逆戰於南䜌，不利。賢曰：南䜌，縣名，屬鉅鹿郡；故城在今邢州柏人縣東北。左傳：齊國夏伐晉，取欒，即其地也。其後南徙，故加「南」；今謂之倫城，聲之轉也。杜佑曰：唐鉅鹿，漢南䜌地；漢鉅鹿縣，今平鄉也。䜌，音力全翻。景丹等縱突騎擊之，宏等大敗。秀曰：「吾聞突騎天下精兵，今見其戰，樂可言邪！」樂，音洛。

耿純言於秀曰：「久守鉅鹿，士衆疲弊；不如及大兵精銳，進攻邯鄲，若王郎已誅，鉅鹿不戰自服矣。」秀從之。夏，四月，留將軍鄧滿守鉅鹿；進軍邯鄲，連戰，破之，郎乃使其諫大夫杜威請降。威雅稱郎實成帝遺體，秀曰：「設使成帝復生，復，扶又翻。天下不可得，況詐子輿者乎！」威請求萬戶侯，秀曰：「顧得全身可矣！」威怒而去。秀急攻之，二十餘日；五月，甲辰，郎少傅李立開門內漢兵，遂拔邯鄲。郎夜亡走，王霸追斬之。秀收郎文書，得吏民與郎交關謗毀者數千章；關，通也。秀不省，省，悉井翻。會諸將軍燒之，曰：「令反側子自安！」賢曰：反側不安。詩曰：展轉反側。

秀部分吏卒各隸諸軍，句絕。士皆言願屬大樹將軍。大樹將軍者，偏將軍馮異也，爲人謙退不伐，敕吏士非交戰受敵，常行諸營之後。每所止舍，諸將並坐論功，異常獨屛樹下，屛，必郢翻，蔽也。坐樹下以自蔽也。故軍中號曰「大樹將軍」。

護軍宛人朱祜言【章：十二行本「言」上有「從容」二字；乙十一行本同；孔本同。】於秀曰：「長安政亂，公有日角之相，此天命也！」考異曰：范書、袁紀「朱祜」皆作「祐」。按東觀記，「祜」皆作「福」，避安帝諱。許慎說文祜字無解，云上諱。然則祜名當作「示」旁古今之古，不當作左右之右也。【章：十二行本正作「祜」；乙十一行本同；孔本同；張校同；云廿九葉前三行同。】相，息亮翻。秀曰：「召刺姦收護軍！」祜事伯升爲大司徒護軍；光武爲大司馬，復以爲護軍。百官表：護軍都尉，秦官；平帝元始元年，更名護軍。祜乃不敢復言。復，扶又翻；下同。

更始遣使立秀爲蕭王，賢曰：蕭縣，屬沛郡；今徐州縣也。悉令罷兵，與諸將有功者詣行在所；蔡邕獨斷曰：天子以四海爲家，故謂所居爲行在所。遣苗曾爲幽州牧，韋順爲上谷太守，蔡充爲漁陽太守，並北之部。

蕭王居邯鄲宮，晝臥溫明殿，賢曰：趙王如意之殿也；故基在今洺州邯鄲縣內。水經註：溫明殿在叢臺西。耿弇入，造牀下請閒，造，七到翻。因說曰：「吏士死傷者多，請歸上谷益兵。」蕭王曰：「王郎已破，河北略平，復用兵何爲？」復，扶又翻。弇曰：「王郎雖破，天下兵革乃始耳。今使者從西方來，欲罷兵，不可聽也。銅馬、赤眉之屬數十輩，輩數十百萬人，所向無前，聖公不能辦也，賢曰：辦，猶成也；音蒲莧翻。余據史記，項梁曰：「使公主某事不能辦，」卽此意。今人謂了事爲辦事。敗必不久。」蕭王起坐曰：「卿失言，我斬卿！」弇曰：「大王哀厚弇如父子，故敢披赤心。」蕭王曰：「我戲卿耳，何以言之？」弇曰：「百姓患苦王莽，復思劉氏，聞漢兵起，莫不歡喜，如去虎口得歸慈母。今更始爲天子，而諸將擅命於山東，貴戚縱横於都内，橫，戶孟翻。都内，謂長安。虜掠自恣，元元叩心，更思莽朝，朝，直遥翻。是以知其必敗也。公功名已著，以義征伐，天下可傳檄而定也。天下至重，公可自取，毋令他姓得之！」蕭王乃辭以河北未平，不就徵，始貳於更始。賢曰：貳，離異也。

是時，諸賊銅馬、大彤、高湖、重連、鐵脛、大槍、尤來、上江、青犢、五校、五幡、五樓、富平、獲索等各領部曲，衆合數百萬人，賢曰：諸賊或以山川土地爲名，或以軍容強盛爲號。銅馬賊帥東山荒秃、上淮況等，大彤渠帥樊重，尤來渠帥樊崇，五校賊帥高扈，檀鄉賊帥董次仲，五樓賊帥張文，富平賊帥徐少，獲索賊帥古師郎等，並見東觀記。脛，形定翻。富平，縣名，屬平原郡；今棣州厭次縣。所在寇掠。蕭王欲擊之，乃拜吳漢、耿弇俱爲大將軍，持節北發幽州十郡突騎；幽州十郡，涿郡、廣陽、代郡、上谷、漁陽、遼西、遼東、玄菟、樂浪郡是也。苗曾聞之，陰敕諸郡不得應調。賢曰：調，發也。調，徒弔翻。吳漢將二十騎先馳至無終，賢曰：無終，本山戎國也，無終，山名，因以爲國號；漢爲縣名，屬右北平，故城在今幽州漁陽縣。是時苗曾蓋治無終。曾出迎於路，漢卽收曾，斬之。耿弇到上谷，亦收韋順、蔡充，斬之。北州震駭，於是悉發其兵。

秋，蕭王擊銅馬於鄡，賢曰：鄡，縣名，屬鉅鹿郡；故城在冀州鹿城縣東。鄡，音苦堯翻。吳漢將突騎來會清陽，賢曰：清陽，縣名，屬清河郡；今貝州縣；故城在州西北。士馬甚盛，漢悉上兵簿於莫府，賢曰：莫，大也。兵簿，軍士之名帳。上，時掌翻。請所付與，不敢自私，王益重之。王以偏將軍沛國朱浮爲大將軍、幽州牧，使治薊城。銅馬食盡，夜遁，蕭王追擊於館陶，大破之。賢曰：館陶縣，屬魏郡；今魏州縣。受降未盡，降，戶江翻；下同。而高湖、重連從東南來，與銅馬餘衆合；蕭王復與大戰於蒲陽，悉破降之，賢曰：前書音義曰：蒲陽山，蒲水所出，在今定州北平縣西北。余按此乃班書地理志中山曲逆縣下分註，非音義也。復，扶又翻。封其渠帥爲列侯。帥，所類翻。諸將未能信賊，降者亦不自安；王知其意，敕令降者各歸營勒兵，自乘輕騎按行部陳。降者更相語曰：「蕭王推赤心置人腹中，安得不投死乎！」賢曰：投死，猶言致死。余謂投，託也，託以死也。行，下孟翻。陳，讀曰陣。更，工衡翻。由是皆服，悉以降人分配諸將，衆遂數十萬。赤眉別帥與青犢、上江、大彤、鐵脛、五幡十餘萬衆在射犬，賢曰：續漢志，野王有射犬聚；故城在今懷州武德縣北。蕭王引兵進擊，大破之；南徇河內，河內太守韓歆降。

9 初，謝躬與蕭王共滅王郎，數與蕭王違戾，數，所角翻。常欲襲蕭王，畏其兵強而止；雖俱在邯鄲，遂分城而處，處，昌呂翻。然蕭王【章：十二行本「王」下有「每」字；乙十一行本同；孔本同。】有以慰安之。躬勤於吏職，蕭王常稱之曰：「謝尚書，眞吏也！」故不自疑。其妻知之，常戒之曰：「君與劉公積不相能，而信其虛談，終受制矣！」躬不納。既而躬率其兵數萬還屯於鄴。鄴縣，屬魏郡。及蕭王南擊青犢，使躬邀擊尤來於隆慮山，地理志：隆慮縣，屬河內郡。應劭曰：隆慮山，在縣北；避殤帝名，改曰林慮。師古曰：慮，音盧。躬兵大敗。蕭王因躬在外，使吳漢與刺姦大將軍岑彭襲據鄴城。躬不知，輕騎還鄴，漢等收斬之，其衆悉降。

10 更始遣枉【章：十二行本「枉」作「柱」；乙十一行本同；孔本同。】功侯李寶、益州刺史李【章：十二行本「李」作「張」；乙十一行本同；張校同。】忠將兵萬餘人徇蜀、漢；公孫述遣其弟恢擊寶、忠於綿竹，賢曰：綿竹，縣名，屬廣漢郡，今益州縣也；故城今在縣東。大破走之。述遂自立爲蜀王，都成都，述先居臨邛，今徙成都。民、夷皆附之。

11 冬，更始遣中郎將歸德侯颯、大司馬護軍陳遵使匈奴，授單于漢舊制璽綬，王莽篡漢，易單于璽綬，事見三十七卷始建國二年。今復授之。颯，音立。璽，斯氏翻。綬，音受。因送云、當餘親屬、貴人、從者還匈奴。天鳳五年，莽脅云、當至長安。莽敗，云、當亦死，所餘親屬、貴人、從者，今送還匈奴。從，才用翻。單于輿驕，謂遵、颯曰：「匈奴本與漢爲兄弟；匈奴中亂，師古曰：言中間之時也，讀如本字，又音竹仲翻。孝宣皇帝輔立呼韓邪單于，故稱臣以尊漢。今漢亦大亂，爲王莽所篡，匈奴亦出兵擊莽，空其邊境，令天下騷動思漢；莽卒以敗而漢復興，亦我力也，當復尊我！」遵與相掌拒，卒，子恤翻。復，扶又翻。師古曰：掌，謂支拄也，音人庚翻，又丑庚翻。單于終持此言。

12 赤眉樊崇等將兵入潁川，分其衆爲二部，崇與逢安爲一部，東觀記曰：逢，音龐。徐宣、謝祿、楊音爲一部。赤眉雖數戰勝，數，所角翻。而疲弊厭兵，皆日夜愁泣，思欲東歸；崇等計議，慮衆東向必散，不如西攻長安。於是崇、安自武關，宣等從陸渾關，賢曰：武關，在今商州上洛縣東。文穎曰：弘農析縣西百七十里有武關。前書曰：陸渾縣有關，在今洛州伊闕縣西南。地理志，陸渾縣屬弘農郡。師古曰：渾，音胡昆翻。兩道俱入。更始使王匡、成丹與抗威將軍劉均等分據河東、弘農以拒之。

13 蕭王將北徇燕、趙，度赤眉必破長安，度，徒洛翻。又欲乘釁幷關中，而未知所寄，乃拜鄧禹爲前將軍，中分麾下精兵二萬人，遣西入關，令自選偏裨以下可與俱者。時朱鮪、李軼、田立、陳僑將兵號三十萬，僑，音喬。與河南太守武勃共守洛陽；鮑永、田邑在幷州。蕭王以河內險要富實，河內，北有太行之險，南據河津之要。欲擇諸將守河內者而難其人，賢曰：非其人不可，故難之。問於鄧禹。鄧禹曰：「寇恂文武備足，有牧人御衆之才，非此子莫可使也！」乃拜恂河內太守，行大將軍事。考異曰：袁紀：「鄧禹初見王於鄴，卽言欲據河內」；至是又云：「更始武陰王李軼據洛陽，尚書謝躬據鄴，各十餘萬衆；王患焉，將取河內以迫之，謂鄧禹曰：『卿言吾之有河內，猶高祖之有關中。關中非蕭何，誰能使一方晏然，高祖無西顧之憂！吳漢之能，卿舉之矣；復爲吾舉蕭何。』禹曰：『寇恂才兼文武，有御衆才，非恂莫可安河內也！』」按世祖旣貳更始，先得河內、魏郡，因欲守之，以比關中，非本心造謀卽欲指取河內也。今依范書爲定。蕭王謂恂曰：「昔高祖留蕭何關中，吾今委公以河內；當給足軍糧，率厲士馬，防遏他兵，勿令北渡而已！」拜馮異爲孟津將軍，賢曰：孟，地名，古今以爲津；在河內郡河陽縣南門。統魏郡、河內兵於河上，以拒洛陽。蕭王親送鄧禹至野王，禹既西，蕭王乃復引兵而北。寇恂調糇糧、復，扶又翻。調，徒弔翻。糇，音侯，乾食也。治器械以供軍；治，直之翻。軍雖遠征，未嘗乏絕。

14 隗崔、隗義謀叛歸天水；隗囂恐幷及禍，乃告之。更始誅崔、義，以囂爲御史大夫。武帝元鼎三年，置天水郡。秦州記云：郡前湖水，冬夏無增減，因以名焉。

15 梁王永據國起兵，招諸郡豪桀，沛人周建等並署爲將帥，攻下濟陰、山陽、沛、楚、淮陽、汝南，凡得二十八城。將，即亮翻。帥，所類翻。濟，子禮翻。又遣使拜西防賊帥山陽佼彊爲橫行將軍，賢曰：西防，縣名；故城在今宋州單父縣北。佼，音絞，姓也。周大夫原伯佼之後。姓譜曰：春秋絞國，即佼也，後改從「人」；漢有佼彊。杜佑曰：佼，音効。余考兩漢志無西防縣。東海賊帥董憲爲翼漢大將軍，琅邪賊帥張步爲輔漢大將軍，督青、徐二州，與之連兵，遂專據東方。

16 邔人秦豐起兵於黎丘，攻得邔、宜城等十餘縣，有衆萬人，自號楚黎王。按王莽之末，秦豐已起兵矣。通鑑書於上卷地皇二年。邔、宜城二縣，屬南郡。孟康曰：邔，音忌。師古曰：邔，音其。劉昭曰：邔有黎丘城。賢曰：習鑿齒襄陽記曰：秦豐，黎丘鄉人。黎丘，楚地，故稱楚黎王。黎丘故城，在今襄州率道縣北。杜佑曰：襄州宜城縣，舊率道也。水經註：黎丘在中廬縣西北，沔水逕其西。

17汝南田戎攻陷夷陵，賢曰：夷陵，縣名，屬南郡；有夷山，故曰夷陵；今峽州縣；故城在今縣西北。水經註：吳改夷陵爲西陵。自稱掃地大將軍；轉寇郡縣，衆數萬人。

容肇祖標點顧頡剛聶崇岐覆校

資治通鑑卷第四十

翰林學士兼侍讀學士朝散大夫右諫議大夫知制誥判尚書都省兼提舉萬壽觀公事上護軍河内郡開國侯食邑一千三百户賜紫金魚袋臣司馬光奉敕編集
後學天台胡三省音註

漢紀三十二起旃蒙作噩（乙酉），盡柔兆閹茂（丙戌），凡二年。

世祖光武皇帝上之上諱秀，字文叔。賢曰：禮，祖有功而宗有德。光武中葉興，故廟稱世祖。謚法，能紹前業曰光；克定禍亂曰武。伏侯古今註曰：「秀」之字曰「茂」。伯、仲、叔、季，兄弟之次。長兄伯升，次仲，故字文叔焉。

建武元年（乙酉、二五）是年六月，即位，改元。

1 春，正月，方望與安陵人弓林姓譜：弓，魯大夫叔弓之後；又孔子弟子有仲弓，又有馯臂子弓。共立前定安公嬰爲天子，聚黨數千人，居臨涇。臨涇縣，屬安定郡。賢曰：今涇州縣。更始遣丞相松等擊破，皆斬之。

2 鄧禹至箕關，賢曰：箕關，在今王屋縣東。余據唐王屋縣屬懷州。水經註：箕關故城在垣縣。擊破河東都尉，進圍安邑。縣名，屬河東郡。

3赤眉二部俱會弘農。更始遣討難將軍蘇茂拒之；難，乃旦翻。茂軍大敗。赤眉衆遂大集，乃分萬人爲一營，凡三十營。三月，更始遣丞相松與赤眉戰於蓩鄉，賢曰：蓩，音莫老翻；字林曰：毒草也；因以爲地名。續漢志，弘農有蓩鄉。東觀記曰：崇等入至弘農枯樅山下，與茂戰。崇北至蓩鄉，轉至湖。湖卽湖城縣也。以此而言，其地蓋在今虢州湖城縣之間。松等大敗，死者三萬餘人；赤眉遂轉北至湖。

4蜀郡功曹李熊說公孫述宜稱天子。說，輸芮翻。夏，四月，述卽帝位，號成家，賢曰：以起成都，故號成家。改元龍興；時有龍出其府，因以紀元。李【章：十二行本「李」上有「以」字；乙十一行本同；孔本同；張校同。】熊爲大司徒，述弟光爲大司馬，恢爲大司空。越巂任貴據郡降述。王莽天鳳三年，任貴據越巂。巂，音髓。任，音壬。

5蕭王北擊尤來、大槍、五幡於元氏，地理志，元氏縣屬常山郡。闞駰曰：趙公子元之封邑，故曰元氏。追至北平，連破之；賢曰：北平縣，屬中山國，今易州永樂縣也。又戰於順水北，賢曰：水經註云：徐水經北平縣故城北，光武追銅馬、五幡，破之於順水，卽徐水之別名也。今在易州。括地志：徐水過北平縣界而東流，又東逕清苑城。乘勝輕進，反爲所敗。敗，補邁翻。王自投高岸，突【章：十二行本「突」上有「遇」字；乙十一行本同；孔本同；張校同；退齋校同。】騎王豐下馬授王，騎，奇寄翻；下同。王僅而得免；散兵歸保范陽。賢曰：縣名，在范水之陽，屬涿郡。范陽故城在今易州易縣東南。軍中不見王，或云已殺，【章：

十二行本「殺」作「殁」；乙十一行本同；孔本同。】諸將不知所爲，吳漢曰：「卿曹努力！王兄子在南陽，何憂無主！」兄子，謂伯升子章及興也。衆恐懼，數日乃定。賊雖戰勝，而憚王威名，夜，遂引去。大軍復進【章：十二行本「進」作「追」；乙十一行本同；張校同。】至安次，連戰，破之。復，扶又翻。賢曰：安次，縣名，屬渤海郡，今幽州縣也；故城在縣東。按我朝霸州文安縣，本漢安次縣地。賊退入漁陽，所過虜掠。強弩將軍陳俊言於王曰：「賊無輜重，重，直用翻。宜令輕騎出賊前，使百姓各自堅壁以絶其食，可不戰而殄也。」王然之，遣俊將輕騎馳出賊前，視人保壁堅完者，敕令固守；放散在野者，因掠取之。賊至，無所得，遂散敗。王謂俊曰：「困此虜者，將軍策也。」

6 馮異遺李軼書，爲陳禍福，遺，于季翻。爲，于僞翻。勸令歸附蕭王；軼知長安已危，而以伯升之死，心不自安，事見上卷更始元年。乃報書曰：「軼本與蕭王首謀造漢，事見三十八卷王莽地皇三年。今軼守洛陽，將軍鎭孟津，俱據機軸，賢曰：機，弩牙也。軸，車軸也。皆在物之要，故取喻焉。千載一會，思成斷金。易曰：二人同心，其義斷金。陸德明曰：斷，丁亂翻；王肅丁管翻。唯深達蕭王，願進愚策以佐國安民。」軼自通書之後，不復與異爭鋒，復，扶又翻。故異得北攻天井關，劉昭志曰：上黨高都縣有天井關。賢曰：在今澤州晉城縣南，今太行山上，關南有天井泉三所。拔上黨兩城，又南下河南成皋以東十三縣，降者十餘萬。武勃將萬餘人攻諸畔者，異與戰於士鄉下，劉昭志：河南雒陽縣有士鄉聚。續漢志曰：士鄉，亭名，屬河南郡。大破，斬勃；軼閉門不救。異見其信效，具以白王。王報異曰：「季文多詐，李軼字季文。人不能得其要領。要，一遙翻。今【張：「今」作「令」。】移其書告守、尉當警備者。」衆皆怪王宣露軼書；朱鮪聞之，鮪，于軌翻。使人刺殺軼，刺，七亦翻。由是城中乖離，多有降者。降，戶江翻。

朱鮪聞王北征而河內孤，乃遣其將蘇茂、賈彊將兵三萬餘人渡鞏河，攻溫；鞏縣屬河南郡，周鞏伯之國也。河水過鞏縣北，謂之鞏河，卽五社津也。溫縣，屬河內郡，周大夫蘇子邑。賢曰：鞏、溫，並今洛州縣也。鮪自將數萬人攻平陰以綴異。賢曰：平陰，縣名，屬河南郡。杜佑曰：漢平陰縣城在今洛陽縣北五十里。水經註：平陰，卽晉之陰地，故陰戎所居；魏文帝改曰河陰。綴，謂連綴也。將，卽亮翻。檄書至河內，寇恂卽勒軍馳出，並移告屬縣，發兵會溫下。軍吏皆諫曰：「今洛陽兵渡河，前後不絕；宜待衆軍畢集，乃可出也。」恂曰：「溫，郡之藩蔽，失溫則郡不可守。」遂馳赴之。旦日，合戰，而馮異遣救及諸縣兵適至，恂令士卒乘城鼓譟，大呼言曰：「劉公兵到！」蘇茂軍聞之，陳動；呼，火故翻。陳，讀曰陣。恂因奔擊，大破之。馮異亦渡河擊朱鮪，鮪走；異與恂追至洛陽，環城一帀而歸。環，音宦。帀，作答翻，周回也。自是洛陽震恐，城門晝閉。

異、恂移檄上狀，諸將入賀，因上尊號。上，時掌翻；下同。將軍南陽馬武先進曰：「大王雖執謙退，柰宗廟社稷何！宜先卽尊位，乃議征伐。今此誰賊而馳騖擊之乎？」賢曰：誰，謂未有主也。前書音義曰：直馳曰馳，亂馳曰騖。余謂「誰賊」者，蓋謂位號未正，指誰爲賊也。王驚曰：「何將軍出此言？可斬也！」乃引軍還薊。復遣吳漢率耿弇、景丹等十三將軍追尤來等，復，扶又翻；下除賈復外皆同。斬首萬三千餘級，遂窮追至浚靡而還。賢曰：浚靡，縣名，屬右北平郡；故城在今漁陽縣北。靡，音麻。賊散入遼西、遼東，爲烏桓、貊人所鈔擊略盡。貊，莫白翻。鈔，楚交翻。

都護將軍賈復漢宣帝置西域都護，盡護南、北道諸國。甘延壽之擊郅支也，自謂爲都護將軍；漢朝未以爲將軍號也，至光武，乃以命賈復。與五校戰於眞定，復傷創甚；校，戶教翻。創，初良翻。王大驚曰：「我所以不令賈復別將者，將，卽亮翻。爲其輕敵也。爲，于僞翻。果然，失吾名將！聞其婦有孕，生女邪，我子娶之；生男邪，我女嫁之；不令其憂妻子也。」復病尋愈，追及王於薊，相見甚驩。薊，音計。

還至中山，諸將復上尊號；王又不聽。行到南平棘，賢曰：縣名，屬常山郡，今趙州縣；故城在縣南。諸將復固請之；王不許。諸將且出，耿純進曰：「天下士大夫，捐親戚，棄土壤，從大王於矢石之間者，其計固望攀龍鱗，附鳳翼，以成其所志耳。今大王留時逆衆，不正號位，純恐士大夫望絕計窮，則有去歸之思，無爲久自苦也。大衆一散，難可復合。」純言甚誠切，王深感曰：「吾將思之。」

行至鄗，續漢志：鄗縣，屬常山國，帝於此卽位，改曰高邑。鄗，呼各翻。召馮異，【章：十二行本「異」下有「詣鄗」二字；乙十一行本同；孔本同；張校同。】問四方動靜。異曰：「更始必敗，宗廟之憂在於大王，宜從衆議！」會儒生彊華自關中奉赤伏符來詣王曰：「劉秀發兵捕不道，四夷雲集龍鬬野，四七之際火爲主。」賢曰：彊，音其兩翻；姓譜，其良翻。風俗通作「疆華」，系之曰：晉有大夫彊劒。四七，二十八也。自高祖至光武初起，合二百二十八年，卽四七之際也。漢火德，故火爲主也。羣臣因復奏請。六月，己未，王卽皇帝位于鄗南；時設壇於鄗南千秋亭五城陌。賢曰：其地在今趙州柏鄉縣。考異曰：光武本紀，馮異破蘇茂，諸將上尊號，光武還至薊，皆在四月前。而馮異傳，異與李軼書云：「長安壞亂，赤眉臨郊，王侯構難，大臣乖離，綱紀已絕。」又勸光武稱尊號，亦曰：「三王反叛，更始敗亡。」按是年六月己未，光武卽位，是月甲子，鄧禹破王匡等於安邑，王匡、張卬等還奔長安，乃謀以立秋貙膢時，共劫更始。然則三王反叛，應在光武卽位之後，夏秋之交，馮異安得於四月之前已言之也！或者史家潤色其言，致此差互耳！改元，大赦。

7 鄧禹圍安邑，數月未下，更始大將軍樊參將數萬人渡大陽，賢曰：大陽縣，屬河東郡。前書音義曰：大河之陽。春秋秦伯伐晉，自茅津濟。杜預曰：河東大陽縣也。欲攻禹；禹逆擊於解南，斬之。賢曰：解縣，屬河東郡；故城在今蒲州桑泉縣東南也。師古曰：解，音蟹。王匡、成丹、劉均合軍十餘萬，復共擊禹，禹軍不利。明日，癸亥，匡等以六甲窮日，不出，禹因得更治兵。治，直之翻。甲子，匡悉軍出攻禹；禹令軍中毋得妄動，既至營下，因傳發諸將，孟康曰：傳令軍中使發也。鼓而並進，大破之。匡等皆走，禹追斬均及河東太守楊寶，遂定河東，匡等奔還長安。考異曰：劉玄傳：「王匡、張卬守河東，爲鄧禹所破，奔還長安。」鄧禹傳無張卬名。今從之。

張卬與諸將議曰：「赤眉旦暮且至，見滅不久，不如掠長安，東歸南陽；事若不集，復入湖池中爲盜耳！」乃共入，說更始；說，輸芮翻。更始怒不應，莫敢復言。復，扶又翻。更始使王匡、陳牧、成丹、趙萌屯新豐，李松軍掫，以拒赤眉。賢曰：掫，音子侯翻。續漢志新豐有鴻門亭，掫城即此也。張卬、廖湛、胡殷、申屠建與隗囂合謀，欲以立秋日貙膢時賢曰：前書音義曰：貙，獸，以立秋日祭獸，王者亦此日出獵，用祭宗廟。冀州北郡以八月朝作飲食爲膢，其俗語曰膢、臘、社、伏。風俗通：嘗新始殺食曰貙膢。漢儀：立秋日，郊禮畢，始揚威武，乃祠先虞，告以烹鮮。天子御戎輅，白馬朱鬣，躬執弩射牲，牲以鹿、麛，斬牲於郊東門，載獲，車馳駟，以薦陵廟，名貙劉。劉，殺也。貙，於時殺物，故以應之。又謂之貙膢。廖，力弔翻。貙，去于翻。膢，音婁。共劫更始，俱成前計。考異曰：袁紀云：「申屠建等勸更始讓帝位，更始不應；建等謀劫之。」今從范書。更始知之，託病不出，召張卬等入，將悉誅之；唯隗囂稱疾不入，會客王遵、周宗等勒兵自守。更始狐疑不決，卬、湛、殷疑有變，遂突出；獨申屠建在，更始斬建，使執金吾鄧曄將兵圍隗囂第。卬、湛、殷勒兵燒門，入戰宮中，更始大敗；囂亦潰圍，走歸天水。明旦，更始東奔趙萌於新豐。更始復疑王匡、陳牧、成丹與張卬等同謀，乃並召入；牧、丹先至，即斬之。王匡懼，將兵入長安，與張卬等合。

8 赤眉進至華陰，華，戶化翻。軍中有齊巫，齊巫，齊國之巫。常鼓舞祠城陽景王，城陽景王章有誅諸呂之功，故齊人祠之以求福助。巫狂言：「景王大怒曰：『當爲縣官，何故爲賊！』」賢曰：縣官，謂天子也。有笑巫者輒病，軍中驚動。方望弟陽説樊崇等曰：「今將軍擁百萬之衆，西向帝城，而無稱號，説，輸芮翻。稱，尺證翻。名爲羣賊，不可以久；不如立宗室，挾義誅伐，以此號令，誰敢不從！」崇等以爲然，而巫言益甚。前至鄭，鄭縣，屬京兆。賢曰：今華州縣。乃相與議曰：「今迫近長安，而鬼神若此，當求劉氏共尊立之。」近，其靳翻。

先是，赤眉過式，地理志，式縣，屬泰山郡。先，悉薦翻。掠故式侯萌之子恭、茂、盆子三人自隨。萌之父曰憲，城陽景王五世孫，荒王順之子，元帝時封式侯。恭少習尚書，少，詩照翻。隨樊崇等降更始於洛陽，樊崇等降，見上卷更始元年。降，戶江翻。復封式侯，爲侍中，在長安。茂與盆子留軍中，屬右校卒史劉俠卿，主牧牛。漢注：卒史，秩百石，九卿寺及諸郡及軍行部校皆有之。校，戶教翻。俠，戶頰翻。及崇等欲立帝，求軍中景王後，得七十餘人，唯茂、盆子及前西安侯孝最爲近屬。崇等曰：「聞古者天子將兵稱上將軍，」乃書札爲符曰「上將軍」。又以兩空札置笥中，賢曰：札，簡也。笥，篋也。於鄭北設壇場，祠城陽景王，諸三老、從事皆大會；赤眉諸帥最尊者號三老，次從事。列盆子等三人居中立，以年次探札，盆子最幼，後探，得符；探，吐南翻。諸將皆稱臣，拜。盆子時年十五，被髮徒跣，敝衣赭汗，見衆拜，恐畏欲啼。被，皮義翻。茂謂曰：「善臧符！」臧，讀曰藏。盆子卽齧折，棄之。折，而設翻。以徐宣爲丞相，樊崇爲御史大夫，逢安爲左大司馬，逢，皮江翻。謝祿爲右大司馬，其餘皆列卿、將軍。盆子雖立，猶朝夕拜劉俠卿，時欲出從牧兒戲；俠卿怒止之，崇等亦不復候視也。復，扶又翻。

9 秋，七月，辛未，帝使使持節拜鄧禹爲大司徒，封酇侯，食邑萬戶；賢曰：酇縣，屬南陽郡，故城在今襄州穀城縣東北。余謂蓋以禹功比蕭何，故封之酇。酇，音贊。禹時年二十四。又議選大司空，帝以赤伏符曰「王梁主衞作玄武」，丁丑，以野王令王梁爲大司空。帝以野王衞之所徙，玄武水神之名，司空水土之官也，於是用梁。賢曰：玄武，北方之神，龜蛇合體。野王縣，屬河內郡。宋白曰：懷州河內縣，古野王也。又欲以讖文用平狄將軍孫咸行大司馬，衆咸不悅。讖，楚譖翻。壬午，以吳漢爲大司馬。

初，更始以琅邪伏湛爲平原太守；姓譜：伏本自伏羲之後，漢初有濟南伏生。守，式又翻。時天下兵起，湛獨晏然，撫循百姓。門下督謀爲湛起兵，湛收斬之；諸郡各有門下督，主兵衞。爲，于僞翻。於是吏民信向，平原一境賴湛以全。帝徵湛爲尚書，使典定舊制。又以鄧禹西征，拜湛爲司直，行大司徒事；東都之司徒，西都之丞相也；司直，卽丞相司直。車駕每出征伐，常留鎮守。

10 鄧禹自汾陰渡河，入夏陽，汾陰縣，屬河東。夏陽縣，屬馮翊。更始左輔都尉公乘歙引其衆十萬與左馮翊兵共拒禹於衙；地理志，左輔都尉治高陵。賢曰：左輔，卽左馮翊也。三輔皆有都尉。衙，縣名，屬左馮翊，故城在今同州白水縣東北。左傳：秦、晉戰于彭衙，卽此地。公乘，姓也，以秦爵爲氏。乘，繩證翻。歙，許及翻。禹復破走之。復，扶又翻。

宗室劉茂聚衆京、密間，茂，元氏王歙從父弟也。賢曰：京縣，屬河南郡，鄭之京邑；故城在今鄭州滎陽縣東南。密縣，屬河南郡；故城在今密縣東南。自稱厭新將軍，厭，一葉翻。厭，伏也。新，謂新室也。攻下潁川、汝南，衆十餘萬人。帝使驃騎大將軍景丹、建威大將軍耿弇、強弩將軍陳俊攻之；茂來降，降，戶江翻。封爲中山王。

11 己亥，帝幸懷，懷故城在武陟縣西南十餘里。賢曰：縣名，屬河內郡；故城在懷州武陟縣西。余據河內郡治懷，在雒陽北百四十里。遣耿弇、陳俊軍五社津，即鞏河也。水經註：河水東過鞏縣北，於此有五社渡，爲五社津。杜佑曰：一名五渡津。備滎陽以東；使吳漢率建議【章：十二行本「議」作「義」；乙十一行本同；孔本同。】大將軍朱祜等十一將軍圍朱鮪於洛陽。八月，進幸河陽。地理志，河陽縣屬河內郡。

12 李松自掫引兵還，從更始與趙萌共攻王匡、張卬於長安。連戰月餘，匡等敗走，更始徙居長信宮。三輔黃圖曰：從洛門至周廟門，有長信宮在其中。

赤眉至高陵，地理志，高陵縣屬馮翊。王匡、張卬等迎降之，遂共連兵進攻東都門。李松出戰，赤眉生得松；松弟況爲城門校尉，開門納之。九月，赤眉入長安；更始單騎走。從廚城門出。三輔黃圖曰：洛城門，王莽改曰建子門；其內有長安廚官，俗名之爲廚城門，今長安故城北面之中門是也。騎，奇寄翻。式侯恭以赤眉立其弟，自繫詔獄；聞更始敗走，乃出，見定陶王祉，祉爲之除械，爲，于僞翻。相與從更始於渭濱。右輔都尉嚴本，恐失更始爲赤眉所誅，即將更始至高陵，將，如字；領也，攝也，挾也。本將兵宿衞，其實圍之。右輔都尉治郿。高陵，左輔都尉治所也。右，恐當作左。更始將相皆降赤眉，獨丞相曹竟不降，手劍格死。手，守又翻。

13 辛未，詔封更始爲淮陽王；吏民敢有賊害者，罪同大逆；其送詣吏者封列侯。

14 初，宛人卓茂，卓，姓也。史記貨殖傳有蜀卓氏。宛，於元翻。寬仁恭愛，恬蕩樂道，恬，安恬。蕩，坦蕩蕩也。樂，音洛。雅實不爲華貌，行己在於清濁之間，自束髮至白首，未嘗與人有爭競，鄉黨故舊，雖行能與茂不同，行，下孟翻。而皆愛慕欣欣焉。哀、平間爲密令，宋白續通典曰：密縣，古鄶國，密國之地。左傳：諸侯伐鄭，圍新密。漢爲縣，屬河南郡。今縣東南三十里有故密城，卽漢理所。視民如子，舉善而教，口無惡言，吏民親愛，不忍欺之。民嘗有言部亭長受其米肉遺者，賢曰：部，謂所部也。遺，于季翻；下同。茂曰：「亭長爲從汝求乎，爲汝有事囑之而受乎，囑，之欲翻；託也，私請也。將平居自以恩意遺之乎？」民曰：「往遺之耳。」茂曰：「遺之而受，何故言邪？」民曰：「竊聞賢明之君，使民不畏吏，吏不取民。今我畏吏，是以遺之；吏既卒受，卒，終也；音子恤翻。故來言耳。」茂曰：「汝爲敝民矣！凡人所以羣居不亂，異於禽獸者，以有仁愛禮義，知相敬事也。汝獨不欲脩之，寧能高飛遠走，不在人間邪！吏顧不當乘威力強請求耳。亭長素善吏，歲時遺之，禮也。」民曰：「苟如此，律何故禁之？」茂笑曰：「律設大法，禮順人情。今我以禮教汝，汝必無怨惡；以律治汝，汝何所措其手足乎！治，直之翻；下同。

一門之內，小者可論，大者可殺也。且歸念之！」初，茂到縣，有所廢置，吏民笑之，鄰城聞者皆蚩其不能。蚩，笑也。河南郡爲置守令；茂不爲嫌，治事自若。茂正爲令，郡復置守令使與茂並居。郡爲，于僞翻。數年，敎化大行，道不拾遺；遷京部丞，王莽秉政，置大司農部丞十三人，勸課農桑。京部丞，主司隸所部。密人老少皆涕泣隨送。及王莽居攝，以病免歸。上卽位，先訪求茂，茂時年七十餘。甲申，詔曰：「夫名冠天下，冠，古玩翻。當受天下重賞。今以茂爲太傅，東都之制，太傅位上公，絕席，在三公之右。封褒德侯。」

臣光曰：孔子稱「舉善而敎不能則勸。」論語孔子答季康子之言。是以舜舉皋陶，湯舉伊尹，而不仁者遠，論語子夏答樊遲之言。陶，音遙。有德故也。光武卽位之初，羣雄競逐，四海鼎沸，彼摧堅陷敵之人，權略詭辯之士，方見重於世，而獨能取忠厚之臣，旌循良之吏，拔於草萊之中，寘諸羣公之首，宜其光復舊物，享祚久長，蓋由知所先務而得其本原故也。

諸將圍洛陽數月，朱鮪堅守不下。帝以廷尉岑彭嘗爲鮪校尉，朱鮪爲大司馬，以彭爲校尉；後從邑人韓歆於河內，遂歸光武。校，戶敎翻。令往說之。說，輸芮翻。鮪在城上，彭在城下，爲陳成敗。爲，于僞翻。鮪曰：「大司徒被害時，鮪與其謀，又諫更始無遣蕭王北伐，事並見上卷更始元年。與，讀曰預。誠自知罪深，不敢降！」彭還，具言於帝。還，從宣翻，又如字。帝曰：「舉大事者不忌小怨。鮪今若降，官爵可保，况誅罰乎！河水在此，吾不食言！」賢曰：指河以爲信，言其明白也。索隱曰：左傳曰：食言多矣，能無肥乎！是謂食言爲妄言。彭復往告鮪，鮪從城上下索復，扶又翻。下，遐稼翻。索，昔各翻。曰：「必信，可乘此上。」上，時掌翻；下同。彭趣索欲上，賢曰：趣，向也，春遇翻。鮪見其誠，卽許降。辛卯，朱鮪面縛，與岑彭俱詣河陽。帝解其縛，召見之，復令彭夜送鮪歸城。明旦，與蘇茂等悉其衆出降。拜鮪爲平狄將軍，封扶溝侯；地理志，扶溝縣，屬淮陽郡。陳留風俗傳：小扶亭有洧水之溝，因以名縣。後爲少府，傳封累世。

帝使侍御史河內杜詩安集洛陽。將軍蕭廣縱兵士暴橫，橫，戶孟翻。詩敕曉不改，敕，戒也。曉，開諭也。遂格殺廣，還，以狀聞。上召見，賜以棨戟，漢雜事曰：漢制，假棨戟以代斧鉞。崔豹古今註曰：棨戟，前驅之器也，以木爲之。後代刻僞，無復典刑，以赤油韜之，亦謂之油戟，亦曰棨戟，王公以下通用之以前驅。遂擢任之。

冬，十月，癸丑，車駕入洛陽，幸南宮，遂定都焉。蔡質漢儀曰：南宮至北宮，中央作大屋複道，三道行，天子從中道，從官夾左右，十步一衞；兩宮相去七里。

16 赤眉下書曰：「聖公降者，封爲長沙王；過二十日，勿受。」更始遣劉恭請降，赤眉使其將謝祿往受之。更始隨祿，肉袒，上璽綬於盆子。璽，斯氏翻。綬，音受。赤眉坐更始，置庭中，將殺之；劉恭、謝祿爲請，不能得，爲，于僞翻；下同。遂引更始出。劉恭追呼曰：呼，火故翻。

「臣誠力極，請得先死！」拔劍欲自刎；刎，武粉翻。樊崇等遽共救止之。乃赦更始，封爲畏威侯。劉恭復爲固請，復，扶又翻。竟得封長沙王。更始常依謝祿居，劉恭亦擁護之。

17 劉盆子居長樂宮，樂，音洛。三輔郡縣、營長遣使貢獻，時三輔豪傑處處屯聚，各有營長。長，知兩翻。兵士輒剽奪之，又數暴掠吏民，由是皆復固守。剽，匹妙翻。數，所角翻。復，扶又翻。百姓不知所歸，聞鄧禹乘勝獨克而師行有紀，賢曰：紀，綱紀也。言有條貫而不殘暴。皆望風相攜負以迎軍，降者日以千數，衆號百萬。禹所止，輒停車住節以勞來之，勞，力到翻。來，力代翻。父老、童穉，垂髮、戴白滿其車下，莫不感悅，賢曰：垂髮，童幼也。戴白，父老也。穉，直利翻。於是名震關西。

諸將豪桀皆勸禹徑攻長安，禹曰：「不然。今吾衆雖多，能戰者少，前無可仰之積，賢曰：仰，魚向翻。後無轉饋之資；赤眉新拔長安，財穀充實，鋒鋭未可當也。夫盜賊羣居無終日之計，財穀雖多，變故萬端，寧能堅守者也！上郡、北地、安定三郡，土廣人稀，饒穀多畜，畜，許救翻；謂六畜也。吾且休兵北道，就糧養士，以觀其敝，乃可圖也。」於是引軍北至栒邑，賢曰：栒邑縣，屬右扶風；故城在今豳州三水縣東北。宋白曰：三水縣東北二十五里邠邑原上有栒邑故城。栒，音荀。考異曰：袁紀：「禹曰：『璽書每至，輒曰無與窮赤眉爭鋒。』」按世祖賜禹書，責其不攻長安，不容有此語。二年，十一月，詔徵禹還，乃曰「毋與窮寇爭鋒」。袁紀誤也。所到，諸營保郡邑皆開門歸附。

18 上遣岑彭擊荆州羣賊，下犨、葉等十餘城。地理志，犨、葉二縣皆屬南陽郡。賢曰：犨故城在今汝州魯山縣東南。葉，今許州葉縣也。師古曰：犨，音昌牛翻。葉，音式涉翻。

19 十一月，甲午，上幸懷。

20 梁王永稱帝於睢陽。睢，音雖。

21 十二月，丙戌，上還洛陽。

22 三輔苦赤眉暴虐，皆憐更始，欲盜出之；張卬等深以爲慮，卬等攻更始，恐其得位而禍及己，故深以爲慮。使謝祿縊殺之。劉恭夜往，收藏其尸；帝詔鄧禹葬之於霸陵。中郎將宛人趙熹【章：十二行本「熹」作「憙」；乙十一行本同；孔本同。下均同。】將出武關，宛，於元翻。熹，許記翻，又許里翻。道遇更始親屬，皆裸跣飢困，裸，郎果翻。熹竭其資糧以與之，將護而前；將，送也。宛王賜聞之，迎還鄉里。還，從宣翻，又如字。

23 隗囂歸天水，復招聚其衆，復，扶又翻。興修故業，自稱西州上將軍。三輔士大夫避亂者多歸囂，囂傾身引接，爲布衣交；以平陵范逡爲師友，逡，七倫翻。前涼州刺史河內【章：十二行本「內」作「南」；乙十一行本同；孔本同。】鄭興爲祭酒，前書音義曰：禮，飲酒必祭，示有先也，故稱祭酒。祭祀時，唯長者以酒沃酹。茂陵申屠剛、杜林爲治書，賢曰：治書，卽治書侍御史。治，直之翻。馬援爲綏德將軍，楊廣、王遵、周宗及平襄行巡、阿陽王捷，地理志，平襄縣、阿陽縣屬天水郡。行，姓；巡，名。

姓譜：周有大行人之官，其後氏焉。長陵王元爲大將軍，安陵班彪之屬爲賓客，由此名震西州，聞於山東。聞，音問。馬援少時，以家用不足辭其兄況，欲就邊郡田牧。況曰：「汝大才，當晚成；良工不示人以朴，且從所好。」賢曰：從其所請也。少，詩照翻。好，呼到翻；下同。遂之北地田牧。常謂賓客曰：「丈夫爲志，窮當益堅，老當益壯。」後有畜數千頭，穀數萬斛，畜，許救翻。既而歎曰：「凡殖財產，貴其能賑施也，施，式豉翻。否則守錢虜耳！」乃盡散於親舊。聞隗囂好士，往從之。囂甚敬重，與決籌策。班彪，穉之子也。班穉見三十六卷平帝元始元年。

24 初，平陵竇融累世仕宦河西，知其土俗，與更始右大司馬趙萌善，私謂兄弟曰：「天下安危未可知；河西殷富，帶河爲固，張掖屬國精兵萬騎，漢邊郡皆置屬國，有都尉以領之。一旦緩急，杜絕河津，足以自守，此遺種處也！」賢曰：遺，留也。可以保全，不畏絕滅。種，章勇翻。乃因萌求往河西。萌薦融於更始，以爲張掖屬國都尉。融既到，撫結雄桀，懷輯羌虜，輯，和也。甚得其歡心。是時，酒泉太守安定梁統、姓譜：梁姓，本自秦仲；周平王封其少子康於夏陽梁山，是爲梁伯。後爲秦所併，子孫以國爲氏。金城太守庫鈞、賢曰：前書音義曰：庫姓，卽倉庫吏後也。今羌中有姓庫者，音舍，承鈞之後也。張掖都尉茂陵史苞、酒泉都尉竺曾、姓譜：竺，孤竹君之後，本姓竹。後漢擬陽侯竺晏報怨有仇，以胄始名賢，不改其族，乃加「二」字以存夷、齊。一曰：天竺國之後。敦煌都尉辛肜，敦，徒門翻。肜，余中翻。並州郡英俊，融皆與厚善。及更始敗，融與梁統等計議曰：「今天下擾亂，未知所歸。河西斗絕在羌、胡中，賢曰：斗，峻絕也。余謂斗，僻絕也。不同心戮力，則不能自守，權鈞力齊，復無以相率，復，扶又翻。當推一人爲大將軍，共全五郡，觀時變動。」議既定，而各謙讓。以位次，咸共推梁統；統固辭，乃推融行河西五郡大將軍事。武威太守馬期、張掖太守任仲任，音壬。並孤立無黨，乃共移書告示之；二人卽解印綬去。於是以梁統爲武威太守，史苞爲張掖太守，竺曾爲酒泉太守，辛彤爲敦煌太守。融居屬國，領都尉職如故；置從事，監察五郡。監，古銜翻。河西民俗質樸，而融等政亦寬和，上下相親，晏然富殖；脩兵馬，習戰射，明烽燧，羌、胡犯塞，融輒自將與諸郡相救，皆如符要，賢曰：赴敵不失期契也。將，卽亮翻。每輒破之。其後羌、胡皆震服親附，內郡流民避凶饑者歸之不絕。

25 王莽之世，天下咸思漢德，安定三水盧芳居左谷中，續漢志曰：三水縣有左、右谷；故城在今涇州安定縣南。水經註：肥水出高平西北牽條山，東北出峽，注于高平川；水東有山，山東有三水縣。故城本屬國都尉治。詐稱武帝曾孫劉文伯，云「曾祖母，匈奴渾邪王之姊也；」常以是言誑惑安定間。王莽末，乃與三水屬國羌、胡起兵。更始至長安，徵芳爲騎都尉，使鎮撫安定以西。更始敗，三水豪桀共立芳爲上將軍、西平王，賢曰：欲平定西方，故以爲號。使使與西羌、匈奴結和親。單于以爲：「漢氏中絕，劉氏來歸，我亦當如呼韓邪立之，令尊事我。」乃使句林王將數千騎迎芳兄弟入匈奴，賢曰：句，古侯翻。立芳爲漢帝，以芳弟程爲中郎將，將胡騎還入安定。

26 帝以關中未定，而鄧禹久不進兵，賜書責之曰：「司徒，堯也；亡賊，桀也。長安吏民遑遑無所依歸，宜以時進討，鎭慰西京，繫百姓之心！」禹猶執前意，別攻上郡諸縣，更徵兵引穀，歸至大要。賢曰：大要縣，屬北地郡。積弩將軍馮愔、車騎將軍宗歆守栒邑，二人爭權相攻，愔遂殺歆，愔，於今翻。因反擊禹，禹遣使以聞。帝問使人：使，疏吏翻。「愔所親愛爲誰？」對曰：「護軍黄防。」帝度愔、防不能久和，勢必相忤，度，徒洛翻。忤，五故翻。因報禹曰：「縛馮愔者，必黄防也。」乃遣尚書宗廣持節往降之。降，戶江翻。後月餘，防果執愔，將其衆歸罪。更始諸將王匡、胡殷、成丹等皆詣廣降，廣與東歸；至安邑，道欲亡，廣悉斬之。愔之叛也，引兵西向天水；隗囂逆擊，破之於高平，地理志，高平縣屬安定郡。賢曰：今原州高平縣。杜佑曰：原州他樓縣，漢高平縣地。又曰：原州平高縣，卽漢高平縣地。考異曰：鄧禹傳，愔叛在建武元年；隗囂傳在二年。蓋愔以元年冬末叛，延及二年；囂拜官在二年也。盡獲其輜重。重，直用翻。於是禹承制遣使持節命囂爲西州大將軍，得專制涼州、朔方事。鄧禹西征，任專方面，權宜命囂，故曰承制，言承制詔而命之也。後之承制始此。

27 臘日，赤眉設樂大會，酒未行，羣臣更相辯鬭；更，工衡翻。而兵衆遂各踰宮，斬關入，掠酒肉，互相殺傷。衛尉諸葛穉聞之，穉，直利翻。勒兵入，格殺百餘人，乃定。劉盆子惶恐，日夜啼泣；從官皆憐之。從，才用翻。

28帝遣宗正劉延攻天井關，與田邑連戰十餘合，延不得進。及更始敗，邑遣使請降；即拜爲上黨太守。帝又遣諫議大夫儲大伯持節徵鮑永；永未知更始存亡，疑不肯從，收繫大伯，遣使馳至長安，詗問虛實。詗，翾正翻。候伺也，又古迥翻。

29初，帝從更始在宛，宛，於元翻。納新野陰氏之女麗華。風俗通：管脩自齊適楚，爲陰大夫，其後氏焉。是歲，遣使迎麗華與帝姊湖陽公主、妹寧平公主俱到洛陽；賢曰：寧平縣屬淮陽，故城在今亳州谷陽縣西南。以麗華爲貴人。更始西平王李通先娶寧平公主，上徵通爲衞尉。

30初，更始以王閎爲琅邪太守，張步據郡拒之。閎諭降，得贛榆等六縣；地理志，贛榆縣，屬琅邪郡。師古曰：贛，音紺。榆，音踰。賢曰：贛，音貢。今海州東海縣也。余據今人皆從顏音。收兵與步戰，不勝。步既受劉永官號，治兵於劇，地理志，劇縣，屬北海郡。賢曰：故城在今青州壽光縣南，故紀國城也。治，直之翻。遣將徇泰山、東萊、城陽、膠東、北海、濟南、齊郡，皆下之。閎力不敵，乃詣步相見。步大陳兵而見之，怒曰：「步有何罪，君前見攻之甚！」閎按劍曰：「太守奉朝命，朝，直遙翻。而文公擁兵相拒。張步字文公。閎攻賊耳，何謂甚邪！」步起跪謝，與之宴飲，待爲上賓，令閎關掌郡事。賢曰：關，通也。

二年（丙戌、二六）

1春，正月，甲子朔，日有食之。

2劉恭知赤眉必敗，密教弟盆子歸璽綬，習爲辭讓之言。及正旦大會，恭先曰：「諸君共立恭弟爲帝，德誠深厚！立且一年，殽亂日甚，誠不足以相成，恐死而無益，願得退爲庶人，更求賢知，唯諸君省察！」知，讀曰智。省，悉景翻。樊崇等謝曰：「此皆崇等罪也。」恭復固請，復，扶又翻；下同。或曰：「此寧式侯事邪！」賢曰：劉恭爲式侯。言衆立天子，非恭所預。恭惶恐起去。盆子乃下牀解璽綬，叩頭曰：「今設置縣官而爲賊如故，四方怨恨，不復信向，此皆立非其人所致。願乞骸骨，避賢聖路！必欲殺盆子以塞責者，無所離死！」賢曰：離，避也。塞，悉則翻。因涕泣噓唏。賢曰：唏，與欷同。崇等及會者數百人，莫不哀憐之，乃皆避席頓首曰：「臣無狀，負陛下，無狀，無善狀也。請自今已後，不敢復放縱！」因共抱持盆子，帶以璽綬；盆子號呼，不得已。號，戶刀翻。既罷出，各閉營自守。三輔翕然，稱天子聰明，百姓爭還長安，市里且滿。後二十餘日，復出，大掠如故。

3刀子都爲其部曲所殺，餘黨與諸賊會檀鄉，號檀鄉賊，「刀」，依考異當作「刁」。【章：乙十一行本正作「刁」；孔本同。十二行本誤作「力」。】賢曰：今兗州瑕丘縣東北有檀鄉。寇魏郡、清河。魏郡大吏李熊弟陸謀反城迎檀鄉，反，音翻。或以告魏郡太守潁川銚期，賢曰：銚，音姚；姓也。魏郡，秦置；故城在今相州安陽縣東北。期召問熊，熊叩頭首服，首，式救翻。願與老母俱就死。期曰：「爲吏儻不若爲賊樂者，可歸與老母往就陸也！」賢曰：必以在城中爲吏不如爲賊之樂，卽任將母往就弟。樂，音洛。使吏送出城。熊行，求得陸，將詣鄴城西門；魏郡治鄴城。將，如字。陸不勝愧感，勝，音升。自殺以謝期。期嗟歎，以禮葬之，而還熊故職。於是郡中服其威信。

帝遣吳漢率王梁等九將軍擊檀鄉於鄴東漳水上，水經：漳水源出上黨長子縣西發鳩山；東過壺關、屯留、潞、武安等縣；又東出山，過鄴縣。大破之，十餘萬衆皆降。又使梁與大將軍杜茂將兵安輯魏郡、清河、東郡，悉平諸營保，保，與堡同。三郡清靜，邊路流通。自雒陽至漁陽、上谷，路出三郡；三郡既平，則邊路流通矣。范史杜茂傳「邊」作「道」。

4 庚辰，悉封諸功臣爲列侯；盤州洪氏曰：西京列侯，其傳國皆有世次。東都枝葉不蕃，而史筆又簡略。梁侯鄧禹、禹始封酇，是年改封梁侯。地理志，梁縣屬河南郡；唐汝州治梁縣。宋白曰：漢梁縣故城，在汝水之南。廣平侯吳漢賢曰：廣平縣，屬廣平郡；故城在今洺州永年縣西北。皆食四縣。博士丁恭議曰：「古者封諸侯不過百里，強幹弱枝，所以爲治也。治，直吏翻。今封四縣，不合法制。」帝曰：「古之亡國皆以無道，未嘗聞功臣地多而滅亡者也。」陰鄉侯陰識，貴人之兄也，以軍功當增封，識叩頭讓曰：「天下初定，將帥有功者衆，臣託屬掖廷，仍加爵邑，不可以示天下；此爲親戚受賞，國人計功也。」戰國公孫龍告平原君之辭。帝從之。帝令諸將各言所樂，樂，音洛。皆占美縣；占，之贍翻。河南太守潁川丁綝獨求封本鄉。或問其故，綝曰：「綝能薄功微，得鄉亭厚矣！」帝從其志，封新安鄉侯。綝，丑林翻。漢法，大縣侯位視三公，小縣侯位視上卿，鄉亭侯位視中二千石。綝，潁川定陵人。新安鄉蓋在定陵。帝使郎中魏郡馮勤典諸侯封事；勤差量功次輕重，國土遠近，地勢豐薄，不相踰越，莫不厭服焉。量，音良。厭，於艷翻。帝以爲能，尚書衆事皆令總錄之。故事：尚書郎以令史久次補之，帝始用孝廉爲尚書郎。百官志：尚書令史十八人，秩二百石；侍郎三十六人，秩四百石，主作文書起草。蔡質漢儀曰：尚書郎，初從三署詣臺試；初上臺，稱守尚書郎中；歲滿，稱尚書郎；三年，稱侍郎。

起高廟于洛陽，考異曰：帝紀：「正月，壬子」。按正月甲子朔，不應有壬子，誤。四時合祀高祖、太宗、世宗；建社稷于宗廟之右；立郊兆于城南。續漢志曰：立社稷於雒陽，在宗廟之右，皆方壇，四面及中各依方色；無屋，有牆門而已。白虎通曰：天子之壇方五丈，諸侯之壇半天子之壇。社者，土也。人非土不立，非穀不食，故封土立社，示有土也。稷者，五穀之長，得陰陽中和之氣，故祭之也。沈約曰：禮云：共工氏之霸九州，其子句龍，曰后土，能平九土，故祀以爲社。烈山氏之有天下，其子曰神農，能殖百穀，其裔曰柱，佐顓頊爲稷官，主農事；周棄繼之，法施於人，故祀以爲稷。禮，王爲羣姓立社，曰太社；王自爲立社，曰王社。故國有二社，而稷亦有二也。漢、魏則有官社，無稷，故常二社一稷也。傅咸曰：天子親耕以供粢盛；親耕自報，故自爲立社，爲籍而報也。國以人爲本，人以國爲命，故又爲百姓立社而祈報也。此社之所以有二也。王肅論王社，謂春祈籍田，秋而報之也；其論太社，則曰王者布下圻內，爲百姓立之，謂之太社，不自立之京師也。杜佑曰：社者，五土之神。五土者，山林、川澤、丘陵、墳衍、原隰等，各有所育，羣生賴之，故特於吐生物處別立。其名爲社稷者。於五土之中，特指原隰之祇；以五土雖各有所生，而山林、川澤、丘陵、墳衍，此四者雜出材用等物，於五穀之功則少。且生人所急者食，故於五土之中，別旌異原隰之祇以報之。以其能生五穀，名其神。但五穀不可遍言，以稷爲五穀之長，春生秋成之主，稷者，原隰之中能生五穀之祇，是也。續漢書曰：制郊兆於雒陽城南七里，爲壇八階，中又爲重壇，天地位皆在壇上，其外壇上爲五帝位。青帝位在甲寅，赤帝位在丙巳，黃帝位在丁未，白帝位在庚申，黑帝位在壬亥。其外爲壝，重營皆紫，以象紫宮。營有通道，以爲門。日月在營內南道，日在東，月在西。北斗在北道之西。外營、中營凡千五百一十四神；高皇帝配食焉。

6 長安城中糧盡，赤眉收載珍寶，大縱火燒宮室、市里，恣行殺掠，長安城中無復人行；復，扶又翻。乃引兵而西，衆號百萬，自南山轉掠城邑，遂入安定、北地。鄧禹引兵南至長安，軍昆明池，謁祠高廟，收十一帝神主，送詣洛陽；高、惠、文、景、武、昭、宣、元、成、哀、平，十一帝。賢曰：神主，以木爲之，方尺二寸，穿中央，達四方。諸侯王長一尺。虞主用桑，練主用栗。衞宏漢舊儀曰：已葬，收主爲木函，藏廟太室中西壁坎中，去地六尺一寸，祭則立主於坎下。因巡行園陵，爲置吏士奉守焉。行，下孟翻。爲，于僞翻。

7 眞定王楊造讖記曰：「赤九之後，癭楊爲主。」賢曰：漢以火德，故云赤也。光武於高祖九代孫，故云九。癭，於郢翻。癭生於頸而附於咽。楊病癭，欲以惑衆；與綿曼賊交通。賢曰：綿曼，縣名，屬眞定國；故城在今恆州石邑縣西北；俗音訛謂之人文故城也。帝遣騎都尉陳副、游擊將軍鄧隆徵之，楊閉城門不內。帝復遣前將軍耿純持節行幽、冀，所過勞慰王、侯，復，扶又翻。行，下孟翻。勞，力到翻。密敕收楊。純至眞定，止傳舍，傳，株戀翻。邀楊相見。純，眞定宗室之出也，故楊不以爲疑，且自恃衆強，而純意安靜，卽從官屬詣之；賢曰：男子謂姊妹之子爲出。純母蓋眞定宗室之女，故楊不疑而來見純。楊兄弟並將輕兵在門外。將，卽亮翻。楊入，見純，純接以禮敬，因延請其兄弟皆入；乃閉閤，悉誅之，因勒兵而出。眞定震怖，無敢動者。怖，普布翻。帝憐楊謀未發而誅，復封其子爲眞定王。楊子德。

8二月，己酉，車駕幸脩武。賢曰：縣名，屬河內郡；本殷之甯邑。韓詩外傳曰：武王伐紂，勒兵於甯，故曰脩武。今懷州縣也。

9鮑永、馮衍審知更始已亡，乃發喪，出儲大伯等，封上印綬，悉罷兵，幅巾詣河內。杜佑曰：按巾，六國時趙、魏之間通謂之承露，庶人及軍旅皆服之。賢曰：幅巾，謂不着冠，但幅巾束首也。傅玄子曰：漢末，王公卿士多委王服，以幅巾爲雅，是以袁紹、崔鈞之徒雖爲將帥，皆着縑巾。上，時掌翻。考異曰：鮑永傳稱「永等降於河內，時攻懷未拔，帝謂永曰：『我攻懷三日而城不下，關東畏服卿，可且將故人自往城下譬之。』卽拜永諫議大夫。至懷，乃說更始河內太守，於是開城而降。」按光武未都洛陽以前屢幸懷，又祠高祖於懷宮，並無更始河內太守據懷事。本紀亦無攻懷一節。按田邑書稱「主亡一歲，莫知定所。」則永、衍之降必在此年。而帝紀光武此年不曾幸河內，但有幸脩武事。然則永、衍實降於脩武。脩武，亦河內縣也。其稱降懷等事，當是史誤，故皆略之。帝見永，問曰：「卿衆安在？」永離席叩頭曰：離，力智翻。「臣事更始，不能令全，誠慙以其衆幸富貴，故悉罷之。」帝曰：「卿言大，」而意不悅。帝雖謂永言大，而以其降晚，意懷不悅也。旣而永以立功見用，賢曰：謂說下懷。余按考異不取下懷事，當以永討平魯郡爲功也。按永傳，時董憲裨將討魯，侵害百姓，乃拜永爲魯郡太守。永到，討擊，大破之。唯別帥彭豐、虞休、皮常等各千餘人稱將軍，不肯下。永以計誘，手格殺豐等，禽破黨與，以功封關內侯，遷揚州牧。衍遂廢棄。永謂衍曰：「昔高祖賞季布之罪，誅丁固之功；事見十一卷高帝五年。丁固，即丁公。今遭明主，亦何憂哉！」衍曰：「人有挑其鄰人之妻者，其長者罵而少者報之。挑，徒了翻。長，知兩翻。少，詩沼翻；下同。後其夫死，取其長者。或謂之曰：『夫非罵爾者邪！』夫非之夫，音扶。曰：『在人欲其報我，在我欲其罵人也！』賢曰：此並陳軫對秦王之辭，見戰國策。引之者，言己爲故主守節，亦冀新帝重之也。挑，徒了翻。夫天命難知，人道易守，易，以豉翻。守道之臣，何患死亡！」

10 大司空王梁屢違詔命，梁與吳漢俱擊檀鄉，詔軍事一屬漢，而梁輒發野王兵。帝以其不奉詔，敕令止在所縣，而梁復以便宜進軍，是屢違詔命也。帝怒，遣尚書宗廣持節即軍中斬梁；廣檻車送京師。既至，赦之，以爲中郎將，北守箕關。水經註：濝水出河東垣縣王屋西山濝溪，夾山東南流，逕故城東，即濝關也；光武遣王梁守之。

11 壬子，以太中大夫京兆宋弘爲大司空。弘薦沛國桓譚，爲議郎、給事中。帝以沛郡爲沛國。帝令譚鼓琴，愛其繁聲。弘聞之，不悅；伺譚內出，內出，從禁中出也。伺，相吏翻。正朝服坐府上，朝，直遙翻。遣吏召之。譚至，不與席而讓之，且曰：「能自改邪，將令相舉以法乎？」譚頓首辭謝；良久，乃遣之。後大會羣臣，帝使譚鼓琴；譚見弘，失其常度。帝怪而問之，弘乃離席免冠謝曰：離，力智翻。「臣所以薦桓譚者，望能以忠正導主；而令朝廷耽悅鄭聲，臣之罪也。」帝改容謝之。

湖陽公主新寡，帝與共論朝臣，微觀其意。主曰：「宋公威容德器，羣臣莫及。」帝曰：「方且圖之。」後弘被引見，被，皮義翻。見，賢遍翻。帝令主坐屏風後，釋名：屏風，障風也。因謂弘曰：「諺言『貴易交，富易妻，』人情乎？」弘曰：「臣聞貧賤之知不可忘，糟糠之妻不下堂。」帝顧謂主曰：「事不諧矣！」

12 帝之討王郎也，彭寵發突騎以助軍，事見上卷二年。轉糧食，前後不絕。及帝追銅馬至薊，寵自負其功，意望甚高；帝接之不能滿，以此懷不平。賢曰：負，恃也。不能滿其望，故心不平也。按寵傳，先是吳漢北發兵，帝遣寵以所服劍，倚爲北道主人。及追銅馬北至薊，寵來謁，謂當迎閤，握手交歡並坐。帝接之，不能滿其意，所以失望。及卽位，吳漢、王梁，寵之所遣，事見上卷更始二年。並爲三公，而寵獨無所加，愈怏怏不得志，怏，於兩翻。歎曰：「如此，我當爲王；但爾者，陛下忘我邪！」爾，猶言如此也。

是時北州破散，而漁陽差完，有舊鐵官，地理志，漁陽郡漁陽有鐵官。寵轉以貿穀，積珍寶，益富強。貿，音茂。幽州牧朱浮，年少有俊才，欲厲風迹，賢曰：風化之迹也。少，詩照翻。收士心，辟召州中名宿有名耆宿之士。及王莽時故吏二千石，皆引置幕府，多發諸郡倉穀稟贍其妻子。寵以爲天下未定，師旅方起，不宜多置官屬以損軍實，賢曰：謂甲兵、糧儲也。左傳曰：隳軍實也。不從其令。浮性矜急自多，賢曰：矜，誇；多，自取也。寵亦狠強，嫌怨轉積。浮數譖構之，密奏寵多聚兵穀，意計難量。狠，戶墾翻。數，所角翻。量，音良。上輒漏泄令寵聞，以脅恐之。恐，欺用翻，又如字。至是，有詔徵寵，寵上疏，願與浮俱徵；帝不許。寵益以自疑；其妻素剛，不堪抑屈，固勸無受徵，曰：「天下未定，四方各自爲雄，漁陽大郡，兵馬最精，何故爲人所奏而棄此去乎！」寵又與所親信吏計議，皆懷怨於浮，莫有勸行者。帝遣寵從弟子后蘭卿喻之；寵因留子后蘭卿，遂發兵反，拜署將帥，自將二萬餘人，攻朱浮於薊。又以與耿況俱有重功，而恩賞並薄，數遣使邀誘況；要，一遙翻。【章：作「邀」者刻誤。十二行本正作「要」；乙十一行本同；孔本同。】況不受，斬其使。

13 延岑復反，圍南鄭。岑降嘉見上卷更始二年。復，扶又翻；下同。漢中王嘉兵敗走，岑遂據漢中，進兵武都；地理志，武都縣，屬武都郡。爲更始柱功侯李寶所破，岑走天水。走，音奏。公孫述遣將侯丹取南鄭；嘉收散卒得數萬人，以李寶爲相，從武都南擊侯丹，不利，還軍河池、下辨，賢曰：河池縣，屬武都郡，一名仇池，今鳳州縣也。下辨道，亦屬武都郡，今成州同谷縣。師古曰：辨，音皮莧翻。復與延岑連戰。岑引北，入散關，至陳倉；賢曰：散關故城，在今陳倉縣南十里，有散谷水，因取名焉。地理志，陳倉縣屬右扶風；唐爲寶雞縣，屬岐州。嘉追擊，破之。

公孫述又遣將軍任滿從閬中下江州，東據扞關，賢曰：閬中、江州，皆縣名，並屬巴郡。閬中，今隆州縣也。江州故城，在渝州巴縣西。宋白曰：今渝州江津縣，本漢江州縣。史記曰：楚肅王爲扞關以拒蜀，故基在今峽州巴山縣。於是盡有益州之地。漢益州部漢中、巴郡、廣漢、蜀郡、犍爲、牂柯、越巂、益州等郡。

14 辛卯，上還洛陽。

15 三月，乙未，大赦。

16 更始諸大將在南方未降者尚多。帝召諸將議兵事，以檄叩地曰：「郾最強，宛爲次，誰當擊之？」叩，去后翻，又丘候翻。師古曰：郾，一戰翻。宛，於元翻。賈復率然對曰：率然，輕遽之貌。「臣請擊郾。」帝笑曰：「執金吾擊郾，吾復何憂！復，扶又翻。大司馬當擊宛。」遂遣復擊郾，破之；尹尊降。又東擊更始淮陽太守暴汜，汜降。賢曰：淮陽故城，在今陳州宛丘縣東南。汜，音泛，又音凡。降，戶江翻。

17 夏，四月，虎牙大將軍蓋延蓋，古盍翻。督駙馬都尉馬武等四將軍擊劉永，破之；遂圍永於睢陽。

故更始將蘇茂反，茂隨朱鮪降，今復反。殺淮陽太守潘蹇，姓譜：周文王之子季孫食采於潘，因氏焉。晉有潘父，楚有潘崇。據廣樂而臣於永；賢曰：廣樂，地闕。今宋州虞城縣有長樂故城，蓋避隋煬帝諱改。永以茂爲大司馬、淮陽王。

18 吳漢擊宛，宛王賜奉更始妻子詣洛陽降；帝封賜爲愼侯。賢曰：愼縣，屬汝南郡；故城在今潁州潁上縣西北。叔父良、族父歙、族兄祉皆自長安來。甲午，封良爲廣陽王，祉爲城陽王；宛王賜，於光武爲族兄，更始近屬也。歙，許及翻；亦更始近屬，更始封爲元氏王。祉，族兄舂陵康侯敞之子，光武之族姪，而舂陵節侯買之嫡曾孫也；更始封爲定陶王。又封兄縯子章爲太原王，興爲魯王；更始三子求、歆、鯉皆爲列侯。求爲襄邑侯，歆爲穀孰侯，鯉爲壽光侯。

19 鄧王王常降，帝見之甚歡，曰：「吾見王廷尉，不憂南方矣！」更始以王常爲廷尉，故帝稱之，常降則得南陽一郡，故云不憂南方。拜爲左曹，前書百官表：左、右曹，加官，受尚書事。此時蓋爲專官也。封山桑侯。賢曰：山桑縣，屬沛郡；今亳州縣。

20 五月，庚辰，封族父歙爲泗水王。

21 帝以陰貴人雅性寬仁，欲立以爲后。貴人以郭貴人有子，西都後宮之號十四等，未有貴人。光武中興，斲琱爲樸，六宮稱號，惟有皇后、貴人。貴人金印紫綬，奉不過數十斛。終不肯當。六月，戊戌，立貴人郭氏爲皇后，以其子彊爲皇太子；大赦。

22 丙午，封泗水王子終爲淄川王。終，歙子也，與帝少相親愛，故封爲王。

23 秋，賈復南擊召陵、新息，平之。召陵、新息二縣，並屬汝南郡。賢曰：新息故城在今豫州新息縣西南。復部將殺人於潁川，潁川太守寇恂捕得，繫獄。時尚草創，軍營犯法，率多相容，恂戮之於市。復以爲恥，還，過潁川，謂左右曰：「吾與寇恂並列將帥，而爲其所陷，今見恂，必手劍之！」恂知其謀，不欲與相見。姊子谷崇曰：「崇，將也，得帶劍侍側；卒有變，足以相當。」卒，讀曰猝。恂曰：「不然，昔藺相如不畏秦王而屈於廉頗者，爲國也。」事見四卷周赧王三十六年。爲，于僞翻。乃敕屬縣盛供具，儲酒醪；說文曰：醪，兼汁滓酒。執金吾軍入界，一人皆兼二人之饌。賢曰：饌，具也，雛皖翻，又音雛戀翻。恂出迎於道，稱疾而還。復勒兵欲追之，而吏士皆醉，遂過去。恂遣谷崇以狀聞，帝乃徵恂。恂至，引見；時賈復先在坐，坐，徂臥翻。欲起相避。帝曰：「天下未定，兩虎安得私鬬！今日朕分之。」分，猶解也。於是並坐極歡，遂共車同出，結友而去。

24 八月，帝自率諸將征五校；校，戶教翻。丙辰，幸內黃，賢曰：內黃縣，屬魏郡；今相州縣。大破五校於羛陽，降其衆五萬人。賢曰：羛陽，聚名，屬魏郡；故城在今相州堯城縣東。余據左傳，晉荀盈如齊逆女，還，卒於戲陽。杜預註：內黃縣北有戲陽城。堯城縣本漢內黃縣，隋開皇十八年更名；唐末，改永定縣。戲，與羛同，許宜翻。降，戶江翻；下同。

25 帝遣游擊將軍鄧隆助朱浮討彭寵；隆軍潞南，浮軍雍奴，遣吏奏狀。潞、雍奴二縣，皆屬漁陽郡。水經曰：鮑丘水過潞縣南，曰潞河。鄧隆軍於是水之南，爲彭寵所破。宋白曰：幽州武清縣，本漢雍奴縣。水經註云：雍奴，藪澤之名；四面有水曰雍，水不流曰奴。帝讀檄，怒，謂使吏曰：遣吏來使，故曰使吏。使，疏吏翻。「營相去百里，其勢豈可得相及！比若還，若，汝也。比，必寐翻，及也。北軍必敗矣。」彭寵果遣輕兵擊隆軍，大破之；浮遠，遂不能救。

26 蓋延圍睢陽數月，克之。蓋，古盍翻。劉永走至虞，賢曰：虞縣，屬梁國；故城在今宋州虞城縣。虞人反，殺其母、妻；永與麾下數十人奔譙。地理志，譙縣，屬沛郡。賢曰：今亳州縣。蘇茂、佼彊、周建合軍三萬餘人救永；延與戰於沛西，地理志，沛縣，屬沛郡。賢曰：今徐州縣。佼，音絞，又音効。大破之。永、彊、建走保湖陵，地理志，湖陵縣，屬山陽郡。茂奔還廣樂；延遂定沛、楚、臨淮。三郡也。

帝使太中大夫伏隆持節使青、徐二州，招降郡國。青、徐羣盜聞劉永破敗，皆惶怖請降。怖，普布翻。張步遣其掾孫昱隨隆詣闕上書，獻鰒魚。鰒，步各翻。隆，湛之子也。

27 堵鄉人董訢反宛城，水經註曰：堵水南經小堵鄉。賢曰：在今唐州方城縣。堵，音者。宛，於元翻。執南陽太守劉驎。揚化將軍堅鐔攻宛，拔之；驎，離珍翻。鐔，徒含翻。堅，姓；鐔，名。訢走還堵鄉。

28 吳漢徇南陽諸縣，所過多侵暴。破虜將軍鄧奉謁歸新野，謁歸，謁告而歸也。怒漢掠其鄉里，遂反，擊破漢軍，屯據淯陽，與諸賊合從。從，子容翻。

29 九月，壬戌，帝自內黃還。

30 陝賊蘇況攻破弘農；陝，失冉翻。帝使景丹討之。會丹薨，征虜將軍祭遵擊弘農、栢華、鑾中賊，皆平之。東觀記曰：栢華，聚也。酈道元曰：河南郡新城縣，故鑾子國也，縣有鄤聚，今名鑾中。括地志：故麻城謂之鑾中，在汝州梁縣界。祭，則介翻。

31 赤眉引兵欲西上隴，隴縣，屬天水郡；有大坂，名隴坻。三秦記曰：其坂九回，不知高幾許，欲上者七日乃越；高處可容百餘家，淸水四注下。郭仲産秦州記曰：隴山東西百八十里，登山嶺，東望秦川，四五百里，極目泯然。山東人行役，升此而顧瞻者，莫不悲思，故歌曰：「隴頭流水，分離四下。念我行役，飄然曠野。登高遠望，涕零雙墮。」渡汧、隴，無蠶桑；八月乃麥，五月乃凍解。隗囂遣將軍楊廣迎擊，破之；又追敗之於烏氏、涇陽間。烏氏、涇陽二縣，屬安定郡。賢曰：烏氏故城，在今涇州安定縣東四十里。涇陽故城，在今原州平高縣之南。敗，補邁翻。氏，音支。赤眉至陽城番須中，酈道元曰：陽城在安民縣。成帝永始二年，罷安定呼他苑以爲安民縣。賢曰：番須口與回中相近，並在汧。番，音盤。逢大雪，坑谷皆滿，士多凍死；乃復還，發掘諸陵，復，扶又翻；下同。取其寶貨。凡有玉匣殮者，率皆如生；殮，力贍翻。賊遂汙辱呂后尸。汙，烏故翻。關中記：呂后合葬長陵。高祖陵在西，呂后陵在東。鄧禹遣兵擊之於郁夷，地理志，郁夷縣，屬右扶風。反爲所敗；敗，補邁翻。禹乃出之雲陽。地理志，雲陽縣，屬左馮翊。赤眉復入長安。延岑屯杜陵，賢曰：縣名，屬京兆，周之杜伯國；在今萬年縣東南。赤眉將逢安擊之。鄧禹以安精兵在外，引兵襲長安；會謝祿救至，禹兵敗走。延岑擊逢安，大破之，逢，音龐。死者十餘萬人。廖湛將赤眉十八萬攻漢中王嘉；嘉與戰於谷口，地理志，谷口縣，屬馮翊。賢曰：故城在今醴泉縣東北四十里。水經註曰：涇水東經九嵕山東、中山西，謂之谷口。杜佑曰：谷口，今雲陽縣洛谷是。宋白曰：當涇水所出之處，故謂之谷口。廖，力弔翻，又力救翻。大破之，嘉手殺湛，遂到雲陽就穀。嘉妻兄新野來歙，帝之姑子也，帝令鄧禹招嘉，嘉因歙詣禹降。歙，許及翻。李寶倨慢，禹斬之。考異曰：更始柱功侯李寶時爲劉嘉相。此蓋別一人，同姓名。余參考范書，究其本末，漢中王嘉即以更始柱功侯李寶爲相，禹誅之，非別一人也。

32 冬，十一月，以廷尉岑彭爲征南大將軍。帝於大會中指王常謂羣臣曰：「此家率下江諸將輔翼漢室，心如金石，眞忠臣也！」此家，猶言此人也。即日，拜常爲漢忠將軍，使與岑彭率建義大將軍朱祐等七將軍討鄧奉、董訢。彭等先擊堵鄉，堵，音者。鄧奉救之。朱祐軍敗，爲奉所獲。

33 銅馬、青犢、尤來餘賊共立孫登爲天子。登將樂玄殺登，以其衆五萬餘人降。

34 鄧禹自馮愔叛後，威名稍損，又乏糧食，戰數不利，數，所角翻。歸附者日益離散。赤眉、延岑暴亂三輔，郡縣大姓各擁兵衆，禹不能定。帝乃遣偏將軍馮異代禹討之，車駕送至河南，地理志，河南縣，屬河南郡；故郟、鄏地。周武王遷九鼎，周公營以爲都，是爲王城。雒陽，周公遷殷民，是爲成周。晉地道記：河南城去雒城四十里。宋白曰：河南縣，周平王徙居於此，至敬王乃徙居成周；漢爲河南縣；歷魏、晉及後魏，皆理於唐苑城東北隅。敕異曰：「三輔遭王莽、更始之亂，重以赤眉、延岑之醜，重，直用翻。元元塗炭，賢曰：塗炭者，若陷泥墜火，喻窮困之極也。無所依訴。將軍今奉辭討諸不軌，營保【章：十二行本「保」作「堡」；乙十一行本同；孔本同；張校同。】降者，遣其渠帥詣京師；帥，所類翻。散其小民，令就農桑；壞其營壁，無使復聚。壞，音怪。復，扶又翻。征伐非必略地、屠城，要在平定安集之耳。諸將非不健鬬，然好虜掠。好，呼到翻。卿本能御吏士，念自修敕，無爲郡縣所苦！」異頓首受命，引而西；所至布威信，羣盜多降。

臣光曰：昔周人頌武王之德曰：「鋪時繹思，我徂惟求定。」周頌賚之詩也。鋪，布也。繹，陳也。徂，往也。求定，謂安天下也。言王者之兵志在布陳威德安民而已。觀光武之所以取關中，用是道也。豈不美哉！

35 又詔徵鄧禹還，曰：「愼毋與窮寇爭鋒！窮寇者，言其勢已窮，勢必致死也。兵法曰：窮寇勿追。赤眉無穀，自當來東；吾以飽待飢，以逸待勞，孫武子之言也。折箠笞之，箠，杖也。折杖笞之，言易也。非諸將憂也。無得復妄進兵！」復，扶又翻；下同。

帝以伏隆爲光祿大夫，復使於張步，使，疏吏翻。拜步東萊太守，幷與新除青州牧、守、都尉俱東。詔隆輒拜令、長以下。令，力政翻。長，知兩翻。

36 十二月，戊午，詔宗室列侯爲王莽所絕者，皆復故國。王莽始建國二年，免漢宗室列侯爲民，事見三十七卷。復，如字。

37 三輔大饑，人相食，城郭皆空，白骨蔽野，遺民往往聚爲營保，各堅壁淸野。赤眉虜掠無所得，乃引而東歸，衆尚二十餘萬，隨道復散。復，扶又翻。帝遣破姦將軍侯進等屯新安，建威大將軍耿弇等屯宜陽，以要其還路，地理志，新安、宜陽二縣，皆屬弘農郡。要，與邀同。敕諸將曰：「賊若東走，可引宜陽兵會新安；賊若南走，可引新安兵會宜陽。」馮異與赤眉遇於華陰，華，戶化翻。相拒六十餘日，戰數十合，降其將卒五千餘人。

資治通鑑卷第四十一

翰林學士兼侍讀學士朝散大夫右諫議大夫知制誥判尚書都省兼提舉萬壽觀公事上護軍河內郡開國侯食邑一千三百戶賜紫金魚袋臣司馬光　奉敕編集

後學天台胡三省　音註

漢紀三十三

起強圉大淵獻（丁亥），盡屠維赤奮若（己丑），凡三年。

世祖光武皇帝上之下

建武三年（丁亥、二七）

1 春，正月，甲子，以馮異爲征西大將軍。晉書職官志曰：四征起於漢代，謂此。鄧禹慙於受任無功，數以飢卒徼赤眉戰，輒不利；數，所角翻。徼，一遙翻。乃率車騎將軍鄧弘等自河北度至湖，地理志，河北縣，屬河東郡。湖縣，屬京兆。賢曰：湖縣故城在今虢州湖城縣西南。要馮異共攻赤眉。要，一遙翻；下同。異曰：「異與賊相拒數十日，雖虜獲雄將，餘衆尚多，可稍以恩信傾誘，難卒用兵破也。卒，讀曰猝；下猝起同。上今使諸將屯澠池，要其東，澠，彌兗翻。而異擊其西，一舉取之，此萬成計也！」十事九成，猶有一不中。萬事萬成，言算無遺計也。要，一遙翻。禹、弘不從，弘遂大戰移日。言日景移也。赤眉陽敗，棄輜重走；重，直用翻。車皆載土，以豆覆其上，覆，敷救翻。兵士飢，爭取之。赤眉引還，擊弘，弘軍潰亂；異與禹合兵救之，赤眉小卻。異以士卒飢倦，可且休；禹不聽，復戰，大爲所敗，復，扶又翻。敗，補邁翻。死傷者三千餘人，禹以二十四騎脫歸宜陽。異棄馬奔【章：十二行本「奔」作「步」；乙十一行本同；孔本同；張校同；退齋校同。】走，上回谿阪，杜佑通典曰：回谿在河南永寧縣東北，俗名回坑，長四里，闊二丈，深二丈五尺，自漢以前，道皆由此。酈道元云：曹公西討，惡南路之險，更開北道。與麾下數人歸營，收其散卒，復堅壁自守。復，扶又翻。

2 辛巳，立四親廟於雒陽，祀父南頓君以上至舂陵節侯。禮，天子立親廟四；今依以立舂陵節侯、鬱林太守、鉅鹿都尉、南頓令廟。

3 壬午，大赦。

4 閏月，乙巳，鄧禹上大司徒、梁侯印綬；上，時掌翻；下同。詔還梁侯印綬，以爲右將軍。

5 馮異與赤眉約期會戰，使壯士變服與赤眉同，伏於道側。旦日，赤眉使萬人攻異前部，異少出兵以救之；所以示弱也。賊見勢弱，遂悉衆攻異，異乃縱兵大戰。日昃，賊氣衰，伏兵卒起，衣服相亂，赤眉不復識別，卒，讀曰猝。復，扶又翻。別，彼列翻。衆遂驚潰；追擊，大破之於崤底，崤底，崤谷之底也。賢曰：卽崤阪也，在今洛州永寧縣西北。降男女八萬人。降，戶江翻。帝降璽書勞異曰：勞，力到翻。「始雖垂翅回谿，終能奮翼澠池，可謂失之東隅，收之桑榆。賢曰：淮南子曰：至於衡陽，是謂隅中。又前書谷永曰：太白出西方，六十日，法當參天；今已過期，尚在桑榆間。桑榆，謂晚也。余按淮南子曰：西日垂景在樹端，謂之桑榆。方論功賞，以答大勳。」

赤眉餘衆東向宜陽。甲辰，帝親勒六軍，嚴陳以待之。陳，讀曰陣。赤眉忽遇大軍，驚震不知所謂，乃遣劉恭乞降曰：「盆子將百萬衆降陛下，何以待之？」帝曰：「待汝以不死耳！」丙午，盆子及丞相徐宣以下三十餘人肉袒降，上所得傳國璽綬。璽，斯氏翻。綬，音受。積兵甲宜陽城西，與熊耳山齊。賢曰：宜陽縣故城，韓國城也，在今洛州福昌縣東。水經註曰：洛水之北有熊耳山，雙巒競舉，狀同熊耳；在宜陽西。宋白曰：宜陽故城，在福昌縣東十三里。赤眉衆尚十餘萬人，帝令縣廚皆賜食。宜陽縣廚也。明旦，大陳兵馬臨雒水，帝改「洛」爲「雒」。令盆子君臣列而觀之。帝謂樊崇等曰：「得無悔降乎？朕今遣卿歸營，勒兵鳴鼓相攻，決其勝負，不欲強相服也。」強，其兩翻。徐宣等叩頭曰：「臣等出長安東都門，君臣計議，歸命聖德。百姓可與樂成，難與圖始，樂，音洛。故不告衆耳。今日得降，猶去虎口歸慈母，誠歡誠喜，無所恨也！」帝曰：「卿所謂鐵中錚錚，傭中佼佼者也！」賢曰：說文曰：錚錚，金也。鐵之錚，言微有剛利也。錚，初耕翻。佼，古巧翻。詩，佼人僚兮。今相傳胡巧翻。言佼佼者，凡庸之人稍爲勝也。戊申，還自宜陽。帝令樊崇等各與妻子居雒陽，賜之田宅。其後樊崇、逢安反，誅；楊音、徐宣卒於鄉里。帝憐盆子，以爲趙王郎中；趙王良，帝叔父也。以盆子爲其國郎中。後病失明，賜滎陽均輸官地，使食其稅終身。賢曰：均輸，官名，屬司農。桓寬鹽鐵論云：郡國諸侯各以其方物貢輸往來，物多苦惡，不償其費，故郡國置均輸官以相紹運，故曰均輸。劉恭爲更始報仇，殺謝祿，祿殺更始事見上卷元年。爲，于僞翻。自繫獄；帝赦不誅。

6 二月，劉永立董憲爲海西王。賢曰：海西縣，屬琅邪郡。永聞伏隆至劇，地理志，劇縣，屬北海郡；春秋紀國之地。杜佑曰：漢劇縣故城，在壽光縣南。亦遣使立張步爲齊王。步貪王爵，猶豫未決。隆曉譬曰：「高祖與天下約，非劉氏不王；今可得爲十萬戶侯耳！」步欲留隆，與共守二州，二州，青州、徐州也。隆不聽，求得反命，步遂執隆而受永封。隆遣間使上書曰：間，古莧翻。使，疏吏翻。「臣隆奉使無狀，賢曰：言罪大也。受執凶逆；雖在困阨，授命不顧。又，吏民知步反畔，心不附之，願以時進兵，無以臣隆爲念！臣隆得生到闕廷，受誅有司，此其大願。若令沒身寇手，以父母、昆弟長累陛下。賢曰：累，托也，音力僞翻。陛下與皇后、太子永享萬國，與天無極！」帝得隆奏，召其父湛，流涕示之，曰：「恨不且許而遽求還也！」其後步遂殺之。帝方北憂漁陽，南事梁、楚，故張步得專集齊地，據郡十二焉。步據城陽、琅邪、高密、膠東、東萊、北海、齊、千乘、濟南、平原、泰山、菑川十二郡。

7 帝幸懷。

8 吳漢率耿弇、蓋延擊青犢於軹西，大破降之。賢曰：軹縣，屬河內郡；故城在今洛州濟源縣東南。蓋，古盍翻。

9 三月，壬寅，以司直伏湛爲大司徒。

10 涿郡太守張豐反，郡國志：涿郡，在雒陽東北千八百里。自稱無上大將軍，與彭寵連兵。朱浮以帝不自征彭寵，上疏求救。詔報曰：「往年赤眉跋扈長安，賢曰：跋扈，猶言暴橫也。吾策其無穀必東；果來歸附。今度此反虜，度，徒洛翻。勢無久全，其中必有內相斬者。今軍資未充，故須後麥耳！」須，待也。浮城中糧盡，人相食，會耿況遣騎來救，浮乃得脫身走，薊城遂降於彭寵。考異曰：朱浮傳：「尚書令侯霸奏：『浮敗亂幽州，構成寵罪，徒勞軍師，不能死節，罪當伏誅。』」按霸明年乃爲尚書令，蓋追劾之。寵自稱燕王，攻拔右北平、上谷數縣，賂遺匈奴，遺，于季翻。借兵爲助；又南結張步及富平、獲索諸賊，皆與交通。

11 帝自將征鄧奉，至堵陽；堵陽縣，屬南陽郡。杜佑曰：唐州方城縣，漢堵陽縣。應劭曰：堵陽，景帝改爲順陽。二說不同。奉逃歸淯陽，董訢降。訢，音欣。降，下江翻；下同。夏，四月，帝追奉至小長安，與戰，大破之；奉肉袒因朱祜降。去年奉禽祜，今因祜而降。帝憐奉舊功臣，奉，鄧晨之兄子也。且釁起吳漢，事見上卷上年。欲全宥之。岑彭、耿弇諫曰：「鄧奉背恩反逆，背，蒲妹翻。暴師經年，陛下既至，不知悔善，而親在行陳，陳，讀曰陣。兵敗乃降；若不誅奉，無以懲惡！」於是斬之。復朱祜位。

12 延岑既破赤眉，即拜置牧守，欲據關中。時關中衆寇猶盛，岑據藍田，王歆據下邽，賢曰：秦武公伐邽戎置，以隴西有上邽，故此云下。芳丹據新豐，芳，姓也。風俗通有漢幽州刺史芳乘。蔣震據霸陵，張邯據長安，公孫守據長陵，楊周據谷口，呂鮪據陳倉，角閎據汧，角，姓也，漢有角善叔。汧，苦堅翻。駱延據盩厔，盩厔，音舟窒。姓譜：齊太公之後有公子駱，子孫以爲氏。史記，秦之先有大駱。任良據鄠，鄠，音戶。汝章據槐里，汝，姓也。商有汝鳩、汝方。春秋，晉有汝齊、汝寬。各稱將軍，擁兵多者萬餘人，少者數千人，轉相攻擊。馮異且戰且行，屯軍上林苑中。異自嶠谷之勝，引兵而西，且戰且行，進屯上林苑中。延岑引張邯、任良共擊【章：十二行本「擊」作「攻」；乙十一行本同；孔本同。】異；異擊，大破之，諸營保附岑者皆來降，保，與堡同。岑遂自武關走南陽。走，音奏。時百姓飢餓，黃金一斤易豆五升，道路斷隔，委輸不至，委，於僞翻。輸，舂遇翻。馮異軍士悉以果實爲糧。詔拜南陽趙匡爲右扶風，將兵助異，幷送縑、穀。異兵穀漸盛，乃稍誅擊豪傑不從令者，褒賞降附有功勞者，悉遣諸營渠帥詣京師，帥，所類翻。散其衆歸本業，威行關中。唯呂鮪、張邯、蔣震遣使降蜀，鮪，于軌翻。邯，下甘翻。其餘悉平。

13 吳漢率驃騎大將軍杜茂等七將軍圍蘇茂於廣樂；周建招集得十餘萬人救之。周建，劉永將也。漢迎與之戰，不利，墮馬傷厀，還營；厀，與膝同。建等遂連兵入城。諸將謂漢曰：「大敵在前，而公傷臥，衆心懼矣！」三軍之氣，以將爲主，故云然。漢乃勃然裹創而起，創，初良翻。

椎牛饗士，慰勉之，士氣自倍。旦日，蘇茂、周建出兵圍漢；漢奮擊，大破之，茂走還湖陵。睢陽人反城迎劉永，蓋延率諸將圍之；反，音幡。蓋，古盍翻。吳漢留杜茂、陳俊守廣樂，自將兵助延圍睢陽。睢，音雖。

14 車駕自小長安引還，令岑彭率傅俊、臧宮、劉宏等三萬餘人南擊秦豐。五月，己酉，車駕還宮。

15 乙卯晦，日有食之。

16 六月，壬戌，大赦。

17 延岑攻南陽，得數城；建威大將軍耿弇與戰於穰，地理志，穰縣，屬南陽郡。大破之。岑與數騎走東陽，與秦豐合；豐以女妻之。走，音奏。妻，七細翻。建義大將軍朱祐率祭遵等與岑戰於東陽，破之；賢曰：東陽，聚名也；故城在今鄧州南。臨淮郡復有東陽縣，非此地也。余據郡國志，南陽淯陽縣有東陽聚。岑走歸秦豐。祐遂南與岑彭等軍合。

延岑護軍鄧仲況擁兵據陰縣，賢曰：陰縣，屬南陽郡；故城在今襄州穀城縣界北。水經註：沔水南逕穀城東，又南過陰縣西。宋白曰：今光化軍，本陰縣地。而劉歆孫龔爲其謀主。前侍中扶風蘇竟以書說之，前此帝嘗用竟爲侍中。說，輸芮翻。仲況與龔降。竟終不伐其功，隱身樂道，壽終於家。樂，音洛。

秦豐拒岑彭於鄧，地理志，鄧縣，屬南陽郡；春秋之鄧國也。秋，七月，彭擊破之。進圍豐於黎丘，別遣積弩將軍傅俊將兵徇江東，揚州悉定。

18 蓋延圍睢陽百日，劉永、蘇茂、周建突出，將走酇；此沛郡之酇縣也。賢曰：今亳州縣；音在何翻。延追擊之急，永將慶吾斬永首降。姓譜：齊大夫慶氏之後。蘇茂、周建奔垂惠，郡國志：沛郡山桑縣有垂惠聚。賢曰：在今亳州山桑縣西北，一名禮城。杜佑通典曰：垂惠聚在亳州蒙城縣西北。共立永子紆爲梁王。佼彊奔保西防。佼，古巧翻，又音効。

19 冬，十月，壬申，上幸春陵，祠園廟。春陵節侯以下四世園廟也。

20 耿弇從容言於帝，從，千容翻。自請北收上谷兵未發者，定彭寵於漁陽，取張豐於涿郡，還收富平、獲索，東攻張步，以平齊地。帝壯其意，許之。

21 十一月，乙未，帝還自春陵。

22 是歲，李憲稱帝，置百官，擁九城，衆十餘萬。廬江十二城，憲所得者九城耳。

23 帝謂太中大夫來歙曰：姓譜：郲，子姓，商之支孫，食采於郲，因以爲氏；後避難去邑。漢功臣表有軑侯來蒼。歙，許及翻。「今西州未附，西州，謂隗囂也。子陽稱帝，子陽，公孫述字。道里阻遠，諸將方務關東，思西州方略，未知所在。」【章：十二行本「在」下有「奈何」二字；乙十一行本同；孔本同；張校同。】歙曰：「臣嘗與隗囂相遇長安。其人始起，以漢爲名。事見三十九卷更始元年。臣願得奉威命，開以丹青之信，揚子曰：聖人之言，炳若丹青。囂必束手自歸；則述自亡之勢，不足圖也！」帝然之，始令歙使於囂。使，疏吏翻；下同。囂既有功於漢，又受鄧禹爵署，事見上卷元年。其腹心議者多勸通使京師，囂乃奉奏詣闕。帝報以殊禮，言稱字，用敵國之儀，所以慰藉之甚厚。賢曰：慰，安也。藉，薦也。言安慰而薦藉之也。

四年（戊子、二八）

1 正月，甲申，大赦。

2 二月，壬子，上行幸懷；壬申，還雒陽。

3 延岑復寇順陽；郡國志，順陽縣屬南陽郡。順水東南入蔡。括地志：順陽故城，在鄧州穰縣西三十里，楚之郇邑也。復，扶又翻；下同。遣鄧禹將兵擊破之。岑奔漢中；公孫述以岑爲大司馬，封汝寧王。

4 田戎聞秦豐破，恐懼，欲降。降，戶江翻；下同。其妻兄辛臣圖彭寵、張步、董憲、公孫述等所得郡國以示戎曰：「雒陽地如掌耳，如掌，喻其狹也。不如且按甲以觀其變。」戎曰：「以秦王之強，猶爲征南所圍，吾降決矣！」岑彭時爲征南大將軍，故戎云然。乃留辛臣使守夷陵，自將兵沿江泝沔上黎丘。自夷陵沿江而下，至沔口；自沔口泝沔而上，可至黎丘也。上，時掌翻。辛臣於後盜戎珍寶，從間道先降於岑彭，間，古莧翻。而以書招戎曰：「宜以時降，無拘前計！」戎疑臣賣己，灼龜卜降，兆中坼，周禮華氏：凡卜，以明火爇燋，吹其焌，契以授卜師。鄭玄曰：燋焌，用荊華之類。兆者，灼龜，發於火，其形可占者。華，時髓翻。燋，哉約翻。焌，音俊，又子寸翻。遂復反，與秦豐合；岑彭擊破之，戎亡歸夷陵。

5 夏，四月，丁巳，上行幸鄴；己巳，幸臨平，賢曰：縣名，屬鉅鹿郡，故城在今定州鼓城縣東南。遣吳漢、陳俊、王梁擊破五校於臨平。鬲縣五姓共逐守長，據城而反；賢曰：鬲縣屬平原郡，故城在今德州西北。五姓，蓋當土強宗豪右。鬲，音革。余謂守長者，守鬲縣長，非正官也。長，知兩翻；下同。諸將爭欲攻之。吳漢曰：「使鬲反者，守長罪也。敢輕冒進兵者斬！」乃移檄告郡使收守長，而使人謝；城中五姓大喜，卽相率降。諸將乃服，曰：「不戰而下城，非衆所及也！」

6 五月，上幸元氏；辛巳，幸盧奴，將親征彭寵。伏湛諫曰：「今兗、豫、青、冀，中國之都，而寇賊從横，未及從化。從，子容翻。漁陽邊外荒耗，邊外者，邊於外夷也。豈足先圖！陛下捨近務遠，棄易求難，易，以豉翻。誠臣之所惑也！」上乃還。

7 帝遣建議【章：十二行本「議」作「義」；乙十一行本同；孔本同。】大將軍朱祐、建威大將軍耿弇、征虜將軍祭遵、祭，側界翻。驍騎將軍劉喜討張豐於涿郡。祭遵先至，急攻豐；禽之。初，豐好方術，有道士言豐當爲天子，西都有方士，東都因稱爲道士。好，呼到翻。以五綵囊裹石繫豐肘，云「石中有玉璽」。豐信之，遂反。既執，當斬，猶曰「肘石有玉璽」。傍人爲椎破之，爲，于僞翻；下同。豐乃知被詐，仰天嘆曰：「當死無恨！」

上詔耿弇進擊彭寵。弇以父況與寵同功，況與寵同有助漢之功，事見上卷、三十九卷更始二年。又兄弟無在京師者，不敢獨進，求詣雒陽。詔報曰：「將軍舉宗爲國，功效尤著，何嫌何疑，而欲求徵！」況聞之，更遣弇弟國入侍。時祭遵屯良鄉，劉喜屯陽鄉，賢曰：良鄉、陽鄉，皆縣名，並屬涿郡。陽鄉故城，在今幽州故安縣西北。宋白曰：良鄉，在燕爲中都，漢爲良鄉縣。彭寵引匈奴兵欲擊之；耿況使其子舒襲破匈奴兵，斬兩王，寵乃退走。

8 六月，辛亥，車駕還宮。

9 秋，七月，丁亥，上幸譙，考異曰：袁紀，「六月幸譙」，今從范書。遣捕虜將軍馬武、騎都尉王霸圍劉紆、周建於垂惠。

10 董憲將賁休以蘭陵降；賢曰：前書賁赫，音肥。今姓作賁，音奔。蘭陵縣，屬東海郡；故城在今沂州丞縣東。憲聞之，自郯圍之。賢曰：郯縣，屬東海郡；故城在今泗州下邳縣東北。郯，音談。蓋延及平狄將軍山陽龐萌在楚，楚，彭城也。請往救之。帝敕曰：「可直往擣郯，賢曰：擣，擊也。余謂擣，擣虛也；此兵法所謂攻其必救也。則蘭陵自解。」延等以賁休城危，遂先赴之。憲逆戰而陽敗退，延等因拔圍入城。明日，憲大出兵合圍；延等懼，遽出突走，因往攻郯。帝讓之曰：「間欲先赴郯者，以其不意故耳！今既奔走，賊計已立，圍豈可解乎！」延等至郯，果不能克；而董憲遂拔蘭陵，殺賁休。

11 八月，戊午，上幸壽春，地理志，壽春縣，屬九江郡。賢曰：今壽州縣。遣揚武將軍南陽馬成率誅虜將軍南陽劉隆等三將軍發會稽、丹陽、九江、六安四郡兵擊李憲。九月，圍憲於舒。地理志，廬江郡，治舒縣。賢曰：故城在今廬州廬江縣西。會，古外翻。

王莽末，天下亂，臨淮大尹河南侯霸獨能保全其郡。郡國志：臨淮郡在雒陽東千四百里。帝徵霸會壽春，拜尚書令。時朝廷無故典，又少舊臣，少，詩沼翻。霸明習故事，收錄遺文，條奏前世善政法度，施行之。

冬，十月，甲寅，車駕還宮。

12 隗囂使馬援往觀公孫述。援素與述同里閈，相善，援與述皆茂陵人。說文曰：閈，閭也，侯旰翻。以爲既至，當握手歡如平生；而述盛陳陛衛以延援入，交拜禮畢，使出就館。更爲援制都布單衣、何承天纂文曰：都、致、錯、履、無極，皆布名。方言曰：襌衣，江、淮、南楚之間謂之褋，關之東西謂之襌衣。爲，于僞翻。交讓冠，會百官於宗廟中，立舊交之位，述鸞旗、旄騎，鸞旗註見十三卷文帝元年。旄騎，旄頭騎也。秦穆公伐南山大梓，有一青牛出走，入豐水中；其後牛出豐水中，使騎擊之，不勝；有騎墮地復上，髮解，牛畏之，入不出；故置旄頭騎以前驅。警蹕就車，磬折而入，賢曰：磬折，屈身如磬之曲折，敬也。孔穎達曰：磬折者，屈身如磬之折殺。按考工記云：磬氏爲磬，倨句一矩有半。鄭云：必先度一矩爲句，一矩爲股，而求其弦。既以一矩有半觸其弦，則磬之倨句也。是磬之折殺，其形必曲，人之倚式亦當然也。禮饗官屬甚盛，欲授援以封侯大將軍位。賓客皆樂留，樂，音洛。援曉之曰：「天下雌雄未定，公孫不吐哺走迎國士，周公一飯三吐哺以下天下之士。與圖成敗，反修飾邊幅，賢曰：言若布帛修整其邊幅也。如偶人形，此子何足久稽天下士乎！」稽，留也。因辭歸，謂囂曰：「子陽，井底蛙耳，言志識褊狹，如坎井之蛙。而妄自尊大！不如專意東方。」東方，謂雒陽也。

囂乃使援奉書雒陽。援初到，良久，中黃門引入。中黃門，宦者也；屬少府。帝在宣德殿南廡下，廡，音武，堂下周屋也。但幘，坐，迎笑，董巴曰：古者有冠無幘，其戴也加首有頍，所以安物。詩曰：有頍者弁，謂此也。秦加武將首飾爲絳袙，其後稍稍作顏題。漢興，續其顏，卻摞之，施巾連題，卻覆之，今喪幘是其制也，名之曰幘。幘者，頭首嚴頣也。至孝文，乃高顏題，續之爲耳，崇其巾爲屋，合後施收，貴賤皆服之。蔡邕曰：幘，古者卑賤執事不冠者之所服。元帝額有壯髮，不欲使人見，始進幘服之。謂援曰：「卿遨遊二帝間，今見卿，使人大慙。」援頓首辭謝，因曰：「當今之世，非但君擇臣，臣亦擇君矣！臣與公孫述同縣，少相善；少，詩照翻。臣前至蜀，述陛戟而後進臣。陛戟，謂衛者持戟俠陛也。臣今遠來，陛下何知非刺客姦人，而簡易若是！」帝復笑曰：「卿非刺客，顧說客耳。」說，去聲。援曰：「天下反覆，盜名字者不可勝數；盜名字，謂僭竊位號，稱帝稱王也。易，以豉翻。復，扶又翻。說，輸芮翻。勝，音升。今見陛下恢廓大度，同符高祖，乃知帝王自有眞也。」

13 太傅卓茂薨。

14 十一月，丙申，上行幸宛。宛，於元翻。岑彭攻秦豐三歲，斬首九萬餘級；豐餘兵裁千人，食且盡。十二月，丙寅，帝幸黎丘，遣使招豐，豐不肯降；降，戶江翻；下同。乃使朱祐等代岑彭圍黎丘，使岑彭、傅俊南擊田戎。

15 公孫述聚兵數十萬人，積糧漢中；又造十層樓船，多刻天下牧守印章。守，式又翻。遣將軍李育、程烏【張：「烏」作「焉」，下同。】將數萬衆出屯陳倉，就呂鮪，將徇三輔；馮異迎擊，大破之，育、烏俱奔漢中。考異曰：公孫述傳：「使李育、程烏與呂鮪徇三輔。三年，馮異擊鮪、育於陳倉，大敗之。」按本紀，「四年，馮異與述將程焉戰陳倉，破之。」馮異傳亦在今年。蓋述傳誤以「四年」爲「三年」，「焉」作「烏」耳。異還，擊破呂鮪，營保降者甚衆。

是時，隗囂遣兵佐異有功，遣使上狀，帝報以手書曰：「慕樂德義，思相結納。樂，音洛。昔文王三分，猶服事殷，孔子曰：三分天下有其二，以服事殷，周之德可謂至德也已矣！但駑馬、鉛刀，不可強扶，賢曰：周禮：校人掌六馬；駑馬，最下者也。說文：鉛，青金也，似錫而色青。言駑馬、鉛刀，不可強扶而用也。強，其兩翻。數蒙伯樂一顧之價。戰國策，蘇代謂淳于髡曰：人有賣駿馬者，比三旦立於市，市人莫之知；往見伯樂曰：臣有駿馬，欲賣之，比三旦立市，市人莫與言，願子還而視之，去而顧之。臣請獻一朝之價。伯樂如其言，一旦而價十倍也。數，所角翻。樂，音洛。將軍南拒公孫之兵，北御羌、胡之亂，御，讀曰禦。

是以馮異西征，得以數千百人躑躅三輔。賢曰：躑躅，猶踟蹰也。毛晃曰：躑躅，跳也。躑，直炙翻。躅，直録翻。徼將軍之助，則咸陽已爲他人禽矣！如令子陽到漢中，三輔願因將軍兵馬，鼓旗相當。儻肯如言，卽智士計功割地之秋也！賢曰：秋，一歲中功成之時，故舉以爲言。管仲曰：『生我者父母，成我者鮑子。』賢曰：事見史記。自今以後，手書相聞，勿用傍人間構之言。」間，古莧翻；下同。其後公孫述數遣將間出，囂輒與馮異合勢，共摧挫之。述遣使以大司空、扶安王印綬授囂；扶安，謂相扶助而安也。囂斬其使，出兵擊之，以故蜀兵不復北出。復，扶又翻。

16 泰山豪傑多與張步連兵。吳漢薦強弩大將軍陳俊爲泰山太守，擊破步兵，遂定泰山。郡國志：泰山郡在雒陽東千四百里。

五年（己丑、二九）

1 春，正月，癸巳，車駕還宮。

2 帝使來歙持節送馬援歸隴右。考異曰：袁紀曰：「援與拒蜀侯國遊先俱奉使，遊先至長安，爲仇家所殺；其弟爲囂雲旗將軍。來歙恐其怨恨，與援俱還長安。」按囂使被殺者，周遊也，不在此時。隗囂與援共臥起，問以東方事，曰：「前到朝廷，上引見數十，東觀記曰：凡十四見。每接燕語，自夕至旦，才明勇略，非人敵也。且開心見誠，無所隱伏，闊達多大節，略與高帝同；經學博覽，政事文辨，前世無比。」囂曰：「卿謂何如高帝？」援曰：「不如也。高帝無可無不可；賢曰：此論語孔子自言己之所行也。今上好吏事，好，呼到翻。動如節度，又不喜飲酒。」喜，許記翻。囂意不懌，曰：「如卿言，反復勝邪！」復，扶又翻。

3 二月，丙午，大赦。

4 蘇茂將五校兵救周建於垂惠。校，戶教翻。馬武爲茂、建所敗，奔過王霸營，大呼求救。敗，蒲邁翻。呼，火故翻。霸曰：「賊兵盛，出必兩敗，努力而已！」乃閉營堅壁。軍吏皆爭之，霸曰：「茂兵精銳，其衆又多，吾吏士心恐，而捕虜與吾相恃，馬武爲捕虜將軍。兩軍不一，此敗道也。今閉營固守，示不相援，賊必乘勝輕進；捕虜無救，其戰自倍。人各致死，則一人倍二人之力。如此，茂衆疲勞，吾承其敝，乃可克也。」茂、建果悉出攻武，悉兵而出攻也。合戰良久，霸軍中壯士數十人斷髮請戰，斷，丁管翻。霸乃開營後，出精騎襲其背。茂、建前後受敵，驚亂敗走，霸、武各歸營。茂、建復聚兵挑戰，復，扶又翻。挑，徒了翻；下同。霸堅臥不出，方饗士作倡樂；倡，音昌。茂雨射營中，射矢如雨也。射，而亦翻。中霸前酒樽，中，竹仲翻。霸安坐不動。軍吏皆曰：「茂前日已破，今易擊也！」易，以豉翻。霸曰：「不然，蘇茂客兵遠來，糧食不足，故數挑戰，以徼一時之勝。數，所角翻。徼，堅堯翻，又一遙翻。今閉營休士，所謂『不戰而屈人兵』者也。」孫子曰：百戰百勝，非善之善者也；不戰而屈人兵，善之善者也。霸蓋引其言。茂、建既不得戰，乃引還營。其夜，周建兄子誦反，閉城拒之；建於道死；茂奔下邳，地理志，下邳縣，屬東海郡。與董憲合；劉紆奔佼彊。

5 乙丑，上行幸魏郡。

6 彭寵妻數爲惡夢，數，所角翻。又多見怪變；卜筮、望氣者皆言兵當從中起。寵以子后蘭卿質漢歸，不信之，子后蘭卿歸，見上卷二年。質，音致。使將兵居外，無親於中。寵齋在便室，賢曰：便坐之室，非正室也。蒼頭子密等三人賢曰：秦呼民爲黔首；謂奴爲蒼頭者，以別於良人也。因寵臥寐，共縛著牀，著，直略翻。告外吏云：「大王齋禁，皆使吏休。」僞稱寵命，收縛奴婢，各置一處。又以寵命呼其妻，妻入，驚曰：「奴反！」奴乃捽其頭，擊其頰。捽，昨沒翻。寵急呼曰：「趣爲諸將軍辦裝！」趣，讀爲促。賢曰：呼奴爲將軍者，欲其赦己也。呼，火故翻。爲，于僞翻。於是兩奴將妻入取寶物，留一奴守寵。寵謂守奴曰：「若小兒，吾素所愛也。今爲子密所迫劫耳！解我縛，當以女珠妻汝，妻，七細翻。家中財物皆以與若。」若，亦汝也。小奴意欲解之，視戶外，見子密聽其語，遂不敢解。於是收金玉衣物，至寵所裝之，被馬六匹，被，皮義翻。加馬以鞍勒曰被馬。使妻縫兩縑囊。昏夜後，解寵手，令作記告城門將軍云：「今遣子密等至子后蘭卿所，【章：十二行本「所」下有「速開門出」四字；乙十一行本同；孔本同；張校同；退齋校同。】勿稽留之。」書成，斬寵及妻頭置囊中，便持記馳出城，因以詣闕。明旦，閤門不開，官屬踰牆而入，見寵尸，驚怖。怖，普布翻。其尚書韓立等共立寵子午爲王，國師韓利斬午首詣祭遵降，國師，以寵所署置也，蓋遵王莽之制。夷其宗族。帝封子密爲不義侯。

權德輿議曰：伯通之叛命，伯通，彭寵字也。子密之戕君，同歸于亂，罪不相蔽，宜各致於法，昭示王度；王度，猶言王法也。反乃爵於五等，又以『不義』爲名。且舉以不義，莫可侯也；此而可侯，漢爵爲不足勸矣。春秋書齊豹盜、三叛人名之義，衞司寇齊豹以私怨殺衞侯之兄孟縶，春秋書之曰盜。三叛人名，謂襄二十一年，邾庶其以漆、閭丘來奔；昭五年，莒牟夷以牟婁及防茲來奔；哀十四年，小邾射以句繹來奔。句，音鉤。無乃異於是乎！

7 帝以扶風郭伋爲漁陽太守。郡國志：漁陽郡，在雒陽東北二千里。伋承離亂之後，養民訓兵，開示威信，盜賊銷散，匈奴遠迹；在職五年，戶口增倍。

8 帝使光祿大夫樊宏持節迎耿況於上谷，郡國志：上谷郡，在雒陽東北二千里。曰：「邊郡寒苦，不足久居。」況至京師，賜甲第，奉朝請，封牟平侯。地理志，牟平縣，屬東萊郡。唐、宋屬登州。宋白曰：牟平縣以在牟山之陽，其地平坦，故曰牟平。漢牟平故城，在今黃縣東百三十里。朝，直遙翻。請，音才性翻，又如字。

吳漢率耿弇、王常擊富平、獲索賊於平原，郡國志：平原郡，在雒陽北一千三百里。大破之；追討餘黨，至勃海，郡國志：勃海郡在雒陽北一千六百里。降者四萬餘人。上因詔弇進討張步。

9平敵將軍龐萌，爲人遜順，前作「平狄將軍」。帝信愛之，常稱曰：「可以託六尺之孤，寄百里之命者，論語孔子之言。呂與叔曰：託六尺之孤，謂輔幼主；寄百里之命，謂爲諸侯。龐萌是也。」使與蓋延共擊董憲。時詔書獨下延而不及萌，下，遐稼翻。萌以爲延譖己，自疑，遂反襲延軍，破之；考異曰：東觀記、漢書皆云：「萌攻延；延與戰，破之。詔書勞延曰：『龐萌一夜反畔，相去不遠，營壁不堅，殆令人齒欲相擊；而將軍有不可動之節，吾甚美之。』」延傳言「僅而得免」，與彼不同，今從延傳。與董憲連和，自號東平王，屯桃鄉之北。東平國任城縣有桃鄉。賢曰：故城在今兗州龔丘縣西北。帝聞之，大怒，自將討萌，與諸將書曰：「吾嘗【章：十二行本「嘗」作「常」；乙十一行本同；孔本同。】以龐萌爲社稷之臣，將軍得無笑其言乎！老賊當族，其各厲兵馬，會睢陽！」睢陽，梁國都。郡國志：在睢陽東南八百五十里。

龐萌攻破彭城，將殺楚郡太守孫萌。郡國志：楚郡在雒陽東千二百二十里。考異曰：袁紀作「楚相孫萌」，今從范書。郡吏劉平伏太守身上，號泣請代其死，身被七創；號，戶刀翻；下同。被，皮義翻。創，初良翻。龐萌義而捨之。太守已絕復蘇，孔穎達曰：更息曰蘇，言氣絕而更息也。渴求飲，平傾創血以飲之。

10岑彭攻拔夷陵，田戎亡入蜀，盡獲其妻子、士衆數萬人。公孫述以戎爲翼江王。岑彭謀伐蜀，以夾川穀少，夾川，猶言夾江也。江，大川也。水險難漕，留威虜將軍馮駿軍江州，都尉田鴻軍夷陵，領軍李玄軍夷道；地理志，夷道縣屬南郡。自引兵還屯津鄉，郡國志，南郡江陵縣有津鄉。賢曰：所謂江津也。當荆州要會，喻告諸蠻夷降者，奏封其君長。

11 夏，四月，旱，蝗。

12 隗囂問於班彪曰：「往者周亡，戰國並爭，數世然後定。意者從橫之事將復起於今乎，從，子容翻。復，扶又翻。將承運迭興，在於一人也？」彪曰：「周之廢興，與漢殊異。昔周爵五等，諸侯從政，師古曰：言諸侯之國各自爲政。本根既微，枝葉強大，本根，謂王室。枝葉，謂諸侯。故其末流有從橫之事，勢數然也。漢承秦制，改立郡縣，主有專己之威，臣無百年之柄。至於成帝，假借外家，師古曰：假，音工暇翻，又工雅翻。哀、平短祚，國嗣三絕，故王氏擅朝，能竊號位，危自上起，傷不及下，賢曰：成帝威權借於外家，是危自上起也。漢不得罪於百姓，是傷不及下也。朝，直遙翻。是以卽眞之後，天下莫不引領而歎。十餘年間，中外騷擾，遠近俱發，假號雲合，咸稱劉氏，不謀同辭。方今雄桀帶州域者，皆無六國世業之資，而百姓謳吟思仰，漢必復興，已可知矣。」

囂曰：「生言周、漢之勢可也，至於但見愚人習識劉氏姓號之故，而謂漢復興，疏矣！昔秦失其鹿，劉季逐而掎之，師古曰：掎，偏持其足也；居蟻翻。時民復知漢乎？」彪乃爲之著王命論以風切之爲，于僞翻。風，讀曰諷。曰：「昔堯之禪舜曰：『天之曆數在爾躬。』舜亦以命禹。論語所載。洎于稷、契，咸佐唐、虞，至湯、武而有天下。洎，其冀翻。契，息列翻。劉氏承堯之祚，堯據火德而漢紹之，有赤帝子之符，事見七卷秦二世元年。故爲鬼神所福饗，天下所歸往。由是言之，未見運世無本，功德不紀，師古曰：不紀，言不爲人所記。而得屈起在此位者也！屈起，特起也。屈，求勿翻。俗見高祖興於布衣，不達其故，至比天下於逐鹿，幸捷而得之。不知神器有命，不可以智力求也。劉德曰：神器，璽也。李奇曰：帝王賞罰之柄也。師古曰：李說是也。仲馮曰：神器，「聖人之大寶曰位」是也。悲夫，此世所以多亂臣賊子者也！夫餓饉流隸，師古曰：隸，賤隸。飢寒道路，所願不過一金，然終轉死溝壑，何則？貧窮亦有命也。況乎天子之貴，四海之富，神明之祚，可得而妄處哉！處，昌呂翻。故雖遭罹阨會，竊其權柄，勇如信、布，強如梁、籍，謂項梁、項籍也。成如王莽，然卒潤鑊伏質，師古曰：質，鍖也。伏於鍖上而斬之也。卒，子恤翻。亨醢分裂；亨，與烹同。又況幺麼尚不及數子，師古曰：幺麼，皆微小之稱也。幺，音一堯翻。麼，音莫可翻。而欲闇奸天位者虖！奸，音干。昔陳嬰之母以嬰家世貧賤，卒富貴不祥，止嬰勿王；卒，讀曰猝。事見八卷秦二世二年。王陵之母知漢王必得天下，伏劍而死，以固勉陵。事見九卷高祖元年。夫以匹婦之明，猶能推事理之致，探禍福之機，而全宗祀於無窮，垂策書於春秋，師古曰：凡言匹夫、匹婦，謂凡庶之人。春秋，史書記事之總稱。而況大丈夫之事虖！是故窮達有命，吉凶由人，嬰母知廢，陵母知興，審此二者，帝王之分決矣。分，扶問翻；下同。加之高祖寬明而仁恕，知人善任使，當食吐哺，納子房之策；拔足揮洗，揖酈生之說；舉韓信於行陳，洗，息典翻。行，戶剛翻。陳，讀曰陣。收陳平於亡命；事並見高帝紀。英雄陳力，羣策畢舉，此高祖之大略所以成帝業也。若乃靈瑞符應，其事甚衆，故淮陰、留侯謂之天授，非人力也。英雄誠知覺寤，超然遠覽，淵然深識，收陵、嬰之明分，絕信、布之覬覦，覬，音冀。覦，音俞。距逐鹿之瞽說，審神器之有授，毋貪不可冀，爲二母之所笑，則福祚流于子孫，天祿其永終矣！」囂不聽。彪遂避地河西；竇融以爲從事，漢制，將軍府及司隸、刺史、郡守皆有從事。甚禮重之。彪遂爲融畫策，爲，于僞翻。使之專意事漢焉。

13 初，竇融等聞帝威德，心欲東向，以河西隔遠，未能自通，乃從隗囂受建武正朔；囂皆假其將軍印綬。囂外順人望，內懷異心，使辯士張玄說融等曰：「更始事已成，尋復亡滅，說，輸芮翻。復，扶又翻。此一姓不再興之效也！今卽所有主，便相係屬，一旦拘制，自令失柄，後有危敗，雖悔無及。方今豪桀競逐，雌雄未決，當各據土宇，與隴、蜀合從，從，子容翻。高可爲六國，下不失尉佗。」尉佗事見十二卷高帝十一年。佗，徒何翻。融等召豪桀議之，其中識者皆曰：「今皇帝姓名見於圖書，見，賢遍翻。自前世博物道術之士谷子雲、夏賀良等皆言漢有再受命之符，谷永書見三十一卷成帝永始二年。夏賀良事見三十三卷哀帝建元二年。故劉子駿改易名字，冀應其占。劉歆改名事見三十三卷成帝綏和二年。歆，字子駿，意在改名之後。及莽末，西門君惠謀立子駿，事覺被殺，出謂觀者曰：『讖文不誤，劉秀眞汝主也！』事見三十九卷更始元年。讖，楚譖翻。此皆近事暴著，暴，步木翻。毛晃曰：顯示也；又如字，義同。衆所共見者也。況今稱帝者數人，而雒陽土地最廣，甲兵最強，號令最明，觀符命而察人事，他姓殆未能當也！」衆議或同或異。

融遂決策東向，遣長史劉鈞等奉書詣雒陽。時衆推融爲大將軍，故置長史。先是，帝亦發使遺融書以招之，先，悉薦翻。遺，于季翻。遇鈞於道，卽與俱還。帝見鈞歡甚，禮饗畢，乃遣令還，賜融璽書曰：「今益州有公孫子陽，天水有隗將軍。方蜀、漢相攻，權在將軍，舉足左右，便有輕重。言左投則蜀重，右投則漢重也。以此言之，欲相厚豈有量哉！欲遂立桓、文，輔微國，當勉卒功業；欲三分鼎足，連衡合從，亦宜以時定。開兩說以觀融去就。量，音良。卒，子恤翻。衡，讀曰横。從，子容翻。天下未幷，吾與爾絕域，非相吞之國。今之議者，必有任囂教尉佗制七郡之計。事見十二卷高帝十一年。賢曰：七郡，蒼梧、鬱林、合浦、交趾、九眞、南海、日南也。余謂尉佗之時未置七郡，光武據後來置郡言之。王者有分土，無分民，分，扶問翻。自適己事而已。」因授融爲涼州牧。璽書至河西，河西皆驚，以爲天子明見萬里之外。

14 朱祜急攻黎丘，六月，秦豐窮困出降；轞車送雒陽。吳漢劾祜廢詔命，受豐降；上誅豐，不罪祜。

15董憲與劉紆、蘇茂、佼彊去下邳，還蘭陵，使茂、彊助龐萌圍桃城。桃城，即桃鄉之城也。賢曰：在今兗州任城縣北。帝時幸蒙，聞之，乃留輜重，重，直用翻。自將輕兵晨夜馳赴。至亢父，賢曰：蒙，縣名，屬梁國，故城在今宋州北。地理志，亢父縣屬東平國。師古曰：音抗甫。或言百官疲倦，可且止宿；上不聽，復行十里，宿任城，復，扶又翻。任，音壬。欲度亢父之險，故進而宿任城。去桃城六十里。旦日，諸將請進，龐萌等亦勒兵挑戰；挑，徒了翻。帝令諸將不得出，休士養銳以挫其鋒。時吳漢等在東郡，郡國志：東郡，去雒陽八百里。馳使召之。萌等驚曰：「數百里晨夜行，以爲至當戰，而堅坐任城，致人城下，眞不可往也！」乃悉兵攻桃城。城中聞車駕至，衆心益固；萌等攻二十餘日，衆疲困，不能下。吳漢、王常、蓋延、王梁、馬武、王霸等皆至，帝乃率衆軍進救桃城，親自搏戰，大破之。龐萌、蘇茂、佼彊夜走從董憲。

秋，七月，丁丑，帝幸沛，進幸湖陵。董憲與劉紆悉其兵數萬人屯昌慮；地理志，昌慮縣，屬東海郡。宋白曰：徐州滕縣，漢蕃、昌慮二縣地。應劭註：蕃縣，即小邾國。又有郳國濫城，在今縣東南，即漢之昌慮縣也。師古曰：慮，音盧。憲招誘五校餘賊，與之拒守建陽。賢曰：建陽縣，屬東海郡；故城在今沂州丞縣北。丞，時證翻。帝至蕃，賢曰：蕃，音皮，又音婆。地理志，蕃縣，屬魯國。應劭曰：小邾國也。師古曰：白哀云：陳蕃爲魯相，國人爲諱，改曰皮。此說非也。郡縣之名，土俗各有別稱，不必皆依本字。杜佑通典：蕃，音反。余謂「皮」字乃傳寫「反」字之誤，當從通典。反，音孚袁翻。去憲所百餘里，諸將請進；帝不聽，知五校乏食當退，敕各堅壁以待其敝。頃之，五校果引去。帝乃親臨，四面攻憲，三日，大破之；佼彊將其衆降，降，戶江翻。蘇茂奔張步，憲及龐萌走保郯。八月，己酉，帝幸郯，留吳漢攻之，車駕轉徇彭城、下邳。吳漢拔郯，董憲、龐萌走保朐。賢曰：朐縣，屬東海郡；今海州朐山縣西有故朐城。朐，音劬。宋白曰：朐故城，在朐山縣西九十里。劉紆不知所歸，其軍士高扈斬之以降。吳漢進圍朐。

16 冬，十月，帝幸魯。魯國本屬徐州，帝改屬豫州。

17 張步聞耿弇將至，使其大將軍費邑軍歷下，賢曰：歷下城在今齊州歷城縣。考異曰：袁紀作「濟南王費邑」，今從耿弇傳。又令兵屯祝阿，地理志，祝阿縣，屬平原郡。賢曰：今齊州縣，故城在今山茌縣東北。天寶元年改祝阿爲禹城，以縣西有禹息故城也。別於泰山、鍾【章：十二行本「鍾」作「鐘」；乙十一行本同；孔本同。下均同。】城列營數十以待之。弇渡河，先擊祝阿，自旦攻城，日未中而拔之；故開圍一角，令其衆得奔歸鍾城。鍾城人聞祝阿已潰，大恐懼，遂空壁亡去。

費邑分遣弟敢守巨里。郡國志，濟南歷城有巨里聚。賢曰：一名巨合城，在今齊州全節縣東南。弇進兵先脅巨里，嚴令軍中趣脩攻具，趣，讀曰促。宣敕諸部，後三日當悉力攻巨里城；陰緩生口，令得亡歸，以弇期告邑。邑至日，果自將精兵三萬餘人來救之。弇喜，謂諸將曰：「吾所以脩攻具者，欲誘致之耳。誘，音酉。野兵不擊，何以城爲！」即分三千人守巨里；自引精兵上岡阪，爾雅曰：山脊曰岡，坡者曰坂。上，時掌翻。乘高合戰，大破之，臨陳斬邑；陳，讀曰陣。既而收首級以示城中，城中兇懼。賢曰：兇，恐懼聲，音呼勇翻。費敢悉衆亡歸張步。弇復收其積聚，復，扶又翻。積，子賜翻。聚，才喻翻。縱兵擊諸未下者，平四十餘營，遂定濟南。郡國志：濟南郡，在雒陽東千八百里。濟，子禮翻。

時張步都劇，使其弟藍將精兵二萬守西安，賢曰：西安，縣名，屬齊郡；故城在今青州臨菑縣西北。諸郡太守合萬餘人守臨菑，臨菑縣，屬齊郡。相去四十里。弇進軍畫中，賢曰：畫中，邑名也。畫，音胡麥翻。故城在今西安城東南；有澅水，因名焉。水經註：澅水東去臨菑城十八里。居二城之間。弇視西安城小而堅，且藍兵又精，臨菑名雖大而實易攻，易，以豉翻。乃敕諸校後五日會攻西安。校，戶教翻。藍聞之，晨夜警守。至期，夜半，弇敕諸將皆蓐食，前書音義曰：未起而牀蓐中食也。會明，至臨菑城。護軍荀梁等爭之，以爲「攻臨菑，西安必救之；攻西安，臨菑不能救，不如攻西安。」弇曰：「不然，西安聞吾欲攻之，日夜爲備，方自憂，何暇救人！臨菑出不意而至，必驚擾，吾攻之一日，必拔。拔臨菑，卽西安孤，與劇隔絕，必復亡去，復，扶又翻。所謂『擊一而得二』者也。若先攻西安，不能卒下，卒，讀曰猝。頓兵堅城，死傷必多。縱能拔之，藍引軍還奔臨菑，并兵合勢，觀人虛實；吾深入敵地，後無轉輸，旬月之間，不戰而困矣。」遂攻臨菑；半日，拔之，入據其城。張藍聞之，懼，遂將其衆亡歸劇。

弇乃令軍中無得虜掠，須張步至乃取之，以激怒步。步聞，大笑曰：「以尤來、大肜十餘萬衆，吾皆卽其營而破之；今大耿兵少於彼，卽，就也。賢曰：弇，況之長子，故呼爲大耿。少，詩沼翻。又皆疲勞，何足懼乎！」乃與三弟藍、弘、壽及故大肜渠帥重異等兵賢曰：重，姓；異，名。重，直龍翻。姓譜：南正重之後。號二十萬，至臨菑大城東，將攻弇。弇上書曰：「臣據臨菑，深塹高壘；張步從劇縣來攻，疲勞飢渴。欲進，誘而攻之；欲去，隨而擊之。臣依營而戰，精銳百倍，以逸待勞，以實擊虛，旬日之間，步首可獲。」於是弇先出菑水上，水經：淄水出泰山萊蕪縣原山東北，過臨菑縣東。與重異遇；突騎欲縱，弇恐挫其鋒，令步不敢進，故示弱以盛其氣，乃引歸小城，陳兵於內，使都尉劉歆、泰山太守陳俊分陳於城下。陳，讀曰陣；下同。步氣盛，直攻弇營，與劉歆等合戰。弇升王宮壞臺望之，賢曰：臨菑，本齊國所都，卽齊王宮中有壞臺也。視歆等鋒交，乃自引精兵以橫突步陳於東城下，大破之。飛矢中弇股，中，竹仲翻。以佩刀截之，左右無知者。至暮，罷；弇明旦復勒兵出。復，扶又翻；下同。

是時帝在魯，聞弇爲步所攻，自往救之。未至，陳俊謂弇曰：「劇虜兵盛，可且閉營休士，以須上來。」弇曰：「乘輿且到，乘，繩證翻。臣子當擊牛、釃酒以待百官，釃，山宜翻。陸德明曰：以筐漉酒。賢曰：漉也。反欲以賊虜遺君父邪！」遺，于季翻。乃出兵大戰。自旦及昏，復大破之；殺傷無數，溝塹皆滿。弇知步困將退，豫置左右翼爲伏以待之；兩旁伏兵如鳥之舒翼。

人定時，步果引去，昏後，謂之人定時。伏兵起縱擊，追至鉅昧水上，賢曰：鉅昧，水名，一名巨洋水，在今青州壽光縣西。水經注：巨洋水出朱虛縣東泰山，袁宏謂之鉅昧，王韶之以爲巨蔑；北過臨朐縣東，又北過臨朐縣西，又東北過壽光縣西。昧，音莫葛翻。八九十里，僵尸相屬，屬，之欲翻。收得輜重二千餘兩。重，直用翻。兩，音亮；下同。風俗通：車一乘爲一兩。箱、轅及輪兩兩而偶，故稱兩。步還劇，兄弟各分兵散去。

後數日，車駕至臨菑，自勞軍，勞，力到翻。羣臣大會。帝謂弇曰：「昔韓信破歷下以開基，事見十卷高祖四年。今將軍攻祝阿以發迹，此皆齊之西界，功足相方。而韓信襲擊已降，將軍獨拔勍敵，其功又難於信也。勍，渠京翻。又，田橫亨酈生，及田橫降，高帝詔衞尉不聽爲仇；事見十一卷高帝五年。亨，與烹同。張步前亦殺伏隆，事見上三年。若步來歸命，吾當詔大司徒釋其怨，又事尤相類也。將軍前在南陽，建此大策，謂三年冬弇從帝幸舂陵，自請平齊也。常以爲落落難合，賢曰：落落，猶疏闊也。有志者事竟成也！」帝進幸劇。

耿弇復追張步，步奔平壽，賢曰：平壽，縣名，屬北海郡；故城在今青州北海縣。復，扶又翻。蘇茂將萬餘人來救之。茂讓步曰：「以南陽兵精，延岑善戰，而耿弇走之，事見上三年。大王柰何就攻其營？既呼茂，不能待邪！」步曰：「負負，無可言者！」賢曰：負，愧也。再言負者，愧之甚也。帝遣使告步、茂，能相斬降者，封爲列侯。降，戶江翻。步遂斬茂，詣耿弇軍門肉袒降；弇傳詣行在所，傳，直戀翻。而勒兵入據其城，平壽城也。樹十二郡旗鼓，令步兵各以郡人詣旗下，衆尚十餘萬，輜重七千餘兩，皆罷遣歸鄉里。張步三弟各自繫所在獄，詔皆赦之，封步爲安丘侯，地理志，安丘侯國，屬琅邪郡；又北海郡有安丘縣。宋白曰：密州有安丘縣，古根牟國城，漢爲安丘；縣有渠丘亭，故莒渠丘公所居也。與妻子居雒陽。

於是琅邪未平，郡國志：琅邪郡，在雒陽東千五百里。上徙陳俊爲琅邪太守；始入境，盜賊皆散。

耿弇復引兵至城陽，地理志，城陽國，都莒。賢曰：城陽故城，在今沂州臨沂縣南。降五校餘黨，校，戶教翻。齊地悉平，振旅還京師。弇爲將，凡所平郡四十六，屠城三百，未嘗挫折焉。

18 初起太學。車駕還宮，幸太學，陸機洛陽記曰：太學在洛陽城故開陽門外，去宮八里；講堂長十丈，廣三丈。稽式古典，脩明禮樂，煥然文物可觀矣！

19 十一月，大司徒伏湛免，以侯霸爲大司徒。霸聞太原閔仲叔之名而辟之，既至，霸不及政事，徒勞苦而已。賢曰：勞其勤苦也。勞，音力到翻。仲叔恨曰：「始蒙嘉命，且喜且懼。今見明公，喜懼皆去。以仲叔爲不足問邪？不當辟也。辟而不問，是失人也！」遂辭出，投劾而去。賢曰：按罪曰劾，自投其劾狀而去也。投，猶下也。今有投辭、投牒之言也。劾，戶概翻。

20 初，五原人李興、隨昱、姓譜：隨侯之後。又杜伯之玄孫爲晉大夫，食采於隨，曰隨會。朔方人田颯、颯，音立。代郡人石鮪、閔堪各起兵自稱將軍。匈奴單于遣使與興等和親，欲令盧芳還漢地爲帝。興等引兵至單于庭迎芳；十二月，與俱入塞，都九原縣；賢曰：九原，縣名，屬五原郡；故城在今勝州銀城縣。掠有五原、朔方、雲中、定襄、鴈門五郡，並置守、令，與胡【章：十二行本「胡」下有「通」字；乙十一行本同；孔本同；張校同；退齋校同。】兵侵苦北邊。

21 馮異治關中，出入三歲，上林成都。賢曰：成都，言歸附之多也。史記曰：一年成邑，二年成都。治，直之翻。人有上章言：「異威權至重，百姓歸心，號爲咸陽王。」帝以章示異；異惶懼，上書陳謝。詔報曰：「將軍之於國家，義爲君臣，恩猶父子，何嫌何疑，而有懼意！」

22 隗囂矜己飾智，每自比西伯，西伯，文王也。與諸將議欲稱王。鄭興曰：「昔文王三分天下有其二，尚服事殷；論語載孔子之言。武王八百諸侯不謀同會，猶還兵待時；武王觀兵孟津，諸侯不期而會者八百，皆曰：「紂可伐矣。」王曰：「汝未知天命。」乃還師。高帝征伐累年，猶以沛公行師。今令德雖明，世無宗周之祚；威略雖振，未有高祖之功；而欲舉未可之事，昭速速，不速之速，明召也。禍患，昭，明也。無乃不可乎！」囂乃止。後又廣置職位以自尊高，鄭興曰：「夫中郎將、太中大夫、使持節官，皆王者之器，非人臣所當制也。無益於實，有損於名，非尊上之意也。」囂病之而止。賢曰：病，猶難也。

時關中將帥數上書言蜀可擊之狀，數，所角翻；下同。帝以書示囂，因使擊蜀以效其信。

效，驗也。囂上書，盛言三輔單弱，劉文伯在邊，盧芳自稱劉文伯。未宜謀蜀。帝知囂欲持兩端，不願天下統一，於是稍黜其禮，正君臣之儀。帝與囂書，初用敵國禮，今黜其禮。帝以囂與馬援、來歙相善，數使歙、援奉使往來，勸令入朝，朝，直遙翻。許以重爵。囂連遣使，深持謙辭，言無功德，須四方平定，退伏閭里。帝復遣來歙說囂遣子入侍，復，扶又翻。說，輸芮翻；下同。囂聞劉永、彭寵皆已破滅，乃遣長子恂隨歙詣闕；帝以爲胡騎校尉，封鐫羌侯。胡騎校尉，武帝置，秩二千石。賢曰：鐫，謂鐫鑿也。鐫，子全翻。

鄭興因恂求歸葬父母，囂不聽，而徙興舍，益其秩禮。興入見曰：「今爲父母未葬，乞骸骨；爲，于僞翻。若以增秩徙舍，中更停留，是以親爲餌也，賢曰：猶釣餌也。無禮甚矣，將軍焉用之！焉，於虔翻。願留妻子獨歸葬，將軍又何猜焉！」囂乃令與妻子俱東。馬援亦將家屬隨恂歸雒陽，以所將賓客猥多，求屯田上林苑中；帝許之。將，如字。

囂將王元以爲天下成敗未可知，不願專心內事，說囂曰：「昔更始西都，四方響應，天下喁喁，賢曰：喁喁，魚口向上也；音魚容翻。謂之太平；一旦壞敗，將軍幾無所厝。事見上卷元年。今南有子陽，北有文伯，江湖海岱，王公十數，而欲牽儒生之說，賢曰：儒生，謂馬援說囂歸光武。余謂儒生，指鄭興、班彪等。棄千乘之基，列國之賦，兵車千乘。乘，繩證翻。羈旅危國以求萬全，此循覆車之軌者也。今天水完富，士馬最強，元請以一丸泥爲大王東封函谷關，爲，于僞翻。此萬世一時也。若計不及此，且畜養士馬，畜，許六翻。據隘自守，曠日持久，以待四方之變；圖王不成，其敝猶足以霸。前書徐樂之言。要之，魚不可脫於淵，神龍失勢，與蚯蚓同！」老子曰：魚不可脫於泉。脫，失也，失泉則涸矣。慎子曰：騰蛇游霧，飛龍乘雲；雲罷霧除，與蚯蚓同，失其所乘故也。囂心然元計，雖遣子入質，質，音致。猶負其險阸，欲專制方面。

申屠剛諫曰：「愚聞人所歸者天所與，人所畔者天所去也。本朝誠天之所福，非人力也。賢曰：本朝，謂光武也。今璽書數到，數，所角翻。委國歸信，欲與將軍共同吉凶。布衣相與，尚有沒身不負然諾之信，況於萬乘者哉！今何畏何利，而久疑若是？賢曰：言從漢何畏，附蜀何利，而久疑不決。卒有非常之變，卒，讀曰猝。上負忠孝，下愧當世。夫未至豫言，固常爲虛；及其已至，又無所及；是以忠言至諫，希得爲用，誠願反覆愚老之言！」囂不納，於是游士長者稍稍去之。

23 王莽末，交趾諸郡閉境自守。賢曰：交趾郡，今交州縣也，南濱大海。輿地志云：其夷足大指開析；兩足並立則相交。應劭曰：始開北方，遂交於南方，爲子孫基阯也。余按武帝元鼎六年，置交趾州，治廣信；時已開朔方，遂交於南方，爲子孫基趾也。七郡，謂南海、蒼梧、鬱林、合浦、交趾、九眞、日南，並屬交州。余謂唐之交州、峯州皆漢交趾郡之地，固不可指唐交趾一縣而言也。岑彭素與交趾牧鄧讓厚善，與讓書，陳國家威德；又遣偏將軍屈充移檄江南，班行詔命。屈，其勿翻。於是讓與江夏太守侯登、武陵太守王堂、長沙相韓福、桂陽太守張隆、零陵太守田翕、蒼梧太守杜穆、交阯太守錫光等相率遣使貢獻；郡國志：江夏郡，在雒陽南千五百里。武陵郡，在雒陽南二千一百里。長沙郡，在雒陽南二千八百里。桂陽郡，在雒陽南三千九百里。零陵郡，在雒陽南三千三百里。蒼梧郡，在雒陽南六千四百一十里。交阯郡，在雒陽南萬一千里。夏，戶雅翻。守，式又翻；下同。錫，姓；光，名。悉封爲列侯。錫光者，漢中人，在交阯，教民夷以禮義；帝復以宛人任延爲九眞太守，郡國志：九眞郡，在雒陽南萬一千五百八十里。復，扶又翻。任，音壬。延教民耕種嫁娶；故嶺南華風始於二守焉。

24 是歲，詔徵處士太原周黨、會稽嚴光等至京師。處，昌呂翻。會，古外翻。黨入見，伏而不謁，凡朝謁者，必拜稽首，以姓名自言。見，賢遍翻。自陳願守所志。博士范升奏曰：「伏見太原周黨、東海王良、山陽王成等，蒙受厚恩，使者三聘，乃肯就車；及陛見帝廷，見，賢遍翻。黨不以禮屈，伏而不謁，偃蹇驕悍，同時俱逝。黨等文不能演義，武不能死君，釣采華名，庶幾三公之位。幾，居希翻。臣願與坐雲臺之下，續漢志曰：雲臺，周家之所造，圖書、術籍、珍玩、寶怪皆藏焉。考試圖國之道。不如臣言，伏虛妄之罪；而敢私竊虛名，誇上求高，皆大不敬！」書奏，詔曰：「自古明王、聖主，必有不賓之士，伯夷、叔齊不食周粟，太原周黨不受朕祿，亦各有志焉。其賜帛四十匹，罷之。」

帝少與嚴光同遊學，少，詩沼翻。及卽位，以物色訪之，賢曰：以其形貌求之。得於齊國，累徵乃至；拜諫議大夫，不肯受，去，耕釣於富春山中。地理志，富春縣，屬會稽郡。賢曰：今杭州富陽縣，本漢富春縣，避晉簡文帝鄭太后諱，改曰富陽。以壽終於家。

王良後歷沛郡太守、大司徒司直，在位恭儉，布被瓦器，妻子不入官舍。後以病歸，一歲復徵；復，扶又翻。至滎陽，疾篤，不任進道，言以疾篤稽留道上，不進于行也。任，音壬。過其友人。友人不肯見，曰：「不有忠言奇謀而取大位，何其往來屑屑不憚煩也！」揚雄方言曰：屑屑，不安也；秦、晉曰屑屑。郭景純曰：往來貌。遂拒之。良慙，自後連徵不應，卒於家。卒，子恤翻。

元帝之世，莎車王延嘗爲侍子京師，慕樂中國。樂，音洛。及王莽之亂，匈奴略有西域，唯延不肯附屬；常敕諸子：「當世奉漢家，不可負也！」延卒，子康立。康率旁國拒匈奴，旁國，猶鄰國也。擁衞故都護吏士、妻子千餘口；王莽之亂，西域攻沒都護，其吏士、妻子皆不得還。檄書河西，問中國動靜。竇融乃承制立康爲漢莎車建功懷德王、西域大都尉，五十五國皆屬焉。

容肇祖標點顧頡剛聶崇岐覆校

資治通鑑卷第四十二

翰林學士兼侍讀學士朝散大夫右諫議大夫知制誥判尚書都省兼提舉萬壽觀公事上護軍河内郡開國侯食邑一千三百户賜紫金魚袋臣　司馬光　奉敕編集

後　學　天　台　胡三省　音　註

漢紀三十四

起上章攝提格（庚寅），盡旃蒙協洽（乙未），凡六年。

世祖光武皇帝中之上

建武六年（庚寅、三〇）

1 春，正月，丙辰，以舂陵鄉爲章陵縣，世世復傜役，比豐、沛。復，方目翻。

2 吳漢等拔朐，斬董憲、龐萌，江、淮、山東悉平。據范紀，是年馬成等拔舒，獲李憲；吳漢等拔朐，斬董憲、龐萌。蓋獲李憲則江、淮平，斬董憲、龐萌，則山東平也。拔朐之上，逸拔舒事。諸將還京師，置酒賞賜。還，從宣翻，又如字。

帝積苦兵間，以隗囂遣子内侍，公孫述遠據邊垂，乃謂諸將曰：「且當置此兩子於度外耳。」因休諸將於雒陽，分軍士於河内，數騰書隴、蜀，告示禍福。說文曰：騰，傳也。數，所角翻。

公孫述屢移書中國，自陳符命，冀以惑衆。帝與述書曰：「圖讖言公孫，卽宣帝也。宣帝有「公孫病已」之符。代漢者姓當塗，其名高；君豈高之身邪？乃復以掌文爲瑞，述刻其掌文曰「公孫帝」，自言手文有奇。復，扶又翻。王莽何足效乎！王莽自陳符命，遣五威將帥班之天下。君非吾賊臣亂子，倉卒時人皆欲爲君事耳。卒，讀曰猝。君日月已逝，謂已老也。妻子弱小，當早爲定計。天下神器，不可力爭，宜留三思！」署曰「公孫皇帝」。述不答。

其騎都尉平陵荆邯說述曰：「漢高祖起於行陳之中，兵破身困者數矣；然軍敗復合，瘡愈復戰。邯，下甘翻。說，輸芮翻。行，戶剛翻。陳，讀曰陣。數，所角翻。復，扶又翻；下同。何則？前死而成功，愈於卻就於滅亡也！隗囂遭遇運會，割有雍州，兵強士附，威加山東；賢曰：隴西、天水，皆雍州之地，故言割有。囂傳曰：名震西州，流聞山東，是威加也。雍，於用翻。遇更始政亂，復失天下，衆庶引領，四方瓦解，囂不及此時推危乘勝推，吐雷翻。以爭天命，而退欲爲西伯之事，尊師章句，賓友處士，處，昌呂翻。偃武息戈，卑辭事漢，喟然自以文王復出也！令漢帝釋關、隴之憂，賢曰：以囂居西，無東之意，故置之度外而不爲憂。專精東伐，四分天下而有其三；發間使，召攜貳，賢曰：間使，謂來歙、馬援等也。攜貳，謂王遵、鄭興、杜林、牛邯等相次而歸光武。間，古莧翻。使西州豪傑咸居心於山東，則五分而有其四；若舉兵天水，必至沮潰，沮，在呂翻。天水既定，則九分而有其八。陛下以梁州之地，益州，禹貢梁州之域也。內奉萬乘，外給三軍，百姓愁困，不堪上命，將有王氏自潰之變矣！賢曰：王氏，卽王莽也。臣之愚計，以爲宜及天下之望未絕，豪傑尚可招誘，誘，音酉。急以此時發國內精兵，令田戎據江陵，臨江南之會，倚巫山之固，賢曰：巫山，在今夔州巫山縣東。築壘堅守，傳檄吳、楚，長沙以南必隨風而靡。令延岑出漢中，定三輔，天水、隴西拱手自服。如此，海內震搖，冀有大利。」述以問羣臣，博士吳柱曰：「武王伐殷，八百諸侯不期同辭，然猶還師以待天命。武王伐紂，至于孟津，諸侯不期而會者八百，皆曰「紂可伐矣」。武王曰：「汝未知天命！」乃還。未聞無左右之助而欲出師千里之外者也！」邯曰：「今東帝無尺土之柄，東帝，謂光武。驅烏合之衆，跨馬陷敵，所向輒平，不亟乘時與之分功，而坐談武王之說，是復效隗囂欲爲西伯也！」

述然邯言，欲悉發北軍屯士及山東客兵，述倣漢制，亦置北軍。山東之人僑寓於蜀者，述以爲兵，故曰客兵。使延岑、田戎分出兩道，與漢中諸將合兵并勢。蜀人及其弟光以爲不宜空國千里之外，決成敗於一舉，固爭之，述乃止。延岑、田戎亦數請兵立功，述終疑不聽，唯公孫氏得任事。

述廢銅錢，置鐵錢，貨幣不行，百姓苦之。爲政苛細，察於小事，如爲清水令時而已。好改易郡縣官名。少嘗爲郎，哀帝時，述以父任爲郎。好，呼到翻。少，詩照翻。習漢家故事，出入法駕，鑾旗旄騎。又立其兩子爲王，食犍爲、廣漢各數縣。犍，居言翻。或諫曰：「成敗未可知，戎士暴露而先王愛子，先王，于況翻。示無大志也！」述不從，由此大臣皆怨。爲述亡國張本。

3 馮異自長安入朝，帝謂公卿曰：「是我起兵時主簿也，帝起兵，徇潁川，異降，以爲主簿。爲吾披荆棘，定關中。」爲，于僞翻。既罷，賜珍寶、錢帛，詔曰：「倉卒蕪蔞亭豆粥，虖沱河麥飯，事見三十九卷更始二年。卒，與猝同。厚意久不報。」異稽首謝曰：「臣聞管仲謂桓公曰：『願君無忘射鉤，臣無忘檻車。』齊國賴之。史記：管仲射桓公中鉤；後魯桎梏管仲而送於齊，公以爲相。說苑曰：管仲桎梏檻車中，非無愧也，自裁也。新序曰：齊桓公與管仲飲酣，管仲上壽曰：「願君無忘出奔於莒也，臣亦無忘束縛於魯也。」此云射鉤、檻車，義亦通。射，而亦翻。臣今亦願國家無忘河北之難，東都臣子率謂天子爲國家。難，乃旦翻。小臣不敢忘巾車之恩。」事見三十九卷更始元年。留十餘日，令與妻子還西。

4 申屠剛、杜林自隗囂所來，考異曰：本傳云七年徵剛。按明年囂已臣公孫述，必不用詔書。當在此年。帝皆拜侍御史。以鄭興爲太中大夫。

5 三月，公孫述使田戎出江關，地理志：江關都尉，治巴郡魚復縣。賢曰：華陽國志曰：巴、楚相攻，故置江關，舊在赤甲城，後移在江州南岸，對白帝城。故基在今夔州魚復縣南。招其故衆，欲以取荆州，不克。

帝乃詔隗囂，欲從天水伐蜀。囂上言：「白水險阻，棧閣敗絕。」賢曰：白水縣有關，屬廣漢郡。棧閣者，山路懸險，棧木爲閣道。又公孫述傳註曰：白水關在漢陽西縣。梁州記曰：關城西南有白水關。余據水經，白水出隴西臨洮縣西南西傾山，東南流入陰平，又東南經廣漢白水縣。臨洮與西縣接界，故天水之西縣有白水關，而廣漢之白水縣亦有白水關，自源徂流，同一白水也。賢曰：梁州記曰：關城西南百八十里有白水關。故關城在今梁州金牛縣西。述性嚴酷，上下相患，須其罪惡孰著而攻之，此大呼響應之勢也。」須，待也。孰，古熟字通用。人大呼則響必應，言俟其上下乖離而攻之，必有爲内應者。呼，火故翻。帝知其終不爲用，乃謀討之。

6夏，四月，丙子，上行幸長安，郡國志：長安在雒陽西九百五十里。謁園陵；遣耿弇、蓋延等七將軍從隴道伐蜀，先使中郎將來歙奉璽書賜囂諭旨。囂復多設疑故，歙，許及翻。璽，斯氏翻。疑，疑難。故，事故也。復，扶又翻。事久冘豫不決。賢曰：冘豫，不定之意也。說文曰：冘冘，行貌也，音淫。余按冘讀與猶同。毛晃曰：冘字，從犬曲其足，古與尤字同。唐史以冘豫之冘音淫者，誤也。歙遂發憤質責囂曰：賢曰：質，正也。「國家以君知臧否，曉廢興，否，音鄙。故以手書暢意。足下推忠誠，既遣伯春委質，囂子恂，字伯春。質，職日翻。賢曰：委質，猶屈膝也，又音摯。而反欲用佞惑之言，爲族滅之計邪！」因欲前刺囂。刺，七亦翻。囂起入，部勒兵將殺歙，歙徐杖節就車而去，囂使牛邯將兵圍守之。邯，下甘翻。囂將王遵諫曰：「君叔雖單車遠使，而陛下之外兄也，來歙，字君叔。賢曰：光武之姑子，故曰外兄。使，疏吏翻。殺之無損於漢，而隨以族滅。昔宋執楚使，遂有析骸易子之禍。左傳：楚使申舟聘齊，不假道於宋。華元曰：「過我而不假道，鄙我也！」乃殺之。楚子聞之，遂圍宋；宋人易子而食，析骸而爨。小國猶不可辱，況於萬乘之主，重以伯春之命哉！」重，直用翻。

歙爲人有信義，言行不違；及往來游說，皆可按覆；行，下孟翻。說，輸芮翻。西州士大夫皆信重之，多爲其言，爲，于僞翻。故得免而東歸。

五月，己未，車駕至自長安。

隗囂遂發兵反，使王元據隴坻，師古曰：坻，音丁計翻，又音底。伐木塞道。塞，悉則翻。諸將因與囂戰，大敗，各引兵下隴；囂追之急，馬武選精騎爲後拒，殺數千人，諸軍乃得還。還，從宣翻，又如字。

7 六月辛卯，詔曰：「夫張官置吏，所以爲民也。爲，于僞翻。今百姓遭難，戶口耗少，難，乃旦翻。少，詩沼翻。而縣官吏職，所置尚繁；其令司隸、州牧各實所部，所部郡縣各考覈其實也。省減吏員，縣國不足置長吏者幷之。」於是幷省四百餘縣，吏職減損，十置其一。

8 九月，丙寅晦，日有食之。執金吾朱浮上疏曰：「昔堯、舜之盛，猶加三考；賢曰：考，謂考其功最也。尚書舜典曰：三載考績，三考黜陟幽明。大漢之興，亦累功效，吏皆積久，至長子孫。如倉氏、庫氏之類是也。長，知兩翻；下同。當時吏職，何能悉治，論議之徒，豈不喧譁！蓋以爲天地之功不可倉卒，艱難之業當累日也。而間者守宰數見換易，卒，與猝同。數，所角翻。迎新相代，疲勞道路。尋其視事日淺，未足昭見其職，既加嚴切，人不自保，迫於舉劾，劾，戶概翻。懼於刺譏，故爭飾詐僞以希虛譽，斯所以致日月失行之應也。夫物暴長者必夭折，功卒成者必亟壞；夭，於紹翻。卒，讀曰猝。如摧長久之業而造速成之功，非陛下之福也。願陛下遊意於經年之外，望治於一世之後，孔子曰：如有王者，必世而後仁。三十年爲一世。治，直吏翻。天下幸甚！」帝采其言，自是牧守代易頗簡。

9 十二月，壬辰，大司空宋弘免。

10 癸巳，詔曰：「頃者師旅未解，用度不足，故行十一之稅。謂十分而稅其一也。今糧儲差積，其令郡國收見田租，三十稅一，如舊制。」賢曰：景帝二年，令田租三十而稅一。今依景帝，故云舊制。見，賢遍翻。

11 諸將之下隴也，帝詔耿弇軍漆，賢曰：漆，縣名，屬右扶風，故城在今豳州新平縣，漆水在西。馮異軍栒邑，祭遵軍汧，賢曰：汧，水名，因以名縣，屬右扶風，故城在今隴州汧城縣南。汧，苦堅翻。吳漢等還屯長安。馮異引軍未至栒邑，隗囂乘勝使王元、行巡將二萬餘人下隴，行，姓也。姓譜：周有大行人之官，其後氏焉。分遣巡取栒邑，異卽馳兵欲先據之。諸將曰：「虜兵盛而乘勝，不可與爭鋒，宜止軍便地，徐思方略。」異曰：「虜兵臨境，忸忕小利，賢曰：忸忕，猶慣習也，謂慣習前事而復爲之。爾雅曰：忸，復也。郭景純曰：謂慣忸復爲之也。忸，尼丑翻。忕，音逝。遂欲深入；若得栒邑，三輔動搖。夫攻者不足，守者有餘。孫武子之言。今先據城，以逸待勞，非所以爭也。」潛往，閉城，偃旗鼓。行巡不知，馳赴之。異乘其不意，卒擊鼓、建旗而出。卒，讀曰猝。巡軍驚亂奔走，追擊，大破之。祭遵亦破王元於汧。於是北地諸豪長耿定等悉畔隗囂降。長，知兩翻。詔異進軍義渠，義渠縣，屬北地郡，古義渠戎地也。擊破盧芳將賈覽、匈奴奥鞬日逐王，北地、上郡、安定皆降。奥，音郁。鞬，居言翻。

12 竇融復遣其弟友上書曰：「臣幸得託先后末屬，謂孝文竇皇后之親屬也。復，扶又翻。累世二千石，臣復假歷將帥，守持一隅，復，扶又翻。故遣劉鈞口陳肝膽，事見上卷上年。自以底裏上露，長無纖介。賢曰：底裏皆露，言無藏隱。而璽書盛稱蜀、漢二主三分鼎足之權，任囂、尉佗之謀；竊自痛傷。臣融雖無識無知，利害之際，順逆之分，豈可背眞舊之主，事姦僞之人，分，扶問翻。背，蒲妹翻。廢忠貞之節，爲傾覆之事，棄已成之基，求無冀之利！此三者，雖問狂夫，猶知去就，而臣獨何以用心！謹遣弟友詣闕，口陳至誠。」友至高平，賢曰：高平縣屬安定，後改爲平高，今原州縣。會隗囂反，道不通，乃遣司馬席封間道通書。姓譜：席，其先姓籍，避項羽諱，改姓席氏。帝復遣封賜融、友書，所以尉藉之甚厚。尉，與慰同；尉，安也。藉，薦也。尉以安於身上，藉以安於身下。

融乃與隗囂書曰：「將軍親遇厄會之際，國家不利之時，賢曰：謂漢遭王莽篡奪也。守節不回，承事本朝；融等所以欣服高義，願從役於將軍者，良爲此也！爲，于僞翻。而忿悁之間，悁，恚也，吉縣翻，躁急也。改節易圖，委成功，造難就，委，棄也。就，成也。百年累之，一朝毁之，豈不惜乎！殆執事者貪功建謀，以至於此。言隗囂執政事者，貪有其功而立此逆謀也。當今西州地勢局迫，民兵離散，易以輔人，易，以豉翻；下同。難以自建。計若失路不反，聞道猶迷，不南合子陽，則北入文伯耳。夫負虛交而易強禦，負，恃也。易，輕也。恃遠救而輕近敵，未見其利也。自兵起以來，城郭皆爲丘墟，生民轉於溝壑。幸賴天運少還，而將軍復重其難，復，扶又翻；下同。難，乃旦翻。是使積痾不得遂瘳，幼孤將復流離，言之可爲酸鼻；庸人且猶不忍，況仁者乎！融聞爲忠甚易，得宜實難。憂人太過，以德取怨，謂憂之之過而言之甚切，將以爲德而反以取怨也。知且以言獲罪也！」囂不納。

融乃與五郡太守共砥厲兵馬，上疏請師期；帝深嘉美之。融卽與諸郡守將兵入金城，擊囂黨先零羌封何等，大破之。更始時，先零羌封何諸種殺金城太守，據其郡。囂賂遺封何，與結盟，欲發其衆。零，音憐。因並河，揚威武，賢曰：並，蒲浪翻。伺候車駕。時大兵未進，融乃引還。帝以融信效著明，益嘉之，脩理融父墳墓，祠以太牢，融祖父墳墓在扶風。數馳輕使，致遺四方珍羞。遺以四方珍羞，旣以厚融，且示四方來服，能致遠物也。數，所角翻。遺，于季翻。梁統猶恐衆心疑惑，乃使人刺殺張玄，張玄，隗囂使。刺，七亦翻。遂與隗囂絕，皆解所假將軍印綬。

13 先是，馬援聞隗囂欲貳於漢，先，悉薦翻。數以書責譬之，囂得書增怒。及囂發兵反，援乃上書曰：「臣與隗囂本實交友，初遣臣東，謂臣曰：『本欲爲漢，爲，于僞翻。願足下往觀之，於汝意可，卽專心矣。』及臣還反，報以赤心，實欲導之於善，非敢譎以非義。而囂自挾姦心，盜憎主人，左傳：晉伯宗妻曰：盜憎主人，民惡其上。怨毒之情，遂歸於臣。臣欲不言，則無以上聞，願聽詣行在所，極陳滅囂之術。」帝乃召之。援具言謀畫。

帝因使援將突騎五千，往來游說囂將高峻、任禹之屬，下及羌豪，爲陳禍福，說，輸芮翻。爲，于僞翻。說客，單車往使足矣；光武遣馬援將突騎五千，欲耀兵威以示隴右諸將，使謀而來。以離囂支黨。援又爲書與囂將楊廣，使曉勸於囂曰：「援竊見四海已定，兆民同情，而季孟閉拒背畔，爲天下表的，隗囂，字季孟。賢曰：表，猶標也；言爲標表。的，謂射的也；言背畔之罪，爲天下所指射也。背，蒲妹翻。常懼海內切齒，思相屠裂，故遺書戀戀，以致惻隱之計。遺，于季翻。乃聞季孟歸罪於援，而納王游翁諂邪之說，賢曰：王元，字游翁。據隗囂傳，元，字惠孟，游翁蓋其別字也。因自謂函谷以西，舉足可定。所謂以丸泥封函谷關也。以今而觀，竟何如邪！

援間至河內，間，古莧翻。過存伯春，存，存問也。時囚囂子恂於河內。伯春，恂字也。見其奴吉從西方還，說伯春小弟仲舒望見吉，欲問伯春無他否，竟不能言，曉夕號泣。【章：十二行本「泣」下有「宛轉塵中」四字；乙十一行本同；孔本同；張校同；退齋校同。】號，戶刀翻。又說其家悲愁之狀，不可言也。夫怨讎可刺不可毀，援聞之，不自知泣下也。援素知季孟孝愛，曾、閔不過。夫孝於其親，豈不慈於其子！可有子抱三木而跳粱妄作，自同分羹之事乎！賢曰：三木者，謂桎梏及械也。分羹，謂樂羊也。余謂此正引高帝答項羽之事。

季孟平生自言所以擁兵衆者，欲以保全父母之國而完墳墓也，又言苟厚士大夫而已；即其所常言以感人悟物者，而窮其本情。而今所欲全者將破亡之，所欲完者將傷毀之，所欲厚者將反薄之。季孟嘗折愧子陽而不受其爵，事見上卷四年。賢曰：愧，猶辱也。今更共陸陸往【章：十二行本「往」上有「欲」字；乙十一行本同；孔本同，張校同。】附之，賢曰：陸陸，猶碌碌也。將難爲顏乎！言將有慙色也。若復責以重質，當安從得子主給是哉！言蜀若復責質子，當何從得子以爲質也。復，扶又翻。質，音致。往時子陽獨欲以王相待而春卿拒之，今者歸老，更欲低頭與小兒曹共槽櫪而食，併肩側身於怨家之朝乎！歸，入也，言其年已入老境也。字林曰：併，音卑正翻。朝，直遙翻。

今國家待春卿意深，宜使牛孺卿與諸耆老大人共說季孟，牛邯，字孺卿。說，輸芮翻。若計畫不從，眞可引領去矣。前披輿地圖，見天下郡國百有六所，柰何欲以區區二邦以當諸夏百有四乎！二邦，謂隴西、天水。夏，戶雅翻。春卿事季孟，外有君臣之義，內有朋友之道。言君臣邪，固當諫爭；語朋友邪，應有切磋。賢曰：骨曰切，象曰磋。言朋友之道，如切磋以成器也。豈有知其無成，而但萎腇咋舌，叉手從族乎！賢曰：萎腇，耎弱也。萎，音於罪翻。腇，音乃罪翻。咋，士格翻，齧也。及今成計，殊尙善也，過是，欲少味矣！賢曰：以食爲喻。少，詩沼翻。且來君叔天下信士，朝廷重之，其意依依，常獨爲西州言。爲，于僞翻。援商朝廷，尤欲立信於此，商，度也。必不負約。援不得久留，願急賜報。」廣竟不答。諸將每有疑議，更請呼援，咸敬重焉。更，工衡翻。

14 隗囂上疏謝曰：「吏民聞大兵卒至，卒，讀曰猝。驚恐自救，臣囂不能禁止。兵有大利，不敢廢臣子之節，親自追還。此因王元隴坻之捷而有嫚書也。昔虞舜事父，大杖則走，小杖則受。賢曰：家語孔子謂曾子之辭。臣雖不敏，敢忘斯義！今臣之事，在於本朝，賜死則死，加刑則刑；如更得洗心，死骨不朽。」有司以囂言慢，請誅其子；帝不忍，復使來歙至汧，復，扶又翻。汧，苦堅翻。賜囂書曰：「昔柴將軍云：『陛下寬仁，諸侯雖有亡叛而後歸，輒復位號，不誅也。』高帝時，柴武與韓王信書之言。今若束手，復遣恂弟歸闕庭者，則爵祿獲全，有浩大之福矣！吾年垂四十，在兵中十歲，厭浮語虛辭。卽不欲，勿報。」囂知帝審其詐，遂遣使稱臣於公孫述。使，疏吏翻。

15 匈奴與盧芳爲寇不息，帝令歸德侯颯使匈奴以脩舊好。颯使匈奴，見三十九卷更始二年。颯，音立。好，呼到翻。單于驕倨，雖遣使報命，而寇暴如故。

七年（辛卯、三一）

1 春，三月，罷郡國輕車、騎士、材官，令還復民伍。漢官儀曰：高祖命天下郡國選能引關蹶張材力武猛者，以爲輕車、騎士、材官。平地用車騎，山阻用材官。

2 公孫述立隗囂爲朔寧王，賢曰：欲其寧靜北邊也。遣兵往來，爲之援勢。張形勢以爲之援也。

3 癸亥晦，日有食之。詔百僚各上封事，其上書者不得言聖。上，時掌翻。太中大夫鄭興上疏曰：「夫國無善政，則謫見日月；賢曰：謫，責也，音直革翻。見，賢遍翻。要在因人之心，擇人處位。處，昌呂翻。今公卿大夫多擧漁陽太守郭伋可大司空者，而不以時定；道路流言，咸曰『朝廷欲用功臣』，功臣用則人位謬矣。人不稱其位，位不宜其人也。願陛下屈己從衆，以濟羣臣讓善之功。賢曰：濟，成也。頃年日食多【章：十二行本「多」上有「每」字；乙十一行本同；孔本同。】在晦，先時而合，皆月行疾也。日君象而月臣象；君亢急而臣下促迫，故月行疾。亢，苦浪翻。今陛下高明而羣臣惶促，宜留思柔克之政，垂意洪範之法。」賢曰：克，能也；柔克，謂和柔而能立事也。尚書洪範曰：高明柔克。帝躬勤政事，頗傷嚴急，故興奏及之。

4 夏，四月，壬午，大赦。

5 五月，戊戌，以前將軍李通爲大司空。

6 大司農江馮上言，「宜令司隸校尉督察三公。」司空掾陳元上疏曰：「臣聞師臣者帝，賓臣者霸。元，王莽厭難將軍陳欽之子。賢曰：言以臣爲師，以臣爲賓也。故武王以太公爲師，齊桓以夷吾爲仲父，近則高帝優相國之禮，太宗假宰輔之權。賢曰：蕭何爲相國，高祖賜劍履上殿，入朝不趨。

太宗，孝文也。申屠嘉召責鄧通，孝文令人謝嘉，故曰假權也。及亡新王莽，遭漢中衰，專操國柄以偷天下，操，千高翻。況己自喻，不信羣臣，奪公輔之任，損宰相之威，以刺舉爲明，激訐爲直，至乃陪僕告其君長，子弟變其父兄，王莽時，開吏告其將，奴婢告其主。變者，上變告之也。陪僕，猶左傳所謂陪臺也。毛晃曰：陪臺，臣也，蓋古者家臣謂之陪臣，故家之臣僕謂之陪僕。長，知兩翻。罔密法峻，大臣無所措手足；然不能禁董忠之謀，事見三十九卷更始元年。身爲世戮。方今四方尚擾，天下未一，百姓觀聽，咸張耳目。陛下宜修文、武之聖典，襲祖宗之遺德，勞心下士，屈節待賢，誠不宜使有司察公輔之名。」帝從之。

7 酒泉太守竺曾以弟報怨殺人，東觀記曰：曾弟嬰報怨，殺屬國侯王胤等。自免去郡；竇融承制拜曾武鋒將軍，更以辛肜爲酒泉太守。更，工命翻。肜，余中翻。

8 秋，隗囂將步騎三萬侵安定，至陰槃，賢曰：陰槃，縣名，屬安定郡，今涇州縣。宋白曰：滑〔渭〕州潘原縣，漢陰槃縣地。馮異率諸將拒之；囂又令別將下隴攻祭遵於汧；並無利而還。考異曰：帝紀：「六年冬，隗囂將行巡寇扶風，馮異拒破之。」馮異傳：「六年夏，諸將上隴，爲隗囂所敗，乃詔異軍栒邑。未及至，囂乘勝使王元、行巡將二萬人下隴，分遣巡取栒邑。異卽先據栒邑，破巡。」又云：「祭遵亦破王元於汧。」隗囂傳，侵三輔事亦同。按此文勢，緣諸將才敗還，隗囂卽遣二將追之，故得云乘勝，又云「馮異未及至栒邑」也。然則馮異、祭遵之破王元、行巡，實在六年明矣。至七年八月，紀又有「隗囂寇安定，馮異、祭遵擊卻之」，此卽隗囂傳所書「秋，囂侵安定，至陰槃，馮異拒之，又令別將攻祭遵於汧，兵並無利」者也。據此，是囂兩歲各嘗攻馮異、祭遵矣，故遵傳亦云「數挫隗囂」也。而袁紀不載六年事，併在七年秋紀之，且傳云「囂乘勝」，若事已一年，安可云乘勝！又馮異何緣稽緩爾久不至栒邑！故知袁紀誤矣。

帝將自征隗囂，先戒竇融師期，會遇雨，道斷，且囂兵已退，乃止。

帝令來歙以書招王遵，遵來降，降，戶江翻；下同。拜太中大夫，封向義侯。

9冬，盧芳以事誅其五原太守李興兄弟；其朔方太守田颯、颯，音立。守，式又翻；下同。雲中太守喬扈各舉郡降，前代錄：匈奴貴姓喬氏，代爲輔相。帝令領職如故。

10帝好圖讖，讖，楚譖翻。與鄭興議郊祀事，曰：「吾欲以讖斷之，好，呼到翻。斷，丁亂翻。何如？」對曰：「臣不爲讖！」帝怒曰：「卿不爲讖，非之邪？」興惶恐曰：「臣於書有所未學，而無所非也。」帝意乃解。

11南陽太守杜詩郡國志：南陽郡在雒陽南七百里。政治清平，治，直吏翻。興利除害，百姓便之。又修治陂池，治，直之翻。廣拓土田，郡內比室殷足，比，薄必翻，又毗至翻。時人方於召信臣。方，比也。召信臣事見二十九卷元帝竟寧元年。召，讀曰邵。南陽爲之語曰：「前有召父，後有杜母。」

八年（壬辰、三二）

1春，來歙將二千餘人伐山開道，從番須、回中徑襲略陽，賢曰：略陽，縣名，屬天水郡，故城在今秦州隴城縣西北。番，音盤。宋白曰：略陽道在隴城縣東六十里，卽故冀城；魏黃初中，改爲隴城。時隗囂居冀。

以地理考之，當從宋說。斬隗囂守將金梁。姓譜：金，古金天氏之後。又，漢金日磾，本匈奴休屠王子，以祭天金人爲金氏。囂大驚曰：「何其神也！」帝聞得略陽，甚喜，曰：「略陽，囂所依阻，心腹已壞，則制其支體易矣！」易，以豉翻。

吳漢等諸將聞歙據略陽，爭馳赴之。上以爲囂失所恃，亡其要城，勢必悉以精銳來攻；曠日久圍而城不拔，士卒頓敝，乃可乘危而進。皆追漢等還。隗囂果使王元拒隴坻，行巡守番須口，王孟塞雞頭道，賢曰：雞頭，山道也，一名崆峒山，在原州西。塞，悉則翻。牛邯軍瓦亭。賢曰：安定烏氏縣有瓦亭故關，有瓦亭川水，在今原州南。杜佑曰：瓦亭關在唐原州之蕭關。蕭關，漢朝那縣地。邯，下甘翻。囂自悉其大衆數萬人圍略陽，公孫述遣將李育、田弇助之，斬山築堤，激水灌城。來歙與將士固死堅守，矢盡，發屋斷木以爲兵。斷，丁管翻；下同。囂盡銳攻之，累月不能下。

夏，閏四月，帝自將征隗囂，光祿勳汝南郭憲諫曰：「東方初定，車駕未可遠征。」乃當車拔佩刀以斷車靷。靷，在馬胸；音胤。帝不從，西至漆。漆縣，屬右扶風，以漆水名縣。杜佑曰：新平，漢漆縣地。諸將多以王師之重，不宜遠入險阻，計冘豫未決；冘，與猶同。帝召馬援問之。援因說隗囂將帥有土崩之勢，兵進有必破之狀；說，如字。又於帝前聚米爲山谷，指畫形勢，開示衆軍所從道徑，往來分析，昭然可曉。帝曰：「虜在吾目中矣！」明旦，遂進軍，至高平第一。郡國志：高平縣有第一城。

竇融率五郡太守及羌虜小月氏等步騎數萬，月氏爲匈奴所破，餘種西踰葱嶺，其不能去者，保南山，號小月氏。氏，音支。輜重五千餘兩，重，直用翻。兩，音亮。與大軍會。是時軍旅草創，諸將朝會禮容多不肅，朝，直遥翻。融先遣從事問會見儀適。賢曰：猶言儀注。余謂適，當也，會見之儀各有當也。見，賢遍翻。帝聞而善之，以宣告百僚，乃置酒高會，待融等以殊禮。殊，異也，絕也；謂待之之禮異絕於羣臣也。

遂共進軍，數道上隴。上，時掌翻。使王遵以書招牛邯，下之，拜邯太中大夫。於是囂大將十三人、屬縣十六、地理志：天水郡十六縣。衆十餘萬皆降。囂將妻子奔西城，從楊廣，賢曰：西城，縣名，屬漢陽郡，一名始昌城，在今秦州上邽縣西南。余據地理志，西縣本屬隴西郡，後乃改屬漢陽。西城者，西縣城也；以西城爲縣名，誤矣。明帝永平十七年方改天水爲漢陽。而田弇、李育保上邽。上邽縣屬天水郡。弇，古含翻。略陽圍解。帝勞賜來歙，勞，力到翻。班坐絕席，在諸將之右，專席而坐於諸將之上，不與諸坐者並也。賜歙妻縑千匹。毛晃曰：縑，并絲繒；又絹也。

進幸上邽，詔告隗囂曰：「若束手自詣，父子相見，保無他也。若遂欲爲黥布者，亦自任也。」謂必不歸降，如黥布云欲爲帝，亦任之也。囂終不降，於是誅其子恂。使吳漢、岑彭圍西城，耿弇、蓋延圍上邽。

以四縣封竇融爲安豐侯，融封安豐、陽泉、蓼安、風四縣，皆屬廬江郡。弟友爲顯親侯，郡國志：漢陽郡有顯親縣。賢曰：故城在今秦州成紀縣東南。帝置顯親縣以封友，褒顯竇氏有孝文皇后之親也。及五郡太守皆封列侯，竺曾，助義侯；梁統，成義侯；史苞，褒義侯；庫鈞，輔義侯；辛肜，扶義侯。遣西還所鎮。融以久專方面，懼不自安，數上書求代；數，所角翻；下同。詔報曰：「吾與將軍如左右手耳，數執謙退，何不曉人意！勉循士民，循，撫循也，順也。無擅離部曲！」離，力智翻。

潁川盜賊羣起，寇沒屬縣，河東守兵亦叛，京師騷動。郡國志：潁川郡在雒陽東南五百里。河東郡在雒陽西北五百里。帝聞之曰：「吾悔不用郭子横之言。」郭憲，字子横。秋，八月，帝自上邽晨夜東馳，賜岑彭等書曰：「兩城若下，便可將兵南擊蜀虜。人苦不知足，既平隴，復望蜀。復，扶又翻；下同。每一發兵，頭須爲白！」言苦心於軍事也，須，與鬚同，古字通用。

九月，乙卯，車駕還宮。帝謂執金吾寇恂曰：「潁川迫近京師，近，其靳翻。當以時定。惟念獨卿能平之耳，從九卿復出以憂國可也！」對曰：「潁川聞陛下有事隴、蜀，故狂狡乘間相詿誤耳。賢曰：狡，猾也。間，古莧翻。說文曰：詿，亦誤也，音卦。如聞乘輿南向，乘，繩證翻。賊必惶怖歸死，怖，普布翻。臣願執銳前驅。」帝從之。庚申，車駕南征，潁川盜賊悉降。寇恂竟不拜郡，百姓遮道曰：「願從陛下復借寇君一年。」恂前爲潁川太守，故云復借也。乃留恂長社，長社縣，屬潁川郡。應劭曰：宋人圍長葛是也；其社中樹暴長，更名長社。師古曰：長，讀如字。鎮撫吏民，受納餘降。降，戶江翻。

東郡、濟陰盜賊亦起，郡國志：東郡去雒陽八百餘里。濟陰郡在雒陽東八百里。濟，子禮翻。帝遣李通、王常擊之。以東光侯耿純嘗爲東郡太守，東光縣屬勃海郡。賢曰：今滄州縣。威信著於衞地，東郡，衞地也。遣使拜太中大夫，使與大兵會東郡。東郡聞純入界，盜賊九千餘人皆詣純降，大兵不戰而還；璽書復以純爲東郡太守。璽，斯氏翻。戊寅，車駕還自潁川。

2 安丘侯張步將妻子逃奔臨淮，與弟弘、藍欲招其故衆，乘船入海；琅邪太守陳俊追討，斬之。

3 冬，十月，丙午，上行幸懷；十一月，乙丑，還雒陽。

4 楊廣死，隗囂窮困，其大將王捷別在戎丘，水經註：戎丘城在西城西北，戎溪水逕其南。登城呼漢軍曰：「爲隗王城守者，皆必死，無二心，爲，于僞翻。願諸軍亟罷，請自殺以明之。」遂自刎死。刎，扶粉翻。

初，帝敕吳漢曰：「諸郡甲卒但坐費糧食，若有逃亡，則沮敗衆心，沮，在呂翻。敗，蒲邁翻。宜悉罷之。」漢等貪并力攻囂，遂不能遣，糧食日少，吏士疲役，逃亡者多。岑彭壅谷水灌西城，城未沒丈餘。會王元、行巡、周宗將蜀救兵五千餘人乘高卒至，卒，讀曰猝。鼓譟大呼曰：「百萬之衆方至！」漢軍大驚，未及成陳，呼，火故翻。陳，讀曰陣。元等決圍殊死戰，遂得入城，迎囂歸冀。吳漢軍食盡，乃燒輜重，引兵下隴，蓋延、耿弇亦相隨而退。重，直用翻。蓋，古盍翻。囂出兵尾擊諸營，尾擊，謂尋其後而擊之也。岑彭爲後拒，諸將乃得全軍東歸；唯祭遵屯汧不退。汧，口堅翻。吳漢等復屯長安，岑彭還津鄉。於是安定、北地、天水、隴西復反爲囂。爲，于僞翻。

校尉太原溫序爲囂將苟宇所獲，姓譜：唐叔虞之子受封於河內溫，因以命族。又郤至食采於溫，號溫季，因以爲族。據序傳，序爲護羌校尉，行部至襄武，爲苟宇所獲。考異曰：按序傳及袁紀皆稱「序爲護羌校尉」。檢西羌傳，九年方置此官，牛邯爲之。又云：「邯卒，職省」，則序無緣作「護羌」，今但云校尉。宇曉譬數四，欲降之。序大怒，叱宇等曰：「虜何敢迫脅漢將！」因以節檛殺數人。檛，職瓜翻，擊也。宇衆爭欲殺之，宇止之曰：「此義士，死節，可賜以劍。」序受劍，銜須於口，顧左右曰：「既爲賊所殺，無令須汙土！」汙，烏故翻。遂伏劍而死。從事王忠持其喪歸雒陽，詔賜以冢地，拜三子爲郎。

5 十二月，高句麗王遣使朝貢，帝復其王號。王莽貶高句麗爲侯，今復其王號。句，音如字，又音駒，又巨俱翻。

6 是歲，大水。

九年（癸巳、三三）

1 春，正月，潁陽成侯祭遵薨於軍；潁陽縣，屬潁川郡。詔馮異幷將其營。遵爲人，廉約小心，克己奉公，賞賜盡與士卒；約束嚴整，所在吏民不知有軍。取士皆用儒術，對酒設樂，必雅歌投壺。賢曰：雅歌，謂歌雅詩也。禮記投壺經曰：壺頸脩七寸，腹脩五寸，口徑二寸半，容斗五升。壺中實小豆焉，爲其矢之躍而出也。矢以柘若棘，長二尺八寸，無去其皮，取其堅而重。投之，勝者飲不勝者，以爲優劣也。臨終，遺戒薄葬；問以家事，終無所言。帝愍悼之尤甚，遵喪至河南，車駕素服臨之，望哭哀慟；還，幸城門，閱過喪車，涕泣不能已；喪禮成，復親祠以太牢。復，扶又翻；下同。詔大長秋、謁者、河南尹護喪事，大司農給費。皇后卿曰將行，秦官也，景帝中六年，更名大長秋。師古曰：秋者，收成之時，長者，恆久之義，故以爲皇后官名。西都或用中人，或用士人，東都之後純用閹人矣。至葬，車駕復臨之；既葬，又臨其墳，存見夫人、室家。其後朝會，帝每歎曰：「安得憂國奉公如祭征虜者乎！」遵爲征虜將軍。衛尉銚期曰：「陛下至仁，哀念祭遵不已，羣臣各懷慚懼。」言帝念祭遵，屢以爲言，羣臣愧不如遵，各懷懼也。銚，音姚。帝乃止。

2 隗囂病且餓，餐糗糒，鄭康成曰：糗，熬大豆與米也。糒，乾飯。糗，去久翻，又丘救翻。糒，音備。恚憤而卒。恚，於避翻。卒，子恤翻。王元、周宗立囂少子純爲王，總兵據冀。公孫述遣將趙匡、田弇助純。帝使馮異擊之。

3 公孫述遣其翼江王田戎、大司徒任滿、南郡太守程汎將數萬人下江關，任，音壬。擊破馮駿等軍，遂拔巫及夷道、夷陵，五年，岑彭留馮駿軍江州，分屯夷道、夷陵。巫縣亦屬南郡。因據荆門、虎牙，水經註曰：江水東歷荆門、虎牙之間。荆門山在南，上合下開，其狀似門。虎牙山在北，石壁色紅，間有白文，類牙，故以名也。此二山，楚之西塞也。賢曰：在今峽州夷陵縣東南，宜都縣西北，今猶有故城基址在山上。橫江水起浮橋、鬬樓，立欑柱以絕水道，「鬬樓」，范書作「闘樓」，猶今城上敵樓也。欑，徂官翻。叢木爲柱曰欑柱，又作管翻。結營跨山以塞陸路，塞，悉則翻。拒漢兵。

4 夏，六月，丙戌，帝幸緱氏，登轘轅。緱氏縣，屬河南尹；縣有緱氏山、轘轅山、轘轅坂，並在雒陽之東南。緱，工侯翻。轘，音環。

5 吳漢率王常等四將軍兵五萬餘人擊盧芳將賈覽、閔堪於高柳；高柳縣，屬代郡。賢曰：故城在今雲州定襄縣。水經註曰：高柳在代中，其山重巒疊巘，霞舉雲高，連山隱隱，東出遼塞。匈奴救之，漢軍不利。於是匈奴轉盛，鈔暴日增。鈔，楚交翻。詔朱祐屯常山，王常屯涿郡，破姦將軍侯進屯漁陽，以討虜將軍王霸爲上谷太守，以備匈奴。

6 帝使來歙悉監護諸將屯長安，監，古御翻。太中大夫馬援爲之副。歙上書曰：「公孫述以隴西、天水爲藩蔽，故得延命假息；息，氣息也。今二郡平蕩，則述智計窮矣。宜益選兵馬，儲積資糧。今西州新破，兵人疲饉，若招以財穀，則其衆可集。臣知國家所給非一，用度不足，然有不得已也！」帝然之。於是詔於汧積穀六萬斛。秋八月，來歙率馮異等五將軍討隗純於天水。

7驃騎將軍杜茂與賈覽戰於繁時，賢曰：繁時縣，屬鴈門郡，今代州縣。時，音止。余按唐代州繁時雖存漢縣名，然非古繁時也。茂軍敗績。

8諸羌自王莽末入居塞內，金城屬縣多爲所有。隗囂不能討，因就慰納，發其衆與漢相拒。司徒掾班彪上言：續漢志：司徒掾屬三十一人，掾比三百石，屬比二百石。「今涼州部皆有降羌。降，戶江翻。羌胡被髮左衽，而與漢人雜處，習俗既異，言語不通，數爲小吏黠人所見侵奪，窮恚無聊，故致反叛。夫蠻夷寇亂，皆爲此也。被，皮義翻。處，昌呂翻。數，所角翻。黠，下八翻。爲，于僞翻。舊制，益州部置蠻夷騎都尉，武帝開西南夷，置一都尉。幽州部置領烏桓校尉，涼州部置護羌校尉，皆持節領護，應劭曰：漢官，護烏桓、護羌校尉，比二千石，擁節；長史一人，司馬二人，皆六百石。校，戶教翻。治其怨結，治，直之翻。歲時巡行，行，下孟翻。問所疾苦。又數遣使譯，通導動靜，使塞外羌夷爲吏耳目，州郡因此可得警備。今宜復如舊，以明威防。」帝從之。以牛邯爲護羌校尉。

9盜殺陰貴人母鄧氏及弟訢。訢，許靳翻。帝甚傷之，封貴人弟就爲宣恩侯。帝追爵貴人父陸爲宣恩哀侯，以就嗣哀侯。後漢舊制，惟皇后父封侯。貴人未正位中宮而追爵其父，非舊也。復召就兄侍中興，欲封之，置印綬於前。興固讓曰：「臣未有先登陷陳之功，復，扶又翻。陳，讀曰陣。而一家數人，並蒙爵土，令天下觖望，賢曰：觖，音羌志翻。前書音義曰：觖，猶冀也，一音決，猶望之也。誠所不願！」帝嘉之，不奪其志。貴人問其故，興曰：「夫外戚家苦不知謙退，嫁女欲配侯王，取婦眄睨公主，取，讀曰娶。愚心實不安也。富貴有極，人當知足，夸奢益爲觀聽所譏。」貴人感其言，深自降挹，以器俯而取水曰挹，人之謙下者亦曰挹。卒不爲宗親求位。卒，子恤翻。爲，于僞翻。

10 帝召寇恂還，以漁陽太守郭伋爲潁川太守。伋招降山賊趙宏、召吳等數百人，皆遣歸附農；附農者，附於農籍也。召，讀曰邵。因自劾專命，賢曰：謂擅放降賊也。劾，戶概翻。帝不以咎之。後宏、吳等黨與聞伋威信，遠自江南，或從幽、冀，不期俱降，駱驛不絕。

11 莎車王康卒，弟賢立，攻殺拘彌、西夜王，拘彌，卽前漢之杅冞。唐曰寧彌。西夜國，去雒陽萬四千四百里。而使康兩子王之。王，于況翻。

十年（甲午、三四）

1 春，正月，吳漢復率捕虜將軍王霸等四將軍六萬人出高柳擊賈覽，復，扶又翻。匈奴數千騎救之，連戰於平城下，平城縣，屬鴈門郡。破走之。

2 夏陽節侯馮異等馮異傳云：封異陽夏侯。賢曰：夏，音賈。馬武傳末列二十八將官位姓名，曰夏陽侯馮異。陽夏縣屬淮陽郡，夏陽縣屬左馮翊，未知孰是。夏陽之夏，戶雅翻。與趙匡、田弇戰且一年，皆斬之。隗純未下，諸將欲且還休兵，異固持不動，共攻落門，天水冀縣有落門聚，有落門山。賢曰：在今渭州隴西縣東南。未拔。夏，異薨於軍。

3 秋，八月，己亥，上幸長安。

4 初，隗囂將安定高峻擁兵據高平第一，帝之上隴也，遣馬援招降峻，及吳漢等軍退，峻亡歸故營，復助囂拒隴坻。建威大將軍耿弇等圍之，一歲不拔。帝自將征之，寇恂諫曰：「長安道里居中，賢曰：從雒陽至高平，長安爲中。應接近便，安定、隴西必懷震懼；此從容一處，可以制四方也。從，千容翻。今士馬疲倦，方履險阻，非萬乘之固也。前年潁川，可爲至戒。」帝不從，進【章：十二行本「進」上有「戊戌」二字；乙十一行本同；孔本同；張校同。】幸汧。峻猶不下，帝遣寇恂往降之。降，戶江翻；下同。恂奉璽書至第一，峻遣軍師皇甫文出謁，辭禮不屈；恂怒，將誅之。諸將諫曰：「高峻精兵萬人，率多強弩，西遮隴道，連年不下，今欲降之而反戮其使，使，疏吏翻。無乃不可乎？」恂不應，遂斬之，遣其副歸告峻曰：「軍師無禮，已戮之矣！欲降，急降；不欲，固守！」峻惶恐，卽日開城門降。諸將皆賀，因曰：「敢問殺其使而降其城，何也？」恂曰：「皇甫文，峻之腹心，其所取計者也。今來，辭意不屈，必無降心。全之則文得其計，殺之亡其膽，謂文死則峻亡其膽也。是以降耳。」諸將皆曰：「非所及也！」

5 冬，十月，來歙與諸將攻破落門，周宗、行巡、苟宇、趙恢等將隗純降，王元奔蜀。徙諸隗於京師以東。隗純降而徙其族，以其西州強宗，恐其後復能爲變也。後隗純與賓客亡入胡，至武威，捕得，誅之。

6先零羌與諸種寇金城、隴西，零，音憐。種，章勇翻。來歙率蓋延等進擊，大破之，蓋，古盍翻。斬首虜數千人。於是開倉廩以賑飢乏，隴右遂安，而涼州流通焉。涼州諸郡至京師，皆須度隴。隴右安，則涼州之路流通。

7庚寅，車駕還宮。

十一年（乙未、三五）

1春，三月，己酉，帝幸南陽；考異曰：帝紀：「己酉，幸南陽，庚午，車駕還宮。」上有「二月己卯」。袁紀：「三月己酉，幸南陽。」以長曆考之，二月壬申朔，己卯八日也。己酉、庚午，皆在三月。蓋帝紀「己酉」上脫「三月」字。今從袁紀。還幸章陵；庚午，車駕還宮。

2岑彭屯津鄉，數攻田戎等，不克。數，所角翻。帝遣吳漢率誅虜將軍劉隆等三將，發荊州兵凡六萬餘人、騎五千匹，與彭會荊門。彭裝戰船數千【章：十二行本「千」作「十」；乙十一行本同。】艘，艘，蘇遭翻。吳漢以諸郡棹卒多費糧穀，欲罷之；棹卒，持棹行船者也。彭以爲蜀兵盛，不可遣，上書言狀。帝報彭曰：「大司馬習用步騎，不曉水戰，荊門之事，一由征南公爲重而已。」彭爲征南大將軍，故稱爲征南公。

閏月，岑彭令軍中募攻浮橋，先登者上賞。於是偏將軍魯奇應募而前，時東風狂急，魯奇船逆流而上，直衝浮橋，上，時掌翻。而欑柱有反杷鉤，反杷鉤者，既鉤住敵船，使不得退，又逆拒之使不得進也。奇船不得去；奇等乘勢殊死戰，因飛炬焚之，風怒火盛，橋樓崩燒。岑彭悉軍順風並進，所向無前，蜀兵大亂，溺死者數千人，斬任滿，生獲程汎，而田戎走保江州。彭上劉隆爲南郡太守；先以隆守南郡而上奏也。上，時掌翻。自率輔威將軍臧宮、驍騎將軍劉歆長驅入江關。華陽國志：巴、楚相攻，故置江關，舊在赤甲城，後移在江州南岸，對白帝城。故城在今夔州魚復縣南，卽古捍關也。杜佑曰：巴山縣，古扞關。如此則別是一處。令軍中無得虜掠，所過百姓皆奉牛酒迎勞，彭復讓不受；勞，力到翻。復，扶又翻。百姓大喜，爭開門降。降，戶江翻。詔彭守益州牧，所下郡輒行太守事，彭若出界，卽以太守號付後將軍。後將軍者，將兵繼彭後而進者也。選官屬守州中長吏。

彭到江州，以其城固糧多，難卒拔，卒，讀曰猝。留馮駿守之；自引兵乘利直指墊江，攻破平曲，賢曰：墊江，縣名，屬巴郡，今忠州縣也。按宋白續通典：忠州墊江縣本後漢臨江縣地，後魏恭帝分臨江置墊江縣。合州石鏡縣，本漢墊江縣，凡合州管下諸縣，皆漢墊江地也。墊，音徒協翻。平曲，地闕。收其米數十萬石。吳漢留夷陵，裝露橈繼進。爾雅曰：檝謂之橈。露橈，謂露檝在外，人在船中。橈，音饒。

3夏，先零羌寇臨洮。臨洮縣，屬隴西郡。零，音憐。洮，音韜。來歙薦馬援爲隴西太守，郡國志：隴西郡，在雒陽西二千二百二十里。擊先零羌，大破之。

4公孫述以王元爲將軍，使與領軍環安拒河池。姓譜：環，姓也，楚環列尹之後；又楚有賢者環淵。河池縣，屬武都郡。六月，來歙與蓋延等進攻元、安，大破之，遂克下辨，辨，皮莧翻。乘勝遂進。蜀人大懼，使刺客刺歙，未殊，未殊，謂未絕也。客刺，七亦翻。馳召蓋延。延見歙，因伏悲哀，不能仰視。歙叱延曰：「虎牙何敢然！延爲虎牙大將軍，故以虎牙稱之。今使者中刺客，無以報國，中，竹仲翻；下同。故呼巨卿，欲相屬以軍事，蓋延，字巨卿。屬，之欲翻。而反效兒女子涕泣乎！刃雖在身，不能勒兵斬公邪！」延收淚強起，受所誡。強，其兩翻。歙自書表曰：「臣夜人定後，日入而羣動息，故甲夜謂之人定。爲何人所賊傷，中臣要害。何人，謂不知何人也。臣不敢自惜，誠恨奉職不稱，以爲朝廷羞。稱，尺證翻。夫理國以得賢爲本，太中大夫段襄，骨鯁可任，賢曰：骨鯁，謂正直也。說文曰：鯁，魚骨也；食骨留咽中爲鯁。願陛下裁察。又臣兄弟不肖，終恐被罪，陛下哀憐，數賜教督。」被，皮義翻。數，所角翻。投筆抽刃而絕。凡爲人所刺者，刃在身猶未死，抽刃則氣絕矣。帝聞，大驚，省書攬涕；省，悉景翻。以揚武將軍馬成守中郎將代之。歙喪還洛陽，乘輿縞素臨弔，送葬。乘，繩證翻。

5 趙王良從帝送歙喪還，入夏城門，雒陽十二城門，夏門位在亥。與中郎將張邯爭道，叱邯旋車；又詰責門候，百官志：城門校尉掌雒陽十二城門，每門候一人。邯，戶甘翻。使前走數十步。司隸校尉鮑永劾奏「良無藩臣禮，大不敬。」良尊戚貴重，而永劾之，劾，戶概翻，又戶得翻。朝廷肅然。永辟扶風鮑恢爲都官從事，百官志：司隸校尉從事史十二人，都官從事，主察舉百官犯法者。蔡質漢儀曰：都官主雒陽朝會，與三府掾同。恢亦抗直，不避強禦。帝常曰：「貴戚且斂手以避二鮑。」永行縣到霸陵，司隸校尉，主三河、三輔、弘農。霸陵縣，屬京兆。行，下孟翻。路經更始墓，下拜，哭盡哀而去；西至扶風，椎牛上苟諫冢。苟諫保護鮑永事見三十六卷更始二年。上，時掌翻。帝聞之，意不平，問公卿曰：「奉使如此，何如？」武帝置十三州刺史，皆部使者也。司隸今出所部，故言奉使。使，疏吏翻。太中大夫張湛對曰：「仁者，行之宗，忠者，義之主也；仁不遺舊，忠不忘君，行之高者也。」行，下孟翻。帝意乃釋。

6 帝自將征公孫述；秋七月，次長安。

7 公孫述使其將延岑、呂鮪、王元、公孫恢悉兵拒廣漢及資中，廣漢縣，屬廣漢郡。賢曰：資中，縣名，屬犍爲郡，其地在今資州資陽縣。宋白曰：資州諸縣，皆漢資中地；盤石縣，資州治所，漢資中故城也。又遣將侯丹率二萬餘人拒黃石。賢曰：卽黃石灘也。水經註曰：江水自涪陵東出百里而屈于黃石。在今涪州涪陵縣。杜佑曰：今謂之橫石灘。岑彭使臧宮將降卒五萬，從涪水上平曲，拒延岑，涪，音浮，杜佑音符。水經：涪水出廣漢屬國剛氐道徼外，東南流逕涪縣北，又東南逕緜竹縣北，卽臧宮遡涪至平陽鄉之地。涪水又東南與建始水合。水發平洛郡西溪，西南流，屈而東西流。意此卽平曲也。上，時掌翻。自分兵浮江下還江州，泝都江而上，賢曰：都江，成都江也。宋白曰：郫江，一名都江，一名成都江。襲擊侯丹，大破之；因晨夜倍道兼行二千餘里，徑拔武陽。賢曰：武陽縣，屬犍爲郡，故城在今隆州隆山縣東也；又曰：故城在今眉州。劉昫曰：唐陵州仁壽縣，漢武陽縣地；或曰：今眉州眉山彭山縣，本漢武陽縣地。杜佑曰：漢武陽縣故城，在嘉州綏山縣東。使精騎馳擊廣都，去成都數十里，賢曰：廣都，縣名，屬蜀郡，故城在今益州成都縣東南。宋白曰：蜀志，漢元朔二年置廣都縣；隋仁壽元年，避煬帝諱，改爲雙流；唐龍朔三年，析雙流縣，又置廣都縣於舊縣南一十二里。勢若風雨，所至皆奔散。初，述聞漢兵在平曲，故遣大兵逆之。及彭至武陽，繞出延岑軍後，蜀地震駭。述大驚，以杖擊地曰：「是何神也！」

延岑盛兵於沅水。帝紀作「沈水」，此作「沅」，承臧宮傳之誤也。賢曰：水經註曰：沈水出廣漢縣，下入涪水。本或作「沉水」及「沅水」者，並非。余據今潼川府通泉縣北有沈水。臧宮衆多食少，轉輸不至，降者皆欲散畔郡邑，復更保聚，觀望成敗。復，扶又翻。宮欲引還，恐爲音去聲。所反；賢曰：反，音翻。會帝遣謁者將兵詣岑彭，有馬七百匹，宮矯制取以自益，晨夜進兵，多張旗幟，登山鼓譟，右步左騎，幟，昌志翻。騎，奇寄翻。挾船而引，呼聲動山谷。岑不意漢軍卒至，呼，火故翻。卒，讀曰猝。登山望之，大震恐；宮因縱擊，大破之，斬首溺死者萬餘人，水爲之濁。爲，于僞翻。延岑奔成都，其衆悉降，降，戶江翻。盡獲其兵馬珍寶。自是乘勝追北，賢曰：人好陽而惡陰，北方幽陰之地，故軍敗者皆謂之北。史記樂書曰：北者，敗也，近代音北爲背，失其指矣。降者以十萬數。軍至陽鄉，臧宮傳作「平陽鄉」，此逸「平」字。水經註曰：臧宮泝涪至平陽，公孫述將王元降，遂拔綿竹。涪水經綿竹縣北，則平陽鄉當在綿竹縣界。王元舉衆降。

帝與公孫述書，陳言禍福，示以丹青之信。述省書太息，以示所親。太常常少、光祿勳張隆皆勸述降。述曰：「廢興，命也，豈有降天子哉！」左右莫敢復言。少、隆皆以憂死。省，悉景翻。少，詩照翻。復，扶又翻。

8 帝還自長安。

9 冬，十月，公孫述使刺客詐爲亡奴，降岑彭，夜，刺殺彭；刺殺之刺，七亦翻。太中大夫監軍鄭興領其營，以俟吳漢至而授之。彭持軍整齊，秋豪無犯。邛穀王任貴聞彭威信，數千里遣使迎降；任貴降述事見四十卷元年。邛，渠恭翻。任，音壬。會彭已被害，被，皮義翻。帝盡以任貴所獻賜彭妻子。蜀人爲立廟祠之。爲，于僞翻。

10 馬成等破河池，遂平武都。郡國志：武都郡在雒陽西一千九百里。先零諸種羌數萬人，屯聚寇鈔，拒浩亹隘。零，音憐。種，章勇翻。鈔，楚交翻。浩亹，音告門。成與馬援深入討擊，大破之，徙降羌置天水、隴西、扶風。

是時，朝臣以金城破羌之西，破羌縣屬金城郡。賢曰：故城在今鄯州湟水縣西。宋白曰：湟水縣本漢破羌縣地，後魏得羌地，於此置西都縣；隋改爲湟水。塗遠多寇，議欲棄之。馬援上言：「破羌以西，城多堅牢，易可依固；易，以豉翻。其田土肥壤，賢曰：無塊曰壤。灌溉流通。如令羌在【張：「在」作「有」。】湟中，則爲害不休，不可棄也。」帝從之。民歸者三千餘口，援爲置長吏，繕城郭，爲，于僞翻。長，知兩翻。起塢候，字林曰：塢，小障也，字或作「隖」，一古翻。開溝洫，洫，況域翻。勸以耕牧，郡中樂業。樂，音洛。又招撫塞外氐、羌，皆來降附，援奏復其侯王君長；帝悉從之。乃罷馬成軍。

11 十二月，吳漢自夷陵將三萬人泝江而上，伐公孫述。上，時掌翻。

12 郭伋爲并州牧，過京師，過，古禾翻。帝問以得失，伋曰：「選補衆職，當簡天下賢俊，不宜專用南陽人。」是時在位多鄉曲故舊，故伋言及之。

資治通鑑卷第四十三

翰林學士兼侍讀學士朝散大夫右諫議大夫知制誥判尚書都省兼提
舉萬壽觀公事上護軍河內郡開國侯食邑一千三百戶賜紫金魚袋臣司馬光　奉敕編集
後學天台胡三省　音註

漢紀三十五 起柔兆涒灘（丙申），盡柔兆敦牂（丙午），凡十一年。

世祖光武皇帝中之下

建武十二年（丙申、三六）

1春，正月，吳漢破公孫述將魏黨、公孫永於魚涪津，續漢書曰：犍爲郡南安縣有魚涪津，在縣北，臨大江。南中志曰：魚涪津廣數百步。涪，音浮。遂圍武陽。述遣子壻史興救之，漢迎擊，破之，因入犍爲界，諸縣皆城守。武帝元朔二年，置廣都縣，屬蜀郡。詔漢直取廣都，據其心腹。漢乃進軍攻廣都，拔之，遣輕騎燒成都市橋。賢曰：市橋，即七星橋之一橋也。李膺益州記：沖星橋，舊市橋也，在今成都縣西南四里。水經註：成都中，兩江有七橋，西南石牛門外曰市橋。公孫述將帥恐懼，日夜離叛，述雖誅滅其家，猶不能禁。將，卽亮翻。帥，所類翻。帝必欲降之，降，戶江翻；下同。又下詔諭述曰：「勿以來歙、岑彭受害自疑，二人受害，見上卷上年。歙，許及翻。今以時自詣，則宗族完全。詔書手記，不可數得。」數，所角翻。述終無降意。

2 秋，七月，馮駿拔江州，獲田戎。

3 帝戒吳漢曰：「成都十餘萬衆，不可輕也。但堅據廣都，待其來攻，勿與爭鋒。若不敢來，公轉營迫之，須其力疲，乃可擊也。」漢乘利，遂自將步騎二萬進逼成都；去城十餘里，阻江北【張：「北」下脫「爲」字。】營，作浮橋，使副將武威將軍劉尚將萬餘人屯於江南，爲營相去二十餘里。帝聞之大驚，讓漢曰：「比敕公千條萬端，何意臨事勃亂！比，毗至翻。千條萬端，言詳細也。勃，與悖同。既輕敵深入，又與尚別營，事有緩急，不復相及。復，扶又翻。賊若出兵綴公，以大衆攻尚，尚破，公卽敗矣。幸無他者，言幸而無他虞，不至喪敗也。急引兵還廣都。」詔書未到，九月，述果使其大司徒謝豐、執金吾袁吉將衆十許萬，十許萬者，約言之也。分爲二十餘營，出攻漢，使別將將萬餘人劫劉尚，令不得相救。漢與大戰一日，兵敗，走入壁，豐因圍之。漢乃召諸將厲之曰：厲，勉也。毛晃曰：勉厲之厲，有修飾振起之意。「吾與諸君踰越險阻，轉戰千里，遂深入敵地，至其城下。而今與劉尚二處受圍，勢既不接，其禍難量；量，音良。欲潛師就尚於江南，幷兵禦之。若能同心一力，人自爲戰，大功可立；如其不然，敗必無餘。成敗之機，在此一舉。」諸將皆曰：「諾。」於是饗士秣馬，閉營三日不出，乃多樹旛旗，使煙火不絶，夜，銜枚引兵與劉尙合軍。豐等不覺，明日，乃分兵拒水北，自將攻江南。漢悉兵迎戰，自旦至晡，日加申爲晡；奔謨翻。遂大破之，斬豐、吉。於是引還廣都，留劉尙拒述，具以狀上，上，時掌翻。而深自譴責。帝報曰：「公還廣都，甚得其宜，述必不敢略尙而擊公也。賢曰：略，猶過也。若先攻尙，公從廣都五十里悉步騎赴之，適當値其危困，破之必矣！」自是漢與述戰於廣都、成都之間，八戰八克，遂軍于其郭中。成都郭中也。臧宮拔緜竹，破涪城，涪縣，屬廣漢郡。賢曰：涪城，今緜竹縣。宋白曰：緜州巴西縣本漢涪縣。斬公孫恢；恢，述弟也。復攻拔繁、郫，與吳漢會於成都。賢曰：繁，縣名，屬蜀郡。繁，江名，因以爲縣名，故城在今益州新繁縣北。郫，縣名，屬蜀郡，故城在今益州郫縣北。郫，音皮。

4 李通欲避權勢，乞骸骨；積二歲，帝乃聽上大司空印綬，上，時掌翻。以特進奉朝請。後有司奏封皇子，帝感通首創大謀，事見三十八卷王莽地皇三年。卽日，封通少子雄爲召陵侯。召，讀與邵同。

5 公孫述困急，謂延岑曰：「事當奈何？」岑曰：「男兒當死中求生，可坐窮乎！財物易聚耳，易，以豉翻。不宜有愛。」述乃悉散金帛，募敢死士五千餘人以配岑。岑於市橋僞建旗幟，鳴鼓挑戰，幟，昌志翻。挑，徒了翻；下同。而潛遣奇兵出吳漢軍後襲擊破漢，漢墮水，緣馬尾得出。漢軍餘七日糧，陰具船，欲遁去；蜀郡太守南陽張堪聞之，時成都未破，先署蜀郡太守以招懷蜀人。馳往見漢，說述必敗、不宜退師之策。說，如字。漢從之，乃示弱以挑敵。

冬，十一月，臧宮軍咸陽門；臧宮傳作「咸門」。賢曰：成都城北面東頭門。此衍「陽」字。「東」，或作「西」。戊寅，述自將數萬人攻漢，使延岑拒宮。大戰，岑三合三勝，自旦及日中，軍士不得食，並疲。漢因使護軍高午、唐邯將銳卒數萬擊之，邯，戶甘翻。述兵大亂；高午奔陳刺述，陳，讀曰陣。刺，七亦翻。洞胸墮馬，左右輿入城。述以兵屬延岑，屬，之欲翻。其夜，死；明旦，延岑以城降。降，戶江翻。辛巳，吳漢夷述妻子，盡滅公孫氏，幷族延岑，遂放兵大掠，焚述宮室。帝聞之怒，以譴漢。又讓劉尚曰：「城降三日，吏民從服，孩兒、老母，口以萬數，一旦放兵縱火，聞之可爲酸鼻。尚宗室子孫，更嘗吏職，更，工衡翻。何忍行此！仰視天，俯視地，觀放麑、啜羹，二者孰仁？韓子曰：孟孫獵得麑，使秦西巴持之。其母隨而呼，秦西巴不忍，放而與其母。孟孫怒而逐西巴；既而復之，使傅其子。戰國策曰：樂羊爲將，爲魏文侯攻中山。中山之君烹其子而遺之羹，樂羊坐於幕下而啜之，盡一杯。文侯謂褚師贊曰：「樂羊以我故而食其子之肉。」答曰：「子且食之，其誰不食！」既拔中山，文侯賞其功而疑其心。良失斬將弔民之義也！」將，卽亮翻。

初，述徵廣漢李業爲博士，業固稱疾不起。業，平帝元始中除爲郎，會王莽居攝，以病去官，杜門不應州郡之命。王莽以業爲酒士，病不之官，遂隱藏山谷，絕匿名迹。夫既不仕於莽，其肯爲述起乎！述羞不能致，使大鴻臚尹融奉詔命以劫業，「若起則受公侯之位，不起賜以毒酒。」融譬旨曰：「方今天下分崩，孰知是非，而以區區之身試於不測之淵乎！朝廷貪慕名德，曠官缺位，于今七年，四時珍御，不以忘君；珍御，謂食珍之供進者。宜上奉知己，下爲子孫，爲，于僞翻；下同。身名俱全，不亦優乎！」業乃歎曰：「古人危邦不入，亂邦不居，論語載孔子之言也。爲此故也。君子見危授命，論語載子張之言也。何乃誘以高位重餌哉！」誘，音酉。融曰：「宜呼室家計之。」業曰：「丈夫斷之於心久矣，斷，丁亂翻。何妻子之爲！」遂飲毒而死。述恥有殺賢之名，遣使弔祠，賻贈百匹，業子翬逃，辭不受。翬，音暉。述又聘巴郡譙玄，姓譜：曹大夫食采於譙，因氏焉。玄，平帝元始四年爲繡衣使者，分行天下，觀省風俗。會莽居攝，棄使者車，歸家隱遁。玄不詣；亦遣使者以毒藥劫之，太守自詣玄廬，勸之行，玄曰：「保志全高，死亦奚恨！」遂受毒藥。玄子瑛泣血叩頭於太守，願奉家錢千萬以贖父死，太守爲請，爲，于僞翻。述許之。述又徵蜀郡王皓、王嘉，平帝時，皓爲美陽令，嘉爲郎。王莽篡位，並棄官西歸。恐其不至，先繫其妻子，使者謂嘉曰：「速裝，妻子可全。」對曰：「犬馬猶識主，況於人乎！」言身爲漢臣，豈不念故主乎！王皓先自刎，以首付使者。刎，武粉翻。述怒，遂誅皓家屬。王嘉聞而嘆曰：「後之哉！」乃對使者伏劍而死。犍爲費貽不肯仕述，漆身爲癩，陽狂以避之。犍，居言翻。費，音祕，又父沸翻。同郡任永、馮信皆託青盲以辭徵命。青盲者，其瞳子不精明，不能睹物。任，音壬。帝既平蜀，詔贈常少爲太常，張隆爲光祿勳。少、隆死見上卷上年。譙玄已卒，祠以中牢，師古曰：中牢，即少牢，謂羊、豕也。

敕所在還其家錢，而表李業之閭。徵費貽、任永、馮信，會永、信病卒，獨貽仕至合浦太守。郡國志：合浦郡，在雒陽南九千一百九十一里。上以述將程烏、李育有才幹，皆擢用之。於是西土咸悅，莫不歸心焉。

初，王莽以廣漢文齊爲益州太守，郡國志：益州郡，在雒陽西五千五百里。齊訓農治兵，治，直之翻。降集羣夷，甚得其和。降，戶江翻；下同。公孫述時，齊固守拒險，述拘其妻子，許以封侯，齊不降。聞上卽位，間道遣使自聞。間，古莧翻。使，疏吏翻。蜀平，徵爲鎭遠將軍，封成義侯。

6 十二月，辛卯，揚武將軍馬成行大司空事。

7 是歲，參狼羌與諸種寇武都，參狼羌，無弋爰劍之後也。爰劍孫卭，將其種人南出賜支河曲之西數千里，其後子孫分別，各自爲種：或爲氂牛種，越巂羌是也；或爲白馬種，廣漢羌是也；或爲參狼種，武都羌是也。爰劍曾孫忍及弟舞留湟中，是爲湟中諸種羌。種，章勇翻。隴西太守馬援擊破之，降者萬餘人，於是隴右清靜。援務開恩信，寬以待下，任吏以職，但總大體，而賓客故人日滿其門。諸曹時白外事，援輒曰：「此丞、掾之任，何足相煩！百官志：郡守有丞一人，有諸曹掾、史。有功曹史，主選署功勞；有五官掾，署功曹及諸曹事；其餘有議曹、法曹、賊曹、決曹、金曹、倉曹等。掾，俞絹翻。頗哀老子，使得遨遊，若大姓侵小民，黠吏不從令，黠，下八翻。此乃太守事耳。」傍縣嘗有報讎者，吏民驚言羌反，百姓奔入城，狄道長詣門，請閉城發兵。賢曰：狄道縣，屬隴西郡，今蘭州縣。余據隴西郡治狄道，故得詣門白太守。長，知兩翻。援時與賓客飲，大笑曰：「虜何敢復犯我！曉狄道長，歸守寺舍。賢曰：曉，喻也。寺舍，官舍也。良怖急者，可牀下伏！」怖，普布翻。後稍定，郡中服之。

8 詔：「邊吏力不足戰則守，追虜料敵，不拘以逗留法。」賢曰：漢法，軍行逗留畏愞者斬。追虜或近或遠，量敵進退，不拘以軍法，直取勝敵爲務。

9 山桑節侯王常、牟平烈侯耿況、東光成侯耿純皆薨。謚法：好廉自克曰節；有功安民曰烈。賀琛曰：佐相克終曰成；惇龐淳固曰成。況疾病，乘輿數自臨幸，復以弇弟廣、舉並爲中郎將。乘，繩證翻。數，所角翻。復，扶又翻。弇兄弟六人，弇、舒、國、廣、舉、霸，兄弟六人。皆垂青紫，省侍醫藥，省，悉景翻。當世以爲榮。

10 盧芳與匈奴、烏桓連兵，數寇邊。帝遣驃騎大將軍杜茂等將兵鎮守北邊，治飛狐道，治飛狐道以通趙、魏應援北邊之兵。築亭障，修烽燧，凡與匈奴、烏桓大小數十百戰，終不能克。

11 上詔竇融與五郡太守入朝。融等奉詔而行，官屬賓客相隨，駕乘千餘兩，馬牛羊被野。乘，繩證翻。兩，音亮。被，皮義翻。既至，詣城門，上印綬。上，時掌翻。詔遣使者還侯印綬，引見，賞賜恩寵，傾動京師。尋拜融冀州牧。冀州部魏郡、鉅鹿、常山、中山、信都、河間、清河、趙國、勃海。又以梁統爲太中大夫，姑臧長孔奮爲武都郡丞。姑臧在河西最爲富饒，姑臧縣，屬武威郡。劉昫曰：姑臧縣，秦月氏戎所處，匈奴名蓋藏城，語訛爲姑臧城。長，知兩翻。天下未定，士多不修檢操，居縣者不盈數月，輒致豐積；奮在職四年，力行清潔，爲衆人所笑，以爲身處脂膏不能自潤。說文：戴角者脂，無角者膏。處，昌呂翻。及從融入朝，諸守、令財貨連轂，彌竟川澤；轂，古谷翻。唯奮無資，單車就路，帝以是賞之。

帝以睢陽令任延爲武威太守，睢，音雖。任，音壬。帝親見，戒之曰：「善事上官，無失名譽。」延對曰：「臣聞忠臣不和，和臣不忠。考異曰：延傳作「忠臣不私，私臣不忠」，按高峻小史作「忠臣不和，和臣不忠」，意思爲長，又與上語相應。今從之。履正奉公，臣子之節；上下雷同，非陛下之福。曲禮曰：毋雷同。鄭氏註曰：雷之發聲，物無不同時應者；人之言當各由己，不當然也。善事上官，臣不敢奉詔。」帝歎息曰：「卿言是也！」

十三年（丁酉、三七）

1 春，正月，庚申，大司徒侯霸薨。

2 戊子，詔曰：「郡國獻異味，其令太官勿復受！百官志：太官令一人，秩六百石，掌御膳飲食。復，扶又翻。遠方口實所以薦宗廟，自如舊制。」漢官儀曰：口實，膳羞之事也。時異國有獻名馬者，日行千里，又進寶劍，價直百金。詔以劍賜騎士，馬駕鼓車。輿服志：乘輿法駕後有金鉦、黃鉞、黃門鼓車。上雅不喜聽音樂，喜，許既翻。手不持珠玉。嘗出獵，車駕夜還，上東門候汝南郅惲拒關不開。賢曰：上東門，洛陽城東面北頭門也。惲，於粉翻。上令從者見面於門間，見，賢遍翻。惲曰：「火明遼遠。」遂不受詔。上乃回，從東中門入，賢曰：東面中門也。明日，惲上書諫曰：「昔文王不敢槃于遊田，以萬民惟正之供。尚書無逸之辭。槃，樂也。而陛下遠獵山林，夜以繼晝，其如社稷宗廟何！」書奏，賜惲布百匹，貶東中門候爲參封尉。雒陽十二城門，每門候一人，秩六百石。參封縣，屬琅邪郡。

3 二月，遣捕虜將軍馬武屯虖沱河以備匈奴。虖，讀曰呼。

4 盧芳攻雲中，久不下。其將隨昱留守九原，欲脅芳來降；芳知之，與十餘騎亡入匈奴，其衆盡歸隨昱，昱乃詣闕降。詔拜昱五原太守，封鐫胡侯。鐫，子全翻。

5 朱祜奏：「古者人臣受封，不加王爵。」丙辰，詔長沙王興、眞定王得、河間王邵、中山王茂皆降爵爲侯：高帝封諸侯王，其子孫無有與漢俱存亡者。文帝封梁王、城陽、菑川，景帝封河間、長沙、中山、常山，昭帝封廣陽、廣陵、高密，此數國至王莽篡漢而廢。但封長沙、眞定、河間、中山者，與帝同出於景帝也。長沙，春陵之大宗；眞定，常山王憲之後改封者，今復降爵爲侯，以服屬已疏也。丁巳，以趙王良爲趙公，太原王章爲齊公，魯王興爲魯公。良，帝叔父；章、興，帝兄子也。是時，宗室及絕國封侯者凡一百三十七人。富平侯張純，安世之四世孫也，歷王莽世，以敦謹守約保全前封；建武初，先來詣闕，爲侯如故。於是有司奏：「列侯非宗室不宜復國。」上曰：「張純宿衞十有餘年，其勿廢！」更封武始侯，食富平之半。賢曰：武始縣，屬魏郡；富平縣，屬平原郡。

6 庚午，以紹嘉公孔安爲宋公，承休公姬常爲衞公。平帝元始四年，改紹嘉公曰宋公，承休公曰鄭公，今又改鄭曰衞。

7 三月，辛未，以沛郡太守韓歆爲大司徒。郡國志，沛郡在雒陽東南一千二百里。

8 丙子，行大司空馬成復爲揚武將軍。

9 吴漢自蜀振旅而還，至宛，宛，於元翻。詔過家上冢，賜穀二萬斛；上，時掌翻。夏四月，至京師。於是大饗將士，功臣增邑更封更，工衡翻。凡三百六十五人，其外戚、恩澤封者四十五人。定封鄧禹爲高密侯，食四縣；禹食昌安、夷安、淳于、高密四縣。賢曰：高密，國名，今密州縣。余據西漢以高密爲王國，東漢爲侯國，屬北海國，賢所云蓋侯國也。李通爲固始侯，賈復爲膠東侯，食六縣；固始侯國，屬汝南郡；故寢縣也，帝更名。史記正義曰：孫叔敖以寢丘土寢薄，取爲封邑。李通又慕叔敖受邑，光武嘉之，改名固始。膠東，西漢以爲王國，帝以爲侯國，併屬北海，食郁秩、壯武、下密、即墨、挺胡、觀陽，凡六縣。餘各有差。已殁者益封其子孫，或更封支庶。

帝在兵間久，厭武事，且知天下疲耗，思樂息肩，自隴、蜀平後，非警急，未嘗復言軍旅。樂，音洛。復，扶又翻。皇太子嘗問攻戰之事，帝曰：「昔衞靈公問陳，孔子不對。論語：衞靈公問陳於孔子，孔子曰：「俎豆之事，則嘗聞之矣；軍旅之事，未之學也。」陳，讀曰陣。此非爾所及。」鄧禹、賈復知帝偃干戈，修文德，不欲功臣擁衆京師，乃去甲兵，敦儒學。去，羌呂翻。帝亦思念，欲完功臣爵土，不令以吏職爲過，恐其以職事有過而失爵邑也。遂罷左、右將軍官。耿弇等亦上大將軍、將軍印綬，上，時掌翻。皆以列侯就第，加位特進，奉朝請。朝，直遥翻。請，才性翻，又如字。鄧禹内行淳備，行，下孟翻。有子十三人，各使守一藝，修整閨門，教養子孫，皆可以爲後世法，資用國邑，不修產利。凡用度皆資於國邑，不事生產、作業及營利也。賈復爲人剛毅方直，多大節，既還私第，闔門養威重。朱祐等薦復宜爲宰相，帝方以吏事責三公，故功臣並不用。是時，列侯唯高密、固始、膠東三侯與公卿參議國家大事，恩遇甚厚。帝雖制御功臣，而每能回容，回容，猶今言回護也。賢曰：回，曲也，曲法以容也。宥其小失。遠方貢珍甘，必先徧賜諸侯，而太官無餘，故皆保其福禄，無誅譴者。

10 益州傳送公孫述瞽師、郊廟樂器、葆車、輿輦，於是法物始備。賢曰：瞽，無目之人也，爲樂師，取其無所見，於音審也。郊廟之器，樽彝之屬也。樂器，鍾磬之屬也。葆車，謂上建羽葆也；合聚五采羽，名爲葆。孔穎達曰：羽葆者，以鳥羽注於柄頭如蓋，謂之羽葆，謂蓋也。輿者，車之總名也。輦者，駕人以行。法物，謂大駕鹵簿儀式也。時草創未暇，今得之始備。余謂法物，即上樂器、葆車、輿輦之類。傳，直戀翻。時兵革既息，天下少事，文書調役，調，徒弔翻。務從簡寡，至乃十存一焉。

11 甲寅，以冀州牧竇融爲大司空。融自以非舊臣，一旦入朝，朝，直遥翻；下同。在功臣之右，每朝【章：十二行本「朝」作「召」；乙十一行本同。】會進見，容貌辭氣，卑恭已甚，帝以此愈親厚之。融小心，久不自安，數辭爵位，數，所角翻。上疏曰：「臣融有子，朝夕教導以經藝，不令觀天文，見讖記，讖，楚譖翻。誠欲令恭肅畏事，恂恂守道，不願其有才能，何況乃當傳以連城廣土，享故諸侯王國哉！」因復請間求見，復，扶又翻。間，古莧翻。見，賢遍翻；下以意推。帝不許。後朝罷，逡巡席後，逡巡，卻退貌。帝知欲有讓，遂使左右傳出。傳旨使融出也。他日會見，迎詔融曰：「日者知公欲讓職還土，賢曰：日者，猶往日也。故命公暑熱且自便；今相見，宜論他事，勿得復言。」融不【章：十二行本「不」上有「乃」字；孔本同。】敢重陳請。重，直用翻。

12 五月，匈奴寇河東。

十四年（戊戌、三八）

1 夏，邛穀王任貴遣使上三年計，卽授越巂太守。郡國志：越巂郡，在雒陽西四千八百里。巂，音髓。邛，渠容翻。任，音壬。上，時掌翻。

2 秋，會稽大疫。郡國志：會稽郡，在雒陽東三千八百里。會，古外翻。

3 莎車王【張：「莎」上脫「冬」字。】賢、鄯善王安皆遣使奉獻。莎，素禾翻。鄯，時戰翻。西域苦匈奴重斂，斂，力贍翻。皆願屬漢，復置都護；上以中國新定，不許。

4 太中大夫梁統上疏曰：「臣竊見元帝初元五年，輕殊死刑三十四事，哀帝建平元年，輕殊死刑八十一事；其四十二事手殺人者，減死一等。自是之後，著爲常準，故人輕犯法，吏易殺人。易，以豉翻。臣聞立君之道，仁義爲主，仁者愛人，義者正理。愛人以除殘爲務，正理以去亂爲心；去，羌呂翻。刑罰在衷，無取於輕。衷，中也；適也。高帝受命，約令定律，誠得其宜，高帝入關，約法三章，後蕭何定律九章。文帝唯除省肉刑、相坐之法，文帝元年，除收孥相坐法；十三年，除肉刑。自餘皆率由舊章。至哀、平繼體，卽位日淺，聽斷尙寡。斷，丁亂翻。丞相王嘉輕爲穿鑿，虧除先帝舊約成律，按嘉傳及刑法志並無其事，統與嘉時代相接，所引固不妄矣，但班固略而不載也。數年之間百有餘事，或不便於理，或不厭民心，厭，於葉翻。謹表其尤害於體者，傅奏於左。體，政體也。傅，音附。願陛下宣詔有司，詳擇其善，定不易之典！」事下公卿。下，遐嫁翻。光祿勳杜林奏曰：「大漢初興，蠲除苛政，海內歡欣；及至其後，漸以滋章。老子曰：法令滋章，盜賊多有。果桃菜茹之饋，集以成贓，小事無妨於義，以爲大戮。至於法不能禁，令不能止，上下相遁，爲敝彌深。賢曰：遁，猶回避也。前書曰：上下相匿，以文避法焉。臣愚以爲宜如舊制，不合翻移。」統復上言曰：復，扶又翻。「臣之所奏，非曰嚴刑。經曰：『爰制百姓，于刑之衷。』尙書呂刑之言。衷之爲言，不輕不重之謂也。自高祖至于孝宣，海內稱治，治，直吏翻。至初元、建平而盜賊浸多，皆刑罰不衷，愚人易犯之所致也。易，以豉翻。由此觀之，則刑輕之作，反生大患，惠加姦軌，而害及良善也！」事寢，不報。

十五年（己亥、三九）

1 春，正月，辛丑，大司徒韓歆免。歆好直好，呼到翻。言，無隱諱，帝每不能容。歆於上前證歲將饑凶，指天畫地，言甚剛切，故坐免歸田里。帝猶不釋，復遣使宣詔責之；復，扶又翻。歆及子嬰皆自殺。歆素有重名，死非其罪，衆多不厭；厭，一葉翻。帝乃追賜錢穀，以成禮葬之。賢曰：成禮，具禮也；言不以非命而降其葬禮。

臣光曰：昔高宗命說曰：「若藥弗瞑眩，厥疾弗瘳。」說，傅說也，音悅。孔安國曰：如服藥必瞑眩極，其病乃除，欲其出切言以自警。陸德明音瞑，莫遍翻。眩，玄遍翻；徐：又呼縣翻。瞑眩，困極也。夫切直之言，非人臣之利，乃國家之福也。是以人君日夜求之，唯懼弗得聞。惜乎，以光武之世而韓歆用直諫死，豈不爲仁明之累哉！累，力瑞翻。

2 丁未，有星孛於昴。昴七星，西方之宿也，主獄事；又爲旄頭，胡星也。昴、畢間爲天街，黄道之所經也。孛，蒲內翻。

3 以汝南太守歐陽歙爲大司徒。郡國志：汝南郡，在雒陽南六百五十里。歙，許及翻。

4 匈奴寇鈔日盛，鈔，楚交翻。州郡不能禁。二月，遣吴漢率馬成、馬武等北擊匈奴，徙鴈門、代郡、上谷吏民六萬餘口置居庸、常山關以東，以避胡寇。郡國志：鴈門郡，在雒陽北一千五百里。代郡，在雒陽東北二千五百里。前書曰：代郡有常山關。上谷郡居庸縣有關。匈奴左部遂復轉居塞內，復，扶又翻。朝廷患之，增緣邊兵，部數千人。每部各數千人也。

5 夏，四月，丁巳，封皇子輔爲右翊公，英爲楚公，陽爲東海公，康爲濟南公，濟，子禮翻。蒼爲東平公，延爲淮陽公，荆爲山陽公，衡爲臨淮公，焉爲左翊公，京爲琅邪公。邪，音耶。癸丑，追謚兄縯爲齊武公，兄仲爲魯哀公。帝感縯功業不就，事見三十九卷更始元年。撫育二子章、興，恩愛甚篤；以其少貴，少，詩照翻。欲令親吏事，使章試守平陰令，興緱氏令；平陰、緱氏二縣，皆屬河南尹。緱，工侯翻。其後章遷梁郡太守，梁郡，在雒陽東南八百五十里。興遷弘農太守。郡國志：弘農郡，在雒陽西南四百五十里。

6 帝以天下墾田多不以實自占，占，之贍翻。又户口、年紀互有增減，乃詔下州郡檢覈。覈者，考其實也。下，戶稼翻。於是刺史、太守多爲詐巧，苟以度田爲名，聚民田中，并度廬屋、里落，民遮道啼呼；度，徒洛翻。呼，火故翻。或優饒豪右，侵刻羸弱。羸，倫爲翻。

時諸郡各遣使奏事，帝見陳留吏牘上有書，視之云：「潁川、弘農可問，河南、南陽不可問。」宋白曰：漢割秦南陽、河南二郡之西境置弘農郡，義取弘大農桑爲名。帝詰吏由趣，由，從也，問是書之所從來也。趣，向也，問是書之意，其所向爲何如也。吏不肯服，抵言「於長壽街上得之」。抵，欺也。賢曰：長壽街在雒陽城中。帝怒。時東海公陽年十二，在幄後言曰：「吏受郡敕，敕，教戒也。當欲以墾田相方耳。」敕，教也，戒也。相方，求問其墾田之數以相比也。帝曰：「卽如此，何故言河南、南陽不可問？」對曰：「河南帝城，多近臣；南陽帝鄉，多近親；田宅踰制，不可爲準。」帝令虎賁將詰問吏，虎賁將，虎賁中郎將也。將，即亮翻。吏乃實首服，如東海公對。首，式救翻。上由是益奇愛陽。爲立陽爲太子張本。

遣謁者考實二千石長吏阿枉不平者。長，知兩翻。冬，十一月，甲戌，大司徒歙坐前爲汝南太守，度田不實，贓罪千餘萬，下獄。下，遐稼翻。歙世授尚書，八世爲博士，自歐陽生傳伏生尚書，至歙八世，皆爲博士。諸生守闕爲歙求哀者千餘人，爲，于僞翻。至有自髡剔者。毛晃曰：剃髮曰髡，盡及身毛曰剔。平原禮震，年十七，禮，姓也。左傳，衛有大夫禮孔。求代歙死；帝竟不赦，歙死獄中。

7 十二月，庚午，以關內侯戴涉爲大司徒。

8 盧芳自匈奴復入居高柳。復，扶又翻。

9 是歲，驃騎大將軍杜茂坐使軍吏殺人，免。使揚武將軍馬成代茂，繕治障塞，十里一候，以備匈奴。治，直之翻。使騎都尉張堪領杜茂營，擊破匈奴於高柳。杜佑曰：雲州，治雲中縣，縣界有高柳城。闞駰曰：高柳，在狋氏縣北百三十里。酈道元曰：高柳縣故城，舊代郡治。高柳在代中，其山重巒疊巘，霞舉雲高，連山隱隱，東出遼塞。拜堪漁陽太守。堪視事八年，匈奴不敢犯塞，勸民耕稼，以致殷富。百姓歌曰：「桑無附枝，麥秀兩岐。」【章：十二行本「秀」作「穗」，「岐」从「止」；乙十一行本均同。】蠶月既採桑，斫去繁枝，留其特長者，則來年桑葉茂盛。麥率一莖一穗，罕有兩岐者，故以爲瑞。張君爲政，樂不可支！」樂，音洛。

10 安平侯蓋延薨。蓋，古盍翻。

11 交趾麊泠縣雒將女子徵側，甚雄勇，師古曰：麊泠，音麋零。交州外域記曰：交趾昔未有郡縣之時，土地有雒田，民墾食其田，因名爲雒民，設雒王、雒侯，主諸郡縣。縣有雒將，銅印青綬。宋白曰：峯州，漢麊泠縣地。交趾太守蘇定以法繩之，徵側忿怨。

十六年（庚子、四〇）

1 春，二月，徵側與其妹徵貳反，九眞、日南、合浦蠻俚皆應之，郡國志：日南郡，秦象郡地，在雒陽南萬三千四百里。賢曰：俚，蠻之別號，今呼爲俚人。宋白曰：愛州，漢九眞郡，治胥浦縣。驩州，漢日南郡，治朱吾縣。凡略六十五城，自立爲王，都麊泠。交趾刺史及諸太守僅得自守。

2 三月，辛丑晦，日有食之。

3 秋，九月，河南尹張伋及諸郡守十餘人皆坐度田不實，下獄死。後上從容謂虎賁中郎將馬援曰：武帝置期門郎，掌執兵送從；平帝元始元年，更名虎賁郎，置中郎將。漢儀：虎賁騎，鶡冠、虎文單衣。度，徒洛翻。從，千容翻。賁，音奔。「吾甚恨前殺守、相多也！」守，式又翻。相，息亮翻。對曰：「死得其罪，何多之有！但死者既往，不可復生也！」復，扶又翻。上大笑。

4 郡國羣盜處處並起，郡縣追討，到則解散，去復屯結，青、徐、幽、冀四州尤甚。冬十月，遣使者下郡國，下，遐稼翻。聽羣盜自相糾擿，賢曰：擿，猶發也，他狄翻。五人共斬一人者，除其罪；吏雖逗留回避故縱者，皆勿問，聽以禽討爲效。其牧守令長坐界內有盜賊而不收捕者，又以畏愞捐城委守者，皆不以爲負，賢曰：委守，謂棄其所守也。負，罪負也。愞，而戀翻，又奴亂翻。但取獲賊多少爲殿最，殿，丁甸翻。唯蔽匿者乃罪之。於是更相追捕，更，工衡翻。賊並解散，徙其魁帥於他郡，賦田受稟，稟，給也。帥，所類翻。使安生業。自是牛馬放牧不收，邑門不閉。

5 盧芳與閔堪使使請降，帝立芳爲代王，堪爲代相，賜繒二萬匹，繒，慈陵翻。因使和集匈奴。芳上疏謝，自陳思望闕庭；詔報芳朝明年正月。朝，直遙翻；下同。

初，匈奴聞漢購求芳，貪得財帛，故遣芳還降。既而芳以自歸爲功，不稱匈奴所遣，單于復恥言其計，復，扶又翻；下同。故賞遂不行。由是大恨，入寇尤深。

6 馬援奏，宜如舊鑄五銖錢，廢五銖錢事見三十七卷王莽始建國元年。上從之；天下賴其便。

7 盧芳入朝，南及昌平，昌平縣，屬上谷郡。賢曰：故城在今幽州昌平縣東南。有詔止，令更朝明歲。

十七年（辛丑、四一）

1 春，正月，趙孝公良薨。諡法：慈惠愛親曰孝。初，懷縣大姓李子春二孫殺人，懷令趙憙窮治其姦，憙，許記翻，又讀曰熹。治，直之翻。二孫自殺，收繫子春。京師貴戚爲請者數十，爲，于僞翻。

憙終不聽。及良病，上臨視之，問所欲言，良曰：「素與李子春厚，今犯罪，懷令趙憙欲殺之，願乞其命。」帝曰：「吏奉法律，不可枉也。更道他所欲。」良無復言。復，扶又翻。既薨，上追思良，乃貰出子春。貰，時夜翻，赦也。遷憙爲平原太守。郡國志：平原郡，在雒陽北千三百里。

2 二月，乙未晦，日有食之。考異曰：帝紀：「乙亥晦」，袁紀「乙未」。據長曆，三月丙申朔。帝紀誤。

3 夏，四月，乙卯，上行幸章陵；章陵，故春陵，帝更名。五月，乙卯，還宮。

4 六月，癸巳，臨淮懷公衡薨。

5 妖賊李廣攻沒皖城，賢曰：皖，縣名，屬廬江郡，故城在今舒州；有皖水。妖，於驕翻。皖，音下板翻。遣虎賁中郎將馬援、驃騎將軍段志討之。秋，九月，破皖城，斬李廣。

6 郭后寵衰，數懷怨懟，數，所角翻。懟，直類翻。上怒之。冬，十月，辛巳，廢皇后郭氏，立貴人陰氏爲皇后。詔曰：「異常之事，非國休福，不得上壽稱慶。」郅惲言於帝曰：「臣聞夫婦之好，好，呼到翻。父不能得之於子，況臣能得之於君乎！賢曰：得，猶制御也。司馬遷曰：妃匹之愛，君不能得之臣，父不能得之子，況卑下乎！是臣所不敢言。雖然，願陛下念其可否之計，無令天下有議社稷而已。」帝曰：「惲善恕己量主，量，音良。知我必不有所左右而輕天下也！」賢曰：左右，猶向背也；言其齊等。帝進郭后子右翊公輔爲中山王，以常山郡益中山國，郡國志：中山國，在雒陽北一千四百里。郭后爲中山太后；其餘九國公皆爲王。

7甲申，帝幸章陵，修園廟，祠舊宅，觀田廬，置酒作樂，賞賜。時宗室諸母因酣悅相與語曰：「文叔少時謹信，少，詩照翻。與人不款曲，唯直柔耳，今乃能如此！」帝聞之，大笑曰：「吾治天下，亦欲以柔道行之。」治，直之翻。十二月，還自章陵。

8是歲，莎車王賢復遣使奉獻，請都護；復，扶又翻。帝賜賢西域都護印綬及車旗、黃金、錦繡。敦煌太守裴遵上言：「夷狄不可假以大權；唐氏族志：伯益之後封於𨙸鄉，因以爲氏；後徙封解邑，乃去「邑」從「衣」。郡國志，敦煌郡，在雒陽西五千里。敦，徒門翻。又令諸國失望。」詔書收還都護印綬，更賜賢以漢大將軍印綬；其使不肯易，遵迫奪之。賢由是始恨，而猶詐稱大都護，移書諸國，諸國悉服屬焉。

9匈奴、鮮卑、赤山烏桓數連兵入塞，鮮卑，亦東胡也，別依鮮卑山，故因號焉。漢初爲冒頓所破，遠竄遼東塞外，與烏桓相接，未嘗通中國，至是始入塞爲寇。烏桓傳：赤山在遼東西北數千里。數，所角翻；下同。殺略吏民；詔拜襄賁令祭肜爲遼東太守。賢曰：襄賁，縣名，屬東海郡，故城在今沂州臨沂縣南。賁，音肥。郡國志：遼東郡，在雒陽東北三千六百里。祭，則介翻。「肜」，當作「肜」。肜有勇力，虜每犯塞，常爲士卒鋒，數破走之。肜，遵之從弟也。從，才用翻。

10徼側等寇亂連年，詔長沙、合浦、交趾具車船，修道橋，通障谿，障，與嶂同，山也。山谿爲阻，則治橋道以通之。儲糧穀。拜馬援爲伏波將軍，以扶樂侯劉隆爲副，賢曰：扶樂，縣名，屬九眞郡。

余謂賢說誤矣，九眞郡未嘗有扶樂縣。隆初封亢父侯，以度田不實免，次年，封爲扶樂鄉侯。則扶樂乃鄉名，非縣名，賢考之不詳也。水經註：扶樂城在扶溝縣，砂水逕其北。南擊交趾。

十八年（壬寅、四二）

1 二月，【張：「二月」上脫「春」字。】蜀郡守將史歆反，攻太守張穆，穆踰城走；宕渠楊偉等起兵以應歆。宕渠縣，屬巴郡。宕渠故城，在今渠州流江縣東北七十里。賢曰：宕渠，山名，因以名縣，故城在今渠州流江縣東北，俗名車騎城是也。師古曰：宕，音徒浪翻。帝遣吳漢等將萬餘人討之。

2 甲寅，上行幸長安；三月，幸蒲坂，蒲坂縣，屬河東郡。祠后土。

3 馬援緣海而進，隨山刊道千餘里，至浪泊上，浪泊，在交趾封溪縣界。按馬援既平交趾，奏分西里置封溪、望海二縣。水經曰：葉榆水過交趾麊泠縣北，分爲五水，絡交趾郡中，其南水自麊泠縣東，逕封溪縣北，又東逕浪泊。馬援以其地高，自西里進屯焉。宋白曰：馬援自九眞以南，隨山刊木，至日南。與徵側等戰，大破之，追至禁谿，「禁谿」，水經註及越志皆作「金溪」。其地蓋在麊泠縣西南。水經註曰：徵側走入金谿究，三歲乃得之。竺芝扶南記曰：山溪瀨中謂之究。賢曰：其地今岑州新昌縣也。余按唐志：新昌縣屬豐州，「岑」字誤。賊遂散走。

4 夏，四月，甲戌，車駕還宮。

5 戊申，上行幸河內；戊子，還宮。

6 五月，旱。

7 盧芳自昌平還，內自疑懼，遂復反，復，扶又翻。與閔堪相攻連月。匈奴遣數百騎迎芳出塞。芳留匈奴中十餘年，病死。

8 吳漢發廣漢、巴、蜀三郡兵，郡國志：廣漢郡，在雒陽西三千里。巴郡，在雒陽西二千七百里。蜀郡，在雒陽西三千一百里。圍成都百餘日，秋，七月，拔之，斬史歆等。漢乃乘桴編竹木以渡水，大曰筏，小曰桴。沿江下巴郡，楊偉等惶恐解散。漢誅其渠帥，徙其黨與數百家於南郡、長沙而還。帥，所類翻。還，從宣翻，又如字。

9 冬，十月，庚辰，上幸宜城；賢曰：宜城縣，屬南郡，楚之鄢邑也，故城在今襄州率道縣南。還，祠章陵；十二月，還宮。

10 是歲，罷州牧，置刺史。置州牧事始見三十二卷成帝綏和元年；至哀帝建平二年，復爲刺史；元壽二年，復爲牧。

11 五官中郎將張純與太僕朱浮奏議：「禮，爲人子，事大宗，降其私親。當除今親廟四，以先帝四廟代之。」大司徒涉等奏「立元、成、哀、平四廟」。上自以昭穆次第，當爲元帝後。昭，讀爲佋；音韶。

十九年（癸卯、四三）

1春，正月，庚子，追尊宣帝曰中宗。始祠昭帝、元帝於太廟，賢曰：漢官儀曰：光武第雖十二，於父子之次，於成帝爲兄弟，於哀帝爲諸父，於平帝爲祖父，皆不可爲之後。上至元帝於光武爲父，故上繼元帝而爲九代。故河圖云：赤九會昌，謂光武也。然則宣帝爲祖，昭帝爲曾祖，故追尊及祠之。成帝、哀帝、平帝於長安，春陵節侯以下於章陵；其長安、章陵，皆太守、令、長侍祠。祭祀志曰：時詔曰：「宗廟處所未定，且祫祭高廟，其成、哀、平且祠祭長安故高廟。其南陽春陵，歲時且各因故園廟祭祀。園廟去太守治所遠者，在所令、長行太守事侍祠。」如淳曰：宗廟在章陵者，南陽太守稱使者往祭；不使侯王祭者，諸侯不得祖天子。凡臨祭宗廟，皆爲侍祠。

2馬援斬徵側、徵貳。

3妖賊單臣、傅鎮等相聚入原武城，妖，於驕翻。單，音善。原武縣屬河南尹。自稱將軍。詔太中大夫臧宮將兵圍之，數攻不下，數，所角翻。士卒死傷。帝召公卿、諸侯王問方略，皆曰：「宜重其購賞。」東海王陽獨曰：「妖巫相劫，勢無久立，其中必有悔欲亡者，但外圍急，不得走耳。宜小挺緩，令得逃亡，賢曰：挺，解也。余據禮記月令，挺重囚。挺，寬也，音待鼎翻。逃亡，則一亭長足以禽矣。」帝然之，卽敕宮徹圍緩賊，賊衆分散。夏四月，拔原武，斬臣、鎮等。

4馬援進擊徵側餘黨都陽等，至居風，降之；賢曰：居風，縣名，屬九眞郡，今愛州。交州記曰：居風有山，出金牛，往往夜見，光耀十里。山有風門，常有風。嶠南悉平。賢曰：嶠，嶺嶠也。爾雅曰：山銳而高曰嶠；居廟翻。考異曰：援傳作「都羊」，帝紀作「都陽」，今從紀。又帝紀：「十八年四月，遣援擊交趾。十九年四月，斬側、貳等，因擊都陽等，降之。」援傳：「十七年，拜伏波將軍，討側、貳。十八年春，軍至浪泊，明年正月，斬側、貳。」蓋紀之所書者，援奏破側、貳及傳側、貳首至雒之時也。沈懷遠南越志云：「徵側奔入金溪穴中，二年乃得之。」援傳近是，今從之。援與越人申明舊制以約束之，自後駱越奉行馬將軍故事。賢曰：駱者，越別名。林邑記曰：日南、盧容、浦通、銅鼓外越。銅鼓卽駱越也；有銅鼓，因得其名。馬援取其鼓以鑄銅馬。

5 閏月，戊申，進趙、齊、魯三公爵皆爲王。

6 郭后既廢，太子彊意不自安。郅惲說太子曰：「久處疑位，上違孝道，下近危殆，說，輸芮翻。處，昌呂翻。近，其靳翻。不如辭位以奉養母氏。」太子從之，數因左右及諸王陳其懇誠，願備藩國。數，所角翻。上不忍，遲回者數歲。六月，戊申，詔曰：「春秋之義，立子以貴。春秋公羊傳曰：立嫡以長不以賢，立子以貴不以長。桓公何以貴？母貴也。母貴則子貴，子以母貴，母以子貴。東海王陽，皇后之子，宜承大統。皇太子彊，崇執謙退，願備藩國，父子之情，重久違之。重，難也。其以彊爲東海王，立陽爲皇太子，改名莊。」

袁宏論曰：夫建太子，所以重宗統，一民心也，非有大惡於天下，不可移也。世祖中興漢業，宜遵正道以爲後法。今太子之德未虧於外，內寵既多，嫡子遷位，可謂失矣。然東海歸藩，謙恭之心彌亮；明帝承統，友于之情愈篤；論語：孔子曰：惟孝友于兄弟。雖長幼易位，興廢不同，父子兄弟，至性無間。夫以三代之道處之，間，古莧翻。處，昌呂翻。亦何以過乎！

7 帝以太子舅陰識守執金吾，陰興爲衞尉，皆輔導太子。識性忠厚，入雖極言正議，及與賓客語，未嘗及國事。帝敬重之，常指識以敕戒貴戚，激厲左右焉。興雖禮賢好施，而門無遊俠，西都之季，萬章、樓護、陳遵等皆俠遊於貴近之門，至於此時，亦有杜保、王磐之徒。好，呼到翻。施，式豉翻。俠，戶頰翻。與同郡張宗、上谷鮮于裒不相好，姓譜：鮮于，本子姓，周武王封箕子於朝鮮，支子仲食采於于，因以鮮于爲氏。裒，蒲侯翻。知其有用，猶稱所長而達之；友人張汜、杜禽，與興厚善，以爲華而少實，俱【章：十二行本「俱」作「但」；乙十一行本同；孔本同。】私之以財，終不爲言；少，詩沼翻。爲，于僞翻。是以世稱其忠。

上以沛國桓榮爲議郎，沛國，即沛郡，建武二十年，中山王輔徙封沛，始爲國。續漢志：凡郎官皆主更直執戟，宿衞諸殿門，出充車騎；惟議郎不在直中。議郎，秩六百石。使授太子經。車駕幸太學，會諸博士論難於前，難，乃旦翻。榮辨明經義，每以禮讓相厭，厭，服也，一葉翻。不以辭長勝人，儒者莫之及，特加賞賜。又詔諸生雅歌擊磬，盡日乃罷。帝使左中郎將汝南鍾興授皇太子及宗室諸侯春秋，鍾興爲公羊春秋，嚴氏學也。賜興爵關內侯。興辭以無功，帝曰：「生教訓太子及諸王侯，非大功耶？」興曰：「臣師少府丁恭。」於是復封恭，復，扶又翻。而興遂固辭不受。

8 陳留董宣爲雒陽令。湖陽公主蒼頭白日殺人，因匿主家，吏不能得。及主出行，以奴驂乘，宣於夏門亭候之，雒陽十二城門，夏門位在亥。蔡質漢儀曰：雒陽十二城門，門一亭。賢曰：夏門，雒陽城北面西頭門，門外有萬壽亭。乘，繩證翻。駐車叩馬，叩，近也。以刀畫地，大言數主之失；數，所具翻。叱奴下車，因格殺之。主卽還宮訴帝，帝大怒，召宣，欲箠殺之。箠，止蕊翻。宣叩頭曰：「願乞一言而死。」帝曰：「欲何言？」宣曰：「陛下聖德中興，而縱奴殺人，將何以治天下乎？治，直之翻。臣不須箠，請得自殺！」卽以頭擊楹，楹，柱也。流血被面。被，皮義翻。帝令小黃門持之。小黃門，宦者也，屬少府。使宣叩頭謝主，宣不從；強使頓之，強，其兩翻。宣兩手據地，終不肯俯。主曰：「文叔爲白衣時，藏亡匿死，亡，謂亡命；死，謂犯死罪者。吏不敢至門；今爲天子，威不能行一令乎？」帝笑曰：「天子不與白衣同！」因敕：「強項令出！」賢曰：強項，言不低屈也。賜錢三十萬；宣悉以班諸吏。由是能搏擊豪強，京師莫不震慓。「慓」，當作「慄」。慓，音匹妙翻。前書音義曰：慓，疾也；非此義。【章：十二行本正作「慄」；孔本同。】

9 九月，壬申，上行幸南陽；進幸汝南南頓縣舍，置酒會，賜吏民，復南頓田租一歲。復，芳目翻；下同。父老前叩頭言：「皇考居此日久，陛下識知寺舍，賢曰：光武嘗從皇考至南頓，故識知官府舍宇。風俗通曰：寺者，嗣也；理事之吏嗣續於其中也。又曰：寺，司也；諸官府所止皆曰寺。每來輒加厚恩，願賜復十年。」帝曰：「天下重器，常恐不任，任，音壬，勝也。日復一日，日復之復，扶又翻；下復增同。安敢遠期十歲乎！」吏民又言：「陛下實惜之，何言謙也！」帝大笑，復增一歲。進幸淮陽、梁、沛。

10 西南夷棟蠶反，殺長吏；詔武威將軍劉尚討之。路由越巂，巂，音髓。邛穀王任貴恐尚既定南邊，威法必行，己不得自放縱；卽聚兵起營，多釀毒酒，欲先勞軍，勞，力到翻。因襲擊尚。尚知其謀，卽分兵先據邛都，越巂郡治邛都，任貴所據。宋白曰：漢邛都縣，唐爲巂州越巂縣。遂掩任貴，誅之。

二十年（甲辰、四四）

1 春，二月，戊子，車駕還宮。

2 夏，四月，庚辰，大司徒戴涉坐入故太倉令奚涉罪，下獄死。無罪加之以罪曰入。百官志：太倉令屬大司農，主受郡國漕轉穀，秩六百石。下，遐稼翻。帝以三公連職，策免大司空竇融。

3 廣平忠侯吳漢病篤，車駕親臨，問所欲言，對曰：「臣愚，無所知識，惟願陛下愼無赦而已。」五月，辛亥，漢薨；詔送葬如大將軍霍光故事。事見二十四卷宣帝地節二年。

漢性強力，每從征伐，帝未安，常側足而立。諸將見戰陳不利，陳，讀曰陣。或多惶懼，失其常度，漢意氣自若，方整厲器械，激揚吏士。帝時遣人觀大司馬何爲，還言方修戰攻之具，乃歎曰：「吳公差強人意，隱若一敵國矣！」賢曰：隱，威重之貌，言其威重若敵國。每當出師，朝受詔，夕則引道，初無辨【章：十二行本「辨」作「辦」；乙十一行本同。】嚴之日。辨，皮莧翻，具也。賢曰：嚴，卽裝也，避明帝諱改之。及在朝廷，斤斤謹質，形於體貌。爾雅曰：明明、斤斤，察也。李巡曰：斤斤，精詳之察也。孫炎曰：謹愼之察也。斤，音靳。漢嘗出征，妻子在後買田業，漢還，讓之曰：「軍師在外，吏士不足，何多買田宅乎！」遂盡以分與昆弟、外家。故能任職以功名終。

4 匈奴寇上黨、天水，遂至扶風。郡國志：上黨郡，在雒陽北一千五百里；天水郡，在雒陽西二千里。

5 帝苦風眩，疾甚，以陰興領侍中，受顧命於雲臺廣室。賢曰：尚書曰：成王將崩，命召公作顧命。孔安國註云：臨終之命曰顧命。顧，音古。雒陽南宮有雲臺、廣德殿。余謂廣室者，寢殿也。據晉書元帝紀有司奏太極殿廣室施絳帳，帝令夏施青練帷，冬施青布，則廣室之爲寢殿明矣。會疾瘳，召見興，見，賢遍翻。欲以代吳漢爲大司馬，興叩頭流涕固讓，曰：「臣不敢惜身，誠虧損聖德，不可苟冒！」至誠發中，感動左右，帝遂聽之。太子太傅張湛，自郭后之廢，稱疾不朝，帝強起之，欲以爲司徒，湛固辭疾篤，不能復任朝事，強，其兩翻。復，扶又翻。任，音壬。朝，直遥翻。遂罷之。

六月，庚寅，以廣漢太守河內蔡茂爲大司徒，太僕朱浮爲大司空。壬辰，以左中郎將劉隆爲驃騎將軍，行大司馬事。

6 乙未，徙中山王輔爲沛王。以郭況爲大鴻臚，帝數幸其第，賞賜金帛，豐盛莫比，況，郭后弟也，數恩況者，以慰后心耳。數，所角翻。京師號況家爲「金穴」。

7 秋，九月，馬援自交趾還，平陵孟冀迎勞之。勞，力到翻。援曰：「方今匈奴、烏桓尚擾北邊，欲自請擊之，男兒要當死於邊野，以馬革裹尸還葬耳，何能臥牀上在兒女子手中邪！」冀曰：「諒！爲烈士當如是矣！」

8冬，十月，甲午，上行幸魯、東海、楚、沛國。皆諸皇子封國也，後東海王彊兼食魯郡而都於魯，時猶爲魯王興國。

9十二月，匈奴寇天水、扶風、上黨。

10壬寅，車駕還宮。

11馬援自請擊匈奴，帝許之，使出屯襄國，賢曰：襄國，縣名，屬趙國，今邢州龍岡縣。詔百官祖道。援謂黃門郎梁松、竇固曰：「凡人富貴，當使可復賤也；如卿等欲不可復賤，復，扶又翻。居高堅自持。勉思鄙言！」松，統之子；固，友之子也。

12劉尚進兵與棟蠶等連戰，皆破之。

二十一年（乙巳、四五）

1春，正月，追至不韋，孫盛蜀譜曰：初，秦徙呂不韋子弟宗族於蜀；漢武帝開西南夷，置郡縣，徙呂氏以充之，因置不韋縣。華陽國志曰：武帝通博南山，置不韋縣，徙南越相呂嘉子孫、宗族實之，因名不韋，以章其先人惡行也。郡國志：本屬益州郡，明帝永平二年，分置永昌郡，治不韋。史記正義：不韋縣，北去葉榆六百里。斬棟蠶帥，西南諸夷悉平。帥，所類翻。

2 烏桓與匈奴、鮮卑連兵爲寇，代郡以東尤被烏桓之害；被，皮義翻。其居止近塞，近，其靳翻。朝發穹廬，暮至城郭，五郡民庶，家受其辜，五郡，謂代郡、上谷、漁陽、右北平、遼西也。至於郡縣損壞，百姓流亡，邊陲蕭條，無復人迹。秋，八月，帝遣馬援與謁者分築堡塞，稍興立郡縣，或空置太守、令、長，招還人民。烏桓居上谷塞外白山者最爲強富，援將三千騎擊之，無功而還。考異曰：劉昭註補後漢書志亦謂之續漢志，其郡國志註云「中郎將馬援」，誤也。帝紀「冬十月，遣援出塞擊烏桓」，援傳：「十二月，出屯襄國，明年秋，將三千騎出高柳。」袁紀在八月祭肜事前。今從之。

3 鮮卑萬餘騎寇遼東，太守祭肜率數千人迎擊之，自被甲陷陳；被，皮義翻。陳，讀曰陣。虜大奔，投水死者過半，遂窮追出塞；虜急，皆棄兵裸身散走。是後鮮卑震怖，畏肜，不敢復闚塞。裸，郎果翻。怖，普布翻。復，扶又翻。

4 冬，匈奴寇上谷、中山。

5 莎車王賢浸以驕橫，欲兼幷西域，數攻諸國，橫，戶孟翻。數，所角翻。重求賦稅，諸國愁懼。車師前王、鄯善、焉耆等十八國俱遣子入侍，獻其珍寶；及得見，皆流涕稽首，鄯，上扇翻。稽，音啓。願得都護。帝以中國初定，北邊未服，皆還其侍子，史所謂量時度力也。厚賞賜之。諸國聞都護不出，而侍子皆還，大憂恐，乃與敦煌太守檄，敦，徒門翻。「願留侍子以示莎車，言侍子見留，都護尋出，冀且息其兵。」裴遵以狀聞，帝許之。

二十二年（丙午、四六）

1春，閏正月，丙戌，上幸長安；二月，己巳，還雒陽。

2夏，五月，乙未晦，日有食之。

3秋，九月，戊辰，地震。

4冬，十月，壬子，大司空朱浮免；癸丑，以光祿勳杜林爲大司空。

初，陳留劉昆爲江陵令，縣有火災，昆向火叩頭，火尋滅；江陵縣，屬南郡。後爲弘農太守，虎皆負子渡河。帝聞而異之，徵昆代林爲光祿勳。帝問昆曰：「前在江陵，反風滅火，後守弘農，虎北渡河，行何德政而致是事？」對曰：「偶然耳。」左右皆笑，帝歎曰：「此乃長者之言也！」顧命書諸策。策，簡策，編簡爲之。漢制：天子策書，長二尺。國史亦用簡策。此書諸策，卽史策也。尚書古文書以八寸策。

5是歲，青州蝗。青州部濟南、平原、樂安、北海、東萊、齊國。

6匈奴單于輿死，子左賢王烏達鞮侯立；復死，鞮，丁奚翻。弟左賢王蒲奴立。匈奴中連年旱蝗，赤地數千里，赤地，言在地之物皆盡。人畜饑疫，死耗太半。賢曰：三分損二爲太半。單于畏漢乘其敝，乃遣使詣漁陽求和親；帝遣中郎將李茂報命。考異曰：帝紀：「是歲匈奴日逐王比遣使詣漁陽請和親，使茂報命。」按明年又有「比遣使詣西河內附」。然則茂所報者，非比也。今從南匈奴傳。

7 烏桓乘匈奴之弱，擊破之，匈奴北徙數千里，幕南地空。詔罷諸邊郡亭候、吏卒，以幣帛招降烏桓。降，戶江翻。

8 西域諸國侍子久留敦煌，皆愁思亡歸。莎車王賢知都護不至，擊破鄯善，攻殺龜茲王。龜茲，前書音丘慈。賢曰：今龜，音丘勿翻；茲，音沮惟翻；蓋急言耳。鄯善王安上書：「願復遣子入侍，復，扶又翻；下同。更請都護；都護不出，誠迫於匈奴。」帝報曰：「今使者大兵未能得出，如諸國力不從心，東西南北自在也。」任其所從。於是鄯善、車師復附匈奴。

班固論曰：孝武之世，圖制匈奴，患其兼從西國，結黨南羌，南羌，卽湟中諸羌。從，子容翻。乃表河曲列四郡，四郡：武威、張掖、酒泉、敦煌也。開玉門，通西域，以斷匈奴右臂，隔絕南羌、月氏；斷，丁管翻。氏，音支。單于失援，由是遠遁，而幕南無王庭。遭値文、景玄默，養民五世，高、惠及呂后、文、景爲五世。財力有餘，士馬強盛，故能睹犀布、瑇瑁，瑇，音代。瑁，音妹。則建珠厓七郡；感蒟醬、竹杖，則開牂柯、越巂；蒟，音矩。牂，音臧。巂，音髓。聞天馬、蒲陶，則通大宛、安息；自是殊方異物，四面而至。於是開苑囿，廣宮室，盛帷帳，美服玩，設酒池肉林以饗四夷之客，作魚龍角抵之戲以觀視之；觀，古玩翻。師古曰：視，讀曰示，觀視之者，示之令觀也。及賂遺贈送，遺，于季翻。萬里相奉，師旅之費，不可勝計。勝，音升。至於用度不足，乃榷酒酤，榷，古岳翻。酤，古暮翻。筦鹽鐵，鑄白金，造皮幣，算至車船，租及六畜。畜，許救翻。民力屈，屈，其勿翻。財用竭，因之以凶年，寇盜並起，道路不通，直指之使始出，衣繡杖斧，斷斬於郡國，使，疏吏翻。衣，於既翻。斷，丁亂翻。然後勝之。是以末年遂棄輪臺之地而下哀痛之詔，豈非仁聖之所悔哉！事並見武帝紀。

且通西域，近有龍堆，遠則葱嶺，身熱、頭痛、懸度之阸，淮南、杜欽、揚雄之論，皆以爲此天地所以界別區域，絕外內也。別，彼列翻。西域諸國，各有君長，兵衆分弱，無所統一，雖屬匈奴，不相親附；匈奴能得其馬畜、旃罽而不能統率，與之進退。畜，許救翻。與漢隔絕，道里又遠，得之不爲益，棄之不爲損，盛德在我，無取於彼。故自建武以來，西域思漢威德，咸樂內屬，數遣使置質于漢，樂，音洛。數，所角翻。質，音致，謂侍子也。願請都護。聖上遠覽古今，因時之宜，辭而未許；雖大禹之序西戎，周公之讓白雉，太宗之卻走馬，義兼之矣！禹貢曰：西戎卽序。卽，就也；序，次也。禹就而序之，非尚威服，致其貢物也。師古曰：昔周公相成王，越裳氏重九譯而獻白雉。成王問周公，公曰：「德不加焉，則君子不饗其質，政不施焉，則君子不臣其遠；吾何以獲此物也？」譯曰：「吾受命、國之黃耇曰：『久矣天之無烈風雷雨也，意者中國有聖人乎？』」然後歸之王，稱先王之神所致，以薦宗廟。卻走馬事見十三卷文帝元年。